W0401272

DER ZWEITE WELTKRIEG · TIME-LIFE BÜCHER · AMSTERDAM

VON FRANCIS RUSSELL

UND DER REDAKTION DER TIME-LIFE BÜCHER

DER GEHEIME KRIEG

DER ZWEITE WELTKRIEG

Redaktionsstab des Bandes *Der geheime Krieg:*
Chefredakteur: Anne Horan
Designer: Herbert H. Quarmby
Chefdokumentar: Philip Brandt George
Bildredakteurin: Peggy Sawyer
Textredakteure: Robert Menaker, Richard W. Murphy, Henry Woodhead
Vertragsautoren: Donald Davison Cantlay, Roger E. Herst, Brooke Stoddard
Dokumentare: Harris J. Andrews III, LaVerle Berry, Kathleen Burke, Charles S. Clark, Jane Hanna, Gregory A. McGruder, Alfreda Robertson, Cronin Buck Sleeper, Jayne T. Wise, Paula York
Assistentin des Designers: Mikio Togashi
Redaktionsassistentin: Constance Strawbridge

Freie Mitarbeiterin:
Alexandra Gleysteen (Übersetzungen)

Korrespondenten: Elisabeth Kraemer (Bonn); Margot Hapgood, Dorothy Bacon, Lesley Coleman (London); Susan Jonas, Lucy T. Voulgaris (New York); Maria Vincenza Aloisi, Josephine du Brusle (Paris); Ann Natanson (Rom). Wertvolle Unterstützung leisteten ebenfalls: Wibo van de Linde, Janny Hovinga (Amsterdam); Mehmet Ali Kaslali (Ankara); Pavle Svabic (Belgrad); Helga Kohl, Martha Mader (Bonn); Brigid Graumann (Brüssel); Selwyn Parker (Dublin); Robert Kroon (Genf); Robert W. Bone (Honolulu); Peter Hawthorne (Johannesburg); Katrina Van Duyn (Kopenhagen); Judy Aspinall, Jeremy Lawrence, Pippa Pridham, Jill Rose, Pat Stimpson (London); Trini Debelius (Madrid); Felix Rosenthal (Moskau); Carolyn T. Chubet, Miriam Hsia, Christina Lieberman (New York); Bent Onsager (Oslo); M. T. Hirschkoff (Paris); Mimi Murphy (Rom); Janet Zich (San Francisco); S. Chang Kazuo Ohyauchi (Tokio); Bogden Turek (Warschau).

Leitung der deutschen Redaktion:
Hans-Heinrich Wellmann
Textredaktion: Klaus Habedank, Marianne Tölle

Aus dem Englischen übertragen von Walter Brumm

EINBAND: Nach vierwöchiger nichtöffentlicher Verhandlung vor einem amerikanischen Militärgericht zum Tode verurteilt, verläßt ein deutscher Saboteur den Gefangenentransportwagen. Er war einer von acht Männern, die von U-Booten in geheimer Mission nach Amerika gebracht und durch den Verrat eines Kameraden gefangen wurden.

Der Autor: FRANCIS RUSSELL diente während des Zweiten Weltkriegs in der Forschungsabteilung des militärischen Geheimdienstes im britischen Kriegsministerium und war nach dem Krieg als politischer Geheimdienstoffizier beim britischen XXX. Korps in Deutschland stationiert. Als Historiker und Literaturkritiker verfaßte er *Dürer und seine Zeit* in der TIME-LIFE-Reihe *Die Welt der Kunst.* Weitere Bücher von Francis Russell sind *Three Studies in 20th Century Obscurity,* kritische Essays über James Joyce, Franz Kafka und Gertrude Stein; *Tragedy in Dedham: The Story of the Sacco-Vanzetti Case;* und *The Great Interlude: Neglected Events and Persons from the First World War to the Depression.*

Vorwort: H. MONTGOMERY HYDE wurde 1907 in Nordirland geboren, studierte in Oxford und wurde Rechtsanwalt. Während des Krieges arbeitete er im britischen Geheimdienst und war später juristischer Berater in der Alliierten Kontrollkommission für Österreich. Zwischen 1950 und 1959 war er Parlamentsabgeordneter des Wahlkreises Belfast-Nord für die Partei der protestantischen Ulster-Unionisten. Er verfaßte mehr als 50 Bücher, darunter *Secret Intelligence Agent,* worin er seine Erlebnisse während des Zweiten Weltkriegs schildert.

Die beratenden Mitarbeiter: OBERST A.D. JOHN R. ELTING war im Zweiten Weltkrieg Feindnachrichtenoffizier bei der 8. Panzerdivision der US-Armee. Er war Außerordentlicher Professor an der amerikanischen Militärakademie West Point und ist Verfasser von *Battles for Scandinavia* in der TIME-LIFE-Reihe „Der Zweite Weltkrieg" sowie von *The Battle of Bunker's Hill, The Battles of Saratoga, Military History* und *Atlas of the Napoleonic Wars.*

M. R. D. FOOT war von 1939 bis 1945 Offizier der britischen Armee; er erhielt für seinen Einsatz bei der französischen Widerstandsbewegung in der Bretagne das *Croix de guerre.* Er lehrte als Professor Geschichte in Oxford und Manchester und ist Autor der offiziellen Geschichte des Einsatzes der britischen Special Operations Executive (SOE) in Frankreich.

R. V. JONES, ein Pionier der wissenschaftlichen Geheimdienstarbeit in Großbritannien, sah neue deutsche Waffenentwicklungen voraus und suchte frühzeitig nach Gegenmaßnahmen. Er war verantwortlich für Geheimdienstoperationen gegen die V1 und V2 sowie die deutsche Nuklearforschung. Seit 1946 lehrte er als Professor für Naturwissenschaften an der Universität Aberdeen und verfaßte das Buch *Most Secret War.*

DAVID KAHN beschäftigt sich schon seit langem mit Kryptologie und ist Verfasser von *The Codebreakers:: The Story of Secret Writing and of Hitler's Spies: German Military Intelligence in World War II.* Er ist Mitherausgeber der Zeitschrift *Cryptologia,* einer vierteljährlich erscheinenden wissenschaftlichen Publikation über das Studium von Codes. Außerdem ist er stellvertretender Redakteur der auf Long Island erscheinenden Zeitung *Newsday.*

EDWIN JOSEPH PUTZELL JR. diente von 1942 bis 1945 als Offizier und Assistent des Direktors des Office of Strategic Services (OSS). Er ist Teilhaber der Anwaltsfirma Coburn, Croft & Putzell.

KLAUS-JÜRGEN MÜLLER, Professor für Neuere und Neueste Geschichte an der Hochschule der Bundeswehr und der Universität Hamburg, ist Autor der Bücher *Das Heer und Hitler, Das Ende der Entente Cordiale 1940, Armee, Politik und Gesellschaft in Deutschland* und *General Ludwig Beck* sowie anderer Schriften zur militärischen und politischen Geschichte der Zeit zwischen den beiden Weltkriegen und des Zweiten Weltkriegs.

Authorized German language edition
© 1982 Time-Life Books B.V.
Original U.S. edition © 1981 Time-Life Books Inc.
All rights reserved.
First German printing.

No part of this book may be reproduced in any form or by any electronic or mechanical means, including information storage and retrieval devices or systems, without prior written permission from the publisher, except that brief passages may be quoted for review.

ISBN 9-06-182-623-3

TIME-LIFE is a trademark of Time Incorporated U.S.A.

TIME LIFE BÜCHER

VÖLKER DER WILDNIS
DIE GESCHICHTE DER LUFTFAHRT
DIE SEEFAHRER
DER ZWEITE WELTKRIEG
DIE KUNST DES KOCHENS
DER WILDE WESTEN
HANDBUCH DER GARTENKUNDE
MENSCHLICHES VERHALTEN
DIE GROSSEN STÄDTE
DIE HOHE SCHULE DER HANDARBEIT
DIE WILDNISSE DER WELT
DIE FRÜHZEIT DES MENSCHEN
DIE PHOTOGRAPHIE
DIE WELT DER KUNST
INTERNATIONALE SPEISEKARTE
ZEITALTER DER MENSCHHEIT
WUNDER DER WISSENSCHAFT
WUNDER DER NATUR
JUGENDBÜCHER
DAS GROSSE BUCH DES YACHTSPORTS
DAS GROSSE BUCH DER PHOTOGRAPHIE
LIFE IM KRIEG
LIFE IM KINO
DIE BESTEN PHOTOS AUS LIFE

Dieser Band gehört zu einer Reihe, die ausführlich über die Ereignisse des 2. Weltkriegs berichtet.

Bereits erschienene Bände dieser Serie:

Der Weg zum Krieg
Der Blitzkrieg
Die Luftschlacht um England
Die aufgehende Sonne
Die Schlacht im Atlantik
Der Angriff auf Rußland
Der Krieg in der Wüste
China-Burma-Indien
Die Gegenoffensive im Pazifik
Der Feldzug in Italien
Der Partisanenkrieg
Die Invasion der Alliierten
Die Befreiung
Der Luftkrieg in Europa
Der Widerstand
Die Ardennenoffensive
Der Weg nach Tokio
Der russische Gegenschlag
Entscheidung im Westen
Der Vormarsch der Roten Armee
Die deutsche Kapitulation

KAPITEL

BILDTEIL

INHALT

VORWORT

Einige der wichtigsten Schlachten des Zweiten Weltkriegs wurden hinter geschlossenen Türen oder im Rahmen von sorgfältig geplanten Operationen geschlagen, die so geheim waren, daß ihre wahre Natur und Bedeutung noch Jahrzehnte danach nicht allgemein bekannt waren. Heute ist man sich darin einig, daß die Geheimdienste der Alliierten einen entscheidenden Anteil an ihren Siegen im Seekrieg auf den Weltmeeren, bei der Landung in der Normandie im Juni 1944 und bei anderen großen militärischen Wendepunkten des Krieges gehabt haben.

Wie dieser zuerst in Amerika veröffentlichte Band in faszinierendem Detail zeigt, tobte der geheime Krieg in allen Bereichen der Geheimdiensttätigkeit, der Propaganda und Sabotage; und die „Sonderoperationen", manchmal auch als „schmutzige Tricks" oder, wie Churchill es auszudrücken pflegte, als „unfaire Kriegführung" bezeichnet, waren an skrupelloser Gerissenheit oft kaum zu überbieten. Als Angehöriger des britischen Geheimdienstes (SIS oder MI 6), in den ich kurz vor Ausbruch des Zweiten Weltkriegs aufgenommen wurde, war ich persönlich an einer Vielzahl dieser verborgenen Aktivitäten beteiligt, die vornehmlich in den Vereinigten Staaten stattfanden.

In der verzweifelten Bedrängnis der ersten Kriegsjahre, als Englands europäische Verbündete nacheinander der deutschen Blitzkriegsstrategie erlagen und Großbritannien in zunehmende Isolation und Bedrohung geriet, wurde es klar, daß der Ausgang des bis dahin auf Europa begrenzten Krieges letztlich von der Fähigkeit der britischen Regierung abhängen würde, Zugang zu dem enormen industriellen Potential der Vereinigten Staaten zu gewinnen und aufrechtzuerhalten und so bald als möglich Amerika als Verbündeten in diesem Krieg zu gewinnen.

Niemand war sich der strategischen Realitäten und der daraus erwachsenden Notwendigkeiten mehr bewußt als Winston Churchill. Schon am Tage seines Amtsantritts als Premierminister im Mai 1940 erklärte er bei einem gemeinsamen Essen dem kanadischen Industriellen und ehemaligen Kampfflieger William S. Stephenson (später Sir William), der ihn seit Hitlers Machtübernahme mit Informationen über die heimliche deutsche Wiederaufrüstung versorgt hatte, daß er ihn als seinen „persönlichen Beauftragten" in die Vereinigten Staaten entsenden wolle, wo er – nach Herstellung vertraulicher Beziehungen zu Präsident Roosevelt – ein umfassendes nachrichtendienstliches Netz für die gesamte westliche Hemisphäre aufzubauen habe. Er gab Stephenson den Decknamen Intrepid (= Furchtlos), da er ihn als einen Mann von herausragendem persönlichen Mut kannte.

Bald nach seiner Ankunft in New York im Sommer 1940 gründete Intrepid die sogenannte Organisation für britische Sicherheitskoordination (British Security Coordination), deren erklärtes Ziel es war, britische Schiffe und Versorgungsgüter in den amerikanischen Häfen gegen Sabotage zu schützen; insgeheim aber beauftragte Intrepid die BSC-Agenten mit der Ausforschung feindlicher Aktivitäten jeglicher Art sowie mit der Mobilisierung der öffentlichen Meinung in Amerika zugunsten der britischen Kriegsanstrengungen. Insgesamt arbeitete ich dreieinhalb Jahre mit und für Stephenson, zuerst als Sicherheitsbeauftragter und Verbindungsoffizier bei der britischen Zensurbehörde auf den Bermudas, wo ein Großteil des für Europa bestimmten Post- und Kabelverkehrs überprüft wurde, und dann als führendes Mitglied seiner Organisation in New York und Washington.

Zunächst mußte Stephenson, der die BSC mit drei Millionen Dollar aus der eigenen Tasche mitfinanzierte, mit größter Behutsamkeit vorgehen, weil Präsident Roosevelt, der für eine vierte Amtsperiode im Weißen Haus kandidierte, ungeachtet seiner persönlichen Kriegsbereitschaft und Parteinahme zugunsten Großbritanniens nicht offen irgendwelche Aktivitäten ausländischer Geheimdienste billigen konnte. Diese hätten der offiziell vertretenen amerikanischen Neutralitätspolitik schaden oder der bereits mächtigen isolationistischen Strömung in der amerikanischen Bevölkerung weiteren Zulauf verschaffen können. Der Präsident wußte jedoch durchaus den Wert von Auslandsinformationen für die Vereinigten Staaten zu schätzen, die damals über keinen in aller Welt operierenden geheimen Nachrichtendienst verfügten. Er autorisierte deshalb die enge Zusammenarbeit, die sich in der Folge zwischen Stephenson und dem FBI-Chef J. Edgar Hoover auf der einen und Oberst William J. Donovan, dem künftigen Chef des amerikanischen Geheimdienstes (Office of Strategic Services) auf der anderen Seite entwickeln sollte; dasselbe geschah auch in bezug auf die Kontakte zwischen der BSC und den amerikanischen Ministerien für Heer und Marine.

Vor dem japanischen Angriff auf Pearl Harbor gab es in den Vereinigten Staaten keine Zensur, aber die Transatlantikflugzeuge und Schiffe, welche amerikanische Post beförderten, machten auf ihren Reisen nach und von Europa auf den Bermudas Zwischenstation. Während ich auf der Insel postiert war, arrangierte ich die geheime Überprüfung der ein- und ausgehenden Post. Aus dieser Quelle konnten zahlreiche Informationen über die deutsche Spionagetätigkeit in den Vereinigten Staaten gewonnen werden.

Durch die Beharrlichkeit einer meiner Assistentinnen, einer jungen Frau namens Nadya Gardner, wurde das FBI auf einen deutschen Schlüsselagenten, Kurt Frederick Ludwig, aufmerksam. Mehrere von Ludwigs Briefen, die an einen Mittelsmann in Madrid gerichtet waren, schienen auf den ersten Blick harmlose Geschäfte eines New Yorker Lederwarenhändlers zu betreffen, der mit Joe oder Joe K. unterzeichnete. Las man jedoch zwischen den Zeilen, ließ sich eine Nebenbedeutung herausdestillieren. Miss Gardner bemerkte, daß die Rückseiten der Schreibmaschinenblätter leer waren, und argwöhnte, daß sie geheime Mitteilungen enthalten könnten. Labortests bewiesen, daß sie mit ihrer Vermutung recht hatte. Die Mitteilungen waren mit einem in Pyramidonlösung – einem in jeder Apotheke erhältlichen Mittel gegen Kopfschmerzen – getauchten Zahnstocher geschrieben und kamen zum Vorschein, wenn das Blatt über einer Flamme erhitzt wurde. Sie betrafen militärische Informationen und Nachrichten über Schiffsbewegungen, die für den Feind von großem Wert waren.

Einer von Ludwigs Briefen ermöglichte es uns, ihn zu identifizieren, und führte einige Zeit später zu seiner Festnahme. Er selbst sowie acht weitere Mitglieder seines Spionagerings wurden im März 1942 zu Freiheitsstrafen von unterschiedlicher Höhe verurteilt. Zu dem Ring gehörte auch Ludwigs siebzehnjährige blonde Sekretärin Lucy Boehmler, eine deutschbürtige Einwanderin, mit der er die Ostküste der Vereinigten Staaten bereist und die auf S. 48 und 49 wiedergegebenen Aufnahmen gemacht hatte. Dieses Gerichtsverfahren war eines von mehreren, in welchen die Bermuda-Zensoren als Zeugen aussagten.

Durch den Vorsprung der Briten auf dem Gebiet der geheimdienstlichen Tätigkeit konnte die BSC den Amerikanern in mancherlei Weise Unterstützung gewähren. Oberst Donovan, mit dem ich in seinem Washingtoner Haus zu frühstücken pflegte, räumte später ein, daß „Bill Stephenson uns alles beibrachte, was wir über Geheimdienstoperationen im Ausland wissen mußten". Manchem mag dies als eine übertriebene Huldigung erscheinen, aber sie war tatsächlich wohlbegründet. Donovans erste Agenten, die mit Fallschirmen über dem besetzten Europa abspringen sollten, wurden im Camp X, dem geheimen Ausbildungslager der BSC in Kanada, ausgebildet und auf ihre Aufgaben vorbereitet. Gleichzeitig wurde Donovans Organisation von der BSC in sämtliche moderne Techniken der Geheimdienstarbeit eingeweiht, zu denen auch die behutsame Lenkung von Doppelagenten gehörte.

Die Alliierten waren nicht die einzigen, die Doppelagenten benutzten, aber durch das vom britischen Geheimdienst vervollkommnete System Double Cross gelang es uns, die deutsche Abwehr in großem Maßstab zu täuschen. Einer der erfolgreichsten Doppelagenten des Krieges war Dusko Popov, ein junger jugoslawischer Anwalt, den ich gut kannte. Sein Deckname war Tricycle (= Dreirad). Er arbeitete für die Briten wie auch für die Deutschen, aber seine Loyalität gehörte der Sache der Alliierten. Im August 1941 wies ihn sein deutscher Führungsoffizier an, Großbritannien zu verlassen und in einer geheimen Mission, die entscheidenden Einfluß auf die Eröffnungsphase des Krieges im Pazifik hätte haben können, in die Vereinigten Staaten zu reisen.

Tricycle erhielt eine Liste von Fragen und Anweisungen zur Errichtung einer geheimen Funkstation. Die Fragenliste betraf insbesondere Informationen über die Verteidigungsanlagen und Marineeinrichtungen des amerikanischen Flottenstützpunktes in Pearl Harbor. Sie war in einem Mikropunkt enthalten, einem winzigen Stück Papier von der Größe eines Stecknadelkopfes, das auch als gewöhnlicher Schreibmaschinenpunkt in einen harmlosen Brief montiert werden konnte und seine Botschaft bei hundertfacher Vergrößerung preisgab. Tricycle war der erste Agent, bei dem diese raffinierte Erfindung der Deutschen zur Anwendung kam. In gewissem Umfang revolutionierte sie die Spionage. Wie sich herausstellte, wurden Mikropunkte von den Deutschen allgemein verwendet und waren oft unter Briefmarken und Laschen von Briefumschlägen verborgen. Als ich Tricycles Exemplar sah, wies ich die Zensoren auf den Bermudas darauf hin, nach Mikropunkten Ausschau zu halten, was sie mit großem Erfolg auch taten.

Nachdem Tricycle Anweisung erhalten hatte, auf amerikanischem Territorium zu arbeiten, mußte er vom FBI geführt werden, das sich die ausschließliche Kontrolle von Sicherheits- und Geheimdienstangelegenheiten in den Vereinigten Staaten und Lateinamerika vorbehalten hatte. Unglücklicherweise erwies sich das FBI, anders als das OSS unter Donovan, auf diesem Gebiet als unerfahren und schwerfällig. Hoover meinte, die Anforderung von Informationen über Pearl Harbor sei ein deutsches Täuschungsmanöver. Obgleich Tricycle ihm sagte, er sei überzeugt, daß die Japaner noch vor Ende des Jahres 1941 Pearl Harbor angreifen würden, weigerte sich Hoover, diese Information an Präsident Roosevelt weiterzugeben, und verpaßte damit eine unwiederbringliche Gelegenheit, die größte Katastrophe in der Geschichte der amerikanischen Marine abzuwenden.

In zahlreichen anderen Fällen konnte der Einfluß der Achsenmächte in Nord- und Südamerika durch Sonderoperationen britischer Agenten erfolgreich neutralisiert werden. Einer der Fälle, an denen ich beteiligt war, betraf die Fälschung eines Briefes, dessen vorgeblicher Verfasser Major Elias Belmonte war, der bolivianische Militärattaché in Berlin. In diesem Brief, der an Dr. Ernst Wendler, den deutschen Gesandten in La Paz, gerichtet war, wurde der Eindruck erweckt, daß Belmonte mit deutscher Unterstützung einen Umsturz in Bolivien plane. Der Text wurde von mir englisch aufgesetzt und dann von einem bolivianischen Freund ins Spanische übersetzt, wobei Belmontes Briefpapier, Schreibmaschinenschrift und Namenszug sorgfältig nachgeahmt wurden.

Nachdem der Brief angeblich von einem britischen Agenten in einem überfüllten Aufzug in Buenos Aires entwendet worden war, wurde er in der nordamerikanischen und bolivianischen Presse veröffentlicht. Die Folge davon war, daß die deutsche Gesandtschaft in La Paz geschlossen und Dr. Wendler samt dem übrigen deutschen Personal ausgewiesen wurde. Damit war Deutschland der Zugang zu einer der wichtigsten Quellen von Wolfram, einem wichtigen Element zur Stahlveredelung und zur Herstellung von Geschoßkernen für panzerbrechende Waffen, abgeschnitten.

Eine weitere Sonderoperation, an der ich mitwirkte und an deren Gelingen eine in Amerika gebürtige britische Agentin mit dem Decknamen Cynthia nicht unbedeutenden Anteil hatte, galt dem nächtlichen „Knacken" des Safes der Botschaft Vichy-Frankreichs in Washington. Während Cynthia einen Angehörigen des Botschaftspersonals verführte und der Nachtwächter durch ein mit Drogen versetztes Getränk ruhig gehalten wurde, entnahmen wir dem Safe das geheime Codebuch der französischen Kriegsmarine, photographierten seinen Inhalt und legten es zurück, ohne entdeckt zu werden. 24 Stunden später trafen die Kopien in London ein und befähigten die britische Admiralität, ihre Vorbereitungen für die Operation *Torch,* die Invasion Nordafrikas durch die Alliierten im November 1942, in voller Kenntnis der Bewegungen der vichytreuen französischen Flotte zu treffen.

H. Montgomery Hyde

DIE PFLICHT ZUR GEHEIMHALTUNG

Ein Schiff sinkt wegen „einiger unbedachter Worte", heißt es im Text dieses britischen Plakats von 1943, das zur Wachsamkeit gegen feindliche Lauscher ermahnte.

PLAKATE ZUR WARNUNG DER BEVÖLKERUNG

Auf diesem deutschen Plakat von 1941 ragt dem Betrachter der schwarze Umriß eines gesichtslosen Spions entgegen. Ein „pst“ warnt: Vorsicht. Feind hört mit!

Genau zwei Jahre bevor Pearl Harbor von japanischen Bomben getroffen wurde, gewährte man einem deutschen Agenten einen Rundgang durch das amerikanische Armeearsenal Edgewood in Maryland. Der Spion, der seinen Auftraggebern einen ausführlichen Bericht über die amerikanische Waffenentwicklung schickte, war durch ein kühnes Mittel zum Ziel gelangt: Er hatte um die Erlaubnis zur Besichtigung nachgesucht.

Im Jahre 1942 wäre ein solches Unternehmen unmöglich gewesen. Jeder Aspekt der militärischen Anstrengungen in den Vereinigten Staaten wie in jedem anderen kriegführenden Land wurde streng geheimgehalten. Doch wenn auch ein feindlicher Agent nicht mehr auf die Erlaubnis zur Besichtigung militärischer Anlagen, Flugzeugfabriken oder Schiffswerften hoffen durfte, so konnte er noch immer mit denjenigen, die dort arbeiteten, ins Gespräch kommen und bedeutsame Informationen sammeln.

Um dieser Gefahr zu begegnen, führten alle kriegführenden Staaten Propagandaaktionen durch mit dem Ziel, ihre Bürger zu warnen und ihr Bewußtsein für die Gefahr der Spionage zu schärfen. Augenfälligstes Mittel dieser Kampagnen waren sorgfältig gestaltete Plakate. Sie waren an Litfaßsäulen, Wänden und Bekanntmachungstafeln angeschlagen und hämmerten überall da, wo Menschen zusammenkamen – in Restaurants und Gasthäusern, Warteräumen, Kinofoyers, Rüstungsfabriken, Schulen, öffentlichen Luftschutzräumen und Freizeiteinrichtungen –, der Bevölkerung die einfache und stets gleiche Botschaft ein, nämlich daß leichtfertiges Reden tödlich sein konnte.

Jedes Land gestaltete diese universale Botschaft in seinem eigenen charakteristischen graphischen Stil. Die Amerikaner neigten dazu, die Folgen der Unachtsamkeit zu betonen, indem sie etwa einen Spaniel zeigten, der die verlassen von einer Stuhllehne hängende Uniform seines toten Herrn betrauerte, „. . . weil jemand plapperte!“ Auch die Briten befaßten sich gern mit den Folgen, taten es gewöhnlich aber mit einer leichteren, kultivierteren Note, die klug berechnete verbale und visuelle Wortspiele dem sentimentalen Appell vorzog. Im Gegensatz dazu stellten deutsche und italienische Plakate häufig den Aspekt drohender Gefahr heraus, wenn sie die schattenhaften Umrisse gesichtsloser Spione darstellten, die sich lauschend ins Bild schoben.

Alle diese Plakate lehrten die lebenswichtige Lektion, daß der Krieg auch an der Heimatfront ausgefochten wurde und daß der Mann an der Drehbank oder im Büro genauso verschwiegen zu sein hatte wie der Soldat im Feld.

Ein deutscher Soldat starrt von einem amerikanischen Fabrikplakat. Es wurde von Arbeitern kritisiert, welche die Gestalt für einen Amerikaner hielten.

„Der Feind belauscht euch", erinnerte dieses italienische Plakat Zivil- und Militärpersonen. Hinter einer Zeitung versteckt, versucht ein alliierter Spion mitzuhören, was ein Soldat einem Zivilisten am Nebentisch erzählt.

Mit drastischer Deutlichkeit warnt dieses deutsche Plakat die Arbeiter vor dem leichtfertigen Ausplappern industrieller Geheimnisse. In Deutschland setzte man großes Vertrauen in die Überzeugungskraft von Propagandaplakaten. „Nichts ist einfacher, als die Leute an der Leine zu führen", sagte Goebbels, der Reichsminister für Volksaufklärung und Propaganda. „Man braucht bloß ein gut gemachtes Plakat hochzuhalten, und sie springen hindurch."

Ein Plakat aus der Serie „Sorglos reden kostet Leben": Adolf Hitler lauscht von der Tapete eines britischen Wohnzimmers.

Die Worte eines britischen Soldaten, die als Schallwellen beginnen, enden in einem Nazi-Bajonett, das seine Kameraden durchbohrt.

Wie ein Geschoß durchbohrt ein Federhalter einen amerikanischen Stahlhelm. Die amerikanische Kampagne „Künstler für den Sieg" brachte 2224 Plakate und Entwürfe zu Themen des Krieges und der Spionageabwehr hervor. Die Ergebnisse dieser 1942 abgeschlossenen Kampagne konnten in einer großen Sonderausstellung des Museum of Modern Art in New York besichtigt werden.

Auf diesem eindrucksvollen französischen Plakat gehen tödliche „Rückwirkungen" in Gestalt von endlosen Soldatengräbern von einem Telephon und den „Indiskretionen" aus, die unbedacht hineingesprochen wurden.

„Schweig!" gebietet ein italienischer Patriot, umringt von den allgegenwärtigen Ohren alliierter Spione. „Wer nicht schweigt, verrät."

Auf einem wirkungsvollen deutschen Plakat aus der Anfangsphase des Krieges mahnt ein Flaksoldat zur Schweigsamkeit.

1

Experten im Dienst der Geheimhaltung
Der Wettstreit der Nachrichtendienste
Zwischenfall an der holländischen Grenze
Verspäteter Beginn für die Abwehr
Operation „Double Cross"
Eine bittere Alternative: Tod oder Verrat
Ein Meister der Erfindung
Die Abwehr in Bedrängnis

DIE GETARNTE WAHRHEIT

„In Kriegszeiten", vertraute Winston Churchill dem amerikanischen Präsidenten Franklin D. Roosevelt und dem sowjetischen Generalissimus Josef Stalin im November 1943 an, „ist die Wahrheit so kostbar, daß sie immer durch Lügen getarnt sein sollte." Er sprach über Pläne zur Geheimhaltung der Vorbereitungen für die alliierte Invasion Europas, die im folgenden Jahr stattfinden sollte. Sein Aphorismus hätte von vielen Unternehmen zur Tarnung und Desinformation des Gegners, wie sie während des Zweiten Weltkriegs stattfanden, inspiriert sein können – von solchen seiner eigenen Regierung und ihrer Alliierten wie auch von solchen der Deutschen, Italiener und Japaner. Der Ausgang mancher Schlacht hing von frühzeitiger Nachrichtenbeschaffung und Erkundung ab. Die kriegführenden Mächte, die mit allen Mitteln die Kriegswende zu ihren Gunsten zu erzwingen suchten, führten zahlreiche Scheinunternehmen durch, die andere Vorhaben geheimhalten oder gegnerische Geheimnisse aufdecken sollten. Hartnäckig forschten sie feindliche Pläne aus, eifersüchtig hüteten sie die eigenen, und nie erlahmten sie darin, immer wirksamere Waffen zu entwickeln. Sie scheuten keine Mühe, den Gegner durch großangelegte Täuschungsmanöver zu verwirren, damit er seine Streitkräfte zur falschen Zeit am falschen Ort bereithielt.

Mit der Ausweitung und Intensivierung der Kämpfe nahm auch der geheime Krieg an Heftigkeit zu, und bisweilen hatte er etwas Irreales an sich. „In den höheren Bereichen der geheimdienstlichen Tätigkeit", sagte Winston Churchill einmal über die geheimen britischen Aktionen, „kamen die Tatsachen häufig in jeder Hinsicht den phantasievollsten Erfindungen des Abenteuerromans und Melodramas gleich. Verwirrungen und Verwicklungen, Komplott und Gegenkomplott, List und Verrat, Gefahr und Betrug, wahre und falsche Agenten wie auch Doppelagenten, Gold und Stahl, Bombe, Dolch und das Erschießungskommando waren oft zu einem unentwirrbaren Gewebe verknüpft, wie es kaum glaublich erscheint und doch wahr ist."

Niemals zuvor in der Geschichte war soviel Scharfsinn und fortgeschrittene Technologie in den Dienst der heimlichen Kriegführung gestellt worden wie im Zweiten Weltkrieg. Viele Tausende von Männern und Frauen nahmen daran teil, einige als abenteuerlustige Draufgänger, andere mit dem bescheideneren Vorsatz, ihre patriotische Pflicht zu tun. Sie kamen aus allen Bereichen des Lebens; unter ihnen waren Wissenschaftler, Künstler, Journalisten, Mathematiker, Linguisten, Ärzte, Anwälte, Beamte, Erfinder und verkrachte Existenzen mit einer Vorliebe für das Geheimnisvolle. Ihren Entdeckungen und Täuschungen kam gelegentlich eine Schlüsselrolle im großen militärischen Geschehen zu; der wesentliche Teil ihrer Arbeit und sogar ihre Existenz wurden jedoch sorgfältig vor der Öffentlichkeit verborgen – lückenlos abgeschirmt durch eine „schützende Tarnung von Lügen", auf die Churchill anspielte –, so daß sie nicht nur während des Krieges unbekannt blieben, sondern auch noch in den darauffolgenden Jahrzehnten sich der Enthüllung entzogen.

Für die Regierungen, die den heimlichen Krieg in großem Stil führten, war Spionage ein uraltes Mittel zum Sammeln diplomatischer und militärischer Geheimnisse, und seit jeher war der Spion das Werkzeug zum Ausforschen begehrter Informationen.

Die Arbeit des Spions war äußerst gefährlich. Allein und als Außenseiter in einer fremden Gesellschaft, hatte er keinen Schutz als seinen eigenen Scharfsinn. Er lebte am Rande eines Abgrunds und wußte, daß jeder Fehler ihn ins Verderben stürzen konnte. Manche Spione waren ungeschickt oder unvorsichtig und wurden gefaßt; andere wurden verraten. Geriet ein Spion in Gefangenschaft, so existierte er für die eigene Regierung nicht mehr. Das übliche Geschick eines gefangenen Spions war die Hinrichtung oder langjährige Haft. Es gab nur eine Alternative – zum Überläufer zu werden und für den Gegner zu arbeiten. Dies war jedoch eine abschreckende Wahl, denn niemand schätzt einen Überläufer, nicht einmal sein neuer Chef.

Die Spionage war längst im Gange, als die deutsche Wehrmacht 1939 mit der Niederwerfung Polens den Krieg eröffnete. Schon im vorausgegangenen Jahr, als der britische Premierminister Neville Chamberlain von der Münchner Konferenz nach London zurückkehrte und verkündete, dies sei der „Frieden für unsere Zeit", wußten die Chefs der europäischen Geheimdienste es besser.

Deutschland besaß bereits zwei tätige Geheimdienstorganisationen: die Abwehr, die dem Oberkommando der Wehrmacht unterstand und militärische Informationen im Ausland zu beschaffen hatte, und den Sicherheitsdienst (SD), den geheimen Nachrichten- und Abwehrapparat der NSDAP, der sowohl für Spionageabwehr im Inneren als auch für Auslandsspionage verantwortlich war. England hatte gleichfalls zwei nachrichtendienstliche Organisationen, MI 5 und MI 6. Theoretisch befaßte sich MI 5 mit der inneren Sicherheit, MI 6 mit Auslandsspionage, doch überschnitten sich die Interessen der beiden Dienste häufig, wie es auch bei den entsprechenden Interessen der Abwehr und des SD der Fall war. Britische und deutsche Agenten, die für diese Organisationen arbeiteten, sollten ihren Einfallsreichtum im weiteren Verlauf des Krieges mit wachsendem Eifer aneinander messen.

Beide Zweige des britischen Nachrichtendienstes waren schon zu Anfang des Jahrhunderts geschaffen worden, nachdem das Versagen der britischen Streitkräfte im Burenkrieg offenkundig geworden war. Wegen unzulänglicher militärischer Spionage hatten die Briten die Stärke und Zähigkeit der Buren unterschätzt und sahen sich als Folge davon in einen verlustreichen dreijährigen Krieg verstrickt. Ein Nachrichtendienst zum Schutz des eigenen Landes war eine durchaus legitime und traditionelle Einrichtung, und die Existenz von MI 5, wenn nicht gar dessen Arbeitsweise, war weithin bekannt. Dagegen war MI 6, der in den Angelegenheiten anderer Nationen herumschnüffelte, weniger achtbar und verbarg überdies seine Existenz, indem er eine Reihe von zwielichtigen Unternehmungen hinter rechtmäßigen Einrichtungen wie den britischen Paßstellen im Ausland versteckte. Das Gebäude seines Hauptquartiers in London war mit Geheimtüren und einer Geheimtreppe ausgestattet, und sogar die Lage des Gebäudes war ein sorgfältig gehütetes Geheimnis.

Es überrascht nicht, daß die merkwürdigen Eigenheiten einer solchen Organisation sich in der Persönlichkeit der Männer widerspiegelten, die sie leiteten; tatsächlich läßt sich von der Spionage insgesamt sagen, daß sie exzentrische Charaktere anzog. Die geheimnisvolle Atmosphäre, die MI 6 umgab, wurde von seinem ersten Leiter, Mansfield Smith-Cumming, geschaffen, einem einbeinigen Marineoffizier, der ein goldgefaßtes Monokel zur Schau trug und mit grüner Tinte schrieb. Um die eigene Identität ebenso geheimzuhalten wie die Tätigkeit seiner Organisation, gab Smith-Cumming sich selbst eine Codebezeichnung, nämlich den Anfangsbuchstaben seines zweiten Zunamens. Damit schuf er einen Präzedenzfall, denn alle späteren Chefs von MI 6 waren traditionellerweise nur als C bekannt. Smith-Cummings Nachfolger, Admiral Sir Hugh Sinclair, war ein Exzentriker gleichen Ranges, dessen Hut stets eine Nummer zu klein war und der, wenn er in einem Gespräch an etwas Anstoß nahm, seinen Unwillen zu erkennen gab, indem er seinem Besucher den Rücken zukehrte.

Sinclair, der 1939 an Krebs starb, empfahl dem Kabinett seinen Stellvertreter Stewart Graham Menzies als Nachfolger. Menzies war sehr reich und kam aus angesehener Familie. Er hatte die englische Eliteschule Eton absolviert, aber nie eine Universität besucht. Statt dessen war er bei den Garde-Grenadieren eingetreten und ein Jahr später zur Gardekavallerie übergewechselt. Er betätigte sich sportlich, indem er Parforcejagden ritt, und war Mitglied bei White's, einem exklusiven Londoner Club. Der Beginn seiner Karriere als C stand jedoch unter einem Unstern, der allen Beteiligten die ungewisse und gefährliche Natur der Spionage vor Augen führte.

Als Menzies im November 1939 sein Amt antrat, hatte MI 6 die Hauptverantwortung für die britische Spionage im Deutschen Reich zwei Agenten übertragen, die von Den Haag aus, der Hauptstadt der Niederlande, ihre Aufgabe wahrnahmen. Von dort leitete Major R. Henry Stevens, gedeckt durch die ehrwürdige Fassade der Königlich Britischen Paßstelle in einer ruhigen Villenstraße, einen ausgedehnten Spionagering im Inneren Deutschlands. Sein Mitarbeiter war Hauptmann S. Payne Best, der seit Jahren in den Niederlanden lebte und seine Aktivitäten hinter der Fassade einer Import-Exportfirma betrieb.

Die Geheimdiensttätigkeit der beiden Engländer war den in den Niederlanden arbeitenden Agenten des SD und der Abwehr nicht verborgen geblieben, und bald nach Kriegsbeginn entschloß sich der SD zu einem entscheidenden Schlag gegen Stevens und Best. Anfang September 1939 wurden sie von einem deutschen Emigranten aufgesucht, der ihnen anbot, sie mit einem Vertreter des im Untergrund arbeitenden deutschen Widerstands zusammenzubringen. Nachdem sie Menzies' Einverständnis eingeholt hatten, stimmten Best und Stevens dem Treffen zu und wurden bald mit einem „Hauptmann Schemmel" von der Transportabteilung des Oberkommandos der Wehrmacht bekanntgemacht. Die erste Begegnung verlief herzlich, und die drei Männer versprachen in Verbindung zu bleiben und Informationen auszutauschen. Eine Zusammenkunft führte zur anderen, und bald enthüllte Schemmel seinen neugierigen Gesprächspartnern, daß es eine Anzahl hoher Heeresoffiziere gebe, die an einem Umsturzplan arbeiteten, der Hitlers Entmachtung und die Wiederherstellung des Friedens mit den Alliierten zum Ziel habe. Der deutsche Hauptmann war ein Mann von überzeugendem Auftreten, und seine Geschichte klang einleuchtend. Die beiden britischen Agenten waren von den Möglichkeiten fasziniert und willigten ein, zur Weiterführung der gemeinsamen Überlegungen nahe dem kleinen holländischen Grenzort Venlo mit Schemmel zusammenzutreffen.

Am Nachmittag des 9. November lenkten Best und Stevens ihren Buick eine kleine Straße entlang zu dem als Treffpunkt vereinbarten Café. Als der Buick um eine Biegung kam, jagte ein offener Wagen von Deutschland her über die Grenze und durchbrach den niederländischen Schlagbaum. Während seine Insassen auf die holländischen Grenzwachen feuerten, raste der offene Wagen weiter die Straße entlang auf den Buick zu und blockierte ihn. Fünf Deutsche sprangen heraus, rissen Best und Stevens aus dem Buick, legten ihnen Handschellen an und stießen sie in den offenen Wagen. Ein niederländischer Geheimdienstbeamter, der mit den Briten im Wagen saß, wurde tödlich verwundet. Der deutsche Wagen wendete und raste zurück über die Grenze.

Der Zufall wollte es, daß am Abend zuvor im Münchner Bürgerbräukeller ein erfolgloser Bombenanschlag auf Adolf Hitler verübt worden war, der dort zum Jahrestag des Marsches auf die Feldherrnhalle vor alten Kämpfern der Partei gesprochen hatte. Zwar stellte sich später heraus, daß der Attentäter ein Einzelgänger gewesen war, aber der SD glaubte zunächst an eine vom feindlichen Ausland gesteuerte Verschwörung und fand es zweckdienlich, die zwei britischen Agenten mit dem Mordanschlag in Verbindung zu bringen. Best und Stevens wurden in ein Gefängnis gesteckt und dort bis Kriegsende festgehalten.

Die Entführung der zwei britischen Schlüsselagenten in Westeuropa war ein vernichtender Schlag für Menzies und MI 6. Stevens' Spionagering war der Hauptlieferant von Informationen aus Deutschland gewesen; führerlos geworden, brach er zusammen und löste sich auf. Acht Monate später kapitulierte Frankreich, und die britische Geheimdiensttätigkeit auf dem Kontinent kam praktisch zum Erliegen. MI 6 mußte unter wesentlich erschwerten Bedingungen von vorn anfangen, denn inzwischen war der größte Teil Europas unter deutsche Herrschaft geraten.

Zur gleichen Zeit hatten Abwehr und SD jedoch mit eigenen Schwierigkeiten zu kämpfen, die den Briten einen gewissen Ausgleich bescherten. Eine davon war ein unbegründeter Optimismus von seiten Hitlers. Eine andere war die für beide Teile schädliche Rivalität zwischen Abwehr und SD, die ein gemeinsames Handeln häufig verhinderte. Eine dritte und auf lange Sicht entscheidende Schwierigkeit war die Ungewißheit und die daraus folgende Unschlüssigkeit der eigenen Führung.

In den Jahren der Vorkriegszeit hatte Adolf Hitler den weltfremden Traum eines engen Bündnisses zwischen Deutschland als vorherrschender Kontinentalmacht und Großbritannien als stärkster Seemacht gehegt. Eine solche Allianz mußte nach seiner Überzeugung unüberwindbar sein.

Um möglichen Gefährdungen dieses Planes vorzubeugen, untersagte er 1935 jede Spionagetätigkeit in Großbritannien. Erst zwei Jahre später machte Hitler dieses Verbot rückgängig. Die deutschen

Der Münchner Bürgerbräukeller nach dem Bombenanschlag vom November 1939 auf Adolf Hitler, der das Gebäude schon verlassen hatte. Obwohl das Attentat von einem Einzelgänger verübt worden war, nutzte die deutsche Propaganda den Vorfall aus, um die öffentliche Empörung in Richtung auf den britischen Geheimdienst zu lenken.

Geheimdienste aber hatten wertvolle Zeit verloren, auch wenn sie sich nach Kräften bemühten, alte Zuträger und Mitarbeiter zu reaktivieren und ein neues Agentennetz aufzubauen. Bei Kriegsausbruch 1939 begannen die Agenten der Abwehr sich auf der Suche nach Informationen über die Lage von Flugplätzen, Häfen, Reparaturdocks und Lagerhäusern über Großbritannien auszubreiten.

Die Entführung von Stevens und Best in diesem Jahr war für die deutsche Spionageabwehr ein glänzender Triumph und verhalf insbesondere dem SD zu Ruhm und Ansehen. Adolf Hitler verlieh den verantwortlichen Männern, an erster Stelle Hauptmann Schemmel, der in Wirklichkeit SS-Sturmbannführer Walter Schellenberg vom SD war, dankbar das Eiserne Kreuz. Die kühne und geschickte Operation bei Venlo mehrte auch das Prestige von Schellenbergs Vorgesetztem Reinhard Heydrich, der als Chef des SD einer der mächtigsten Männer im Reich war.

Heydrich war ein vielseitig talentierter Mann. Er beherrschte mehrere Fremdsprachen und war außerdem Fechter, Skiläufer und Reiter. Er konnte fliegen, spielte Violine und nahm an Fünfkämpfen teil. Als er 1922 als Kadett in die Reichsmarine eintrat, schien ihm eine vielversprechende Karriere sicher, und bald schon genoß er den Ruf eines hervorragenden Fernmeldeoffiziers.

Aber Heydrich war auch ein herber, strenger Mann und wenig beliebt bei seinen Kameraden. In der Offiziersmesse gingen sie ihm aus dem Weg und äfften seine schnarrende Stimme nach, wenn er ihnen den Rücken kehrte. Der Umstand, daß er obendrein ein Herzensbrecher mit großen Erfolgen bei der Damenwelt war, trug nicht zu seiner Beliebtheit bei den anderen Offizieren bei. Heydrich umwarb und trennte sich von einer Reihe von Frauen, bevor er sich schließlich mit der Tochter eines Fabrikanten verlobte. Als er einige Zeit nach dieser Verlobung erklärte, er beabsichtige eine andere Frau zu heiraten, war der Vater der Braut aufs höchste erzürnt. Er machte seinen Einfluß bei den Marinebehörden geltend, und nach einem Ehrenverfahren mußte Heydrich als Oberleutnant aus der Marine ausscheiden. Er war stellungslos und verbittert, als sein Schicksal 1931 eine neue Wendung nahm.

Durch Parteifreunde wurde er mit Heinrich Himmler bekannt, dem Reichsführer der SS. Himmler war beeindruckt von Heydrichs

Münchener Ausgabe

327. Ausg. · 52. Jahrg. · Einzelpreis 15 Pf. 20 Pf.

Münchener Ausgabe

München, Donnerstag, 23. November 1939

VÖLKISCHER BEOBACHTER

Kampfblatt der national-sozialistischen Bewegung Großdeutschlands

Verräter Otto Strasser das Werkzeug des englischen Geheimdienstes

Wiederholte Anschläge auf den Führer

Die britische Mordverschwörung

Die große Pleite des Intelligence Service

Strassers Auftrag, den Führer zu beseitigen

Der gedungene Mörder und seine Hintermänner

Das gekaufte Werkzeug Georg Elser

Die Leiter der britischen Mörderzentrale für Europa Kapitän Stevens

Mr. Best

In seiner Berichterstattung über den Mordanschlag gegen Hitler veröffentlichte der „Völkische Beobachter" die Photographien der britischen Agenten Hauptmann S. Payne Best und Major R. Henry Stevens zusammen mit der des Täters Georg Elser. Der Artikel lobte SD-Sturmbannführer Walter Schellenberg (oben) für seine Ergreifung der beiden Engländer. „England warf die Bombe, um einen Ausweg aus der von seinen Schlappen verursachten Verlegenheit zu finden", behauptete die Zeitung.

selbstbewußter Haltung und seinem scharfen Verstand und gab ihm den Auftrag, einen Nachrichten- und Sicherheitsdienst für die SS aufzubauen. Das Ergebnis war der SD.

Heydrich begann seinen neuen Dienst, indem er zunächst den Briten nacheiferte, für die er große Bewunderung hegte. Er organisierte den SD nach den Vorstellungen, die er vom britischen Geheimdienst hatte, verbunden mit naiven Ideen, zu denen ihn die Lektüre von Detektivgeschichten und Spionageromanen angeregt hatte. Er nahm die Gewohnheit an, sich selbst als C zu bezeichnen, und sein Büro hatte einen Gummistempel mit der Anweisung „Zur Vorlage an C". Ungeachtet dieses etwas albern anmutenden anfänglichen Verhaltens, baute er nach und nach ein leistungsfähiges Netz von Informanten auf, das sich bis in den letzten Winkel des Deutschen Reiches erstreckte.

Unter Heydrich verbreitete der SD eine Atmosphäre von Geheimnis und Abenteuer, die auf manche der intelligentesten und überzeugtesten jungen Nationalsozialisten eine starke Anziehungskraft ausübte. Heydrich selbst schien die Ideologie des Nationalsozialismus jedoch weniger zu bedeuten als die Macht, und an ihr sollte es ihm bald nicht mehr fehlen. Bereits 1934 war er Chef sowohl des SD wie der Geheimen Staatspolizei (Gestapo); 1939 wurde er zum Chef des Reichssicherheitshauptamtes (RSHA) ernannt, bald darauf zum SS-Obergruppenführer und General der Polizei. In dieser Position war er dem Reichsführer SS Himmler unmittelbar unterstellt und zählte zu den mächtigsten Männern des Dritten Reiches, als unter seiner Oberleitung die britischen Agentenführer Stevens und Best entführt wurden.

Sein Erfolg machte Heydrich zum Erzrivalen von Admiral Wilhelm Canaris, dem Chef der Abwehr *(S. 30–39)*. Je tatkräftiger jeder der beiden sich der nationalen Sicherheitsfragen annahm, desto unausweichlicher geriet er dabei in die Domäne des anderen. Dennoch blieben die zwei bei aller mehr oder weniger offenen Rivalität zumindest an der Oberfläche kooperativ, sogar freundschaftlich. Sie trafen sich zum Essen und verkehrten auch im Familienkreis miteinander. Bei den musikalischen Soireen, die Frau Canaris zu veranstalten pflegte, spielte Heydrich gelegentlich Violine. Gleichwohl beschrieb der Admiral seinen Rivalen als „einen heftigen und fanatischen Mann, mit dem eng zusammenzuarbeiten ganz unmöglich sein wird". Heydrich wiederum betrachtete Canaris als „einen alten Fuchs, dem nicht zu trauen ist".

Die undurchschaubare Welt der Spionage kannte wenige Gestalten, die es an Schläue mit Canaris aufnehmen konnten. Sein schneeweißes Haar, die buschigen Brauen und die leicht gebeugte Haltung verliehen ihm ein großväterliches Aussehen, hinter dem sich ein brillanter Verstand und eine Vorliebe für abwegige Dinge verbargen. Er deutete an, daß sein nichtdeutscher Name durch die Verwandtschaft mit Admiral Konstantin Kanaris erklärt werden könne, einem Helden des griechischen Befreiungskrieges von der türkischen Herrschaft in den Jahren 1822 bis 1829. In Wirklichkeit war er der Sohn eines westfälischen Industriellen italienischer Abstammung, dessen Vorfahren einen Endvokal des Namens eliminiert hatten. Canaris' Abenteuer als Marineoffizier im Ersten Weltkrieg waren legendär. Gerüchte wollten sogar wissen, daß die Spionin Mata Hari seine Geliebte gewesen sei und daß er als Kriegsgefangener in Italien den Gefängniskaplan erdrosselt habe und in seiner Soutane entkommen sei.

Canaris war deutschnational und konservativ gesinnt und begrüßte den Aufstieg des Nationalsozialismus als einer Bewegung der nationalen Erneuerung, deren Standartenträger er in Adolf

Die Reichskriegsflagge weht über dem „Bendlerblock" in Berlin, der an der Bendlerstraße gelegenen Zentrale der Wehrmacht, deren Gebäude u. a. das Reichskriegsministerium, das OKW, das Oberkommando des Heeres mit dem Generalstab des Heeres und die Abwehr mit ihren Abteilungen für Nachrichtenbeschaffung, für Sabotage, für Gegenspionage sowie für Dokumentation gehörten, beherbergten. Das Amt Ausland/Abwehr von Admiral Canaris überwachte und lenkte ein weltumspannendes Netz von 13 000 Mitarbeitern.

Hitler sah. „Man kann mit ihm reden", vertraute Canaris einmal einem Bekannten an. „Er ist ansprechbar und sieht etwas ein, wenn man es ihm nur richtig vorträgt."

Nach und nach aber begann er am Nationalsozialismus zu zweifeln, und als gegen Generaloberst von Fritsch, den Oberbefehlshaber des Heeres, auf Grund einer Intrige der SS Anfang 1938 der Vorwurf der Homosexualität erhoben und seine Entlassung verfügt wurde, war Canaris schwer erschüttert. Der Vorwurf gegen Fritsch erwies sich als unbegründet, und Hitler gab vor der Generalität eine Ehrenerklärung für Fritsch ab, setzte ihn jedoch nicht wieder in sein Amt ein, das er inzwischen mit dem ihm ergebenen Brauchitsch besetzt hatte. Diese Vorkommnisse und die zunehmende Unterdrückung der Juden erschütterten Canaris' Loyalität in solchem Maße, daß er Regimegegner in sein Amt aufnahm und eigene Vertraute in der Gestapo und in Hitlers Umgebung plazierte.

Trotz alledem gelang es Canaris bis zu seiner Verhaftung 1944 nie, sich der erstaunlichen Wirkung von Hitlers Persönlichkeit zu entziehen. Er wahrte den Anschein des tüchtigen und ergebenen Dieners der Wehrmacht und unterstützte Hitlers Feldzüge nach besten Kräften. Von seinem Dienstsitz in der Bendlerstraße in Berlin aus gebot Canaris über ein weitverzweigtes Informationsnetz. Er setzte Beamte des diplomatischen Dienstes und Vertreter der deutschen Wirtschaft im Ausland zur Beschaffung von Informationen ein; durch sie gewann er auch eine Anzahl von ausländischen Mitarbeitern an der deutschen Sache. Zu Hause und in den Hauptstädten des Auslands stellte er sogar Taubstumme, die von den Lippen lesen konnten, in seinen Dienst und schickte sie in Restaurants, wo ausländische Diplomaten verkehrten, damit sie beobachteten und niederschrieben, was jene sagten.

1939 arbeiteten Spionageringe der Abwehr in Lateinamerika, den Vereinigten Staaten, der Sowjetunion, Frankreich und den neutralen Staaten Europas. Als die Abwehr nun verspätet versuchte, auch in Großbritannien ein Agentennetz aufzubauen, stieß sie auf Schwierigkeiten. In den ersten Monaten nach Kriegsbeginn, zur gleichen Zeit, als Stevens und Best aus den Niederlanden entführt wurden, intensivierten die Briten ihre Gegenspionage. Gleich nach Kriegsausbruch im September mußten sich alle in Großbritannien befindlichen Bürger von Feindstaaten registrieren lassen. Von den 74 000 Ausländern, die sich meldeten, wurden alle, die auch nur den geringsten Argwohn weckten, daß sie mit geheimdienstlicher Tätigkeit befaßt sein könnten, von MI 5 unter Bewachung gestellt. Diese Aktion stellte fraglos eine ernste Behinderung der deutschen Bemühungen zum Aufbau eines Spionagenetzes dar, und ein britischer Geheimdienstoffizier prahlte, daß Deutschland blind in den Krieg gehen werde.

Damit hatte er recht, denn aus Mangel an ausgebildeten und landeskundigen Agenten konnte die Abwehr nicht mit einer verstärkten Einschleusung neuer Spione nach England antworten. Überdies hielt Hitler an der Vorstellung fest, daß England doch noch die Unsinnigkeit eines europäischen Krieges wegen des deutschen Eingreifens in Polen einsehen und zu einer Verständigung mit Deutschland bereit sein werde. Erst als das „großzügige Friedensangebot", das er nach dem Fall Frankreichs am 19. Juli 1940 an Großbritannien richtete, abgelehnt wurde und die britische Regierung ihre Entschlossenheit bekundete, den Krieg notfalls allein bis zur Vernichtung des Dritten Reiches fortzusetzen, erwachte Hitler aus seinen Träumen von einem deutsch-britischen Bündnis. Im Juli befahl er der Abwehr, England mit Agenten zu überschwemmen. Nun mußte Canaris den Zeitverlust wettmachen und setzte rasch die Operation *Lena* ins Werk, ein Notprogramm zur Ausbildung und Einschleusung von Geheimagenten.

Innerhalb von sechs Wochen hatten die ersten zwei Männer der neuen Gruppe von Agenten eine Geheimdienstschule in Hamburg absolviert, wo sie eine Grundausbildung für das Senden, Empfangen und Verschlüsseln von Funkbotschaften sowie für das Schreiben mit unsichtbarer Tinte erhielten. Jeder bekam falsche Ausweise und Lebensmittelkarten, ein Funkgerät und einen Betrag von 200 Pfund, dann wurde er nach England geflogen und sprang bei Nacht mit dem Fallschirm über dünnbesiedelten Landstrichen ab. Im Laufe des Herbstes folgten weitere 25 oder mehr Agenten, einige auf dem Luftwege, andere auf dem Seewege; die meisten waren Männer und Frauen unter dreißig. Es dauerte nicht lange, und aus dem Radioempfänger in der Hamburger Agentenleitstelle strömten geheime Botschaften aus dem Inneren Englands. Wie es ihren Instruktionen entsprach, sendeten die neuen Agenten Informationen über die Lage von Flakstellungen, Kasernen, getarnten Feldflugplätzen und Flugzeughangars. Dieses Datenmaterial war von entscheidender Bedeutung für die Luftwaffe, die zu dieser Zeit in die Luftschlacht um England verstrickt war.

Angesichts der ungünstigen Voraussetzungen – es gab keine erfahrenen, seit langem im Land ansässigen Agenten und keine sicheren Anlaufstellen für die neuen Leute – war es unvermeidlich, daß die Abwehr Agenten verlor. Einige Sender verstummten plötzlich, und auf Umwegen sickerten Nachrichten über die Hinrichtung deutscher Spione in britischen Gefängnissen nach Deutschland durch. Der Abwehr erschien die Verlustrate jedoch tragbar, und alle anderen Anzeichen waren positiv. Mit der Infiltration weiterer Agenten nahm der Informationsfluß aus Großbritannien zu, und Canaris und sein Stab folgerten daraus, daß ihr Agentennetz nach verspätetem Beginn in Großbritannien doch noch Wurzeln geschlagen hatte und sich rasch ausbreitete.

Aber die Vorstellung der Abwehr von ihren britischen Operationen hatte mit der Wirklichkeit nicht viel gemein. Tatsächlich war die mangelhaft vorbereitete und überstürzt durchgeführte Operation von Anfang an ein eklatanter Mißerfolg, der immer größere Ausmaße annahm. Sämtliche nach England entsandten Spione gerieten binnen kurzem in Gefangenschaft. Diejenigen unter ihnen, die sich weigerten, mit den Briten zusammenzuarbeiten, wurden eingekerkert oder gehängt. Die übrigen, überzeugt von der Aussicht auf die Schlinge des Henkers, ließen sich „umdrehen"; sie wurden Doppelagenten. Während sie vorgaben, für das Vaterland zu arbeiten, dienten sie in Wahrheit dem britischen Geheimdienst, und ihre von der Abwehr so hochgeschätzten Informationen aus dem Feindesland enthielten nur das, was die Briten freigeben wollten. So war die Abwehr unwissentlich einer großangelegten Täuschung zum Opfer gefallen, die im weiteren Kriegsverlauf noch ausgebaut wurde. Die Briten gaben ihrem Unternehmen, das sich zu einem der raffiniertesten Manöver des geheimen Krieges entwickeln sollte, die Bezeichnung Double Cross (Betrug).

Im Hof des Hradschin zu Prag, dem Sitz der deutschen Verwaltung in der besetzten Tschechoslowakei, salutiert SS-Obergruppenführer Reinhard Heydrich (vorn) mit anderen Offizieren bei einer Flaggenparade. Nachdem Heydrich sich u. a. als Chef des SD bewährt hatte, ernannte Hitler ihn im September 1941 zum stellvertretenden Reichsprotektor von Böhmen und Mähren. Heydrich war auch einer der Hauptverantwortlichen für die Vernichtung der Juden in Europa.

Double Cross hatte seinen Ursprung in der Wankelmütigkeit eines Spions namens Arthur Owens. Owens war ein walisischer Elektroingenieur, der Verbindungen in Deutschland hatte und 1936 aus eigenem Antrieb seine Karriere als Spion begann, indem er der britischen Admiralität Informationen über die deutsche Schiffahrt zuleitete. Ehe ein Jahr um war, wurde er auf einer Geschäftsreise nach Deutschland von der Abwehr enttarnt und umgedreht. Major Nikolaus Ritter von der Hamburger Abwehr fuhr mit Owens aufs Land, bewirtete ihn großzügig und rekrutierte ihn als Agenten mit dem Codenamen Johnny. Nach London zurückgekehrt, legte Owens gegenüber MI 5 ein Geständnis ab. MI 5 war argwöhnisch, aber bereit, alles zu versuchen, was Informationen bringen konnte, gab Owens den Codenamen Snow und setzte ihn unter sorgfältiger Überwachung zur Täuschung der Abwehr ein.

Nach Kriegsausbruch hegten die Briten begreifliche Zweifel an Owens' wahrer Loyalität und steckten ihn in das Londoner Wandsworth-Gefängnis. Als der Spion beteuerte, er habe tatsächlich als Snow und nicht als Johnny gearbeitet, brachten sie einen Sender in seine Zelle und warteten ab, was er damit tun würde. Owens schickte sofort eine Botschaft an Major Ritter in Hamburg. Seine ersten Worte waren „ein Glas Bier", eine Redewendung, die ihn für Ritter augenblicklich identifizierte; es waren die einzigen deutschen Wörter, die Owens kannte, und bezogen sich vermutlich auf ihre gemeinsame Zecherei. Dann folgte eine Botschaft, die Ritter mitteilte, daß er gut angekommen sei und um Instruktionen bitte.

Damit war MI 5 zufriedengestellt. Snow wurde aus dem Gefängnis entlassen, und von diesem Tag an stand er in regelmäßigem Funkkontakt mit der Abwehr, jedoch unter der Leitung des MI 5. Er sendete einen Strom von Informationen über Schiffsbewegungen und Lieferungen von Kriegsmaterial durch die USA – Informationen, die die deutsche Luftaufklärung verifizieren konnte. Im Austausch empfing er Instruktionen und Anfragen, die MI 5 wertvolle Informationen über die Abwehr lieferten. Nach seiner Freilassung aus dem Gefängnis unternahm Snow im Herbst 1939 mehrere Reisen auf den Kontinent, wo er mit Ritter zusammentraf. Bei einem dieser Treffen beging Ritter die Unvorsichtigkeit, ihm die Namen und Anschriften von drei deutschen Agenten zu geben, die sich noch unentdeckt in England aufhielten: zwei Brüder sowie eine Frau, die bei Bournemouth lebte und deutsche Agenten mit Geld ausstattete. Als Johnny erhielt Owens den Auftrag, sich mit den dreien in Verbindung zu setzen und sie als Unteragenten zu verwenden. Als Snow wieder in England war, verriet er die drei an MI 5, das sie prompt festnahm und ins Gefängnis warf.

Etwa zur gleichen Zeit, als das Vertrauen, das MI 5 in Snow setzte, diesen Erfolg ermöglichte, wurden andere deutsche Agenten durch die Mitarbeit der Bevölkerung ohne viel Mühe gefaßt. Die wegen der drohenden Invasionsgefahr zu besonderer Wachsamkeit aufgerufene Bevölkerung beobachtete jeden verdächtigen Fremden mit höchstem Mißtrauen, was nicht wenigen harmlosen Bürgern die Unannehmlichkeiten einer vorübergehenden Festnahme bescherte. So konnte es nicht überraschen, daß die meisten von der Abwehr eingeschleusten Agenten nur wenige Stunden oder bestenfalls Tage nach ihrer Landung mit Fallschirm oder Schlauchboot entdeckt und festgenommen wurden.

Manche Agenten verrieten sich durch allzu fleißigen Betrieb ihrer Funkgeräte, was den Briten die Möglichkeit gab, den Standort des jeweiligen Geheimsenders anzupeilen. Häufiger aber war es Mangel an Erfahrung, Naivität oder die Unkenntnis britischer Einrichtungen und Bräuche, die den Agenten zum Verhängnis wurden. Ein Paar, das auf dem Seeweg gekommen war, wurde festgenommen, als eine Küstenpatrouille des Weges kam und die beiden am Strand sitzen und zum Frühstück deutsche Würste essen sah. Ein anderer angehender Spion, der nach längerer Wanderung von der Küste landeinwärts durstig geworden, betrat um neun Uhr früh eine Wirtschaft und verlangte einen Schoppen Apfelwein, ohne dabei zu ahnen, daß ein Gesetz den Ausschank alkoholischer Getränke vor zehn Uhr vormittags untersagte.

Ein weiterer deutscher Agent wurde gefaßt, als er der Bedienung eines Restaurants für eine Mahlzeit Abschnitte der Lebensmittelkar-

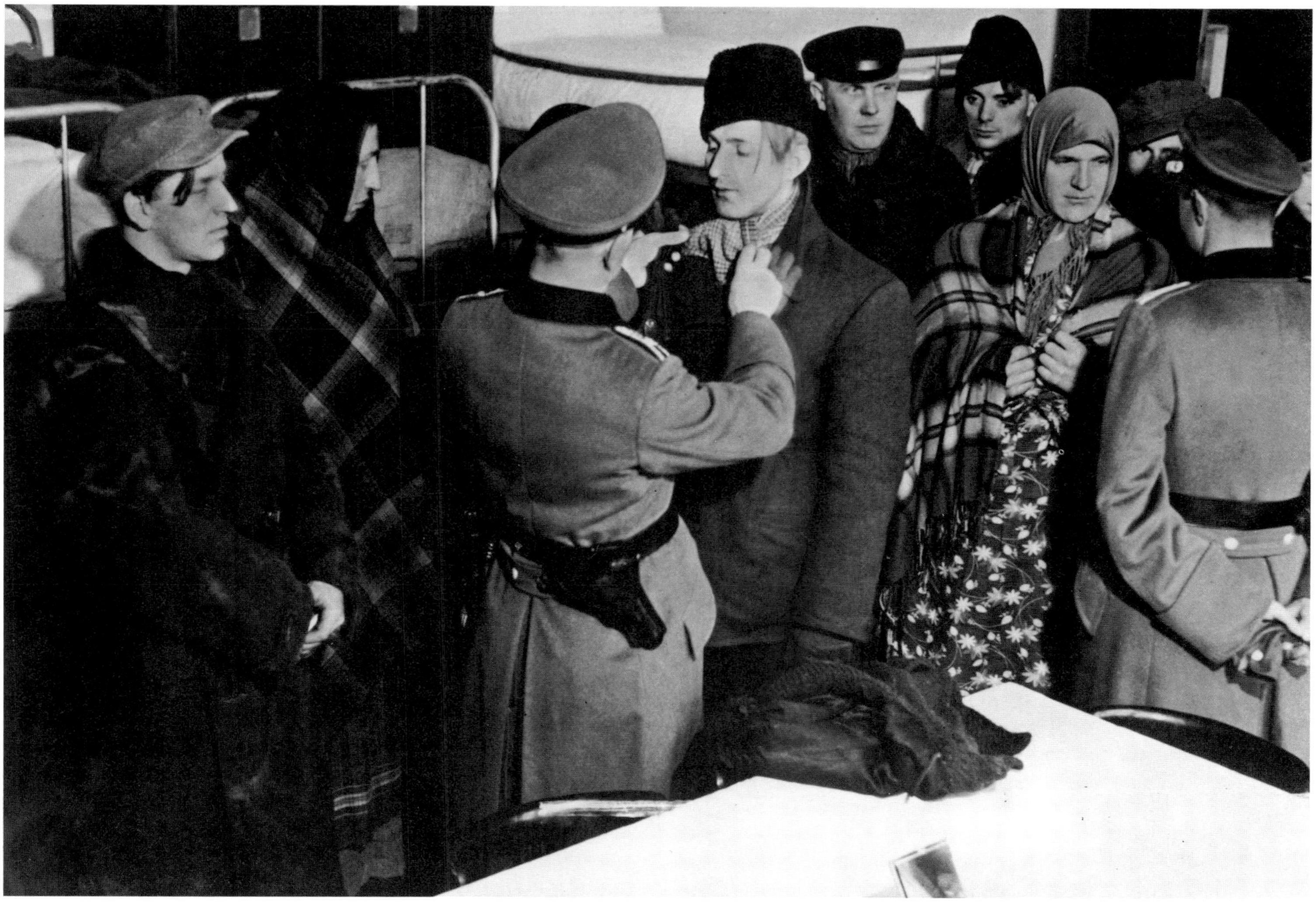

Deutsche Sicherheitspolizisten, die der SS unterstanden, verkleiden sich 1941 als polnische Bauern. Die Maskerade sollte es den Deutschen ermöglichen, in Widerstandsgruppen einzudringen und Partisanenführer aufzuspüren.

te aushändigen wollte, wie er es aus Deutschland gewohnt war. Diese waren jedoch nur in Lebensmittelgeschäften erforderlich. Wieder ein anderer beging einen folgenschweren Fehler am Fahrkartenschalter eines Bahnhofs. Als der Schalterbeamte ihm sagte, seine Fahrkarte koste „ten and six" – 10 Shillings und Sixpence –, wollte er zehn Pfund und sechs Shilling bezahlen. Im allgemeinen genügten den zivilen Augenzeugen solche kleinen Auffälligkeiten, um sofort die Polizei zu verständigen. Offensichtlich hatte die Abwehr die Wachsamkeit der britischen Bevölkerung unterschätzt. Was die Spione selbst betraf, so gab es wenige unter ihnen, die lieber den Tod durch den Strang erlitten, als zu Verrätern zu werden. Die meisten gaben schon recht bald nach und begannen neue Karrieren als Doppelagenten.

Gleichwohl war das „Umdrehen" von Spionen zu Doppelagenten für MI 5 und MI 6 keine Kleinigkeit. Hatte man den Agenten für sich gewonnen, mußte er ermuntert und akklimatisiert werden, bevor er verläßlich und wirksam für seine neuen Chefs arbeiten konnte. Man mußte ihm Ausweispapiere, Lebensmittelkarten, Kleiderkarten, eine Wohnmöglichkeit und eine Tarnbeschäftigung zur Verfügung stellen. Darüber hinaus benötigte jeder frischgebackene Doppelagent einen Funker, der seine Sendungen abhörte und absetzte, eine Haushälterin und Köchin, Bewacher bei Tag und Nacht, bisweilen einen Wagen mit Chauffeur und immer einen Führungsoffizier, der ihn anleitete und kontrollierte.

Der Führungsoffizier war vorzugsweise ein älterer Mann, der einen väterlichen Einfluß auf seinen Doppelagenten ausübte und die emotionale Abhängigkeit des entwurzelten jungen Menschen nutzte, um ihn umzuformen und einen vertrauenswürdigen Untergebenen aus ihm zu machen. Die zwei kamen täglich zusammen und waren einander durch gemeinsame Interessen verbunden. Um etwaige deutsche Agentenbeobachter in Sicherheit zu wiegen und um zu gewährleisten, daß der Rekrut nicht durch Fangfragen seiner deutschen Agentenleitstelle zu Fall gebracht würde, sorgte der Führungsoffizier dafür, daß sein Doppelagent eine gewisse routinemäßige Spionagetätigkeit aufrechterhielt, indem er sich in der Nähe von militärischen Anlagen, Schiffswerften und Flugplätzen herumtrieb und Material zu sammeln schien.

Mit der Einführung jedes neuen Doppelagenten wuchsen Personalaufwand und Verzweigung des Double-Cross-Systems, und je mehr es wuchs, desto zerbrechlicher wurde es. Die größte potentielle Gefahr für sein Bestehen lag im Funkverkehr mit Deutschland. Es lag auf der Hand, daß die Doppelagenten hinreichend genaue Informationen funken mußten, wenn sie den Beobachtungsergebnissen der deutschen Luft- und Seeaufklärung nicht widersprechen und sich das Vertrauen der Abwehr erhalten wollten. Zutreffende Informationen aber mußten unbedenklich für die britischen Sicherheitsinteressen sein. Gleichzeitig mußten Falschinformationen zur Irreführung der Abwehr sehr subtil sein – eine einzige offenkundige Unwahrheit konnte die deutsche Agentenleitstelle hellhörig machen. Mit der Zahl der Doppelagenten wuchs zudem die Gefahr, daß sie ungewollt einander widersprechende Botschaften übermittelten, die geeignet waren, den Argwohn der Abwehr zu erregen.

Was sollte enthüllt, was geheimgehalten werden? Welche Lügen konnten als sicher angesehen werden? Um eine Antwort auf dieses Dilemma zu finden, wurde aus Vertretern von MI 5 und MI 6, der Streitkräfte und des Außenministeriums ein Double-Cross-Ausschuß gebildet. Während die Doppelagenten weiterhin von einem Zweig von MI 5 betreut und beaufsichtigt wurden, sollte der neue Ausschuß den Strom der Funkbotschaften zum Kontinent koordinieren. Der Ausschuß wurde manchmal das „Zwanzigerkomitee" genannt; der Name war eine Anspielung auf Double Cross, das bisweilen als XX abgekürzt wurde – 20 in römischen Ziffern.

Im Laufe seiner Tätigkeit gewann das Zwanzigerkomitee durch die einfache Auswertung der Fragen und Aufträge der Abwehr an ihre Agenten zahlreiche wertvolle Hinweise auf deutsche Pläne. Als die Doppelagenten im Herbst 1940 mit Fragen über die britische Küstenverteidigung und die Lage von Lebensmittelmagazinen in Südostengland überschüttet wurden, war unschwer zu sehen, daß die Deutschen sich mit Invasionsplänen in diesem Bereich trugen. Dann aber verlagerte sich der Schwerpunkt der Fragen von Örtlichkeiten zu den Quantitäten der aus Kanada und den Vereinigten Staaten eintreffenden Lebensmittel- und Rohstofflieferungen; offensichtlich versuchten die Deutschen ein Bild vom Erfolg ihrer Seeblockade und des U-Bootkrieges im Nordatlantik zu gewinnen.

Das Zwanzigerkomitee spielte jedoch nicht nur eine defensive Rolle. Durch die geschickte Formulierung von Antworten auf viele Fragen versuchte es auf die Pläne der Deutschen einzuwirken. Während der Luftschlacht um England, als die Luftwaffe in besorgniserregendem Umfang Städte, Fabrikanlagen, Werften und Flugplätze in ganz England bombardierte, ließ das Zwanzigerkomitee durch seine Doppelagenten Falschinformationen ausgeben, nach denen bestimmte Stützpunkte der Royal Air Force über eine nur schwache Flugzeugabwehr verfügten, während sie in Wahrheit besser als andere für die Luftverteidigung eingerichtet waren. Die Luftwaffe griff diese Stützpunkte auch an, wobei dahingestellt bleiben muß, ob sie damit den Falschmeldungen folgte oder längst bestehende eigene Angriffspläne verwirklichte. Zu einer späteren Phase des Krieges übermittelte die Abwehr einem ihrer Agenten beunruhigende Fragen über die Fähigkeit Großbritanniens, sich gegen Giftgasangriffe zu verteidigen. Der Agent antwortete mit einem Bericht über die umfassenden Vorkehrungen, die für einen solchen Fall getroffen worden seien, und weitere Fragen blieben aus. Das Zwanzigerkomitee folgerte daraus, daß diese Antwort den

Deutschen die weitere Verfolgung möglicher Pläne für den Einsatz von Gas unzweckmäßig erscheinen ließ.

Mit Täuschungsmanövern solcher Art mußte das Zwanzigerkomitee äußerste Vorsicht walten lassen. Sein wertvolles Potential zur Irreführung des Gegners würde sich augenblicklich in Nichts auflösen, wenn die Deutschen das Lügengespinst durchschauten. „Niemand kann einen Bluff unbegrenzt aufrechterhalten", schrieb John C. Masterman, ein Beamter von MI 5 und Mitarbeiter bei dem Unternehmen Double Cross. „Früher oder später wird ein Fehler oder schieres Mißgeschick alles verraten. Haben die Deutschen aber erst volle Kenntnis über unsere Verfahrensweise in einem Fall erlangt, werden sie auch in allen anderen Verdacht schöpfen und schließlich die ganze Wahrheit erraten."

Die Alliierten hatten das Glück, daß die Abwehr das doppelte Spiel, das mit ihr getrieben wurde, nicht durchschaute, aber MI 5 erlebte einige heikle Situationen. Eine ergab sich durch einen deutschen Agenten, der im September 1940 mit dem Fallschirm über England absprang. Er wurde wenige Stunden nach der Landung gefaßt, umgedreht und erhielt den Codenamen Summer. Summer erwies sich als ein derart eifriger und geschickter Doppelagent, daß er in einem Privathaus nahe Hinxton, 13 Kilometer südlich von Cambridge, untergebracht wurde. Aber er war aus einem anderen Holz geschnitzt als seine Kollegen: Er hatte sich nur zum Schein umdrehen lassen. Eines Tages überwältigte er seinen Bewacher, fesselte ihn, verhalf sich zu einem Motorrad und suchte das Weite. Nachdem er eine Strecke gefahren war, stieß Summer

Ein Posten patrouilliert in einem Internierungslager in einem Londoner Außenbezirk, wo MI 5 gefangene deutsche Agenten festhielt. MI 5 verheimlichte den Bewohnern der Nachbarschaft den Zweck des Lagers und streute das Gerücht aus, daß es ein Genesungsheim für verwundete britische Offiziere sei. Tatsächlich diente das Lager der Vernehmung von Gefangenen und dem Versuch, sie zu Doppelagenten im Dienste der Briten „umzudrehen".

auf ein Paddelboot, das er am Motorrad festmachte, worauf er die Flucht fortsetzte. Er hoffte Norfolk zu erreichen und von dort auf Flüssen und Kanälen zur Küste und weiter über die Nordsee zu paddeln. Doch zuletzt ließ ihn das Glück im Stich; seine Maschine blieb liegen, und er wurde kurz vor Erreichen seines Ziels verhaftet. Nichtsdestoweniger war er nahe daran gewesen, das gesamte Double-Cross-System zu ruinieren.

Sein Fluchtversuch trug Summer das traditionelle Schicksal des in Kriegszeiten gefangenen Feindagenten ein – die Hinrichtung. Die Abwehr erhielt jedoch einen völlig anderen Bericht über seine Aktivitäten. Als Summers Funkgerät Ende Januar 1941 jählings verstummte, wurden die besorgten Führungsoffiziere der Abwehr von Snow (Arthur Owens) verständigt, daß Summer den Argwohn der Polizei erregt und mit den gestohlenen Papieren eines Seemannes zu Schiff aus England geflüchtet sei. Die Abwehr glaubte die Geschichte, ohne mißtrauisch zu werden.

Trotz seiner beinahe gelungenen Flucht war Summer für den MI 5 nicht ohne Nutzen. Bevor er den Weg in die Freiheit suchte, verriet er einen anderen Agenten, der mit dem Fallschirm über England abgesprungen war. Nach seiner Festnahme und seinem Zusammenbruch im Verhör machte dieser Agent, der den Decknamen Tate erhielt, eine beinahe religiöse Wandlung durch und machte sich die Sache der Alliierten zu eigen. In der Folgezeit entwickelte er sich zu einem der vertrauenswürdigsten und produktivsten Doppelagenten, die für MI 5 arbeiteten. Vom Oktober 1940 bis zum Kriegsende übermittelte Tate seiner Hamburger Leitstelle

Der deutsche Agent Karl Richter (mit Hut und Mantel) sieht sich kurz nach seinem Fallschirmabsprung in einem Wald in Hertfordshire, nördlich von London, am 13. Mai 1941 von britischen Geheimdienstoffizieren umringt. Richter war einer der wenigen Spione, die den Tod der Kollaboration vorzogen; da er standhaft blieb, wurde er sieben Monate nach seiner Festnahme gehängt.

Hunderte von Botschaften. Die deutsche Abwehr schätzte ihn so, daß sie ihm 20 000 Pfund zuschmuggelte. Das Geld sollte Tate Bewegungsfreiheit verschaffen, damit er seine Spionagetätigkeit ausweiten konnte, wurde aber von MI 5 konfisziert.

In dem Glauben, daß Tate 20 000 Pfund zur Verfügung habe – eine Summe, welche die üblichen Mittel eines Agenten weit überschritt –, erwartete die Abwehr von ihm, daß er in ihrem Auftrag alle Teile des Landes freizügig bereisen könne. So sah sich Tate auf einmal Fragen und Anforderungen gegenüber, denen er bei bestem Willen nicht gerecht werden konnte. Doch fand er einen schlauen Ausweg aus diesem Dilemma. Er konstruierte einen Besuch von der britischen Polizei, die ihn, wie er sagte, wegen seiner Unterlassung, sich für den Militärdienst registrieren zu lassen, vernommen habe. Darum habe er eine Stelle als Landarbeiter angenommen, eine Arbeit, die ihn von der Dienstpflicht befreie. Unglücklicherweise, meinte er, erlaube eine solche Arbeit keine Reisen; er könne nur an den Wochenenden nach London fahren, um Informationen zu sammeln.

Die Abwehr gab sich mit dieser Phantasiegeschichte zufrieden, und Tate, einmal darauf festgelegt, baute sie notgedrungen weiter aus. Er bevölkerte eine angeblich in dem Dorf Radlett nördlich von London gelegene Farm mit den passenden Figuren. In dem versteckt am Ende einer schmalen Zufahrt gelegenen Farmhaus lebte – so Tates Geschichte – der Farmer mit Frau und attraktiver Tochter. Das Glück wollte es, daß die Tochter eine Freundin hatte, die für die Chiffrierabteilung in einem der Ministerien arbeitete und an Wochenenden regelmäßig zu Besuch kam. Sie und Tate wurden intim, und in der vertraulichen, bukolischen Atmosphäre erzählte ihm das Mädchen bald Einzelheiten über ihre Arbeit in der Chiffrierabteilung. Nachdem ihr Ministerium sie zu einer amerikanischen Einheit versetzt hatte, wurde sie noch gesprächiger.

Tates Kaltblütigkeit und professioneller Sachverstand unter schwierigen Umständen beeindruckte die Abwehr, und die Schatztruhe von Geheiminformationen, die sich auf der kleinen Farm in Radlett auftat, erfreute seine Auftraggeber um so mehr, als sie nach seiner Übersiedlung aufs Land nicht mehr viel von ihm erwartet hatten. So hoch wurde Tate für seine von MI 5 ausgetüftelten Falschmeldungen geschätzt, daß sein Führungsoffizier in Deutschland ihm über Funk mitteilte, man habe ihm das Eiserne Kreuz zweiter Klasse verliehen. Später erhielt er noch das EK I. Unterdessen arbeitete Tate in vergleichsweiser Freiheit als selbständiger Photograph, denn auch die Briten vertrauten ihm.

Ermutigt von der scheinbaren Ausbreitung ihres Informantennetzes in England, entsandte die Abwehr weitere Agenten. Fast alle wurden entweder in das wachsende Double-Cross-System integriert oder hingerichtet. Ein Agent, der im Januar 1940 mit dem Fallschirm landete, brach sich dabei den Knöchel. Seine unversöhnliche Haltung und die Publizität, die seine Festnahme gefunden hatte, machten ihn unbrauchbar für den britischen Geheimdienst und bedeuteten sein Todesurteil. Ein anderer schwebte im Mai 1941 mit einem Paket Pfundnoten für Tate am Fallschirm herab; auch er zeigte sich national gesinnt und wurde exekutiert.

Wenngleich von beiden Kriegsparteien praktiziert, wurde die Hinrichtung gefangener Agenten von MI 5 im allgemeinen doch abgelehnt. „Ein lebender Spion", schrieb Masterman, „ist als Nachschlagewerk immer von einigem Nutzen, selbst wenn er keine Botschaften senden kann; ein toter Spion ist von keinerlei Nutzen. Aber einige mußten zugrunde gehen, sowohl um die Öffentlichkeit zu überzeugen, daß die Sicherheit des Landes gewährleistet war, als auch, um den Deutschen den Eindruck zu vermitteln, daß die anderen ihre Arbeit erfolgreich verrichteten und sich nicht in der Hand des Gegners befanden. Es würde die Leichtgläubigkeit selbst der Deutschen überfordert haben, wenn scheinbar alle ihre Agenten die Gefahren ihrer Landung überwunden hätten."

Nicht alle Rekruten für das Unternehmen Double Cross mußten von MI 5 umgedreht werden; manche von ihnen waren bereitwillige Abtrünnige, die von jeher in Gegnerschaft zu den Achsenmächten gestanden hatten. Ein herausragender Vertreter dieser Kategorie war Dusko Popov, von den Briten mit dem Decknamen Tricycle versehen, ein Jugoslawe mit guten Verbindungen zu reichen Familien in England wie in Deutschland. Als er 1940 in Geschäftsangelegenheiten die deutsche Botschaft in Belgrad aufsuchte, regte ein Botschaftssekretär an, daß Popovs Zugang zu führenden britischen Gesellschaftskreisen ihn befähigen könnte, unter diesem Deckmantel nützliche Arbeit für Deutschland zu leisten. Popov heuchelte Zustimmung und konsultierte einen britischen Diplomaten, der ihm riet, auf die Vorschläge der Deutschen einzugehen. Dies tat er, und die Deutschen schickten ihn nach England.

Popov meldete sich sofort bei MI 5 und enthüllte, daß man ihm Namen und Adresse des wichtigsten deutschen Agenten in England gegeben habe, der den Decknamen Giraffe trug. Diese Information war MI 5 doppelt willkommen. Denn Giraffe war bereits ein Doppelagent, der vor einiger Zeit in Lissabon rekrutiert worden war, und Popovs Botschaft bewies, daß die deutsche Abwehr noch nichts von seiner Desertion wußte. Regenbogen, ein weiterer Gegner des Nationalsozialismus, der in England auftauchte, war in Deutschland aufgewachsen und hatte dort bis 1938 gearbeitet. Careless, ein polnischer Pilot, täuschte Kollaborationsbereitschaft vor, nachdem er von den Deutschen abgeschossen worden war, ebenso wie Vater, ein bekannter belgischer Pilot.

Zwei Norweger wurden von einem deutschen Wasserflugzeug über die Nordsee geflogen und, ausgerüstet mit einem Funkgerät, Sprengstoff und Fahrrädern, in einem Schlauchboot vor der Ostküste

Schottlands ausgesetzt. Sie waren von den Deutschen als Saboteure ausgebildet und hatten den Auftrag, mehrere genau angegebene Lebensmitteldepots in die Luft zu sprengen, Funkkontakt herzustellen und Meldungen über die von deutschen Luftangriffen verursachten Schäden, Truppenbewegungen und die Stimmung unter der Bevölkerung zu übermitteln. Sobald sie gelandet waren, meldeten sie sich bei der Polizei und gingen in das Double-Cross-System ein, das ihnen die Decknamen Mutt und Jeff gab.

Um die Deutschen zu überzeugen, daß Mutt und Jeff ihre Arbeit taten, beschloß MI 5, einen Sabotageanschlag gegen eines der Lebensmitteldepots vorzutäuschen – keine leichte Aufgabe, da die britische Presse getäuscht werden mußte. „Damit diese Aktion von den Deutschen als gelungen anerkannt wird", sagte Masterman, „müssen in der Presse groß aufgemachte Berichte über die Explosion erscheinen; die Zeitungen werden jedoch nur Reportagen bringen, die ihre eigenen Leute recherchiert und geschrieben haben. Und wenn die Explosion oder der Schaden unbeträchtlich ist, werden die Presseberichte darüber, wenn sie überhaupt erscheinen, entsprechend dürftig ausfallen." Außerdem mußte die entstehende Feuersbrunst heftig genug sein, um selbst in Kriegszeiten die Aufmerksamkeit der Presse zu finden, gleichzeitig aber beherrschbar bleiben, damit sie von den örtlichen Feuerwehren unter Kontrolle gebracht werden konnte.

„Es gab zahlreiche brenzlige Augenblicke", erinnerte sich Masterman, „ehe die Operation erfolgreich abgeschlossen werden konnte. Die zwei betagten Wächter des Lebensmitteldepots ließen sich nur mit Mühe aus ihrem Schlummer reißen und von dem Teil des Gebäudes fortlocken, wo der Brandsatz gelegt worden war. Und dann wäre es einem übereifrigen örtlichen Polizisten beinahe gelungen, unsere Beamten festzunehmen." Aber am Ende ging die Bombe los, das Feuer brannte und breitete sich eindrucksvoll aus, ohne jemand zu verletzen oder schwere Schäden zu verursachen. Berichte über den Sabotageakt erschienen in britischen Zeitungen, und die Abwehr glaubte die Bestätigung zu haben, daß Mutt und Jeff durchgekommen waren und sich auf ihr Geschäft verstanden.

Von allen Agenten, die den Briten freiwillig in der zwielichtigen Welt des Double-Cross-Systems dienten, war der vielleicht berühmteste ein zäher, einfallsreicher und exzentrischer Spanier, der den Decknamen Garbo trug.

Garbo war ein glühender Gegner des Nationalsozialismus, der den Briten seine Dienste als Spion schon frühzeitig im Krieg angeboten hatte und abgewiesen worden war. Weit davon entfernt, Freiwillige zu werben, bestanden MI 5 und MI 6 darauf, die Rekrutierung von Personal selbst zu besorgen, um sichere Kontrolle über ihre Agenten zu haben. Garbo ging darauf zu den Deutschen – jedoch mit Hintergedanken. Er sprach in der deutschen Botschaft in Madrid vor, wo es ihm gelang, seinen guten Willen so überzeugend glaubhaft zu machen, daß die Beamten dort einwilligten, ihn mit allem Notwendigen für eine Spionagemission nach England zu versorgen. Garbo gab vor, das Land gut zu kennen, was in Wahrheit überhaupt nicht der Fall war. Versehen mit gefälschten Ausweisen, unsichtbarer Tinte, Geld und Deckadressen, verabschiedete sich Garbo im Juli 1941 von den Deutschen und machte sich auf den Weg nach England. Dort langte er nie an. Statt dessen blieb er in Lissabon, wo er mit Hilfe eines Reiseführers, einer Landkarte und einem ungültigen Eisenbahnfahrplan ausführliche und überzeugende Agentenberichte über die Britischen Inseln verfaßte. Die portugiesischen Briefmarken und Poststempel auf seinen Sendungen erklärte er damit, daß er sich der Dienste eines Kuriers bediene, der seine Berichte von England nach Portugal bringe.

Garbo erwärmte sich mehr und mehr für seine Arbeit und schuf drei imaginäre Unteragenten, die ihm Informationen aus dem Westen Englands, aus Glasgow und aus Liverpool sandten. Er und seine nichtexistierenden Helfer überfluteten die Madrider Verbindungsleute der Abwehr mit Berichten über britische Befestigungsanlagen, Ausbildungslager, Militärtransporte per Bahn und per Schiff. Da er stets darauf achtete, daß seine erfundenen Informationen der Wahrscheinlichkeit und den Erwartungen seiner Auftraggeber entsprachen, wurden sie von diesen für bare Münze genommen und mit Vertrauen honoriert.

Bis 1942 hatte Garbo mit seinem Ein-Mann-Unternehmen seine Versuche, sich dem britischen Geheimdienst zu empfehlen, mehrere Male wiederholt, aber jedesmal eine Abfuhr erhalten. Im Februar jenes Jahres leistete er sich jedoch einen übermütigen Streich, der den britischen Geheimdienst aufmerken ließ. Von Garbos imaginärem Unteragenten in Liverpool erfuhren die Mittelsmänner in Madrid, daß ein Geleitzug im Begriff sei, von dort nach Malta auszulaufen, um die Insel, einen wichtigen britischen Vorposten im Mittelmeer, mit Kriegsmaterial, Truppen und Lebensmitteln zu versorgen. Von Malta aus operierende Bomberverbände brachten den über See laufenden Nachschub der Achsenmächte für das Afrikakorps in schwere Bedrängnis, und die Achse versuchte Malta durch Seeblockade und Luftangriffe niederzuhalten. Es ist nicht bekannt, wie sie reagierte, als die Fernaufklärer der deutschen Marine und Luftwaffe, der Funkhorchdienst und die zu beiden Seiten der Straße von Gibraltar stationierten Meerengenbeobachter keine Spur von dem angesagten Geleitzug entdeckten. Die Zahl der

Agentenmeldungen verschiedenster Art, die ständig bei den Verbindungsstellen der Abwehr einliefen, war jedoch so hoch, daß kein gezielter Verdacht auf Garbo fiel.

Immerhin begann MI 5 sich jetzt für den Spanier, dessen wahrer Name Luis Calvo war, zu erwärmen. „Es wurde uns klar", schrieb Masterman später, „daß es besser wäre, Garbo in unsere Aktivitäten einzubauen, als ihn auf eigene Faust unbewußt Wettbewerb mit uns treiben zu lassen." Im April reiste Garbo nach England, wo die Deutschen ihn schon lange wähnten, und setzte dort seine phantasievolle Tätigkeit fort. „Der Solist aus Lissabon entwickelte sich zu einem Orchester", erinnerte sich Masterman. „Ein Orchester, das ein immer ehrgeizigeres Programm spielte. Garbo erwies sich als ein geradezu genialer Kopf. Er führte eine gewandte Feder und zeigte großen Fleiß und Einfallsreichtum, verbunden mit einer leidenschaftlichen und bisweilen überspannten Begeisterung für seine Aufgabe." In London fügte Garbo seinem imaginären Ring vier weitere Agenten hinzu, von denen einige direkt mit der Abwehr in Verbindung traten und lange Fragelisten erhielten, die vom Zwanzigerkomitee beantwortet wurden.

Nur einmal mußte Garbo seinen Agentenring umorganisieren, um sich nicht zu verraten. Als die Alliierten 1942 unter der Bezeichnung Operation *Torch* Vorbereitungen für die Landung in Nordafrika trafen, wurde MI 5 klar, daß Garbos imaginärer Agent in Liverpool nicht umhin konnte, Teile der Invasionsflotte zu sehen, die sich dort versammeln würde. Wenn die Abwehr später erfuhr, daß Liverpool ohne ihre Kenntnis Sammelplatz gewesen war, würde sie wahrscheinlich folgern, daß der örtliche Agent entweder ein Verräter oder eine Marionette des britischen Geheimdienstes war. Diese Erkenntnis aber konnte Garbos Kartenhaus in sich zusammenfallen lassen.

Garbo löste das Problem, indem er seinen Liverpooler Agenten tödlich erkranken ließ. Nach angemessener Frist meldete er der Abwehr, daß der Mann gestorben sei. Um die Täuschung glaubwürdiger zu machen, setzte MI 5 eine falsche Todesanzeige in eine Liverpooler Zeitung. Garbo leitete sie der Abwehr zu, die der Witwe des Verstorbenen ihr tiefes Mitgefühl aussprach.

Im Frühjahr 1944 hatte Garbo seinen imaginären Agentenring auf 14 aktive Mitarbeiter und elf Kontaktpersonen ausgeweitet, eine davon im britischen Informationsministerium. Er brachte das Kunststück fertig, alle Mitglieder seines Ringes mit einer Persönlichkeit, einer Familie, einem beruflichen Hintergrund, einem Prosastil und einer individuellen Handschrift auszustatten. Bis zu diesem Zeitpunkt hatte der Ring der deutschen Abwehr etwa 400 geheime Briefe und rund 2000 Funkmeldungen gesendet. Und nicht eines ihrer Mitglieder existierte, es sei denn in Garbos fruchtbarer Einbildung. Schließlich erschien der spanische Doppelagent seinen beiden Auftraggebern so verdienstvoll, daß die Briten ihm 1944 den Orden des britischen Weltreichs verliehen, während ein dankbares Deutschland ihn ungefähr zur gleichen Zeit in Abwesenheit mit dem Eisernen Kreuz auszeichnete.

Das Double-Cross-System lief wie eine gut geölte Maschine und erzeugte eine Menge von Halbwahrheiten, Belanglosigkeiten und subtilen Falschmeldungen, die von der Abwehr für echt gehalten wurden. Die Abwehr überhäufte ihre Agenten in England mit Fragen und Instruktionen, die den Briten einen Einblick in ihre innere Struktur, Methoden und Absichten verschafften. Gegen Ende des Jahres 1942 wurde deutlich, daß die deutsche Siegeszuversicht von 1940 weitgehend verflogen war. Die Luftwaffe hatte die Schlacht um England verloren, und damit war der Plan zur Invasion Englands zunichte geworden. In Nordafrika befanden sich die Achsenmächte auf dem Rückzug vor den Alliierten, die sich anschickten, das Mittelmeer unter ihre Kontrolle zu bringen. Der Angriff Hitlers auf die Sowjetunion band Millionen deutscher Soldaten im Osten, wo sie um einen Sieg rangen, der in unerreichbare Ferne zu rücken schien.

Deutschland befand sich nun in der Defensive und erwartete eine alliierte Invasion im Westen. Die Abwehr suchte Informationen über das Eintreffen amerikanischer Verstärkungen, Truppenbewegungen und -konzentrationen, die Ansammlung von Landungsfahrzeugen und Kriegsmaterial sowie das Auftauchen neuer Waffen, Kriegsschiffe und Flugzeuge, das auf ein bevorstehendes Landungsunternehmen hindeuten mochte. In diesen Einzelheiten hoffte sie die Antwort auf eine brennende Frage zu finden: Wann und wo würden die Alliierten die „Festung Europa" angreifen?

Tatsächlich hatten die langfristigen Planungen für eine solche Invasion bereits begonnen, und gleichzeitig wurden ausgeklügelte Vorkehrungen getroffen, um die Abwehr über Zeitplan und Angriffsziel zu täuschen. Dabei kam dem Zwanzigerkomitee und den Doppelagenten besondere Bedeutung zu, da die Agenten das Ohr des Feindes hatten. Sie sollten jedoch nicht die einzigen alliierten Teilnehmer an diesem Täuschungsmanöver mit hohem Einsatz sein. In der schattenhaften Arena des heimlichen Krieges war zur gleichen Zeit ein weiteres unsichtbares und wechselvolles Ringen im Gange. Wie die Alliierten ihre Gegner auf dem Gebiet der Gegenspionage in die Enge getrieben hatten, versuchten sie nun, in der Entwicklung und Entschlüsselung von Chiffriersystemen die Oberhand zu gewinnen.

DEUTSCHLANDS SPIONAGECHEF

Admiral Wilhelm Canaris schreitet zusammen mit begleitenden Offizieren die Front einer für Kommandounternehmen ausgebildeten Truppeneinheit ab.

DER RÄTSELHAFTE MANN DER DEUTSCHEN ABWEHR

Schalkhaft die Mütze eines italienischen Infanterieleutnants tragend, blickt Wilhelm Canaris etwas argwöhnisch über den Kragen seines Marinemantels.

Als Admiral Wilhelm Canaris 1941 mit einem anderen Offizier eine spanische Landstraße entlangfuhr, bremste er plötzlich, sprang aus dem Wagen und erwies einem Hirten, der seine Schafe neben der Straße hütete, eine militärische Ehrenbezeigung. „Man kann nie wissen, ob nicht ein rangälterer Offizier dahintersteckt", bemerkte Canaris zu seinem verblüfften Kameraden.

Wenige Menschen wußten, welche Persönlichkeit sich unter der Maske versteckte, die Canaris der Welt zeigte. Er war ein konservativer Nationalist (er hatte Hitlers Aufstieg begrüßt) und Anhänger unbedingter Autorität, der aber ungern Uniform trug und seine Auszeichnungen gewöhnlich in der Schublade ließ. Er zog die Arbeit dem Familienleben vor und schätzte seine Hunde mehr als seine Mitarbeiter. Sein Vorgesetzter, Generalfeldmarschall Wilhelm Keitel, der Chef des Oberkommandos der Wehrmacht, nannte ihn „ein Rätsel und ein Buch mit sieben Siegeln", und ein Untergebener fand ihn „widersprüchlich in seinen Anweisungen, ungerecht, mürrisch und unberechenbar". Bei alledem machte Wilhelm Canaris die Abwehr aus einem Anhängsel des alten Reichswehrministeriums zu einer riesigen und weitverzweigten Organisation, der es trotz ihres Mißgeschicks mit dem britischen Double-Cross-System gelang, durch Tausende von Agenten in aller Welt geheime Informationen zu sammeln.

Obwohl er selbst nie als Geheimagent diente, konnte er zumindest auf ein Abenteuer von der Art zurückblicken, wie es das Leben eines Spions so geheimnisumwittert und faszinierend erscheinen läßt. Im Dezember 1914 wurde der Kreuzer *Dresden,* auf dem er als Leutnant diente, nach der Schlacht bei den Falklandinseln in chilenische Gewässer verfolgt, auf ein Riff gesetzt und versenkt; die Chilenen internierten die Besatzung auf der Insel Quiriquina vor Valparaiso. Eines Nachts ließ er sich von Fischern, die er bestochen hatte, mit einem Fischerboot zum Festland hinüberrudern, verschaffte sich ein Pferd und überquerte in zweiwöchigem Ritt die Anden nach Argentinien. Dort erwarb er mit der Hilfe des deutschen Marineattachés in Buenos Aires einen falschen chilenischen Paß auf den Namen Reed Rosas. Canaris buchte eine Passage auf einem holländischen Dampfer, entging den britischen Kontrollen bei Zwischenaufenthalten in englischen Häfen und gelangte über das neutrale Holland wieder in die Heimat.

Vielleicht lieferte Großadmiral Karl Dönitz die beste Beschreibung von Canaris, als er ihn einen „Mann, der mehrere Seelen in seiner Brust hatte", nannte. Einige Manifestationen der Persönlichkeit von Canaris erscheinen auf den folgenden Seiten.

Canaris macht einen Spaziergang mit seinen Rauhhaardackeln. Wenn er auf Reisen war, bediente er sich sogar des Militärfunkverkehrs, um nach ihnen zu fragen.

Ein Klassenphoto aus dem Jahr 1905 zeigt Wilhelm Canaris (hintere Reihe, zweiter von rechts) im Kreis seiner Kameraden. Seine Vorgesetzten in der Marineschule, die er während seiner Offiziersausbildung anschließend besuchte, urteilten, er sei „trotz einer gewissen Schüchternheit allgemein beliebt".

Umringt von seiner Besatzung, steht Kapitänleutnant Wilhelm Canaris an Bord des U-Bootes UB 128. Er erhielt dieses Kommando, nachdem er als Kommandant eines kleineren Bootes drei britische Frachter versenkt hatte.

VON DER MARINE ZUM GEHEIMDIENST

Canaris verbrachte den größten Teil seines Erwachsenenlebens in der Kriegsmarine, zu der er sich 1905 im Alter von 18 Jahren meldete. Nach seiner Ausbildung an der Marineschule diente er im Ersten Weltkrieg als Seeoffizier auf einem Kreuzer und auf mehreren U-Booten. In den zwanziger Jahren wurde er in geheimer Mission nach Spanien entsandt, wo er mit Werften über den Bau von U-Booten verhandelte.

1932 zum Kapitän zur See befördert, wurde er 1934 vom scheidenden Chef der Abwehrabteilung im Reichskriegsministerium zum Nachfolger vorgeschlagen. Admiral Erich Raeder, der Oberbefehlshaber der Kriegsmarine, erkannte den Vorteil, einen Offizier der Marine an der Spitze des militärischen Nachrichtendienstes zu haben, und setzte sich für Canaris' Berufung ein.

Als Korvettenkapitän trägt Canaris die im Ersten Weltkrieg erworbenen Auszeichnungen. Das U-Boot-Abzeichen würdigt seinen Dienst in der U-Boot-Waffe; das Eiserne Kreuz Erster Klasse wurde ihm für eine Mission im neutralen Spanien verliehen, wo er 1916 erfolgreich um geheime Versorgungsbasen für deutsche U-Boote verhandelte.

Canaris (mit erhobener Hand) im Jahre 1934 an Bord des Linienschiffs „Schlesien". Als Kommandant hielt er der Besatzung Vorträge über die Vorzüge des Nationalsozialismus, was ihm die Gunst hoher Parteifunktionäre eintrug.

TAKTIEREN FÜR DIE ABWEHR

Canaris genoß seine Arbeit als Chef des Amtes Ausland/Abwehr und war von Anfang an bestrebt, der nationalsozialistischen Führung die Bedeutung seines Amtes vor Augen zu führen. Er warb Tausende von Agenten an und verteilte sie auf Horchposten rund um die Welt. Durch viel Geschick gelang es ihm, die Unabhängigkeit der Abwehr als militärischem Nachrichtendienst von Partei und SS garantiert zu erhalten. Das Abkommen zur Abgrenzung der Kompetenzen zwischen Abwehr und SD wurde für so bedeutsam gehalten, daß die Untergebenen es „die Zehn Gebote" tauften.

Dem gleichen Ziel zuliebe unterdrückte Canaris seine Neigung zur Zurückgezogenheit und nahm an gesellschaftlichen Ereignissen teil, wo er einflußreiche Leute antreffen konnte.

Auf einem Platz in den Vororten Berlins kommen im Jahre 1935 ausländische Diplomaten und Vertreter von Partei, Militär und Wirtschaft zu einer Fuchsjagd, unter ihnen Admiral Canaris (mit weißer Marinemütze), zusammen.

Offiziere von Wehrmacht, SA, SS und Polizei sind zu einer Tischrunde in den dreißiger Jahren versammelt. Durch solch informative Gespräche und Verhandlungen im kleinen Kreis gelang es Canaris, die Unabhängigkeit der Abwehr von der SS zu wahren.

Canaris unterhält sich mit dem Reichsführer SS Heinrich Himmler (vorn links) und Propagandaminister Joseph Goebbels (Mitte) 1936 in Berlin. Canaris verstand es hervorragend, seine Rivalen mit amüsantem Geplauder für sich einzunehmen.

Canaris im Gespräch mit Oberst Franz-Eccard von Bentivegni, dem Chef seiner Abteilung für Gegenspionage, der 1941 einen Auftrag an der Ostfront durchzuführen hatte, auf einem Feldflugplatz bei Smolensk. Canaris unternahm häufig Reisen, um sich mit seinen Agenten und Offizieren zu besprechen.

WICHTIGE MISSIONEN FÜR DIE DEUTSCHE FÜHRUNG

Als Chef der Abwehr hatte Canaris in der ganzen Welt Agenten, die ihm Informationen lieferten, doch nichts gefiel ihm besser, als selbst Informationen zu sammeln. Dies kam Hitler zupaß, der sich gerne auf die Dienste von Canaris verließ.

Bisweilen übernahm Canaris wichtige diplomatische Missionen. 1940 reiste er nach Spanien, um den Caudillo Fancisco Franco zum Kriegseintritt an der Seite der Achsenmächte zu bewegen. Franco, dem Gibraltar als Beute winkte, liebäugelte mit dem Vorschlag, entschied sich jedoch für eine neutrale Haltung.

Bei seinen geheimen Missionen fand Canaris oft Zeit, seiner Neigung für Verkleidungen nachzugeben. Als er während des Weihnachtsurlaubs 1942 Spanien besuchte, kleidete er sich als Zivilist (rechts) oder erheiterte die dort stationierten Agenten, indem er ihnen, als Koch gekleidet, einen festtäglichen Braten zubereitete.

In Galauniform unterhält sich Admiral Canaris 1939 auf einem Empfang in Berlin mit General José Moscardo, der im Spanischen Bürgerkrieg den Alcazar von Toledo verteidigte. Der Empfang fand anläßlich der Rückkehr der deutschen Legion Condor statt, die Franco im Bürgerkrieg unterstützt hatte.

Canaris (links, mit Filzhut) befindet sich Anfang 1943 inkognito in einer spanischen Kleinstadt. Er unternahm die Reise, um mit Franco zusammenzutreffen und sich über den alliierten Schiffsverkehr vor Gibraltar zu unterrichten.

AGENTEN IN FEINDESLAND

Der deutsche Abwehragent Josef Klein sitzt an seinem selbstgebauten Kurzwellensender in seiner New Yorker Wohnung, während sein Schäferhund Wache hält.

GERINGE CHANCEN UND EIN HARTES LOS

Die Spionagetätigkeit war für den Agenten und seine Führungsoffiziere bei der Abwehr ein kompliziertes Geschäft, das erschöpfender Vorbereitung und ständiger Wachsamkeit bedurfte. Ob er beauftragt wurde, im Kampfgebiet die feindlichen Linien zu durchdringen – eine Aufgabe, die namentlich gegen Kriegsende nicht selten Freiwilligen der Hitlerjugend übertragen wurde *(rechts)* – oder in einem fremden Land zu dienen, gewöhnlich wurde er in einer der rund sechzig Agentenschulen ausgebildet, die von der Abwehr im Reichsgebiet unterhalten wurden. Dort lernten angehende Agenten Verschlüsselungstechniken, die Bedienung von Funkgeräten und Mikrophotographie, um sie in die Lage zu versetzen, ihre Geheiminformationen sicher zu übermitteln. Für viele Missionen waren körperliche Gewandtheit und Kenntnis von Überlebenstechniken von entscheidender Bedeutung; eine Agentengruppe, die mit dem Wasserflugzeug vor die schottische Küste geflogen wurde, verlor die für das Zielgebiet bestimmten Transportmittel, als beim Umsteigen ins Schlauchboot ihre drei Klappräder über Bord gingen. War ein Agent glücklich durch die feindlichen Linien oder ins feindliche Ausland gekommen, so erwartete ihn die widersprüchliche Aufgabe, seine Aktivität zu verbergen, während er seine Arbeit tat. Die meisten Agenten scheiterten bei dem Versuch, diesen doppelten Anforderungen zu genügen; man schätzt, daß 95 Prozent von denen, die auf der Suche nach militärischen Informationen hinter den feindlichen Linien arbeiteten, gefangengenommen und exekutiert oder eingekerkert wurden. Spionage war selbst außerhalb des Kampfgebietes äußerst gefährlich. Die Polizei und eine zur Wachsamkeit erzogene Bevölkerung stürzten sich beim geringsten Verdacht auf den mutmaßlichen Spion. In den Vereinigten Staaten nahm allein das FBI zwischen 1941 und 1945 etwa 4000 Verdächtige fest; 94 von ihnen wurden verurteilt. Um diesem Schicksal zu entgehen, mußte der Agent, der in der Ferne auf sich allein gestellt war, seinen ganzen Einfallsreichtum aufbieten.

Bei einer Übung für ein Unternehmen in Schottland paddeln Abwehragenten vor der Küste Norwegens in einem Schlauchboot vom Seeflugzeug an Land.

Dem sechzehnjährigen Karl Arno Punzeler, der beim Ausspähen amerikanischer Truppen in Belgien gefangen wurde, wird das Urteil verlesen: lebenslängliche Haft.

DAS WAGHALSIGE DOPPELLEBEN VON AGENTEN

Das erste, was ein Agent im Ausland benötigte, war eine Tarnung – eine legitime Tätigkeit, die seine Anwesenheit rechtfertigen und sein Interesse an Informationen aus dem Sicherheitsbereich effektiv verdecken konnte.

Viele Agenten verfügten von Anfang an über eine ausgezeichnete berufliche Tarnung. Ein Angestellter im Stockholmer Handelsministerium nutzte seinen Einblick, um die Verschiffung von Kriegsmaterial nach England zu überwachen. Ein Deutschamerikaner, Direktor eines Automobilwerkes in Detroit, lieferte der Abwehr Material über amerikanische Flugzeug- und Dieselmotoren, als die Motorenwerke auf Kriegsproduktion umstellten. In Südamerika schmuggelte ein deutschfreundlicher Priester in seinem Gebetbuch Botschaften von Peru nach Chile.

Die Tarnung konnte ein wirklich ausgeübter oder ein Scheinberuf sein, aber sie mußte überzeugen. Der Abwehragent Rumrich wurde 1938 in New York gefaßt, als er versuchte, 50 Pässe zu beschaffen, indem er sich dreist als Unterstaatssekretär der Regierung ausgab.

Johann Siegfried Becker, ein SS-Offizier, wirkte als deutscher Handelsbeauftragter in Buenos Aires, während er einen Agentenring leitete, der sich über den südamerikanischen Kontinent erstreckte.

Ernst Weber-Drohl, ein sechzigjähriger ehemaliger Akrobat, bereiste Irland mit einer Freistil- und Gewichtheberschau und einer irischen Assistentin. Daneben spionierte er für die Abwehr. Bei seinem letzten Einsatz im Februar 1940 wurde er von einem U-Boot an Land gesetzt, versehen mit einer Botschaft für die IRA und 3750 Pfund, die für Sabotageaktionen in Nordirland bestimmt waren.

Frederick Joubert Duquesne (links), ein gebürtiger Südafrikaner und amerikanischer Staatsbürger, der im Ersten Weltkrieg als professioneller Spion und Saboteur von Deutschland, Österreich-Ungarn, der Türkei und Bulgarien ausgezeichnet worden war, hegte seit dem Burenkrieg einen unstillbaren Haß gegen die Briten. In den USA beschaffte er der Abwehr Pläne über die Entwicklung wichtiger amerikanischer Waffen. Lilly Barbara Stein (unten), die Ladenbesitzerin und Künstlermodell in New York war, stellte ihre Wohnung als Anlaufstelle für Duquesne und andere Agenten zur Verfügung.

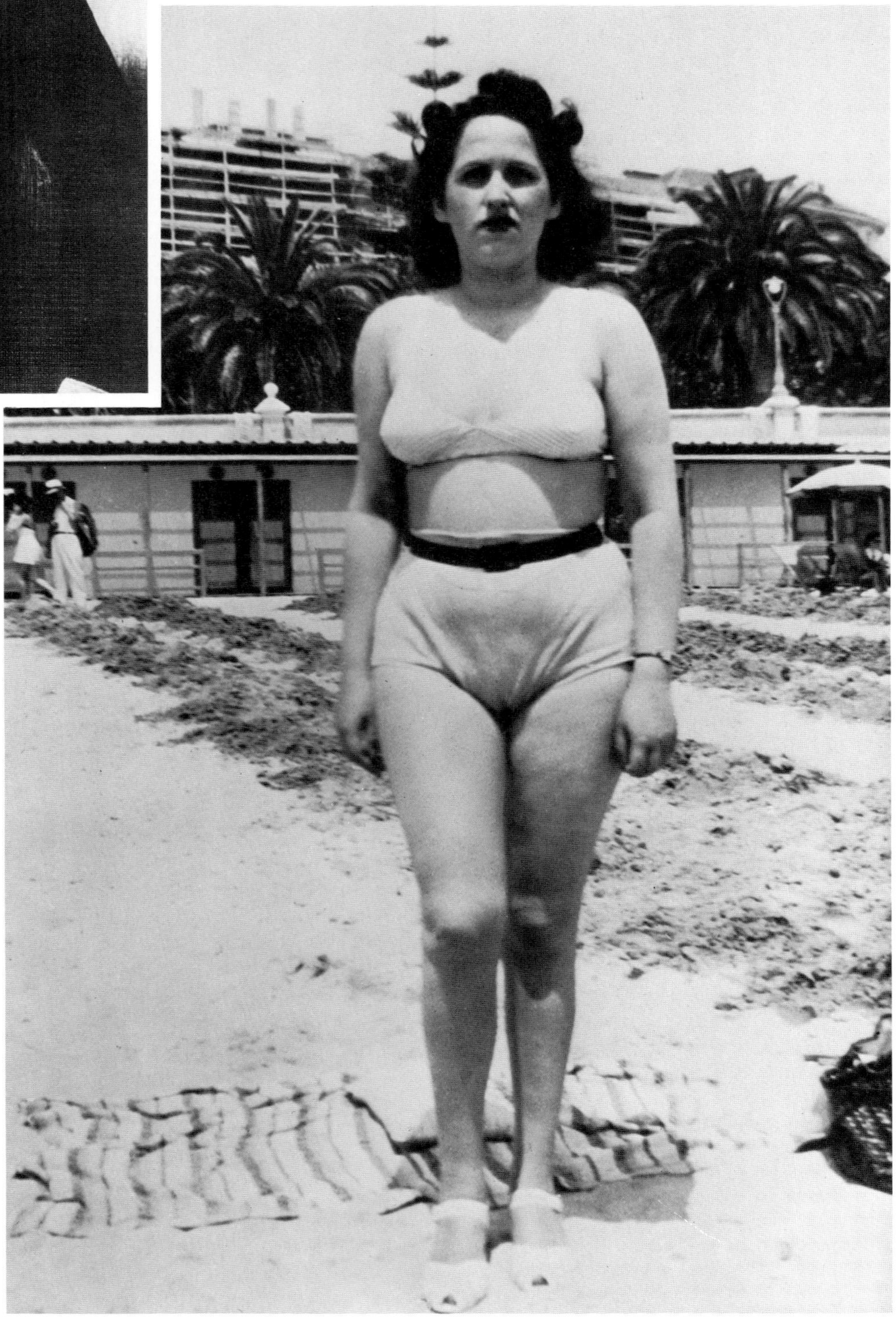

Dr. Hermann Goertz und die neunzehnjährige Marianne Emig, die sich als seine Nichte ausgab, photographierten Stützpunkte der Royal Air Force in England. Bei ihren Fahrten durch das Land gaben sie vor, Material für ein Buch zu sammeln.

Unter dem Kommando von Skipper Christian Nissen (rechts), der vor dem Krieg an Hochseeregatten teilgenommen hatte, segelt die Jacht „Kyloe“ (oben) von Frankreich in Richtung Südafrika.

EIN GEFÄHRLICHES SEGELABENTEUER

Die meisten Abwehragenten erreichten ihre Ziele mit dem U-Boot oder durch Fallschirmabsprung, zwei Möglichkeiten, unbemerkt in Feindesland zu gelangen. Aber im Frühjahr 1941 inszenierte die Abwehr für Robey Leibbrandt, einen früheren Polizisten und Schwergewichtsmeister im Boxen, eine spektakuläre Expedition. Leibbrandt hatte die Aufgabe, in seiner Heimat Südafrika Widerstandsgruppen gegen die Engländer zu bilden und Sabotageanschläge zu verüben. Die Reise vom deutsch besetzten Frankreich nach Südafrika machte er an Bord der 20-Meter-Rennjacht *Kyloe*.

Die Reise war eine gefährliche 67-Tage-Fahrt über 7300 Seemeilen durch britisch beherrschte Gewässer. Zu der Kriegsgefahr kamen die Unberechenbarkeiten des Wetters. „Die Windstärke beträgt zehn bis elf“, schrieb einer der Seeleute gegen Ende der Reise. „Der Rudergänger muß sich festbinden. Fast drei Wochen ohne einen trockenen Faden am Leib.“

Dem zum Agenten gewordenen Box-Champion blieb diese besondere Unbill erspart: Leibbrandt litt an Seekrankheit und verbrachte einen großen Teil der Reise unter Deck.

Abwehragent Robey Leibbrandt hält sich durch Rudern im Schlauchboot der „Kyloe“ in Form, während ein Gefährte Filmaufnahmen macht. Abwehrchef Canaris gab Anweisung, die verschiedenen Stadien der weiten Reise zu dokumentieren.

Ein Besatzungsmitglied der „Kyloe" wird der Äquatortaufe unterzogen. Auf hoher See holte die Besatzung die Flagge ein, legte die Uniformen ab und gab sich als amerikanische Jachtmannschaft aus.

Der Skipper Christian Nissen (vorn Mitte) und seine Mannschaft stellen sich nach Verleihung des Eisernen Kreuzes für die erfolgreiche Reise der „Kyloe" dem Photographen. Abgeneigt, auf der Rückreise das Schicksal herauszufordern, lief Nissen nach 12 700 Seemeilen auf See einen Hafen in Spanisch-Marokko an und kehrte mit seiner Besatzung auf dem Luftweg nach Deutschland zurück.

DER DEUTSCHE SPION KURT FREDERICK LUDWIG

HAFENANLAGEN AM ERIE-SEE IN CLEVELAND

AUS DEM PHOTOALBUM EINES AGENTEN

Nachdem er sein Einsatzgebiet erreicht hatte, mußte ein Agent alles sehen, ohne selbst gesehen zu werden. Kurt Frederick Ludwig, 1940 von der Abwehr nach New York geschickt, bereiste alle Teile des Landes, wobei er etwa 70 Decknamen verwendete.

Ludwig, der manchmal mit einer siebzehnjährigen deutschen Gefährtin namens Lucy Boehmler reiste, war abwechselnd wagemutig und vorsichtig. In Pennsylvanien, wo er einmal auf lange Fahrzeugkolonnen der Armee stieß, paßte er die Geschwindigkeit dem Kriechtempo des Konvois an, so daß Lucy mit den Soldaten flirten und ihr Ziel in Erfahrung bringen konnte. Später, als er mit dem Wagen auf der Flucht zur Westküste war, von wo er nach Japan zu entkommen hoffte, wurde Ludwig von FBI-Agenten erkannt und nach einer wilden Verfolgungsjagd über Landstraßen gestellt und festgenommen.

Neben seiner Haupttätigkeit, der Beschaffung von Geheiminformationen, photographierte Ludwig auf seinen Fahrten ziemlich wahllos alles, was ihm interessant erschien. Die Objekte seiner Schnappschüsse, von denen rechts eine Auswahl zusammengestellt ist, reichten von Rüstungsfabriken bis zu harmlosen Beweisen von amerikanischem Patriotismus, wie etwa einer Freiheitsglocke, die einen Park zierte.

FLUGBOOTE AUF EINEM MARINESTÜTZPUNKT

NACHBILDUNG DER FREIHEITSGLOCKE IN EINEM PARK

KRAFTWERK UND GASBEHÄLTER AM EAST RIVER IN NEW YORK

LUFTAUFNAHME VON MANHATTAN

15,5 cm-ARTILLERIE BEI EINER PARADE

BRITISCHER FRACHTER IM HAFEN VON NEW YORK

UNTERSEITE EINES AMERIKANISCHEN ARMEEFLUGZEUGS

PARADE VON SEEKADETTEN DER US-MARINEAKADEMIE IN ANNAPOLIS

SPIONE UNTER SCHARFER BEOBACHTUNG

Als ein Deutschamerikaner namens William Sebold Ende 1939 seine alte Heimat besuchte, wurde er mit einem Abwehroffizier bekannt, der ihn für einen in und um New York arbeitenden Spionagering anwarb. Die Abwehr hatte jedoch einen schwerwiegenden Fehler begangen. Sebold ging zwar auf ihr Ansinnen ein, aber nur, weil er Repressalien gegen seine Angehörigen in Deutschland fürchtete. Während er eine Schiffspassage für die Rückreise in die Vereinigten Staaten arrangierte, suchte Sebold heimlich den amerikanischen Vizekonsul auf, offenbarte sich ihm und gab seine Bereitschaft zu erkennen, als Agent für Amerika zu arbeiten.

In New York ließ sich Sebold als beratender Ingenieur in der 42. Straße nieder, einer verkehrsreichen Durchgangsstraße in Manhattan. Dort begann er mit Hilfe des FBI seine Tätigkeit als Doppelagent. Von Februar 1940 bis Juni 1941 nahm er von anderen Agenten mehr als 300 Berichte zur Weiterleitung an die Abwehr entgegen. Sebold war ein einfacher Mann, doch meisterte er sein Doppelleben mit großer Geschicklichkeit und erwarb sich das volle Vertrauen der Deutschen und die Dankbarkeit der Amerikaner. Zu seinen Informanten gehörte der Chefingenieur des Passagierdampfers *America,* der Pläne für den vorgesehenen Umbau des Schiffes in einen Truppentransporter lieferte. Das FBI sichtete alle Informationen und ließ passieren, was ihm nicht bedeutungsvoll oder ungenau erschien. Im Fall der Umbaupläne wurde allerdings das Kaliber der Geschütze unkenntlich gemacht.

Ohne Wissen der Spione waren FBI-Leute mit Kameras in Sebolds Büro versteckt und filmten praktisch jede Transaktion. Im Juni 1941 hatten sie genug Material gesammelt, um 33 Agenten zu verhaften, von denen 19 im September des gleichen Jahres vor Gericht gestellt und zu Gefängnisstrafen verurteilt wurden. Für die Vereinigten Staaten war es der größte Erfolg dieser Art in der Geschichte des Landes. Für die Abwehr war es dagegen ein schwerer Schlag.

Der amerikanische Doppelagent William Sebold (links) spricht mit dem deutschen Agenten Hermann Lang, der als Inspektor eines Rüstungsunternehmens der Abwehr zahlreiche wichtige Informationen verschafft hatte. Durch einen Einwegspiegel machte das FBI Hunderte von Aufnahmen bei der Überwachung der Agentenbesuche. In Sebolds Büro waren eine Uhr und ein Kalender so angebracht, daß sie Uhrzeit und Datum dokumentierten.

March
7

EIN GESCHEITERTES SABOTAGEUNTERNEHMEN

Auf den Polizeiphotos sind die acht vom FBI gefangenen deutschen Saboteure zu sehen. „Diese armen jungen Burschen, alles anständige Parteimitglieder!" rief Hitler dem Abwehrchef zu, als er von ihrer Gefangennahme hörte. „Nächstes Mal können Sie Juden und Kriminelle schicken!"

Adolf Hitler war so zornig über die Sprengung des erfolgreichen Spionagerings durch den Doppelagenten Sebold, daß er sofort die Durchführung von Sabotageaktionen in den Vereinigten Staaten anordnete. Strategisch wichtige Brükken, Bahnlinien und Aluminiumfabriken für die Flugzeugindustrie sollten Hauptziele der geplanten Anschläge sein.

Acht Männer meldeten sich freiwillig für diese Aufgabe. Die Freiwilligen machten eine mehrmonatige Ausbildung durch, zu der auch das Lesen amerikanischer Zeitungen und Zeitschriften gehörte. Ferner besichtigten sie Fabriken und Güterbahnhöfe, um zu lernen, wie man solche Anlagen am besten für möglichst lange Zeit außer Betrieb setzen konnte.

Im Juni 1942 wurden die Männer in zwei Gruppen von deutschen U-Booten in die Vereinigten Staaten gebracht. Eine Vierergruppe ging auf Long Island an Land, die andere in Florida. Sie waren mit 200 000 Dollar versehen und hatten genug Zünder und Sprengstoff, um zwei Jahre mit der Planung und Durchführung von Anschlägen zuzubringen.

Die Long-Island-Gruppe landete nachts bei Amagansett am östlichen Ende der Insel. Die Männer hatten gerade die Kleider gewechselt, als sie von einem patrouillierenden Angehörigen der Küstenwache gestellt wurden. Sie bestachen ihn mit 260 Dollar; der Mann nahm das Geld und ging seines Weges.

Nun vergruben die vier Agenten sicherheitshalber ihre Sprengstoffvorräte und bestiegen einen Frühzug nach New York. Dort kleideten sie sich in teuren Geschäften neu ein und speisten in eleganten Restaurants. Aber der Mann der Küstenwache war zu seiner Wachstation gegangen und hatte gemeldet, was ihm widerfahren war. Die Sprengstoffvorräte wurden ausgegraben, und das FBI machte sich auf die Suche nach den deutschen Agenten.

Bei diesem Stand der Dinge veriet Georg Dasch, einer der Agenten, das Unternehmen an das FBI. Seine Aussagen füllten 254 engbeschriebene Schreibmaschinenseiten. Innerhalb von zwei Wochen hatte das FBI seine Kameraden gefaßt, einschließlich der vier, die in Florida gelandet waren. Alle wurden in einem geheimen Militärgerichtsverfahren abgeurteilt und endeten mit Ausnahme von Dasch und Ernst Burger, der sich ebenfalls aussagewillig gezeigt hatte, auf dem elektrischen Stuhl.

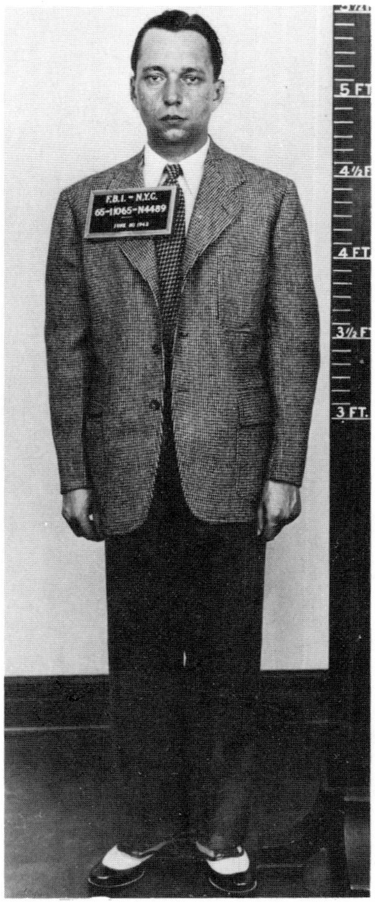

ERNST BURGER, 36: Lebenslänglich

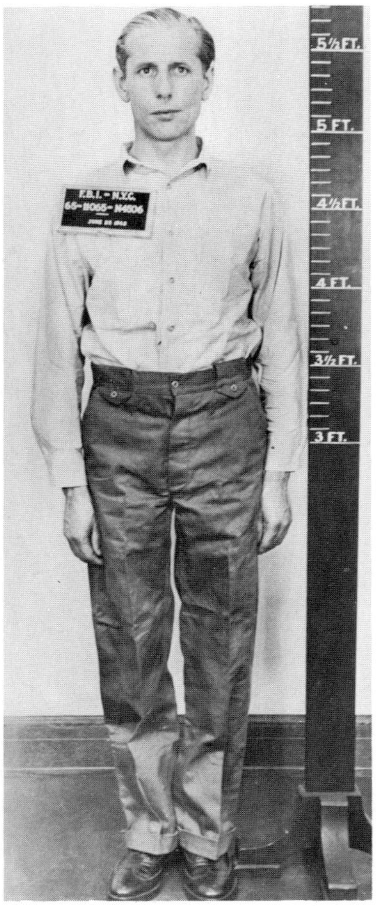

GEORG DASCH, 39: 30 Jahre Gefängnis

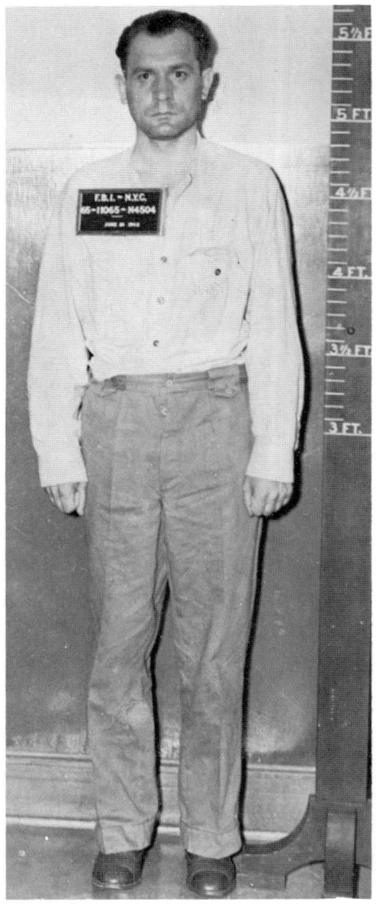

WERNER THIEL, 35: Todesstrafe

EDUARD KERLING, 33: Todesstrafe

Vier Kisten mit Sprengstoff und Ausrüstung, von den am 17. Juni 1942 in Florida gelandeten Saboteuren verscharrt, liegen halb ausgegraben am Strand nahe Jacksonville. Die Sprengstoffe bestanden aus Blöcken von TNT, elektrischen Zündkabeln und Bomben, die als Briketts getarnt waren.

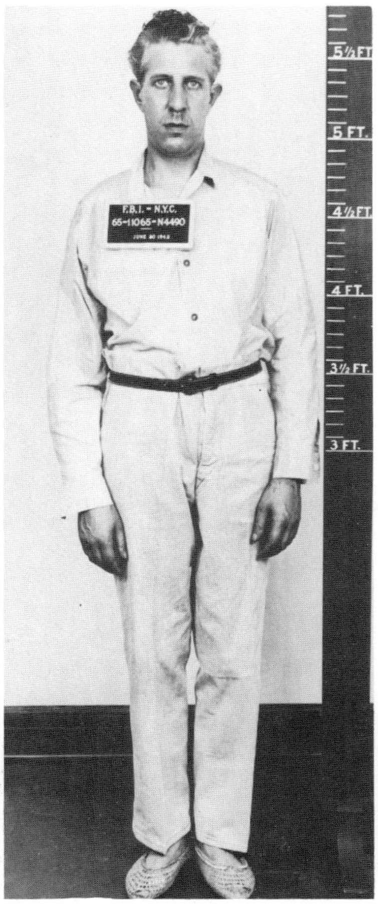

RICHARD QUIRIN, 34: Todesstrafe

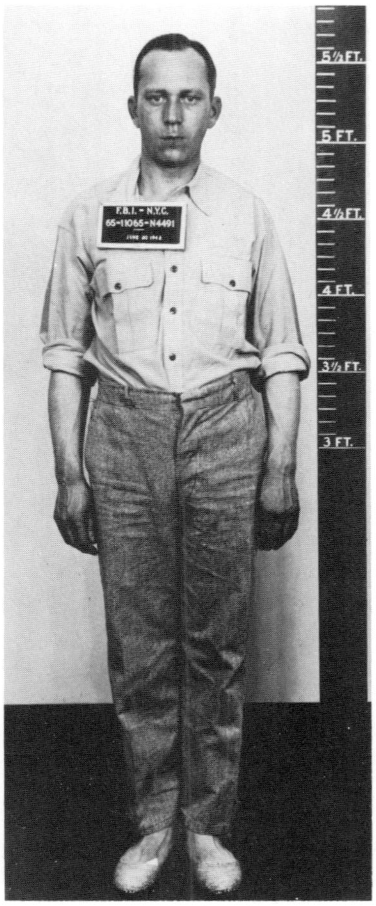

HEINRICH HEINCK, 35: Todesstrafe

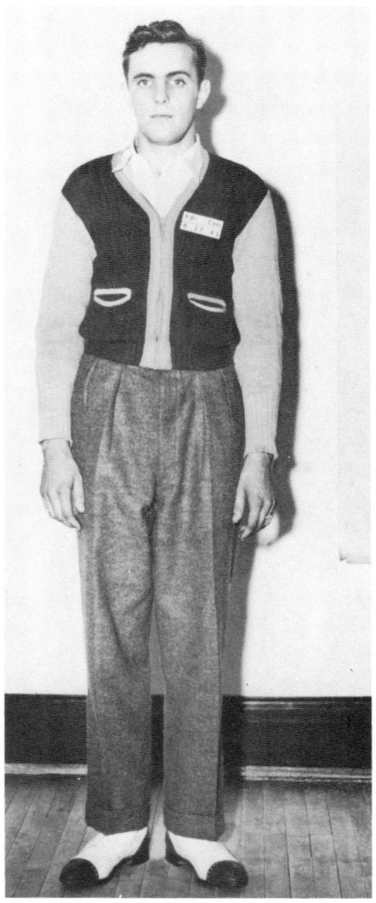

HERBERT HAUPT, 22: Todesstrafe

HERMANN NEUBAUER, 32: Todesstrafe

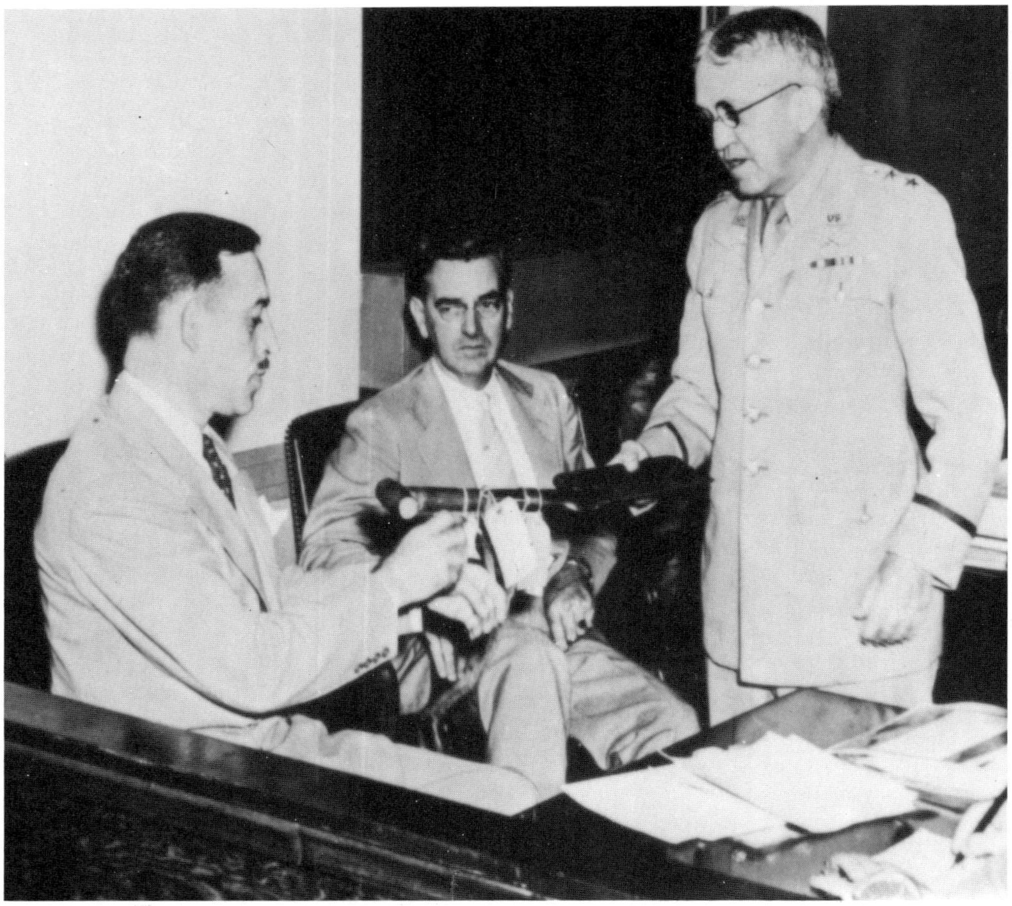

Der Anklagevertreter beim Militärgericht befragt einen FBI-Agenten im Verfahren gegen die Saboteure.

Soldaten führen den Agenten Heinrich Heinck durch das Gebäude des Justizministeriums in Washington.

Neugierige versammeln sich im Regen, während

zwei Gefangenentransportwagen die acht deutschen Agenten nach der Verhandlung des Militärgerichts zum Gefängnis fahren, wo sie die Urteilsvollstreckung erwartet.

2

Der japanische Purpurcode wird geknackt
Vorarbeiten in Pearl Harbor
Japanische Angriffspläne werden bekannt
Der Pazifik wird leergefegt
Die Geheimnisse der Enigma
Ein Geschenk aus dem Meer für Bletchley Park
Die Wende in der Atlantikschlacht

DIE CODEBRECHER

Am frühen Morgen des 7. Dezember 1941, einem Sonntag, saß ein Chiffrierbeamter in einem Hinterzimmer der prunkvollen japanischen Botschaft in Washington an einer elektrischen Underwood-Schreibmaschine. Neben ihm lag ein Stapel Depeschen, von denen er den 14. und letzten Teil einer Botschaft abschrieb, deren erste Teile am Vortag eingegangen waren. Die Radiofrequenz, auf der die Botschaft gesendet worden war, gehörte der Radio Corporation of America und war dieselbe, auf welcher der normale internationale Funkverkehr abgewickelt wurde. Aber die Botschaft auf den Formblättern der Depesche bestand aus Gruppen von jeweils fünf Buchstaben, die dem ungeschulten Betrachter willkürlich zusammengewürfelt erscheinen mußten.

Für den Chiffrierbeamten der Botschaft stellte die Depesche kein besonderes Problem dar. Jedesmal, wenn er eine Taste niederdrückte, um einen Buchstaben oder Wortzwischenraum wiederzugeben, ging ein Impuls durch ein Dickicht von Leitungsdrähten von seiner Schreibmaschine zu einem ungefügen Schaltkasten und von diesem zu einer zweiten Tastatur, die einen ganz anderen Buchstaben oder ein Satzzeichen niederschrieb: Die Nachricht wurde elektrisch in das gewöhnliche Englisch umgesetzt, in welchem es vom japanischen Außenministerium in Tokio abgefaßt worden war.

Die Mitteilung enthielt eine Litanei von Beschwerden und Vorwürfen. Damit bezog sich die japanische Regierung auf das im Sommer 1941 von den Vereinigten Staaten, Großbritannien und den Niederlanden verhängte Handelsembargo gegen Japan, das die für das Land lebenswichtige Versorgung mit Öl und Kautschuk unterbunden und Bedingungen geschaffen hatte, die die japanische Regierung nicht länger zu dulden gewillt war. Den drei erwähnten Staaten wurde vorgeworfen, sie hätten „ihre militärischen Vorbereitungen in Asien verstärkt", „die Einkreisung Japans vorangetrieben" und „die Existenz des Kaiserreiches gefährdet". Tokio beauftragte den japanischen Botschafter, die Mitteilung um 13 Uhr Washingtoner Zeit dem amerikanischen Außenminister zu übergeben.

Tatsächlich befanden die ersten Teile der Nachricht sich bereits in den Händen amerikanischer Regierungsbeamter, denn ohne Wissen des japanischen Beamten oder eines anderen Mitglieds seiner Botschaft hatte eine zweite Dechiffrieranlage, die derjenigen im Chiffrierraum der japanischen Botschaft erstaunlich ähnlich war, unter den Fingern eines jungen Reserveoffiziers der Marine den identischen Text der diplomatischen Note gleichzeitig heruntergeklappert. Er gebrauchte dazu eine sogenannte Purpurmaschine (nach dem Purpurschlüssel oder Purpurcode, wie die Amerikaner den Code bezeichneten, der vom japanischen diplomatischen Dienst verwendet wurde). Die Maschine war ein geheimer Nachbau, Ergebnis langjähriger Bemühungen des amerikanischen Dechiffrierspezialisten William F. Friedman *(S. 78–85)* und seines Stabes. Wenn die entschlüsselte Botschaft auch keinen Hinweis darauf gab, daß die Japaner im Begriff waren, Pearl Harbor anzugreifen, stellte sie doch eine Warnung an die Vereinigten Staaten dar, daß die Japaner bereit waren, die diplomatischen Beziehungen abzubrechen.

Die Notwendigkeit telegraphischer Fernverbindungen wie jener zwischen dem japanischen Außenministerium und der Botschaft in Washington verlieh der Kriegführung im 20. Jahrhundert eine neue Dimension. Auf jedem Kriegsschauplatz des Zweiten Weltkriegs hing das Schicksal so mancher Schlacht von der mehr oder minder gelungenen Geheimhaltung der Nachrichtenübermittlung ab, und das gleiche galt für die Anstrengungen an der Heimatfront.

Die meisten Informationen wurden durch Funk übermittelt, doch konnte jeder, der einen Kurzwellenempfänger besaß und die Morsezeichen kannte, den Funkverkehr belauschen. Tatsächlich hatte praktisch jede Nation einen Funkhorchdienst, dessen Horchposten über die ganze Welt verteilt waren; die Vereinigten Staaten unterhielten bereits vor dem Krieg mehrere davon auf verschiedenen pazifischen Inseln.

In dem Bemühen, das Abhören ihres Funkverkehrs zu vereiteln, beschäftigten die meisten Regierungen Dutzende, später sogar Hunderte von Technikern und Wissenschaftlern unter der Sammelbezeichnung Kryptographen (aus den griechischen Wörtern für „geheime Schrift"), die Methoden zur Verschlüsselung beliebiger Texte entwickelten. Ebenso wichtig war die Arbeit zahlreicher Dechiffrierspezialisten, deren Aufgabe es war, die Funkmeldungen des Feindes zu entschlüsseln. Die Entwicklung von Codes und Chiffren auf der einen und ihre Entschlüsselung auf der anderen Seite wurde so zu einer Haupttätigkeit des geheimen Krieges, der von allen Mächten mit großem Einsatz geführt wurde.

Es ist schwierig, zwischen Codes und Chiffren zu unterscheiden, und selbst unter den Sachverständigen gibt es verschiedene Definitionen. Eine sei hier gegeben: Ein Code ist jedes System von Symbolen (die Zahlen oder Buchstaben sein können), denen Bedeutungen zugewiesen sind. Die Symbole und ihre Bedeutungen können in einem Codebuch wie in einem Wörterbuch niedergelegt sein, das zum Nachschlagen herangezogen wird. Eine Chiffre ist die Kombination von willkürlich verwürfelten Buchstaben oder Zahlen, in die eine Botschaft durch den Austausch eines Buchstabens oder einer Ziffer gegen eine andere gebracht wurde. Die Kombinationen können Bedeutungen entsprechen, die in einem Codebuch niedergelegt sind, aber sie müssen es nicht, denn die Kombinationen sind nicht notwendig das Ergebnis eines gleichförmigen und direkten Austausches von Bedeutungssymbolen, sondern können durch einen komplizierten mathematischen oder mechanischen Prozeß erreicht worden sein. Theoretisch genügen Bleistift und Papier zum Verschlüsseln und Entschlüsseln, in der Praxis aber benötigten die von den gegnerischen Mächten des Zweiten Weltkriegs verwendeten Codes und Chiffren für beide Funktionen ausgeklügelte Maschinen.

Die Maschine in der japanischen Botschaft in Washington und die amerikanische Version, die es ihr gleichzutun suchte, waren nur zwei Exemplare einer erstaunlichen Vielfalt von Fernmeldegeräten, mit denen die kriegführenden Mächte ihre Verbündeten zu informieren und ihre Gegner zu verwirren suchten. Die Skala dieser Hilfsgeräte reichte von einfachen Streifen bedruckten Papiers, die von Hand in einem Rahmen hin und her geschoben wurden, bis zu der deutschen Enigma-Chiffriermaschine, einer äußerst komplizierten Konstruktion, die die alliierten Dechiffrierspezialisten immer wieder zum Narren hielt.

Diejenigen, die den feindlichen Funkverkehr zu überwachen suchten, mußten zu ihrer immer wiederkehrenden Verwirrung feststellen, daß die bloße Kenntnis der gegnerischen Chiffrierausrüstung bei weitem nicht ausreichend war, um einen aufgefangenen Funkspruch zu lesen. Eine einzige Chiffriermaschine konnte mehr Buchstaben- oder Zahlenkombinationen erzeugen, als der menschliche Verstand zu verfolgen vermochte. Überdies mußte das Gegenstück der Maschine auf der Empfängerseite richtig eingestellt sein, um eine Botschaft zu entschlüsseln.

Jede Regierung nutzte diesen Umstand nach Kräften aus und verwendete verschiedene Chiffriersysteme für ihre verschiedenen Organe wie Außenministerium, Heer, Marine, Luftwaffe und Geheimdienst. Praktisch jede dieser Institutionen variierte ihr jeweiliges System immer wieder; allein die japanische Kriegsmarine verwendete mehr als 25 verschiedene Systeme gleichzeitig. Die amerikanische Dechiffriermaschine konnte den Purpurcode entschlüsseln, der für den Funkverkehr des japanischen Außenministeriums mit seinen Diplomaten im Ausland bestimmt war, nicht aber die Funksprüche der japanischen Kriegsmarine. Daher hatten die amerikanischen Regierungsstellen nicht die leiseste Ahnung, daß japanische Flugzeugträger bereits unterwegs waren, um den Schlag gegen Pearl Harbor zu führen.

Dieser Überraschungsangriff war in absoluter Geheimhaltung von Admiral Isoroku Yamamoto, dem Oberbefehlshaber der Vereinigten Japanischen Flotte, geplant worden. Er wurde von Vizeadmiral Chuichi Nagumo, dem Befehlshaber des Ersten Trägerverbands, mit vier großen und zwei kleinen Trägern sowie 414 Flugzeugen ausgeführt und begann um 7.58 Uhr Hawaiischer Zeit, beinahe gleichzeitig mit der Übergabe der letzten diplomatischen Note der japanischen Regierung in Washington.

In knapp zwei Stunden zerschlug der Angriff die Luftstützpunkte der amerikanischen Marine und des Heeres bei Pearl Harbor, zerstörte einen großen Teil der Bodenanlagen und setzte die Pazifikflotte weitgehend außer Gefecht. Vier Schlachtschiffe und zwei Zerstörer wurden versenkt, weitere 13 Schiffe beschädigt, darunter vier Schlachtschiffe, drei Kreuzer und ein Zerstörer. Außerdem blieben 188 vernichtete und 159 beschädigte Flugzeuge zurück, während die Japaner nur 29 eigene Flugzeuge verloren.

Der Schlag von Pearl Harbor lähmte die Vereinigten Staaten während der ersten Phase des Pazifischen Krieges. Innerhalb von sieben Tagen hatten japanische Flugzeuge die amerikanischen Luftstützpunkte auf den Philippinen vernichtet und die einzigen zwei Schlachtschiffe der Royal Navy versenkt, die im Fernen Osten stationiert waren. Nach einem Monat beherrschte Japan einen sich über 17 000 Kilometer erstreckenden Sektor des Pazifiks, von den Japanischen Inseln bis Neuguinea. Angesichts ihrer dezimierten Luftstreitkräfte war es den Vereinigten Staaten kaum möglich, ihre Territorien im Pazifik zu verteidigen, und an ein offensives Vorgehen gegen Japan war einstweilen nicht zu denken. Bis die Verluste an Kriegsmaterial aus Lieferungen der amerikanischen Rüstungsindustrie ausgeglichen werden konnten, blieben die Anstrengungen der alliierten Experten zur Entschlüsselung des geheimen japanischen Nachrichtenverkehrs lebenswichtig für die Sicherheit der Hawaii-Inseln und der Vereinigten Staaten selbst.

Im Verwaltungsgebäude des 14. Marinebezirks in Pearl Harbor, dem Hauptquartier des amerikanischen Marinenachrichtendienstes für den Pazifik, hatte das Versäumnis, die japanischen Angriffspläne rechtzeitig auszumachen, tiefe Niedergeschlagenheit zur Folge. Aber den Männern des Feindnachrichtendienstes, die hinter Stahltüren in zwei Kellerräumen arbeiteten, wurde nicht gestattet, sich dem Selbstmitleid hinzugeben. „Vergessen wir, was in Pearl Harbor geschehen ist, und machen wir uns an die Arbeit!" mahnte Fregattenkapitän Joseph John Rochefort, der die Bemühungen von mehr als zwei Dutzend Dechiffrierspezialisten, Funkbeobachtern und Übersetzern leitete.

Bald arbeiteten sie 84 Stunden die Woche – zwölf Stunden Dienst, zwölf Stunden Freizeit, sieben Tage die Woche –, eine Lebensweise, die ihnen rotgeränderte, umschattete Augen und eine fahle Gesichtsfarbe verschaffte, mit der sie sich sehr von den gebräunten, ausgeruhten und robusten Seeleuten des tropischen Marinestützpunktes unterschieden. Zu Rocheforts Personal gehörten Spezialisten für Japanisch, die vom Borddienst zurückbeordert worden waren, Reservisten vom Festland und Aushilfen wie die Militärmusiker vom Schlachtschiff *California,* die nach der Versenkung ihres Schiffes stellungslos waren. Diese Männer waren eine glückliche Ergänzung des Personals, denn sie erwiesen sich als besonders geschickt in der Codeanalyse.

Rochefort selbst brachte ungebrochene Begeisterung und unerschöpfliche Energie für die Arbeit mit. Er war ein aktiver Offizier, der sein Leben als Erwachsener im Dienst der Marine an Land und auf See verbracht hatte. 1925 hatte er zu den Mitbegründern der kryptographischen Abteilung der Marine gehört, und in den dazwischenliegenden Jahren war er nacheinander zur amerikanischen Botschaft in Tokio und an Bord des Flaggschiffes der Pazifikflotte abkommandiert worden, was ihm zu guten Kenntnissen der japanischen Sprache und zu wertvollen Einblicken in Strategie und Taktik von Flottenbewegungen verholfen hatte.

Jetzt war Rochefort in Filzpantoffeln und einer roten Hausjacke über der Uniform in seinem unterirdischen Reich tätig und übertraf seine Leute mit Arbeitszeiten von 16 und sogar 20 Stunden. Gelegentlich, wenn ihn nach langen Stunden die Müdigkeit übermannte, warf er sich für eine kurze Ruhepause auf ein Feldbett in der Ecke – stets aber war er zu jeder Stunde des Tages und der Nacht bereit, aufzustehen und bei der Lösung eines Problems zu helfen oder an der Freude über einen Erfolg teilzunehmen. Er verließ seine Kellerräume nur, wenn er sich die Haare schneiden lassen mußte, ein Bad nehmen wollte oder zu einer der seltenen Konferenzen mit seinen Vorgesetzten vom Marinebezirk und mit dem Stab des Admirals Chester W. Nimitz gerufen wurde, dem Oberbefehlshaber der amerikanischen Seestreitkräfte im Pazifik.

Nagao Kita, der japanische Konsul in Honolulu, führt ein Telephongespräch. Agenten des amerikanischen Geheimdienstes hatten in der Hoffnung, Spione im Personal des Konsulats zu ermitteln und selbst Informationen zu sammeln, die Leitung angezapft. Trotz ihrer Anstrengungen vernahmen die Lauscher nie etwas anderes als harmloses Geplauder und unwichtigen Klatsch.

Rocheforts Stellvertreter, Korvettenkapitän Thomas H. Dyer, kam ihm an Pflichtgefühl gleich. Hätte Rochefort ihn nicht alle drei Tage zu einer ordentlichen Mahlzeit und einer ungestörten Nachtruhe nach Haus geschickt, würde er seinen Arbeitsplatz unter der Erde womöglich überhaupt nicht verlassen haben. Vor dem Krieg, als Hollerithmaschinen zur Datenverarbeitung mittels Lochkarten für kommerzielle Zwecke Verbreitung erlangten, hatte Dyer die Anwendung solcher Lochkartensysteme für die Analyse und Entschlüsselung von Codes erprobt. Nun galten seine ganzen Anstrengungen dem Knacken des japanischen Marinecodes, und er verbrachte ungezählte Stunden damit, eine Batterie von Maschinen mit Hollerithlochkarten zu füttern.

Ein drittes wichtiges Mitglied der Mannschaft war Korvettenkapitän Wesley A. Wright, genannt Ham. Er war Absolvent der Marineakademie von Annapolis in Maryland und durch Amateur-Kryptogramme, wie sie die Marine in einem monatlichen Rundschreiben zu veröffentlichen pflegte, zur Kryptographie gekommen. Im Hauptquartier des Marinenachrichtendienstes bewegte er sich mit ruhiger Höflichkeit zwischen den Dechiffrierspezialisten, Funkbeobachtern und Angestellten, vergab Aufträge, die auf die Fähigkeiten der Leute zugeschnitten waren, und reservierte die schwierigsten Aufgaben für sich selbst.

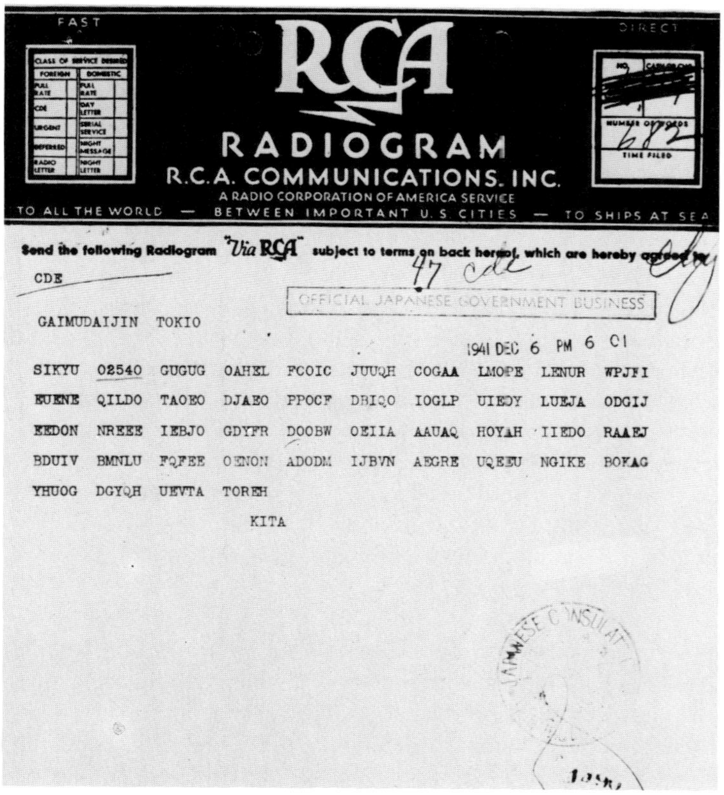
FAST
RCA
DIRECT
RADIOGRAM
R.C.A. COMMUNICATIONS. INC.
A RADIO CORPORATION OF AMERICA SERVICE
TO ALL THE WORLD — BETWEEN IMPORTANT U. S. CITIES — TO SHIPS AT SEA
TIME FILED
Send the following Radiogram "Via RCA" subject to terms on back hereof, which are hereby agreed to
47 cde
CDE
OFFICIAL JAPANESE GOVERNMENT BUSINESS
GAIMUDAIJIN TOKIO
1941 DEC 6 PM 6 01
SIKYU 02540 GUGUG OAHEL FCOIC JUUQH COGAA LMOPE LENUR WPJFI
EUENE QILDO TAOEO DJAEO PPOCF DBIQO IOGLP UIEDY LUEJA ODGIJ
EEDON NREEE IEBJO GDYFR DOOBW OEIIA AAUAQ HOYAH IIEDO RAAEJ
BDUIV BMNLU FQFEE OENON ADODM IJBVN AEGRE UQEEU NGIKE BOKAG
YHUOG DGYQH UEVTA TOREH
KITA

Verschiedene Gruppen von Chiffren verbergen den Inhalt des letzten Funktelegramms, das am 6. Dezember 1941 um 18.01 Uhr abgesandt wurde und von Konsul Kita unterzeichnet war. Die Botschaft enthielt den Bericht eines japanischen Sonderagenten, der noch einmal bestätigte, daß der größte Teil der amerikanischen Pazifikflotte noch immer in Pearl Harbor auf Hawaii vor Anker lag.

Zu diesen Männern gesellte sich von Zeit zu Zeit Fregattenkapitän W. J. Holmes, ein ehemaliger U-Boot-Kommandant, der bei seinen Kameraden als Jasper bekannt war. Jetzt diente er als Verbindungsoffizier zwischen dem Marinenachrichtendienst und der Feindnachrichtenabteilung von Admiral Nimitz' Stab.

Kaum jemand wußte, was die Männer von Rocheforts Abteilung hinter den verschlossenen und bewachten Türen taten. Ihr Hauptziel war das Knacken des komplexen Chiffriersystems, das von der Kaiserlich Japanischen Marine für ihren Funkverkehr zwischen der Heimat und den Schiffen verwendet wurde.

Die japanische Marine verwendete nicht die Chiffriermaschinen, wie sie in den japanischen Botschaften zur Verschlüsselung ihrer geheimen Mitteilungen verwendet wurden; diese Maschinen wurden damals in Einzelanfertigung hergestellt, und ihre Kosten ließen eine Ausrüstung der gesamten Flotte mit solchen Anlagen nicht zu. Statt dessen arbeitete die japanische Marine mit gedruckten Codebüchern und Chiffriertabellen, die periodisch innerhalb der Flotte neu ausgeteilt wurden.

Mehr als die Hälfte des Funkverkehrs der japanischen Marine wurde in einer Form abgewickelt, die den Männern in Pear Harbor als JN 25 bekannt war – eine Kombination von Code und Chiffre. Der Code hatte eine fünfstellige Zahl für praktisch jedes Wort, jeden Titel und jede Wendung, die im Funkverkehr benötigt wurden; mehr als 30 000 Wörter, Wendungen, Silben und Buchstaben waren in wörterbuchähnlichen Codebüchern alphabetisch mit ihren numerischen Äquivalenten angeordnet. Eine hypothetische Auswahl hätte etwa folgendes Bild ergeben:

Angriff (angreifen, angegriffen)	73428
Schlachtschiff(e)	29781
Kreuzer	58797
Zerstörer	36549
Feind (feindlich)	38754

Nach diesem Beispiel würde der Satz „Zerstörer greifen feindliche Kreuzer an" als 36549 73428 38754 58797 verschlüsselt sein. Bevor diese Meldung gesendet wurde, mußte sie jedoch vom Nachrichtenoffizier chiffriert werden. Dazu wählte er eine Zahl aus einer Chiffriertabelle, die aus Kolonnen von willkürlich zusammengestellten fünfstelligen Zahlen bestand. War die gewählte Chiffre beispielsweise 20036, so subtrahierte er 20036 von der Codezahl für „Zerstörer", also 36549, und erhielt das Ergebnis 16513 als Chiffre für „Zerstörer", die er auf sein Meldeblatt schrieb. Dann subtrahierte er die Chiffre direkt darunter, etwa 62115, von der

Codenummer 73428 für „Angriff, angreifen", erhielt 11313 und schrieb die zweite Zahl in die chiffrierte Botschaft, und so weiter. Beim Senden der Meldung gab er der empfangenden Station Seite, Kolonne und Zeile der Chiffrentabelle an, wo er angefangen hatte, Zahlen auszuwählen.

In der empfangenden Station kehrte ein zweiter Nachrichtenoffizier – der mit einer identischen Chiffriertabelle ausgestattet war – zur Entschlüsselung der Meldung den Prozeß um, indem er die erste Chiffre der Botschaft zu der ersten Zahl der Chiffriertabelle addierte, die zweite zur zweiten, und so fort, bis die Gruppen des Originalcodes wiederhergestellt waren. Dann schlug er die betreffenden Zahlen im Codebuch nach, um die japanischen Wörter zu finden, für welche die Zahlen standen.

Da die Beziehung der gesendeten Zahlen zu den Codenummern willkürlich zu sein schien, hätte das Codesystem unknackbar sein müssen, und die Japaner waren zuversichtlich, daß es sich so verhielt. Aber das System hatte einen schwerwiegenden Fehler, der ihm schließlich zum Verhängnis werden sollte. Die japanische Marine änderte ihre Codebücher und Chiffriertabellen im Laufe mehrerer Monate nur einmal. Das bedeutete häufiges Vorkommen derselben Zahlen in derselben Reihenfolge. Die Wiederholungen erlaubten den amerikanischen Dechiffrierspezialisten die tabellarische Anordnung der Chiffren, sobald sie auf das System gekommen waren. Wurde eine neue Meldung aufgefangen und ein einziges Wort daraus ließ sich dechiffrieren, so konnten sie den Rest der Zahlen dieser Meldung neben der passenden Tabelle aufreihen, die Chiffriernummern zu den gemeldeten Nummern addieren, die zugehörigen Codegruppen suchen und in der Rekonstruktion des Inhalts der Meldung fortfahren.

Darüber hinaus konnten die Spezialisten bei der Entschlüsselung der japanischen Funksprüche sich in der Regel verschiedener anderer Hinweise bedienen, die oft hilfreich waren. Falls die Positionen mehrer aufgefangener Funksprüche an einem gegebenen Tag mit Informationen der eigenen Aufklärung übereinstimmten, so konnte ein solcher Hinweis zum Beispiel darin liegen, daß am betreffenden Tag zu einer bestimmten Stunde fünf japanische Zerstörer einen amerikanischen Kreuzer angegriffen hatten. Aus der Masse der aufgefangenen Funkmeldungen jenes Tages ließen sich dann diejenigen aussondern, die von den angreifenden Zerstörern abgegeben worden waren.

Ferner konnten die Dechiffrierspezialisten sich in ihrem Bemühen, die Möglichkeiten weiter einzuengen, eine menschliche Eigenart zunutze machen. Die Art und Weise, wie ein Funker seine Morsetaste bedient, ist so charakteristisch wie seine Handschrift. Im Laufe der Zeit lernten die amerikanischen Funkbeobachter eine große Zahl feindlicher Schiffe an den Eigenheiten ihrer Funker zu identifizieren. Von einem der Bordfunker des japanischen Flaggschiffs *Akagi* zum Beispiel sagte einer der Funkbeobachter in Pearl Harbor: „Er haut auf die Taste, als bediente er sie mit dem Fuß."

Schließlich folgten bestimmte Nachrichten – zum Beispiel Beobachtungsmeldungen – festgefügten Mustern, und mit der Zeit gelang es den Experten, einige wichtige Wörter herauszufinden. Die ersten zwei oder drei Zahlen einer jeden Botschaft bezeichneten den Namen des Schiffes und gelegentlich den Namen seines Kommandanten (der im allgemeinen ein aus drei Buchstaben bestehendes Rufsignal hatte), außerdem das Wort „sendet". An nächster Stelle fand sich häufig eine Zahl, die auffällig war, weil sie sechsstellig statt fünfstellig war. Die Experten folgerten daraus, daß diese Zahl das Datum mit der Uhrzeit der Funkmeldung kombinierte, und bezeichneten diesen Teil der Meldung als die Datum-Zeit-Gruppe. Irgendwo in der Meldung mußte auch die Schiffsposition versteckt sein, gewöhnlich als Zahlen, die ein Buchstabenpaar darstellten. Dieser separate Code war schwierig zu knacken; um die Position eines Schiffes zu bestimmen, mußten die Experten sich auf die Peilungen des eigenen Funkhorchdienstes verlassen.

Mit Hilfe solcher Hinweise konnte die Entschlüsselung einer aufgefangenen Funkmeldung mit bestimmten bekannten Elementen beginnen: dem Namen des sendenden Schiffes und seines Kommandanten, dem Wort „sendet", Datum und Uhrzeit, und sehr wahrscheinlich solchen Begriffen wie „Zerstörer", „Angriff", „Feind" und dergleichen.

Die große Zahl der im Lauf vieler Wochen aufgefangenen Funksprüche befähigte Rochefort und seine Leute zu einigen bahnbrechenden Schlußfolgerungen, die eine Menge von grundlegenden Codegruppen und ihren Definitionen lieferten. So konnte ein Schiff, das in häufigem Funkverkehr mit mehreren Flugzeugträgern stand, durch diese Methode der Schlußfolgerung als ein Tanker angesprochen werden. Jedesmal, wenn die Träger den Tanker anforderten, kamen weitere Codegruppen vor, die den Wörtern „auftanken", „Treffpunkt" und den Namen der Orte, wo die Übernahme stattfinden sollte, zu entsprechen schienen.

Nicht immer verlief die Arbeit so glatt, doch nach und nach entwirrte die Dechiffrierabteilung in Pearl Harbor die Geheimnisse des japanischen Marinecodes und trug ihr eigenes „Wörterbuch" aus Codegruppen und Tabellen mit Chiffren zusammen. Bis April 1942 hatten die Experten ungefähr 30 Prozent des Systems entschlüsselt – ein Anteil, der entscheidender sein sollte, als seine Größe zunächst nahelegte.

In den Monaten nach dem Überfall auf Pearl Harbor, als die Dechiffrierspezialisten des Marinenachrichtendienstes sich noch die Köpfe über JN 25 zerbrachen, gehörte der Pazifik den Japanern. In einer Serie von Aktionen, die ihn um ein Drittel des Erdumfangs führte, unterstützte Admiral Nagumos Trägerverband die japanischen Landungsoperationen bei Rabaul auf Neuguinea, auf Ambon und auf Java, und führte Angriffe gegen alliierte Stützpunkte und Hafenanlagen zwischen Darwin in Australien und Ceylon im Indischen Ozean durch, um zuletzt ohne den Verlust auch nur eines einzigen Schiffes im Triumph nach Japan zurückzukehren. Demgegenüber beschränkte sich Admiral Nimitz mit den wenigen amerikanischen Schiffen und Flugzeugen, die ihm geblieben waren, bis April 1942 auf Störangriffe gegen die japanisch besetzten Gilbert- und Marshallinseln. Auch Wake und die japanischen Stützpunkte in Neuguinea waren Ziele von Luftangriffen.

Unterdessen arbeiteten Yamamoto und einer der wichtigsten Mitarbeiter seines Stabes, Kameto Kuroshima, einen ehrgeizigen strategischen Plan aus, der die Reste der amerikanischen Pazifikflotte zum Kampf zwingen und die vorderste japanische Verteidigungslinie von den Aleuten südlich vor Alaska bis zur Midway-Insel ziehen sollte – alles in einem gut koordinierten Unternehmen. Der Schlüssel zur Operation waren die beiden Atolle von Midway, denn dieser Inselstützpunkt, nur 2000 Kilometer von Pearl Harbor entfernt, war für die Amerikaner von überragender Bedeutung. Die Aleuten waren von Anfang an als zweitrangiges Ziel eingestuft, das einen Teil der amerikanischen Streitkräfte binden sollte.

Im April legten Yamamoto und Kuroshima ihren Plan dem Kaiserlichen Admiralstab vor und erlangten am 5. Mai dessen Zustimmung. Sie verlangten die Bereitstellung von ungefähr 160 Schiffen – der größten Kriegsflotte in der modernen Geschichte –, die in sechs Großverbände gegliedert werden sollten. Der Aleutenverband, unterteilt in fünf Gruppen, sollte mit einem Luftangriff auf den amerikanischen Stützpunkt Dutch Harbor auf der Insel Unalas-

MIT AMATEURCODES GEGEN DEN ZENSOR

Nicht alle Codes und Chiffren, die im Zweiten Weltkrieg gebraucht wurden, waren amtlich und hochentwickelt. Manche spiegelten die Bemühungen von Soldaten wider, die Beschränkungen der Zensur zu überlisten.

Ein typischer Amateurkryptograph sagte seiner Familie, er werde sie wissen lassen, wo er sei, indem er in jedem Brief einen anderen Buchstaben für das mittlere Initial seines Vaters gebrauche. Nachdem er fünf Briefe auf den Weg gebracht hatte, deren mittlere Initialen in der Reihenfolge ihrer Absendung T-U-N-I-S ergaben, erhielt er von seinen Angehörigen einen Brief mit der verwunderten Frage, wo denn Nutsi sei. Er hatte vergessen, die Briefe zu datieren, und sie waren nicht in der Reihenfolge ihrer Absendung eingetroffen.

Trauriger war eine Postkarte, die ein amerikanischer Leutnant aus einem Gefangenenlager in Japan an „Mr. F. B. Iers" in Los Angeles schickte. Die Botschaft entging dem Zensor des Gefangenenlagers und erreichte einen wachsamen FBI-Agenten, der sie als einen Null-Code erkannte – einen Code, in welchem bestimmte Wörter Nullen sind, also nicht gelesen werden dürfen. Man mag bezweifeln, ob das FBI die Botschaft als besonders neu betrachtete, aber es gelang dem Leutnant, einer Information Ausdruck zu geben, die er mit jemandem zu teilen wünschte.

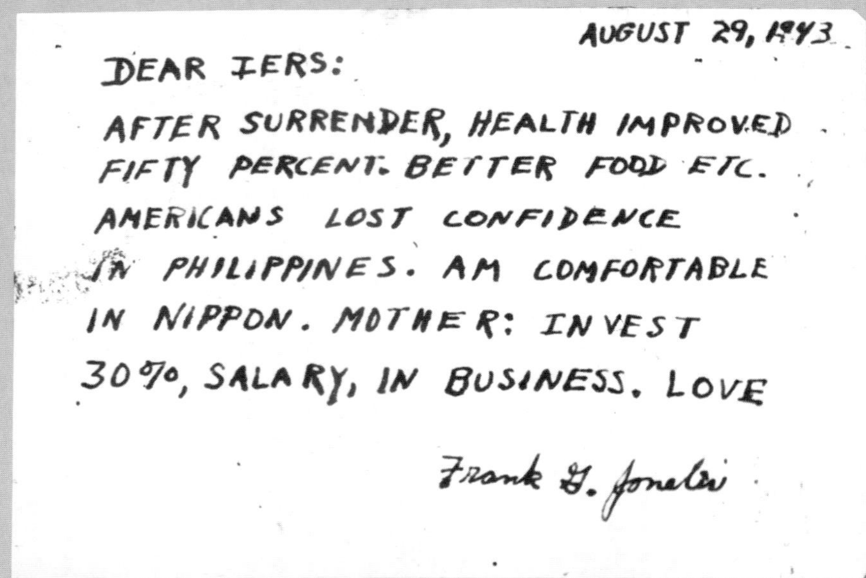

AUGUST 29, 1943

DEAR IERS:

AFTER SURRENDER, HEALTH IMPROVED
FIFTY PERCENT. BETTER FOOD ETC.
AMERICANS LOST CONFIDENCE
IN PHILIPPINES. AM COMFORTABLE
IN NIPPON. MOTHER: INVEST
30%, SALARY, IN BUSINESS. LOVE

Frank G. Jonelis

Diese Botschaft wurde von einem FBI-Agenten entschlüsselt, der alle Wörter bis auf die ersten zwei in jeder Zeile eliminierte und folgende Bedeutung erhielt: Nach Kapitulation 50 Prozent Amerikaner auf Philippinen verloren. In Nippon 30 Prozent.

ka beginnen, während parallel dazu Landungsoperationen zur Einnahme der Inseln Attu und Kiska geplant waren. Diese Operation sollte die Amerikaner über das wahre Ziel im unklaren lassen und sie glauben machen, daß der Hauptstoß sich vielleicht gegen Alaska oder sogar die Westküste der Vereinigten Staaten richtete. Danach sollte ein Flottenverband unter Nagumo mit vier Trägern am folgenden Morgen Midway angreifen.

Die Japaner waren zu Recht überzeugt, daß die amerikanische Pazifikflotte zur Rettung Midways auslaufen werde. Auf halbem Weg sollte sie von einem vorgeschobenen U-Boot-Verband aus 15 Einheiten, dann von den Flugzeugen der vier Trägerkampfgruppen Admiral Nagumos und schließlich vom Gros der Flotte – das aus dem 72 500-Tonnen-Schlachtschiff *Yamato* und zwei weiteren Schlachtschiffen sowie einem leichten Träger bestand – unter Admiral Yamamoto angegriffen und völlig vernichtet werden. Landungstruppen sollten das von den Amerikanern fieberhaft befestigte und verstärkte Midway in japanische Hand bringen, um einen Luftstützpunkt für künftige Bombenangriffe auf Pearl Harbor zu schaffen und diesen amerikanischen Stützpunkt diesmal völlig zu zerstören. Im weiteren Verlauf der weitgespannten Operationen wollten die Japaner auch in den südpazifischen Raum vorstoßen, um Australien und Neuseeland zu isolieren und die amerikanischen und britischen Seestreitkräfte voneinander zu trennen.

Die ersten Hinweise auf einen bevorstehenden japanischen Angriff erhielten die Amerikaner in der ersten Maiwoche, als der Äther über dem Pazifik von den vielen Funksprüchen zu knistern begann, die notwendig waren, um eine Flotte dieser Größe zusammenzustellen, mit Lebensmitteln, Wasser, Munition und Öl zu versorgen und in Marsch zu setzen. Weisungen, Fragen und Antworten nahmen ihren Weg durch die Instanzen der militärischen Hierarchie, gingen zwischen Schiffen hin und her und übermittelten den Kommandanten die für sie wichtigen Teile des komplexen Gesamtplans. Da nichts darauf hindeutete, daß die amerikanischen Kryptographen Fortschritte in der Entschlüsselung des JN25 gemacht hatten, rechnete Yamamoto fest damit, daß sein Plan die Amerikaner überraschen und ihre Flotte in die Falle locken werde.

Die knapp 30 Prozent des JN-25-Vokabulars, die von den Amerikanern entschlüsselt worden waren, bestanden jedoch gerade aus denjenigen Begriffen, die in japanischen Flottenoperationen am häufigsten gebraucht wurden, und mit ihnen hatte Rochefort bis Mitte Mai erstaunlicherweise 90 Prozent von Yamamotos Plan ausgekundschaftet. Wenn es gelang, Nimitz' Seestreitkräfte genau zur rechten Zeit am rechten Ort einzusetzen, bestand eine Chance, den massiven Angriff abzuwehren. Aber wann und wo sollte der Schlag geführt werden? In den zehn Prozent der Funksprüche, die den amerikanischen Dechiffrierversuchen widerstanden, waren die beiden Informationen verborgen, an denen Admiral Nimitz am meisten lag: das Hauptziel der Angriffsoperation, das nur durch die Buchstaben AF identifiziert wurde, und das Datum ihres Beginns. Es war in einer Chiffre verborgen, die Rochefort und seine Männer trotz aller Anstrengung nicht entschlüsseln konnten.

Eines Tages bemerkte der Chefübersetzer der Gruppe, Korvettenkapitän Joseph Finnegan, das Vorhandensein der Buchstaben AF in der Funkmeldung eines japanischen Aufklärungsflugzeugs über Midway. Finnegan war ein relativer Neuling in der Mannschaft, aber er besaß Phantasie und Kombinationsvermögen, und nun mutmaßte er, daß AF für Midway stehen könnte. Sofort überprüfte Rochefort die Buchstaben anhand einer vor kurzem erbeuteten japanischen Gradnetzkarte und fand, daß A und F zwei Koordinaten für ein Gebiet waren, in dem Midway lag.

Dieser Zusammenhang genügte Rochefort, um an die Richtigkeit von Finnegans Vermutung zu glauben, und Admiral Nimitz genügte er ebenfalls. Schwieriger war es, die Vereinigten Stabschefs in Washington zu überzeugen. Sie sahen keine Veranlassung, daraus zu folgern, daß die Buchstaben in der Funkmeldung notwendig mit denen der erbeuteten Karte übereinstimmten. Sie meinten, AF könne genausogut für Neuguinea, die Salomonen oder sogar die Westküste der Vereinigten Staaten stehen. Infolgedessen sprachen sie sich gegen den Abzug von Schiffen aus diesen Gebieten zum Schutz von Midway aus.

Aber Rochefort hielt an seiner Überzeugung fest, und mit Nimitz' Zustimmung ersann er eine List, die ihre Annahme bekräftigen sollte. Er instruierte den Kommandanten des Marinestützpunkts auf Midway, einen unverschlüsselten Funkspruch mit der Meldung zu senden, daß die Trinkwasseraufbereitungsanlage der Insel defekt geworden sei. Prompt wurde ein verschlüsselter Funkspruch der japanischen Funkbeobachtungsstation auf der Insel Wake abgefangen, daß die Süßwasserversorgung von AF gefährdet sei.

Das genügte Nimitz. Das Datum des Angriffs blieb unbekannt, aber er traf sofort die nötigen Vorkehrungen, um seine Streitkräfte zur Verteidigung Midways zusammenzuziehen. Aus dem Korallenmeer rief er die Flugzeugträger *Enterprise* und *Hornet* zurück und beauftragte einen dort stationierten Kreuzer, Funksprüche der abwesenden Träger nachzuahmen, damit ihr Abzug den Japanern verborgen blieb. Ebenso setzte er von Pearl Harbor aus die *Yorktown* in Marsch. Bei der Schlacht im Korallenmeer am 8. Mai war sie so schwer beschädigt worden, daß die Japaner annahmen, sie sei gesunken; dennoch war sie nach ihrer Rückkehr nach Pearl Harbor in einer Rekordzeit von nur zwei Tagen zusammengeflickt worden. Nimitz wollte die Träger in die Gewässer von Midway entsenden, ehe die japanischen U-Boote in dem Gebiet zwischen Midway und Hawaii eintrafen. Danach sollten sie ihre Position in einiger Entfernung von der Insel einnehmen. Gleichzeitig verlegte

Nimitz 28 Jagdflugzeuge und einige B-17-Bombenflugzeuge als Verstärkung nach Midway. Diese Maschinen sollten den ersten Angriff gegen Nagumos Flotte fliegen, während die amerikanischen Trägerkampfgruppen in Gefechtsposition gingen.

In seiner Einsatzplanung machte Nimitz ein Zugeständnis an die Vereinigten Stabschefs in Washington, die nach wie vor bezweifelten, daß Midway das Hauptziel des Gegners war. Mit Rücksicht auf ihre Besorgnisse entsandte er Konteradmiral Robert A. Theobald mit 13 Zerstörern und fünf Kreuzern nach Norden, wo sie die westlichen Zugänge zu den Aleuten bewachen sollten, die als Sprungbrett für einen japanischen Angriff auf den nordamerikanischen Kontinent dienen konnten.

Gegen Ende Mai nahmen die amerikanischen Streitkräfte die ihnen zugewiesenen Positionen ein; nur das genaue Datum des japanischen Angriffs auf Midway blieb noch offen. Man rechnete mit einem Angriff zwischen dem 1. und dem 10. Juni, und die Zeit wurde knapp. Am 1. Juni trat ein neuer japanischer Code in Kraft, und dann würden die Amerikaner von vorn anfangen müssen, um hinter das neue System zu kommen.

Am Spätnachmittag des 23. Mai kam Finnegan zu Ham Wright, der im Begriff war, nach einem Zwölfstundentag zum Abendessen zu gehen, und bat ihn um Unterstützung. Zusammen gingen sie an einen leeren Arbeitstisch und beugten sich über die Datenchiffren von vier japanischen Funksprüchen. Einer davon bestand aus einer neuen Meldung, die sich auf Midway bezog; die anderen drei waren bereits früher aufgefangen worden. Bis auf die Datenchiffren, die sich nach wie vor nicht deuten ließen, waren die Meldungen größtenteils entschlüsselt.

Während sie überlegten, hatte Wright eine Eingebung. Er wußte, daß die Japaner zwei Alphabete hatten, die verschiedene phonetische Kombinationen wiedergaben. Beide wurden bei der Verschlüsselung von Nachrichten verwendet. Bisher aber hatten die Japaner in einigen Botschaften ein Alphabet gebraucht, in anderen das zweite. Wright hatte versucht, die Zahlen separat in bezug auf jedes Alphabet zu entschlüsseln, war aber zu keinem vernünftigen Ergebnis gelangt. Nun kam ihm der Gedanke, daß die Chiffren eine Kombination beider Alphabete enthalten könnten.

Um den neuen Gedanken zu erproben, arbeiteten Wright und Finnegan ein Koordinatennetz aus: Sie ordneten die Zeichen des einen Alphabets horizontal an, die des anderen vertikal. Es kostete sie die ganze Nacht, das Netz zu erstellen und die Datenchiffren mit den 2209 möglichen Kombinationen zu vergleichen, die die Felder erlaubten. Aber die Theorie bestätigte ihre Vermutungen. Es ergaben sich tatsächlich Silben, die als wirkliche Wörter gelesen werden konnten. Früh um halb sechs weckten sie Rochefort, um ihm triumphierend mitzuteilen, daß die japanischen Flugzeuge bei Midway am 4. Juni angreifen würden.

Rochefort begab sich unverzüglich zu Admiral Nimitz' Hauptquartier, um die Neuigkeit weiterzugeben. Den ganzen Tag wertete die Feindnachrichtenabteilung die neuen Informationen aus und deduzierten weitere Einzelheiten. „Sie werden aus 325 Grad Nordwest kommen und um sechs Uhr Midway-Zeit ungefähr 175 Seemeilen vor Midway stehen", folgerte einer der Männer der Feindnachrichtenabteilung des Stabes.

Die Information kam keinen Augenblick zu früh. Drei Tage später, am Morgen des 27. Mai, gab Admiral Nagumo, der Oberbefehlshaber der vier Flugzeugträger umfassenden Flottenstreitmacht an Bord der *Akagi*, den Befehl: „Auslaufen wie geplant." Auf etwa 160 Schiffen wurde über Lautsprecher der Kaiserliche Befehl Nr. 94 verkündet: „Wir werden die feindliche Flotte zerstören, die im Verlauf unserer Operationen auftauchen wird." Nagumo notierte zu dem Bericht seiner Aufklärung, daß „dem Feind nichts von unseren Plänen bekannt ist".

Durch Funkberichte der amerikanischen Luftaufklärung verfolgte Admiral Nimitz in seinem Hauptquartier in Pearl Harbor die Entwicklung während der nächsten Tage. Er konstatierte befriedigt, daß der japanische Trägerverband am Morgen des 4. Juni um 5.20 Uhr nordöstlich Midway gesichtet worden war. Die Funkstille bei den Japanern dauerte an, aber von dem amerikanischen Stützpunkt kam die wortkarge Meldung „Luftangriffe auf Midway", wodurch ersichtlich wurde, daß Nagumo seine Flugzeuge eher als erwartet eingesetzt hatte. Würde es den amerikanischen Flugzeugträgern doch noch gelingen, die Träger Nagumos in eine Schlacht zu verwickeln, bevor die japanischen Maschinen einen zweiten Angriff gegen Midway führten?

Zwei Stunden lang ging im Hauptquartier kein Funkspruch aus dem Operationsgebiet ein; nur einmal wurde die Spannung des Wartens von einer Botschaft aus Midway gebrochen, wonach alle Jagdmaschinen bis auf drei im Luftkampf mit japanischen Zero-Jägern verlorengegangen waren. Dann begann Rochefort telephonisch Nachrichten durchzugeben, die bruchstückhaft von japanischen Funkmeldungen an Nagumo aufgefangen waren. Die erste ließ erkennen, daß ein japanisches Aufklärungsflugzeug die amerikanischen Kreuzer und Zerstörer nordöstlich Midway gesichtet hatte. Die zweite besagte, daß ein Träger den Schluß der amerikanischen Formation bildete. Und eine dritte warnte Nagumo: „Zehn feindliche Torpedoflugzeuge im Anflug auf Verband."

Nun endlich brach die japanische Flotte ihre Funkstille mit zwei langen Botschaften. Der Abteilung Rocheforts konnte sie nicht entschlüsseln, weil sie im neuen Code gesendet wurden. Dennoch gelangten Rochefort und seine Kollegen zu einer befriedigenden Schlußfolgerung: Die Funksprüche waren mit einem charakteristisch harten Anschlag in die Morsetaste gehämmert worden. Das

DAS UNTERNEHMEN EINES EINZELGÄNGERS

In den ersten Tagen nach dem 7. Dezember 1941 glaubten die meisten Amerikaner, daß nur ein ausgedehntes Untergrundnetz japanischer Spione die Informationen geliefert haben konnte, die den Überraschungsangriff auf Pearl Harbor in seiner Präzision und vernichtenden Wirkung möglich gemacht hatte. Tatsächlich aber kamen die japanischen Informationen über Pearl Harbor aus frei erhältlichem Datenmaterial: Manche Information wurde aus Land- und Seekarten gewonnen (*gegenüber*); manche wurden in aller Öffentlichkeit unter den Augen von Touristen und Schiffspassagieren gesammelt.

Der einzige japanische Spion in Honolulu war Takeo Yoshikawa, ein Marineleutnant, der im März 1941 dem Konsulat zugeteilt worden war. Er hatte die Aufgabe, die täglichen Aktivitäten der in Pearl Harbor liegenden amerikanischen Pazifikflotte zu überwachen.

Yoshikawas Methode war die Einfachheit selbst. Tagsüber mischte er sich – in Freizeithemd und Hose und meist in Begleitung einer hübschen Gefährtin – unter die Touristen, unternahm Inselrundfahrten oder ließ sich mit einem Ausflugsboot durch den Hafen fahren. Einmal legte er sich am Rand des Wheeler-Flughafens ins Gras und beobachtete Übungen der dort stationierten Luftstreitkräfte. Ein anderes Mal unternahm er einen Rundflug um die Insel und plauderte liebenswürdig mit seiner Begleiterin, während er Aufnahmen von den Flugplätzen und Marineanlagen machte.

Abends frequentierte Yoshikawa ein Teehaus auf den Anhöhen über Pearl Harbor. Er flirtete mit den japanischen Kellnerinnen, trank genug, um heiter und entspannt zu wirken, aber niemals so viel, daß es unangenehm hätte sein können – und die ganze Zeit hielt er Augen und Ohren offen, um Gäste zu beobachten und Gesprächen zu lauschen. Der Eigentümer, der Yoshikawas Absicht nicht kannte, ließ ihn nach den Zechereien häufig in einem Nebenraum schlafen, von dem man den Hafen überblicken konnte.

All diese Aktivitäten schienen so harmlos und alltäglich, daß sie keinerlei Verdacht erregten, wenn sie überhaupt bemerkt wurden. Nach den Zechgelagen aber fertigte Yoshikawa aus dem Gedächtnis Niederschriften und Lagekarten an und übergab sie dem Generalkonsul, der den Inhalt wöchentlich nach Tokio übermittelte. Dort vervollständigte der militärische Nachrichtendienst der Japaner die eigenen Karten und Unterlagen und konstruierte dreidimensionale Modelle des Flottenstützpunkts.

Als die japanischen Flugzeuge am 7. Dezember angriffen, hatten die Besatzungen Luftaufnahmen und Seekarten griffbereit, auf denen dank dieser minutiösen Vorbereitungen jedes Ziel genau eingetragen war.

In einer maßstabsgetreuen Wiedergabe von Pearl Harbor bringen japanische Techniker die Modelle amerikanischer Schlachtschiffe in Position, mit deren Hilfe die japanischen Piloten ihren Angriff vorbereiteten.

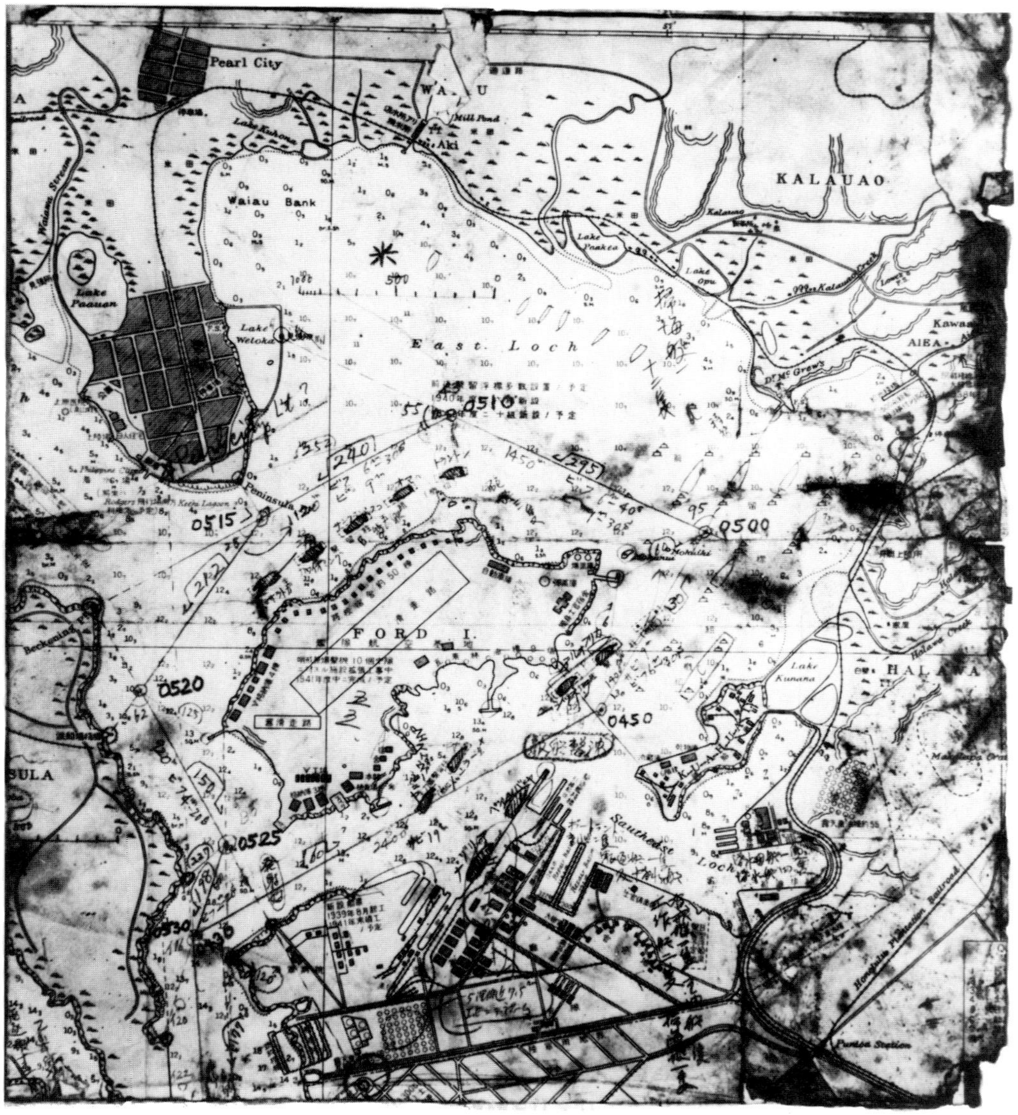

Der japanische Liniendampfer „Taiyo Maru“ befährt pazifische Gewässer zwischen Tokio und Honolulu. Im Oktober 1941 nahm er die Route, die für den Angriffsverband gegen Pearl Harbor geplant war, wobei ihre Offiziere wichtige Informationen wie zum Beispiel die Abwesenheit anderen Schiffsverkehrs entlang dieser Route sammelten.

Eine amerikanische Seekarte zeigt japanische Eintragungen für Ziele in und um Pearl Harbor. Während des Angriffs verwendeten die Besatzungen von Bombern und U-Booten Karten wie diese, die in Honolulu überall leicht erhältlich waren.

bedeutete, daß die Funksprüche von Nagumos Flaggschiff kamen, dem großen Träger *Akagi.*

Viele Stunden später erhielt Admiral Nimitz die Meldung, Wolken hätten die Sicht der ersten Angriffswelle von 41 amerikanischen Torpedoflugzeugen auf die japanische Flotte behindert, so daß die Piloten direkt in ihr Verderben flogen. Ohne Begleitschutz eigener Jäger, wurden sie beim Angriff auf Nagumos Trägerverband vernichtet; nur sechs Maschinen und sieben ihrer Piloten überlebten.

Gegen sechs Uhr morgens waren Sturzkampfflugzeuge des amerikanischen Trägerverbandes im Anflug auf die japanische Flotte. Nun war es an den Amerikanern, die Funkstille zu brechen, wenn auch nur kurz. Als ein Staffelführer über Funk meldete, er habe den Feind gesichtet, funkte Kapitän Miles Browning, der Stabschef an Bord des Flaggschiffes: „Sofort angreifen!"

Dann wurde es wieder still im Äther. Die nervenaufreibende Funkstille dauerte so lange, daß Nimitz sich zuletzt zu der gereizten Frage gedrängt fühlte, ob die eigenen Träger den Feind angegriffen hätten und wie dieser reagiere. „Keine Meldung", kam die Antwort. „Wir haben alle Frequenzen abgesucht, auf denen sie senden." Die Abwesenheit von Funksprüchen des Trägers *Akagi,* des Flaggschiffs des japanischen Trägerverbandes, konnte ein Anzeichen dafür sein, daß sie schwer getroffen worden war, und kurz vor Mittag kam die Bestätigung von Rocheforts Dechiffrierabteilung. Man hatte einen langen Funkspruch aufgefangen, der die bekannten Kennbuchstaben Nagumos enthielt, aber nicht von dem tastenhämmernden Hauptfunker der *Akagi* gesendet worden war, sondern von einem leichter anschlagenden Kollegen, der Erster Funkoffizier des Kreuzers *Nagara* war. Nagumos Aufenthalt an Bord dieses Kreuzers konnte eigentlich nur bedeuten, daß die *Akagi* nicht mehr am Kampfgeschehen beteiligt war.

Wie sich später zeigte, waren durch den Überraschungsangriff zahlreicher amerikanischer Sturzkampfflugzeuge, die sich im Schutz einer Wolkendecke dem Verband Nagumo genähert hatten, die großen Träger *Akagi, Kaga* und *Soryu* schwer getroffen außer Gefecht gesetzt worden. Aber der letzte von Nagumos großen Trägern, die intakt gebliebene *Hiryu,* setzte den verzweifelten Kampf fort. Mittags wurde ein Funkspruch des japanischen Staffelführers an sein Schiff aufgefangen: „Wir greifen feindlichen Träger an", gefolgt von dem Befehl an seine Kettenführer: „Angriff! Angriff! Angriff!" Beinahe gleichzeitig kam die deutliche Bestätigung von der *Yorktown:* „Werden von zahlreichen Feindbombern angegriffen." Einer der japanischen Maschinen gelang es, einen Bombentreffer auf der *Yorktown* zu erzielen. Die Schlacht bei Midway sollte ihre letzte sein; sie war so schwer angeschlagen, daß sie in Schlepp genommen werden mußte und von einem japanischen U-Boot versenkt wurde, bevor sie Pearl Harbor erreichte.

Erst am späten Abend erhielt Admiral Nimitz einen zusammenhängenden Bericht von den Kampfhandlungen des Tages und die ermutigende Nachricht, daß der Angriff auf Midway abgewehrt war. Die Schlacht hatte sich über Hunderte von Kilometern erstreckt und den ganzen Tag angedauert. Nach den Gefechten am Vormittag, in denen viele amerikanische Flugzeuge verlorengegangen, aber auch drei feindliche Träger in Brand gesetzt worden waren, griffen Maschinen der *Enterprise* und *Hornet* erneut an und setzten die *Hiryu* in Brand. Bei Sonnenuntergang trieben alle vier großen japanischen Träger brennend oder ausgebrannt auf dem Meer. Daraufhin gab Admiral Yamamoto die Angriffspläne gegen Midway auf, rief die Invasionsflotte zurück und ging mit dem Gros der Flotte auf Heimatkurs.

Nur auf dem Nebenschauplatz der Aleuten hatte Yamamotos großangelegte Strategie Erfolg. Da Admiral Theobald seine Kreuzer zu weit seewärts stationiert hatte, bekam er den japanischen Angriffsverband nicht zu Gesicht. Die Japaner bombardierten Dutch Harbor und landeten Truppen auf Kiska und Attu, ohne auf nennenswerten Widerstand zu stoßen. Dort blieben sie, bis sie die Inseln 1943 wieder räumten. Sie waren ein lästiger Stachel im Fleisch Amerikas, blieben aber ohne strategische Bedeutung.

Die Schlacht von Midway war wohl die wichtigste Entscheidung des Seekriegs im Pazifik. General George C. Marshall nannte sie einen „mit knapper Not errungenen Sieg", dem er die Rückgewinnung der Herrschaft Amerikas über den pazifischen Raum zuschrieb. Er beendete die Bedrohung Hawaiis und schuf die Voraussetzungen für die spätere Rückeroberung der pazifischen Inselwelt.

Am 6. Juni ließ Admiral Nimitz in Pearl Harbor Rochefort zu sich kommen und belobigte ihn und die Männer des Marinenachrichtendienstes in Anwesenheit hochrangiger Offiziere dafür, daß sie die Schlüssel zum amerikanischen Sieg geliefert hatten. „Wären wir ohne frühzeitige Information über die japanischen Bewegungen gewesen und mit zerstreuten Trägerverbänden von der Entwicklung überrascht worden", sagte er, „so wäre der Ausgang der Schlacht ein anderer gewesen."

Wohl kein anderer Erfolg bei der Entschlüsselung von Funksprüchen reichte in seiner Dramatik an diesen heran, doch leistete Rocheforts Mannschaft mit dem Knacken des sogenannten Maru-Codes vermutlich eine ebenso wichtige, wenn auch weniger spektakuläre Arbeit. Die Marus waren die japanischen Handelsschiffe – Frachter und Tanker –, die in Geleitzügen die pazifischen und indonesischen Gewässer befuhren, um die japanischen Inselgarnisonen mit Verstärkungen und Nachschub zu versorgen und Öl für die japanische Industrie, Marine und Luftwaffe von Borneo nach Japan zu transportieren.

Der Maru-Code wurde für die Funksprüche verwendet, die die täglichen Positionsmeldungen, berechnet auf zwölf Uhr mittags, sowie Angaben über die Anordnung der Geleitschiffe und die Art der transportierten Ladungen enthielten. Der Code bestand aus Gruppen von nur vier Chiffren, statt der fünf des JN 25, und das hätte die Entschlüsselung des Maru-Code erleichtern sollen. Gleichwohl entzog er sich allen Entschlüsselungsversuchen, bis den amerikanischen Spezialisten klar wurde, daß sie es mit drei verschiedenen Systemen zu tun hatten, denn die japanische Handelsschiffahrt wurde von drei Reedereien beherrscht, die jeweils verschiedene Codebücher benutzten. Sobald sie zu dieser Schlußfolgerung gelangt waren, konnten sie darangehen, den Maru-Code nach dem gleichen Verfahren zu knacken, demzufolge eine Annahme durch das Experiment erhärtet oder verworfen wurde und das ihnen im Fall des JN 25 den Erfolg gebracht hatte.

Die Auswirkungen der Entschlüsselung waren dramatisch. Jasper Holmes, der bei der Auswertung der Ergebnisse mitarbeitete, schrieb später: „Es gab Nächte, in denen nahezu jedes im mittleren Pazifik patrouillierende amerikanische U-Boot auf der Grundlage von Informationen eingesetzt war, die durch die Entschlüsselung des Maru-Codes gewonnen worden waren." Ein U-Boot, das einen ganzen Geleitzug versenkt hatte, kehrte mit einem an das Sehrohr gebundenen Besen in den Heimathafen zurück, um damit zu dokumentieren, daß es den Pazifik von japanischen Handelsschiffen leerfegen würde. Bis Kriegsende waren insgesamt 1113 japanische Handelsschiffe mit einer Tonnage von 4780000 Bruttoregistertonnen versenkt worden. Viele japanische Inselgarnisonen waren ausgehungert, die Kriegsanstrengungen der Heimatfront drohten aus Rohstoffmangel zum Erliegen zu kommen, und Treibstoffmangel lähmte die Kriegsflotte und Luftwaffe.

Unterdessen zahlte sich die Entschlüsselung des Purpurcodes, der im Funkverkehr des japanischen diplomatischen Dienstes verwendet wurde, für die Alliierten auch in Europa aus. Hiroshi Oshima, der japanische Botschafter in Berlin, sendete auf der Kurzwelle lange Funksprüche nach Tokio. Die Amerikaner aber hatten die Erfindung der Dechiffriermaschine mit den Briten geteilt, und nachgebaute Exemplare der Maschine standen in bestimmten Abhörstationen des Funkhorchdienstes. So lieferten Oshimas Meldungen den Alliierten unbeabsichtigt Zitate aus Gesprächen, die Hitler mit Oshima über die deutsche Gesamtstrategie führte. 1943 gab Oshima ausführliche Berichte nach Tokio über eine Besichtigung der Befestigungsanlagen des Atlantikwalls, die er und sein Militärattaché unternommen hatten.

Die Entschlüsselung dieser aufgefangenen Funksprüche gab der alliierten Planung für eine Invasion Aufschluß über wesentliche Einzelheiten, wie etwa die Tiefe der Verteidigungszone bei Cherbourg – ungefähr sieben Kilometer –, und gab ihnen die Möglichkeit, Zahl und Lage der Panzerhindernisse entlang den Stränden der Normandie in ihre Karten einzutragen. Kein Geringerer als General Marshall selbst erklärte, daß die Alliierten durch Oshimas Berichte „ihre wichtigste Informationsgrundlage in bezug auf Hitlers Absichten in Europa" erhalten hatten.

Das Eindringen in die Chiffren, in denen die deutsche Wehrmacht ihre Funksprüche absetzte, war jedoch eine Herausforderung von weit höherem Anspruch. Die Deutschen hatten ihre eigene Chiffriermaschine, ein handliches Koffergerät von Schreibmaschinengröße; sie trug die passende Bezeichnung Enigma. Die Maschine wurde in Tausenden von Exemplaren an die Einheiten der Wehrmacht, Kriegsmarine, Luftwaffe und der Nachrichtendienste ausgegeben, noch ehe der Krieg begann. Keine andere Chiffriermaschine verursachte den alliierten Entschlüsselungsspezialisten so viel Kopfzerbrechen wie gerade diese.

Die erste Enigma war schon 1923 von dem deutschen Ingenieur Arthur Scherbius hergestellt worden. Den Vertrieb besorgte die Chiffriermaschinen-Gesellschaft in Berlin, die das Gerät zum be-

Das Periskop des amerikanischen U-Bootes „Wahoo" erfaßt das Heck des am 21. März 1943 torpedierten japanischen Frachters „Nittsu Maru". Das Schiff konnte durch die Bemühungen amerikanischer Dechiffrierspezialisten geortet werden, deren rasche und genaue Entschlüsselung japanischer Funksprüche den eigenen U-Booten die Positionen feindlicher Versorgungsschiffe verriet.

scheidenen Preis von 350 Mark anbot. Anfangs wurde die Maschine als nützliches Instrument für die Geschäftswelt angepriesen. „Die natürliche Wißbegier von Konkurrenten wird sofort wirksam unterbunden von einer Maschine, die Sie in die Lage versetzt, Ihre gesamten Dokumente oder zumindest ihre wichtigen Teile völlig geheimzuhalten", verkündete ein Werbeprospekt.

Die Enigma – ein höchst kompliziert arbeitendes Gerät, das einfach zu bedienen war – besaß eine Schreibmaschinentastatur, die den eingegebenen Text durch die beim Anschlag ausgelösten elektrischen Impulse auf eine Serie verkabelter Walzen übertrug. Auf der inneren Oberfläche einer jeden Walze waren 26 elektrische Kontakte kreisförmig angeordnet, die den Buchstaben des Alphabets entsprachen. Jeder Kontakt war außer mit der Tastatur mit einem Kontakt der nächsten Walze und schließlich mit einer Leuchtanzeige verbunden, die den chiffrierten Buchstaben, den das elektromechanische System erzeugte, aufleuchten ließ.

Auf einem deutschen Flugplatz erläutern Luftwaffenoffiziere einer Abordnung japanischer Gäste die Arbeitsweise eines neuartigen Infrarot-Zielsuchgeräts für die Flugabwehr. Informationen über solche geheimen deutschen Waffen erreichten die Alliierten häufig über Botschaften japanischer Diplomaten in Deutschland, die auf ihr Codesystem vertrauten und nach Tokio funkten.

Jede Walze multiplizierte die Zahl der möglichen chiffrierten Alphabete, die die Maschine erzeugen konnte, mit 26^3. Auf diese Weise ergaben die drei Walzen der Originalausstattung 17 576 Chiffrieralphabete. Spätere Modelle mit vier Walzen brachten es auf 456 976 Alphabete, und zusätzliche Veränderungen der Verdrahtung und der Walzeneinstellung erhöhten die Zahl der Möglichkeiten ins Unermeßliche.

Zum Entschlüsseln einer Enigma-Botschaft benötigte man eine identische Maschine mit identisch verdrahteten Walzen. Der Empfänger mußte wissen, welche Walzen in welcher Reihenfolge und Position einzusetzen waren. Dazu war eine Liste sogenannter Schlüsseleinstellungen erforderlich, die Sender und Empfänger besaßen. Ohne die vorgegebenen Schlüsseleinstellungen zu kennen, hätte der nichtautorisierte Empfänger einer chiffrierten Meldung, die von einer Enigma mit drei Walzen stammte, unendlich viele Walzen- und Einstellungskombinationen ausprobieren müssen. Dabei hätte es sich um eine Zahl von astronomischen Ausmaßen gehandelt, die nur mathematisch durch die Formal 3×10^{18} ausgedrückt werden konnte. Erst dann hätte die umgekehrt arbeitende Enigma die Buchstaben des Klartextes hervorgebracht.

Bevor die Enigma-Maschine in die Hände der Alliierten gelangte, legte sie eine Reise voller Umwege zurück. 1929 war der Chiffrierabteilung des polnischen Geheimdienstes durch Zufall eine Enigma-Maschine in den Schoß gefallen. An einem Samstag im Januar jenes Jahres langte im Warschauer Zollamt eine Kiste an, die an eine deutsche Firma in der polnischen Hauptstadt adressiert war. Nachdem man sie von dem eingetroffenen Frachtgut verständigt hatte, erschien unverzüglich ein Abgesandter der Firma und erklärte, daß die Kiste Radioteile enthalte und sofort ungeöffnet nach Deutschland zurückzuschicken sei. Ein Anruf des deutschen Konsuls bekräftigte das Ersuchen.

Dies alles weckte den Argwohn des Zollbeamten, der die Rücksendung mit dem Vorwand verzögerte, daß sein Zollamt Samstag um 12 Uhr schließe und bis Montag nichts geschehen könne. Dann rief er Beamten des polnischen Geheimdienstes herbei, die die Kiste öffneten und eine Chiffriermaschine darin fanden. Den Rest des Wochenendes verbrachten sie mit der behutsamen Erprobung der Maschine, mit dem Photographieren von Tastatur und Walzen und dem Anfertigen von Schaltplänen der Verkabelung. Dann packten sie die Maschine sorgfältig wieder ein und verschlossen die Kiste; am Montag schickte das Zollamt sie dem deutschen Verlangen gemäß versiegelt nach Deutschland zurück.

Die Schaltpläne und Photographien wurden in der Chiffrierabteilung geprüft und zu den Akten gelegt. Niemand scheint der Angelegenheit besondere Beachtung geschenkt zu haben, bis der polnische Nachrichtendienst 1931 von seinen Agenten in Deutschland Meldungen erhielt, daß sowohl die deutsche Reichswehr als auch die Kriegsmarine eine Chiffriermaschine verwendeten, die Enigma genannt werde. Darauf wurde durch die kooperationswillige Leitung des polnischen Radioherstellers AVA von einem deutschen Lieferanten eine kommerzielle Enigma gekauft und mit den Plänen und Photographien der heimlich untersuchten Maschine verglichen. Die Prüfung ergab, daß die beiden Maschinen zwar keine Zwillinge waren, aber doch nahe Verwandte.

Wie es in der Absicht des Erfinders lag, war jedoch der Besitz einer Enigma-Maschine für einen Eigentümer, der nicht die richtigen Schlüsseleinstellungen für jede gesendete Botschaft kannte, so gut wie nutzlos. Deshalb glaubten die deutschen Offiziere, die die Enigma zur Verwendung in der Reichswehr ausgewählt hatten, daß ausländische Dechiffrierspezialisten selbst bei Zugang zu einer vergleichbaren Maschine nahezu endlose Berechnungen anstellen müßten, um alle denkbaren Walzenkombinationen einer einzigen Funkmeldung zu erproben.

Unterdessen hatte der polnische Generalstab 20 der besten Mathematikstudenten des Landes ausgewählt und für sie an der Universität Posen einen besonderen Kurs für Kryptographie eingerichtet. Die drei besten Kursteilnehmer erhielten Auftrag, die Geheimnisse der Enigma zu enträtseln.

Etwa zur gleichen Zeit hatten französische Geheimdienstoffiziere chiffrierte Botschaften aufgefangen, die auf deutschen Kurzwellenfrequenzen gesendet wurden, und rätselten über ihre Bedeutung. Die Arbeit wurde ihnen erleichtert, als 1931 eines Tages ein Deutscher namens Hans-Thilo Schmid an einen französischen Agenten in Deutschland herantrat und die Geheimnisse des neuen deutschen Chiffriersystems zum Verkauf anbot. Gegen Bezahlung bestätigte er, daß die Reichswehr die Enigma modifiziert hatte und als ihr wichtigstes Chiffriergerät benutzte. Gegen weitere Bezahlung lieferte er Hauptmann Gustave Bertrand, dem Direktor der Dechiffrierabteilung beim französischen Geheimdienst, die Bedienungsanleitung für die militärische Enigma sowie einige Tabellen, die zur gleichen Zeit für die Schlüsseleinstellungen bei der Reichswehr in Gebrauch waren.

Die gemeinsame Furcht vor einem wiedererstarkenden Deutschland hatte Frankreich und Polen schon vorher, lange vor Hitlers Machtantritt, zum Abschluß eines Militärbündnisses veranlaßt, und die Generalstäbe beider Staaten tauschten regelmäßig Erkenntnisse ihrer Geheimdienste aus. Daher war den Franzosen die polnische Arbeit auf dem Gebiet der Entschlüsselung bekannt. Nun eilte Bertrand mit seinen Erkenntnissen nach Warschau, wo die Spezialisten beider Regierungen sich in die Photographien und Schaltpläne der Maschine vertieften, die sie zwei Jahre zuvor an einem Wochenende ausgeforscht hatten. Was sie sahen, war unerwartet und versetzte sie in Schrecken.

Die deutschen Militärtechniker hatten nicht nur die innere Verdrahtung der Enigma verändert, sondern sie hatten auch zusätzliche Steckkontakte eingeführt, womit die möglichen Chiffrierpositionen der Maschine auf eine unglaubliche Zahl mit 88 Stellen vermehrt werden konnten.

Nichtsdestoweniger stellten die Mathematiker sich die unlösbar scheinende Aufgabe, durch mathematische Schlüsse die neue innere Verkabelung der Enigma-Maschine zu ermitteln. Durch die Anwendung von Simultangleichungen, die ihnen ermöglichten, die große Zahl von Unbekannten zu tragen, welche von den Kontaktpaaren der drei Walzen verkörpert wurden, konnten die Mathematiker zwei Walzen in Position „einfrieren", während sie die Permutationen der anderen ausarbeiteten. Sobald sie ein Schaltschema aufgezeichnet hatten, sandten sie es zum Nachbau der AVA-Radiofabrik, während sie die zweite und anschließend die dritte Walze in Angriff nahmen.

Als nächstes widmeten sie sich dem Problem der Steckkontakte und ihren inneren Schaltungen. Obwohl sie nicht einmal ein Modell der neuen Steckerleiste besaßen, gelang es den polnischen Mathematikern, die möglichen Kombinationen auszuarbeiten.

Als nächstes nahmen sie sich die Schlüsseleinstellungen vor. Hier war es mit Mathematik allein nicht getan; die polnischen Spezialisten mußten zu Kniffen Zuflucht nehmen, die sie in den kryptographischen Kursen gelernt hatten, und nach einem Schwachpunkt im Verfahren suchen, das einfach genug sein mußte, um von Tausenden von Funkern der deutschen Nachrichtentruppe erlernt zu werden. In der Bedienungsanleitung und den alten Schlüsseleinstellungen, die der deutsche Verräter geliefert hatte, fanden die Polen schließlich die gesuchte Antwort.

Die Bedienungsanleitung schrieb jeden Schritt zur Einrichtung der Schlüsseleinstellung der Enigma genau vor. Zuerst mußte der Bediener ein aus drei Buchstaben bestehendes Signal erfinden und senden, das dem Empfänger der Botschaft Aufschluß gab, welche Buchstaben er für die Einstellung der drei Walzen seiner Maschine für die Dechiffrierungssequenz verwenden sollte. Um Hörfehler oder Irrtümer auszuschließen, hatte der Sender das Drei-Buchstaben-Signal zu wiederholen. Infolgedessen bestanden die ersten sechs Buchstaben einer jeden Meldung aus zwei identischen Gruppen zu je drei Buchstaben. Darin lag eine Gefahr, die von den Erfindern des Systems nicht hinreichend berücksichtigt worden war; die vorgeschriebene Wiederholung lieferte einen ersten Hinweis auf die Arbeitsweise der Enigma-Maschine.

Ein zweiter Hinweis steckte in den deutschen Funksprüchen, die abgehört wurden; genauer gesagt, in der Tendenz der Chiffrierer, vertraute Buchstabenkombinationen zu wählen – zum Beispiel AAA oder XYZ – und Tag für Tag unverändert zu gebrauchen. Da das deutsche Bedienungspersonal aus Bequemlichkeit die Gewohnheit annahm, dieselbe Einstellung ständig zu wiederholen, statt unter den möglichen 17 576 Buchstabenkombinationen immer wieder neu zu wählen, knackten die Polen in den Weihnachtstagen 1932 schließlich das System der Schlüsseleinstellungen. Unmittelbar darauf dechiffrierten sie zum erstenmal einen enigmaverschlüsselten Funkspruch der deutschen Reichswehr.

Nach der Theorie, daß mehrere Maschinen einer größeren Zahl von Dechiffrierspezialisten die Möglichkeit geben würden, gleichzeitig an den aufgefangenen Meldungen zu arbeiten und so die Entschlüsselung zu beschleunigen, ließ die polnische Regierung bei AVA zwei weitere Enigma-Maschinen nachbauen. Bei diesem Stand der Dinge fanden die Polen eine Abkürzung des Verfahrens; sie koppelten die Walzen von zwei Enigmas zusammen und schufen dadurch ein neues Gerät, das die Geschwindigkeit verdoppelte, mit der sie Walzenkombinationen zur Auffindung von Schlüsseleinstellungen durchlaufen lassen konnten. Eine Zeit lang konnte der polnische Generalstab Funksprüche deutscher militärischer Dienststellen noch am Tag ihres Empfangs lesen.

Dieser Triumph war von kurzer Dauer, denn bald nahmen die deutschen Ingenieure an ihren Chiffriermaschinen weitere Veränderungen vor, und die polnischen Dechiffrierversuche erbrachten wieder bedeutungslosen Buchstabensalat. Darauf folgte eine weitere Serie von Experimenten, bis einer der drei polnischen Mathematiker die Walzen von sechs Maschinen zusammenkoppelte und an einen Motor anschloß. Bald kreisten die Walzen mit einer Geschwindigkeit, der das Auge nicht mehr folgen konnte, und überprüften alle denkbaren Schlüsseleinstellungen. Die Maschinen waren so eingerichtet, daß sie zum Stillstand kamen, wenn Übereinstimmung mit der Einstellung gefunden war, die für die chiffrierte Meldung verwendet worden war.

Die polnischen Mathematiker tauften die neue Monstermaschine „die Bombe", und bis November 1938 hatte die Dechiffrierabteilung sechs Bomben aufgestellt. Wieder konnten die Polen den verschlüsselten Funkverkehr der deutschen Dienststellen lesen.

Als die Bedrohung Polens im Jahre 1939 immer mehr zunahm, erfuhren die Polen von einem abtrünnigen Luftwaffenoffizier, daß die Wehrmacht im Begriff war, ihre Enigma-Maschinen mit zwei weiteren Walzen auszustatten. Die Enigma arbeitete weiterhin jeweils mit drei Walzen, aber sie hatte zwei Ersatzwalzen; alle fünf waren austauschbar. Die Polen erkannten nun, daß sie nicht länger allein weiterarbeiten konnten. Das Knacken dieser Kombination hätte ihre materiellen Hilfsquellen überfordert. Sie beschlossen deshalb, die polnischen kryptographischen Geheimnisse an Frankreich und Großbritannien als den einzigen zwei europäischen Mächten, die stark genug waren, um gegen Deutschland zu bestehen, weiterzugeben.

Am 24. Juli 1939 trafen zwei polnische Offiziere des militärischen Geheimdienstes, Oberstleutnant Gwido Langer und Major Maksymilian Ciezki, sowie die drei polnischen Mathematiker in Warschau mit einer Delegation britischer und französischer Geheimdienstoffiziere zusammen. Unter den Besuchern waren Alastair Denniston, der Chef des britischen Regierungsinstituts für Code und Chiffrierung, sowie Alfred Dillwyn Knox, ein brillantes Mitglied der britischen Dechiffrierabteilung im Ersten Weltkrieg, und ein Professor Sandwich – der in Wirklichkeit Stewart Graham Menzies war, damals stellvertretender Leiter des MI 6. Menzies reiste unter falschem Namen, um zu verhindern, daß die deutsche Abwehr von seinem Besuch in Polen Wind bekam und den naheliegenden Schluß zog, daß der britische Geheimdienst einer wichtigen Geheiminformation auf der Spur war. Hauptmann Bertrand und einer seiner Mitarbeiter vertraten Frankreich.

Oberstleutnant Langer zeigte den Besuchern die in Polen nachgebauten Enigma-Maschinen. Als ein polnischer Sachverständiger den Mechanismus erklärte und seine Anwendung vorführte, indem er eine Taste niederdrückte, worauf die Leuchtanzeige einen anderen Buchstaben aufscheinen ließ, geriet Denniston in solche Erregung, daß er die britische Botschaft anrufen wollte. Besonnenere Köpfe hielten ihn davon zurück, und Langer führte die Besucher in den Nebenraum, wo sie eine noch erstaunlichere Vorführung erwartete. Hier standen die sechs „Bomben" in einer Reihe. Langer schaltete sie ein, die Motoren summten, und die Walzen schnurrten. Als die Maschinen anhielten, blinkte ein Licht und zeigte an, daß die Schlüsseleinstellung eines Funkspruchs gefunden worden war. Dann zeigte Langer seinen verblüfften Gästen eine Meldung, die am gleichen Morgen von einer SS-Dienststelle gesendet worden und bereits dechiffriert war.

In der Warschauer Fabrik AVA für Radioapparate wurden in den Jahren vor dem Krieg auch Exemplare der deutschen Enigma-Chiffriermaschine für den polnischen Geheimdienst nachgebaut. Als die Wehrmacht im September 1939 Polen eroberte, waren wenigstens 15 solcher Maschinen hergestellt worden.

Sechs im Verbund arbeitende „Bomben“ konnten in zwei Stunden die Schlüsseleinstellung bestimmen, die zum Lesen einer auf der Enigma-Maschine chiffrierten Botschaft benötigt wurde. Um aber gegen die neue Enigma mit fünf Walzen aufzukommen, hätten die Polen 60 „Bomben“ zehn Stunden lang in Betrieb halten müssen, um die gleiche Arbeit zu bewältigen.

Langer erklärte, die Polen wollten alles, was sie hatten, als einen Beitrag zur gemeinsamen Sache des Widerstands gegen Hitler und seinen verhaßten Nationalsozialismus den Briten und Franzosen übergeben, die über unvergleichlich bessere Möglichkeiten verfügten. Die Delegationen verließen Warschau mit dem Versprechen, daß jede von ihnen eine Enigma-Maschine und Blaupausen für die „Bomben“ erhalten würden. Die Polen machten ihr Geschenk gerade noch rechtzeitig, denn knapp einen Monat später überrollten die deutschen Armeen das Land.

Major Maksymilian Ciężki vom polnischen Geheimdienst, hier mit seinen Tapferkeitsauszeichnungen aus dem Ersten Weltkrieg, leitete die Gruppe von Mathematikern, der es in den dreißiger Jahren nach großen Anstrengungen gelang, das Rätsel des deutschen Enigma-Chiffriersystems zu lösen.

Neun Monate später wurde auch Frankreich besiegt. Aber in England blieb Zeit, um auf den Fundamenten aufzubauen, die die weitblickenden und erfinderischen Polen gelegt hatten, und in England war es, wo aus die nächsten Schritte zur Aufdeckung der Geheimnisse der Abwehr und der Wehrmacht unternommen wurden. Im November übernahm Stewart Graham Menzies die Leitung des britischen Geheimdienstes und des Regierungsinstituts für Code und Chiffrierung (Government Code and Cypher School) in Bletchley Park, einem weitläufigen viktorianischen Landsitz auf halbem Weg zwischen Oxford und Cambridge und ungefähr 80 Kilometer nordwestlich von London entfernt. Hier, in dem verschnörkelten Herrenhaus und den ringsum hastig errichteten Baracken, wurde eine Anzahl brillant begabter Männer zusammengezogen – Mathematiker und Linguisten, Bankbeamte und Museumskuratoren, Schachmeister und Kreuzworträtselexperten, Elektroingenieure und Fachleute der Nachrichtentechnik. So geheim war alles, was dort getan wurde, daß nicht nur das Ergebnis, sondern auch die Arbeit daran nur als Ultra bezeichnet wurde – für ultrageheim. BP stand für Bletchley Park, und sich selbst tauften die Mitarbeiter die „Golf, Cheese and Chess Society“, ein Name, der die Initialen der Government Code and Cypher School wiederholte und vielleicht gemeinsame Vorlieben des Stabes andeutete.

Die meisten Mitarbeiter waren jung, schrecklich altklug, langhaarig und seltsam gekleidet in zerknitterten Cordhosen und abgewetzten Tweedanzügen – dem äußeren Anschein nach eine Ansammlung von Exzentrikern, wie sie in der britischen Tradition seit jeher eine geachtete Rolle gespielt haben. Wie es heißt, soll Winston Churchill, als er des Mitarbeiterstabes ansichtig wurde, zu Alastair Denniston bemerkt haben: „Ich sagte, Sie sollten jeden Winkel auskehren, um Ihre Leute zusammenzubringen. Ich dachte nicht, daß Sie es so wörtlich nehmen würden.“

Im Mai 1940 stellten die Analytiker auf dem Gelände von Bletchley Park ihre erste „Bombe“ auf, die von der British Tabulating Machine Company konstruiert worden war. Da man wußte, daß die ersten sechs Buchstaben einer jeden Botschaft die Schlüsseleinstellung darstellten – eine Gruppe von drei Buchstaben, die wiederholt wurde –, gab man der „Bombe“ die ersten sechs Buchstaben der verschlüsselten Meldung ein. Darauf drehten sich die Walzen und erprobten alle denkbaren Kombinationen von Walzeneinstellungen, bis die sechs Buchstaben der Chiffre zu einem Paar identischer Drei-Buchstaben-Gruppen wurden. Wenn die Walzen zum Stillstand kamen, wußte das Bedienungspersonal, daß die Schlüsseleinstellung gefunden war und daß alle unter diesem Schlüssel gesendeten Funksprüche automatisch entschlüsselt werden konnten. Konnte der Bediener einen solchen Stopp erreichen, war es ein persönlicher Triumph für ihn und ein Schritt voran auf dem Weg zum Sieg.

Manche Schlüssel waren leichter zu ermitteln als andere, weil die willkürlichen Buchstabenkombinationen, die den enigmaverschlüsselten Meldungen vorausgehen mußten, von den verschiedenen deutschen Waffengattungen und Sicherheitsdiensten völlig unterschiedlich gehandhabt wurden. Zu den schwierigsten Schlüsselchiffren gehörten die des Heeres. Um zu den Schlüsseleinstellungen zu kommen, wählte man drei einstellige Zahlen aus einem Datum, meist dem jeweiligen Tagesdatum. Dann setzte man diese Zahlen so in Buchstaben um, daß 0 bis 9 den Buchstaben A bis J entsprachen. Das Chiffriersystem der Kriegsmarine galt als das sicherste; überdies fügte die Kriegsmarine ständig Verfeinerungen hinzu und arbeitete bald mit separaten Schlüsseleinstellungsprogrammen für die verschiedenen Schiffstypen (Kriegsschiffe, U-Boote und Handelsschiffe) wie auch für die verschiedenen Kriegsschauplätze (Atlantik, Mittelmeer und Ostsee).

So seltsam es scheinen mag, die Meisterspione von der Abwehr hatten das am wenigsten sichere System von allen; sie verwendeten alte Enigmas mit drei Walzen ohne zusätzliche Steckkontakte, und ihre Funksprüche ließen sich ohne große Mühe entschlüsseln. Die Männer vom SD, die sich viel auf ihren Scharfsinn und ihre zähe Hartnäckigkeit zugute hielten, brachten eine Vorliebe für derbe Umgangssprache in ihre Funkmeldungen ein, und diese Neigung lieferte den Chiffrierspezialisten einen Hinweis besonderer Art. Gleichgültig, welche Form die Drei-Buchstaben-Gruppen der Schlüsseleinstellungen annehmen mochten, man konnte gewiß sein, daß sie für den einen oder den anderen Kraftausdruck standen.

Im Vergleich mit allen anderen waren die Funker der Luftwaffe für Bletchley Park dagegen geradezu eine Wohltat. Im Gebrauch der Enigma zeigten sie sich achtlos bis zur Unverantwortlichkeit. Ein Spezialist erinnerte sich dankbar eines in Italien stationierten

Die vereinten polnisch-französischen Entschlüsselungsexperten vor dem Château de Vignolles außerhalb von Paris. Im Hintergrund zwischen den Palmen Hauptmann Gustave Bertrand mit Oberst Gwido Langer zu seiner Linken. Die Polen waren bei der Niederlage ihres Landes nach Paris geflohen.

Luftwaffenfunkers, der als Schlüsseleinstellung „ständig die Initialen seiner Freundin verwendete – der er glücklicherweise treu blieb. So richtete er eine Menge Schaden an, von dem er nicht die leiseste Ahnung hatte".

Diese nachlässige Haltung reichte bis in die höchsten Ränge. Reichsmarschall Hermann Göring, der Oberbefehlshaber der Luftwaffe, benutzte das Funkgerät wie ein Telephon und erging sich in wortreichen, großspurigen und häufig belanglosen Funksprüchen an Kommandeure der Luftwaffe. „Görings Späße" nannten die Briten in Bletchley Park solche Botschaften.

Für die Alliierten war es ein Glück, daß die Funksprüche der Luftwaffe auch von wichtigerem Inhalt waren. Jeder Heeresdivision war ein Verbindungsoffizier der Luftwaffe zugeordnet, der sowohl die Luftunterstützung als auch den Einsatz von Flakeinheiten der Luftwaffe zu koordinieren hatte. Um dies zu tun und um der Luftwaffe für ihre Angriffe Hilfen zu geben, mußte er Informationen über die Bewegungen der Bodentruppen liefern, die von Ultra aufgefangen und an die Stabschefs der alliierten Streitkräfte weitergeleitet wurden. Auf diese Weise gelangten zahlreiche Einzelinformationen über Truppenverlegungen, Flak-Stellungen und über die Kräfteverteilung und Standorte der Landtruppen frühzeitig zur Kenntnis alliierter Frontkommandeure.

Zusammenstellungen wichtiger Informationen wurden regelmäßig Churchill zugeleitet. Wann immer er im Ausland weilte, unterließ er es nicht, sich von Ultra die neuesten Geheiminformationen über die Situation an den Fronten geben zu lassen; das gleiche galt für Präsident Roosevelt. Zu jedem alliierten Divisionsstab gehörte eine besondere Verbindungseinheit, die SLU (Special Liaison Unit), die gewöhnlich aus einem Offizier der Royal Air Force (von niedrigem Rang, um seine Arbeit unbedeutend erscheinen zu lassen) und einigen Unteroffizieren bestand, welche das Chiffrieren und den Funkverkehr besorgten. Sie waren auf allen Kriegsschauplätzen den Frontkommandeuren zugeteilt und hielten diese auf dem laufenden über die von Ultra gesammelten und für ihre Planungen relevanten Erkenntnisse.

Kaum ein Frontkommandeur verdankte den von Ultra gelieferten Informationen soviel wie General Bernard Montgomery, der Oberbefehlshaber der britischen 8. Armee in Nordafrika. Montgomery schenkte den Funksprüchen, die zwischen seinem Gegenspieler, Generalfeldmarschall Erwin Rommel, der die Streitkräfte der Achsenmächte in Afrika befehligte, und Generalfeldmarschall Albert Kesselring, dem Oberbefehlshaber der Luftflotte II und späteren Oberbefehlshaber Süd (Italien), gewechselt wurden, sorgfältige Beachtung. Kesselrings Luftflotte hatte Malta niederzuhalten und den deutschen Nachschub für das Afrikakorps zu schützen, was ständige Kontakte und Abstimmungen zwischen Kesselring und Rommel erforderlich machte. Kesselring meldete auch Rommels Pläne und Fortschritte an Hitler weiter.

Die Entschlüsselung dieser Botschaften trug zweifellos zur Niederlage Rommels und zum Prestige seines britischen Gegners bei. Im Mittelmeerraum verfügten die Briten über zuwenig Schiffe, U-Boote und Flugzeuge, dennoch gewannen sie gegenüber den Deutschen die Oberhand. Die von Ultra entschlüsselten Funksprü-

che, in denen die Auslauftermine der deutschen Geleitzüge und nicht selten auch ihre genaue Routen angegeben waren, lenkten britische U-Boote und Bomber, deren Kommandanten bisweilen sogar wußten, welche Schiffe die wichtigsten Nachschubgüter geladen hatten, genau zu ihren Zielen. Im Jahre 1942 wurde beinahe die Hälfte der deutschen Nachschublieferungen über das Mittelmeer versenkt, so daß sich Rommel bald in einer schwierigen Versorgungslage befand.

Montgomery, der durch Ultra über Rommels mißliche Lage und seine Vorbereitungen, im August 1942 bei Alam el Halfa auf Gedeih oder Verderb einen Druchbruch zu versuchen, wohl unterrichtet war, verschanzte sich mit Panzern und Artillerie hinter einem System von Minenfeldern und ausgebauten Stellungen und erwartete Rommels Angriff. Den Briten gelang es, Rommel eine entscheidende Niederlage beizubringen, von der sich das Afrikakorps nicht mehr erholte.

Während der folgenden drei Monate baute Montgomery seine Streitkräfte methodisch weiter aus und blieb über Ultra auch weiterhin über die Stärke und Moral des Afrikakorps, die kritische Treibstoffknappheit und sogar die Tatsache, daß Rommel an Gelbsucht erkrankt war, informiert. Am 23. Oktober war sich Montgomery seiner Überlegenheit sicher und griff bei El Alamein an. Nach zehntägigen Kämpfen suchte Rommel beim Führerhauptquartier um die Erlaubnis zum Rückzug nach. Hitler aber befahl wörtlich „zu siegen oder zu sterben!"

Rommel mußte weitere zwei Tage ausharren und noch eine Anzahl von Meldungen senden, ehe er Hitlers Erlaubnis zum unausweichlich gewordenen Rückzug erhielt. All diese Funksprüche wurden in Bletchley Park entschlüsselt, und als der britische Generalstabschef, General Sir Alan Brooke, am 4. November Premierminister Churchill in London aufsuchte, fand er ihn damit beschäftigt, „eifrig Botschaften an Roosevelt, Stalin, die Dominions etc. zu diktieren", in denen er ihnen mitteilte, daß die Wende im Weltkrieg eingetreten sei.

Der Krieg war noch lange nicht gewonnen, aber Churchills Optimismus war nicht unbegründet, denn Ultra verschaffte den Alliierten einen wichtigen Vorteil. Während der 1943 auf Italien übergreifenden Kämpfe stand die besondere Verbindungseinheit in General Sir Harold Alexanders Hauptquartier in Neapel in ständigem Kontakt mit Bletchley Park. In Alexanders streng bewachtem Lageraum gab es Karten und Pläne mit allen deutschen Verbänden und ihren Gliederungen im Kampfgebiet, den Bewegungen von Verstärkungen und Reserven, Angaben über Divisionsstärken und Beständen an Munition, Artillerie und Panzern. Tausende von Ultra-Meldungen und eine fast lückenlose Luftaufklärung bewirkten, daß Alexander beinahe so gut über den Gegner informiert war, wie dieser über sich selbst – sogar wenn es um Einzelheiten wie Verlustziffern, Beförderungen und die Versetzung von Offizieren ging.

Ultra konnte auch in negativer Weise informieren. Als die Alliierten im Herbst 1942 ihre Invasion in Nordafrika einleiteten, konnten sie aus dem Fehlen von Funksprüchen schließen, daß die Deutschen von den bevorstehenden Ereignissen überhaupt keine Ahnung hatten. Die Alliierten hatten den Vorteil der völligen Überraschung auf ihrer Seite.

Nichts ist wohl geeigneter, die Wirksamkeit in Bletchley Park besser zu illustrieren als die Schlacht im Atlantik, die von 1939 bis 1943 zwischen deutschen U-Booten und alliierten Geleitzügen ausgefochten wurde. Sobald der Mannschaft in Bletchley Park ein Durchbruch in der Entschlüsselung des Funkverkehrs der deutschen Marine gelang, nahmen die alliierten Verluste ab; führte die Marine ein neues System der Schlüsseleinstellung ein, stiegen die Versenkungsziffern wieder an.

Im Mai 1941 erhielt Bletchley Park ein Geschenk aus dem Meer, als U 110 erbeutet wurde. Das Boot des Kommandanten Fritz Julius Lemp, das mit anderen einen Geleitzug vor Grönland angegriffen hatte, wurde durch die Wasserbombenangriffe eines britischen Zerstörers beschädigt und zum Auftauchen gezwungen. Lemp und seine Männer bereiteten die Selbstversenkung des Bootes vor und gingen von Bord in dem Vertrauen, daß die Sprengladungen U 110 und seinen Inhalt zerstören würden.

Minuten vergingen, und die erwarteten Detonationen blieben aus. David Balme, ein junger Leutnant zur See der Royal Navy, verfolgte das Geschehen von Bord des querab liegenden Zerstörers. Als nach einer guten Weile noch immer nichts geschehen war, ließ

Der Landsitz Bletchley Park, ein Bau des 19. Jahrhunderts im ländlichen Buckinghamshire, beherbergte die Abteilung, die mit der Entschlüsselung von Funksprüchen des Feindes betraut war. Was genau in Bletchley Park vorging, war bis 1977 ein Staatsgeheimnis, aber einheimische Taxifahrer nannten es schon in Kriegszeiten Besuchern gegenüber den „Sitz des Geheimdienstes".

Techniker des weiblichen Hilfskorps der Royal Navy warten den „Colossus", ein elektronisches Wunderwerk, das die Briten 1943 in Betrieb nahmen. Die gigantische Dechiffriermaschine verwendete eine Menge photoelektrischer Zellen, 1500 Radioröhren und außerdem ein Hochgeschwindigkeits-Antriebssystem zum Lesen und Überprüfen von 5000 Chiffren pro Sekunde.

er ein Beiboot zu Wasser und ruderte mit einigen Leuten zum U-Boot hinüber. Als er durch das Turmluk ins Boot kletterte, rechnete er halb damit, daß die Sprengladungen doch noch detonieren könnten – oder daß er sich jeden Moment einem bewaffneten Deutschen gegenübersehen würde. Die Pistole in der Hand, stieg er in das feuchtkalte Halbdunkel der blauen Notbeleuchtung hinab, gefolgt von seinen Leuten. Dort unten wurde er für seinen Einsatz belohnt. Er fand die Enigma am Platz des Funkers, mit den Codebüchern und Chiffrierunterlagen daneben.

Die Männer formierten sich zu einer Kette, und während in der Ferne die dumpfen Detonationen von Torpedos und Wasserbomben den Weg des Geleitzuges bezeichneten, reichten Balmes Leute die Dokumente und die Maschine die Leiter hinauf, vom Turm auf das schlüpfrige Deck hinab und von dort ins längsseits festgemachte Boot. Als der wertvolle Gegenstand an Bord des Zerstörers war, nahm der Kapitän Kurs auf England.

Zur Zeit des Geschehens wurde Balmes Beute von den Briten als ein so wichtiges Geheimnis betrachtet, daß sie nur meldeten, das U-Boot sei gesunken und sein Kapitän habe nach der Aufgabe des Bootes den Seemannstod gefunden. Spätere Meldungen deuteten an – ohne jemals bestätigt zu werden –, daß Lemp bei einem Versuch, an Bord seines U-Boots zurückzukehren und die Dokumente zu retten oder zu vernichten, erschossen worden war.

Was auch geschehen sein mag, der kostbare Gegenstand wurde in Bletchley Park abgeliefert, ohne daß die Öffentlichkeit oder der Gegner davon erfuhren. Die Resultate für die Alliierten wurden bald spürbar. In den nächsten neun Monaten jagte und versenkte die Royal Navy deutsche U-Boote im Atlantik und ebenso die Tanker, die diese mit Treibstoff versorgten. Innerhalb von sieben Monaten sanken die alliierten Verluste von monatlich 200 000 Bruttoregistertonnen auf 50 000 ab. In derselben Zeit erhöhte sich die Zahl der versenkten deutschen U-Boote auf 31.

Am 1. Februar 1942 führte Admiral Karl Dönitz ein neues Schlüsseleinstellungssystem für die deutschen U-Boote im Atlantik ein, und die Experten in Bletchley Park benötigten elf Monate, um es zu knacken. Während dieser Zeit stiegen die alliierten Tonnage-

Ein als „Chiffrierbüro" bezeichnetes Zelt beherbergt 1945 in Jalta notdürftig einen wesentlichen Teil von Churchills geheimdienstlichem Gefolge. Wenn der Premierminister reiste – wie in diesem Fall, als er mit den anderen alliierten Staatsoberhäuptern zusammentraf –, wurde er von einer Reihe von Spezialisten begleitet, die den umfangreichen Funkverkehr ver- und entschlüsselten.

verluste erneut sprunghaft in die Höhe und erreichten Ende des Jahres 8 245 000 Bruttoregistertonnen.

Sogenannte Wolfsrudel von bis zu 40 U-Booten waren zwischen England und Nordamerika im Einsatz, und es schien, als ob Deutschland die Schlacht um den Atlantik gewinnen würde.

Im Dezember wurden die neuen Einstellungen endlich dechiffriert, aber der Abteilung von Bletchley Park blieb kaum Zeit, sich der Früchte ihrer Mühsal zu erfreuen. Anfang März 1943 wurde bei der U-Boot-Waffe ein neues Enigma-Modell mit vier Walzen eingeführt, und die Bemühungen zur Entschlüsselung der Funksprüche mußten von vorn beginnen. Unterdessen erreichten die alliierten Tonnageverluste eine neue Rekordmarke: Allein im März 1943 wurden 851 000 Bruttoregistertonnen versenkt, eine für die Alliierten unerträgliche Verlustrate. Die große U-Boot-Offensive von Dönitz stellte den Höhepunkt der deutschen Seekriegsführung dar und vermittelte für kurze Zeit die Illusion eines Sieges.

Dann aber kam die Wende. In weniger als einem Monat lösten die Dechiffrierspezialisten mit erstaunlichem Erfolg das Problem, vor das die neue Enigma sie gestellt hatte. Mittlerweile war auch die Luftüberwachung des Nordatlantik lückenlos, und die U-Boote wurden mit Radar geortet und von Flugzeugen und Zerstörern angegriffen. Im April verlor Dönitz 14 U-Boote; im Mai gingen weitere 39 verloren. Ende August lag die Zahl der Verluste bereits bei 127 U-Booten, während nur elf alliierte Handelsschiffe versenkt worden waren. Als der Herbst kam, war die langandauernde Schlacht im Atlantik praktisch zu Ende.

Anfangs war Bletchley Park eine rein britische Institution, aber im Laufe des Krieges nahmen die Bindungen an die Vereinigten Staaten mehr und mehr zu. 1943 erhielten mehrere Dutzend amerikanischer Offiziere Zugang zu den geheimen Räumen in Bletchley Park. Für die meisten von ihnen war dies eine Zwischenstation, bevor sie zu amerikanischen Einheiten abkommandiert wurden. Einige wenige blieben bis Kriegsende in Bletchley Park und werteten dies als ein Privileg. „Es war im militärischen Leben wohl der einzige Ort, wo es kein Gefühl von stumpfsinniger Leere und sinnloser Arbeit gab", schrieb Alfred Friendly, der dort als junger Offizier Dienst tat und später Herausgeber der *Washington Post* werden sollte. Neben dem Vergnügen, das ihnen die Arbeit an immer neuen Problemen bereitete, konnten die Experten auch mit Befriedigung konstatieren, daß ihre Bemühungen sich auszahlten.

Das Vergnügen, sich nach einem Erfolg im Rampenlicht der Öffentlichkeit sonnen zu können, blieb ihnen freilich versagt. Anders als der Ruhm soldatischer Heldentaten auf dem Schlachtfeld, mußten die Erfolge von Bletchley Park so geheim bleiben wie die Methoden, mit denen sie erreicht wurden, hätte doch der beiläufigste Hinweis, daß dort Spezialisten an der Entschlüsselung deutscher Funksprüche arbeiteten, den Alliierten die mühsam errungenen Vorteile heimlicher Mitwisserschaft nehmen können. Die Männer und Frauen, die in Bletchley Park arbeiteten, mußten bis lange nach dem Kriege auf öffentliche Anerkennung warten. Als die Zeit gekommen war, belohnte Winston Churchill sie mit einer tiefempfundenen Lobrede. Darin nannte er sie „die Hühner, die die goldenen Eier legten – und niemals gackerten".

EIN PIONIER DER KRYPTOLOGIE

Studenten und Lehrpersonal der kryptographischen Schule der US-Armee in Geneva, Illinois, versammeln sich im Februar 1918 mit ihrem Direktor William F. Friedman (in der Mitte rechts sitzend) zu einem Erinnerungsphoto an den Lehrgangsabschluß. Friedman arrangierte seine Schüler und Kollegen in Gruppen, die Buchstaben eines binären Chiffriersystems in verschiedenen Kombinationen darstellen, wie der Morsecode Punkte und Striche verwendet. In Friedmans menschlichem Code entsprechen diejenigen, deren Gesicher geradeaus blicken, den Punkten; die zur Seite Blickenden stellen Striche dar. Die Botschaft lautet, von links nach rechts gelesen und in der hinteren Reihe beginnend, wo der Buchstabe „K" als „Punkt Strich Punkt Punkt Strich" verschlüsselt ist, „Knowledge is Power" (Wissen ist Macht), ein Aphorismus des englischen Wissenschaftlers und Philosophen Francis Bacon. Friedman hatte allerdings vier Leute zuwenig und mußte selbst als das abschließende „r" dienen.

DER MANN, DER DIE PURPUR-MASCHINE NACHBAUTE

Für seine Mitarbeiter kam es nicht überraschend, daß William F. Friedman der Schöpfer der Dechiffriermaschine war, die den Purpurcode des japanischen diplomatischen Dienstes brach *(S. 56–57)*. Seit dem Ersten Weltkrieg hatte er mit verblüffendem Scharfsinn Codes entwickelt und entschlüsselt, wie das Photo der Absolventenklasse auf den vorausgehenden Seiten bereits suggeriert. Während er von 1917 bis 1918 Heeresoffiziere unterrichtete, schrieb Friedman eine Anzahl von Lehrbüchern, in denen er mathematische Prinzipien darlegte, deren Anwendung die Kryptologie von einem intuitiven Handwerk zu einer regelrechten Wissenschaft umwandelte. Als hervorragender Theoretiker und Praktiker dieser Wissenschaft bildete er eine ganze Generation von Kryptologen in den Methoden der Entschlüsselung aus, deren Beherrschung den Vereinigten Staaten am Vorabend des Zweiten Weltkriegs einen führenden Platz auf diesem Gebiet sicherte.

Friedman begann seine Laufbahn in einer Zeit, als globale Rivalitäten und das Aufkommen der drahtlosen Telegraphie zu einer Zunahme des Verkehrs mit verschlüsselten Botschaften führte. Die zwanziger Jahre erlebten die Einführung einer Vielzahl elektromechanischer Chiffriersysteme, zu denen in den meisten Fällen Maschinen mit mehreren Walzen gehörten, die weitaus komplexere Codes hervorbrachten, als man sich bis dahin hätte träumen lassen. Friedman, der als hauptsächlicher Dechiffrierspezialist in der Fernmeldetruppe der US-Armee tätig war, gebrauchte induktive mathematische Schlüsse, um die neuen Maschinen zu rekonstruieren und ihre Codes zu brechen.

Mitte der dreißiger Jahre wurde Friedman Chef der Dechiffrierabteilung des Kriegsministeriums mit dem Auftrag, die Bemühungen der Armee bei der Entschlüsselung fremder Codes zu leiten. Zu seiner wichtigsten Aufgabe gehörte bald die Untersuchung des Codes, den die Japaner 1934 eingeführt hatten. Dies war geschehen, nachdem die amerikanische Presse enthüllt hatte, daß die Regierung der Vereinigten Staaten den diplomatischen Funkverkehr zwischen dem japanischen Außenministerium und seinen Botschaftern im Ausland abgehört hatte.

Als der Krieg ausbrach, siedelte Friedmans Stab von den Räumen im Verteidigungsministerium in die Schulgebäude von Arlington Hall über, einer früheren Mädchenschule in Virginia. Die Arbeit, die dort geleistet wurde, war der Öffentlichkeit unbekannt, aber General George C. Marshall, der Stabschef des Heeres, nannte sie den bestimmenden Faktor in „der Führung von General Eisenhowers Feldzug und allen Operationen im Pazifik“.

Dieses Photo von 1924 zeigt Friedman an einer Chiffriermaschine, die willkürliche Alphabete erzeugte. Solche Maschinen waren im Krieg weit verbreitet.

Als ziviler Chef des Sicherheitsamts der US-Fernmeldetruppe trifft William F. Friedman (mit Hut), begrüßt von einer Ehrenformation, 1942 in Arlington Hall ein.

Als Student beschäftigte sich Friedman 1913 mit pflanzengenetischen Studien in einem insektenfreien Glashäuschen der Carnegie Institution.

Elizebeth Smith 1916 zusammen mit ihrem Arbeitgeber Fabyan.

Die jungvermählten Friedmans 1917 bei einem Ausflug auf das Land.

VON DER PFLANZENGENETIK ZU GEHEIMCHIFFREN

Friedman fand auf indirektem Wege zu seinem späteren Beruf. Anfangs beabsichtigte er Botaniker zu werden und nahm 1915 als frischgebakkener Wissenschaftler eine Stelle auf der Versuchsfarm des exzentrischen Millionärs George Fabyan an. Dort lernte er Elizebeth Smith kennen, die von Fabyan angestellt worden war, damit sie Shakespeares Stücke nach einer Chiffre durchforschte, die – wie Fabyan sich einbildete – Francis Bacon als den wahren Urheber von Shakespeares dramatischem Werk ausweisen würde. Dies war jedoch vergebliche Mühe. Aber Friedman verliebte sich in Miß Smith und in die Kryptologie, heiratete die erstere und machte die letztere zu seinem Beruf.

1918 führte die American Telephone and Telegraph Company (ITT) eine Chiffriermaschine ein, die nach dem Prinzip der binären Chiffre arbeitete, wobei die zwei Elemente durch das Fehlen oder Vorhandensein von Perforationen in einem Lochstreifen verkörpert wurden. Friedman knackte ihr System innerhalb sechs Wochen und wurde dadurch berühmt.

Hier ist Friedman vor einer Chiffriermaschine der American Telephone and Telegraph Company zu sehen.

Friedman (Mitte) und zwei Kollegen versuchen Radiosignale zu entziffern, deren Ursprung man auf dem Planeten Mars wähnte, der sich 1924 der Erde genähert hatte.

GROSSANGRIFF AUF EINE CHIFFRIERMASCHINE

In den dreißiger Jahren besaßen die meisten Industrienationen ein elektromechanisches Chiffriergerät. Eines der fortgeschrittensten war dasjenige, welches von 1937 an den Code des japanischen diplomatischen Dienstes erzeugte und von den amerikanischen Entschlüsselungsexperten Purpur genannt wurde. Kurz nach Einführung des Purpurcodes erlangte die Aufgabe, ihn zu knacken, für Friedman höchste Priorität.

Ihm zur Seite stand ein erstklassiger Mitarbeiterstab, den er seit 1930 gebildet hatte und dem Mathematiker und Linguisten angehörten. In einem Zeitraum von 18 nervenzermürbenden Monaten versuchte Friedmans Gruppe, die japanische Maschine nachzubauen.

An Stelle von Walzen verwendete die Maschine das Prinzip des Klappenschranks einer Telephonvermittlung, wobei Stecker die Anordnung von Buchstaben veränderten. Als es im August 1940 endlich gelang, eine Purpurmaschine in mühsamer Handarbeit nachzubauen, besaßen die Vereinigten Staaten ein Instrument, das sie zu Mitwissern solch heikler diplomatischer Manöver wie dem Versuch Deutschlands machte, Japan im März 1941 zum Krieg gegen Großbritannien zu drängen.

Der Nachbau der Maschine verlangte allen Beteiligten das Letzte ab. Es war, sagte einer der Experten, wie „von einer endlosen Polarnacht verschlungen zu sein". Friedman selbst erlitt einen Nervenzusammenbruch.

Das Bild von 1935 zeigt Friedman (Mitte), umgeben von De-

Aus Kabeln und Schrauben zusammengebaut, brach dieses Gerät den japanischen Purpurcode.

chiffrierspezialisten, die den japanischen Diplomatencode knackten.

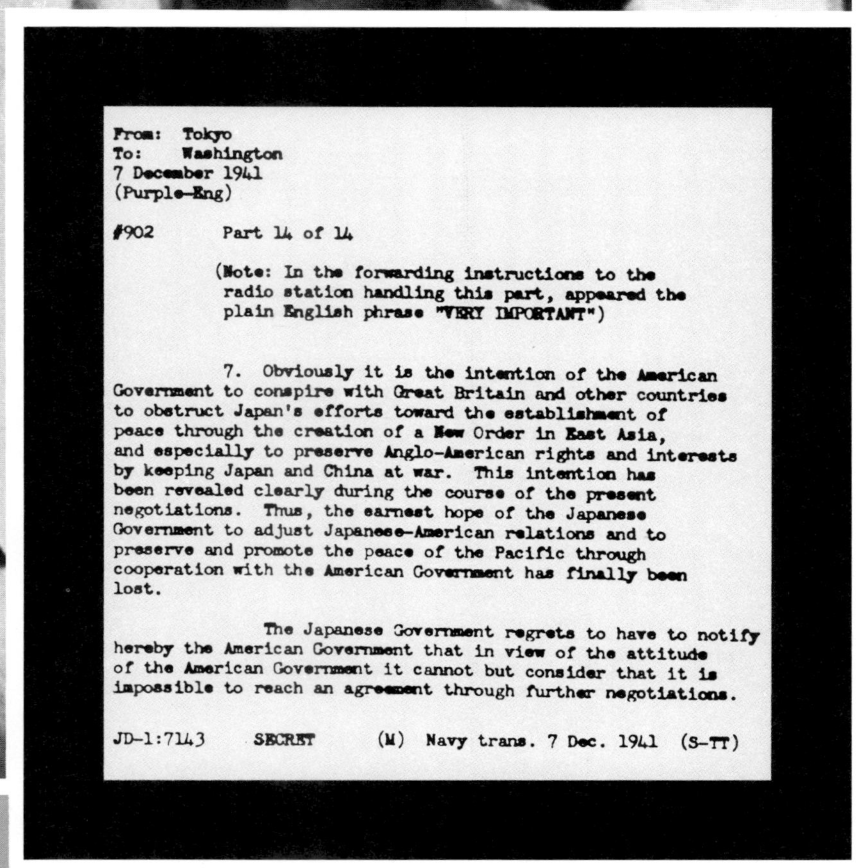

From: Tokyo
To: Washington
7 December 1941
(Purple-Eng)

#902 Part 14 of 14

(Note: In the forwarding instructions to the radio station handling this part, appeared the plain English phrase "VERY IMPORTANT")

7. Obviously it is the intention of the American Government to conspire with Great Britain and other countries to obstruct Japan's efforts toward the establishment of peace through the creation of a New Order in East Asia, and especially to preserve Anglo-American rights and interests by keeping Japan and China at war. This intention has been revealed clearly during the course of the present negotiations. Thus, the earnest hope of the Japanese Government to adjust Japanese-American relations and to preserve and promote the peace of the Pacific through cooperation with the American Government has finally been lost.

The Japanese Government regrets to have to notify hereby the American Government that in view of the attitude of the American Government it cannot but consider that it is impossible to reach an agreement through further negotiations.

JD-1:7143 SECRET (M) Navy trans. 7 Dec. 1941 (S-TT)

Die dechiffrierte Botschaft zeigte 1941 den Bruch amerikanisch-japanischer Beziehungen an.

NACHRICHTENÜBERMITTLUNG

An Bord eines deutschen U-Boots liegt vor dem Funker die Funk-Kladde zum Eintragen der Funksprüche, links davon steht eine Enigma-Chiffriermaschine bereit.

UNGEWÖHNLICHE MITTEL, DEN FEIND ZU VERBLÜFFEN

Die berühmten Purpur- und Enigma-Chiffriermaschinen waren nur zwei von vielen Mitteln, die von den gegnerischen Parteien im Zweiten Weltkrieg gebraucht wurden, um ihren Funkverkehr dem Feind unverständlich zu machen. Eine besonders einfallsreiche Methode wurde vom US-Marinekorps angewendet, das im Südpazifik Navajo-Indianer als Funker einsetzte. Navajo war eine so seltene Sprache, daß sie von kaum zwei Dutzend Außenstehenden auf der ganzen Welt verstanden wurde. Das Marinekorps war von einem Ingenieur namens Philip Johnson aus Los Angeles auf die Idee gebracht worden; er hatte als Junge in einer Reservation gelebt, wo sein Vater Missionar gewesen war.

Die Verwirklichung von Johnsons Anregung erforderte Phantasie, denn der Navajosprache fehlte es sowohl an den technologischen wie auch den geographischen Begriffen, die für den militärischen Einsatz wichtig waren. Dieses Problem setzte die Navajos nicht lange in Verlegenheit; sie füllten die Lücken mit Umschreibungen ihrer eigenen Sprache. Australien wurde „gerollter Hut" genannt, nach den Kopfbedeckungen der australischen Soldaten; Großbritannien hieß „von Wasser umgeben"; die Philippinen „schwimmendes Land" und Amerika „unsere Mutter". Zur Darstellung militärischer Begriffe bedienten die Navajos sich der natürlichen Umwelt des heimatlichen Südwestens. So wurde ein Aufklärungsflugzeug zum Beispiel zur „Eule", Bomben zu „Eiern", und eine Panzerabwehrkanone zum „Schildkrötenschießer". Die Improvisationen bewährten sich; zwischen 1942 und 1945 dienten etwa 420 Navajos als Funker im Marinekorps, und die Japaner fanden nie einen Dolmetscher.

Für die Navajos selbst war die Tätigkeit mit unerwarteten Gefahren verbunden. In ihrer körperlichen Erscheinung ähnelten sie dem Feind, und mehr als einmal wurde ein Navajo von Marinesoldaten gefangengenommen und beschuldigt, ein Japaner in US-Uniform zu sein. Dann kam es für den Gefangenen auf Wortgewandtheit an – auf Englisch, nicht Navajo –, um die Kameraden davon abzubringen, daß sie ihn kurzerhand niedermachten.

Auch anderswo dienten Indianer als Funker in den Fernmeldeeinheiten der amerikanischen Streitkräfte, so zum Beispiel Stammesmitglieder der Comanchen- und Chippewa-Indianer in Nordafrika und Europa. Aber es gab nicht genug Sprecher seltener Sprachen. Die Streitkräfte aller kriegführenden Nationen waren deshalb auf Geräte und Hilfsmittel angewiesen, die jeder im Gebrauch unterwiesene Soldat bedienen konnte, um damit ihren Funkverkehr geheimzuhalten *(folgende Seiten).*

Diese britische Karikatur macht sich über das Bedürfnis nach Geheimhaltung lustig. Ein Offizier ißt sein Codebuch, um es so vor dem Feind zu schützen.

Zwei Navajo-Indianer der Fernmeldetruppe des US-Marinekorps geben auf einer Insel eine Meldung in ihrer Stammessprache durch, die kein Japaner verstehen konnte.

CHIFFRIERGERÄTE FÜR DIE FERNMELDETRUPPE

Die Chiffriertabelle, die von der amerikanischen Armee und Marine im Zweiten Weltkrieg verwendet wurde, bestand aus 25 herausnehmbaren Papierstreifen, die numeriert und jeweils mit Buchstaben des Alphabets bedruckt waren. Um eine Botschaft zu chiffrieren, schob der Absender die Streifen in einer zuvor festgelegten Reihenfolge in ihre Schlitze und schob jeden Streifen nach rechts oder links, bis die wahren Buchstaben seiner Botschaft vertikal entlang dem Metallstab aufgereiht waren. Dann wählte er eine beliebige Kolonne vertikaler Buchstaben und sendete sie dem Empfänger. Dieser legte seine Streifen in entsprechender Anordnung in ihre Schlitze, richtete die Buchstaben vertikal aus und schob den Metallstab die Streifen entlang, um die Botschaft zu finden.

Ein amerikanischer Soldat arbeitet 1944 auf Neuguinea an einer M-209-Chiffriermaschine. Im Interesse der Geheimhaltung hatte jeder Funker Befehl, seine Maschine zu zerstören, bevor sie dem Gegner in die Hände fiel.

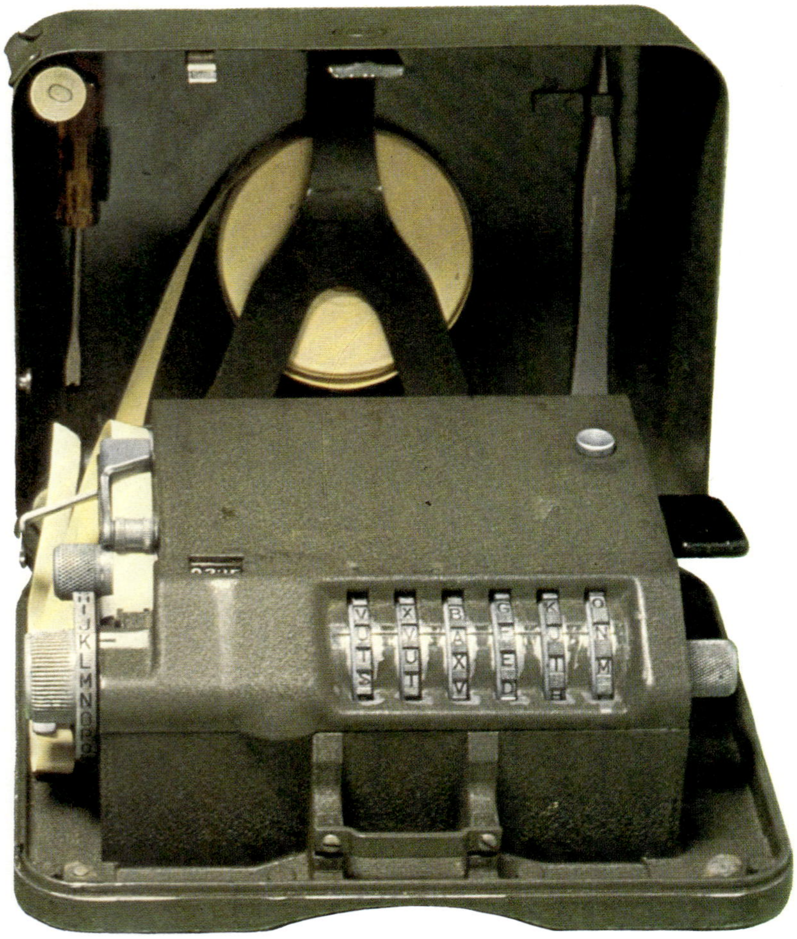

Die M-209 (links geöffnet, oben gebrauchsfertig) arbeitete mit Getriebeübersetzungen. Man brachte die mit Buchstaben markierten Fronträder auf eine geheime, täglich veränderte Einstellung und drehte den Knopf an der linken Seite der Maschine auf den zu chiffrierenden Buchstaben. Bediente man darauf die Kurbel an der rechten Seite, so rotierten die Buchstabenräder und bewegten Stifte und Zapfen, die ihrerseits die Stäbe des zylindrischen Gestänges im hinteren Teil der Maschine bewegten. Diese wirkten als Mitnehmer auf das Getriebe, welches ein Rad drehte, das den chiffrierten Buchstaben auf den Papierstreifen druckte oder in bestimmter Position hineinlochte. Um die eingegangene Meldung zu dechiffrieren, wiederholte der Empfänger die gleichen Schritte auf seiner eigenen Maschine.

EIN TECHNISCHES WUNDERWERK NAMENS ENIGMA

Die deutsche Enigma-Chiffriermaschine, die einer Schreibmaschine ähnelte, chiffrierte und dechiffrierte Meldungen durch das Aufleuchten von Ersatzbuchstaben in Anzeigefeldern hinter der Tastatur. Das Niederdrücken einer Taste löste einen elektrischen Impuls aus, der einen unter Milliarden von möglichen Wegen durch Steckkontakte im vorderen und Walzenkontakte im hinteren Teil der Maschine nahm. Ferner veränderte das Niederdrücken der Taste die Stellung von einer oder mehreren der Walzen, so daß die Einstellung der Maschine bei jedem Buchstaben variierte.

Deutsche Soldaten chiffrieren eine Meldung mit einer Enigma, die handlich genug war, um sie im Feld mitzuführen, bei hoher Arbeitsgeschwindigkeit jedoch zwei bis drei Mann zur Bedienung benötigte. Hier drückt ein Mann die Tasten, während ein zweiter die aufleuchtenden Buchstaben dem Soldaten mit Bleistift und Papier diktiert.

Um das Dechiffrieren einer Meldung vollends unmöglich zu machen, konnten die Steckkontakte an der Vorderseite der Enigma durch diejenigen einer Enigma-Uhr-Maschine ersetzt werden. Das Bedienungspersonal veränderte die Bahnen der elektrischen Impulse dann durch einfaches Betätigen des gekerbten Drehknopfes auf der Uhr-Maschine.

Ein Signalgast auf dem Turm eines deutschen U-Bootes winkt eine Botschaft, während seine Kameraden die Antwortsignale verfolgen. Die Kriegsmarine hatte ein geheimes Signalbuch, worin optische, akustische und Funksignale gesammelt waren. Bestand die Gefahr, daß ein Schiff in Feindeshand fiel, wurde das Signalbuch über Bord geworfen; schwere Einbanddeckel ließen es sinken.

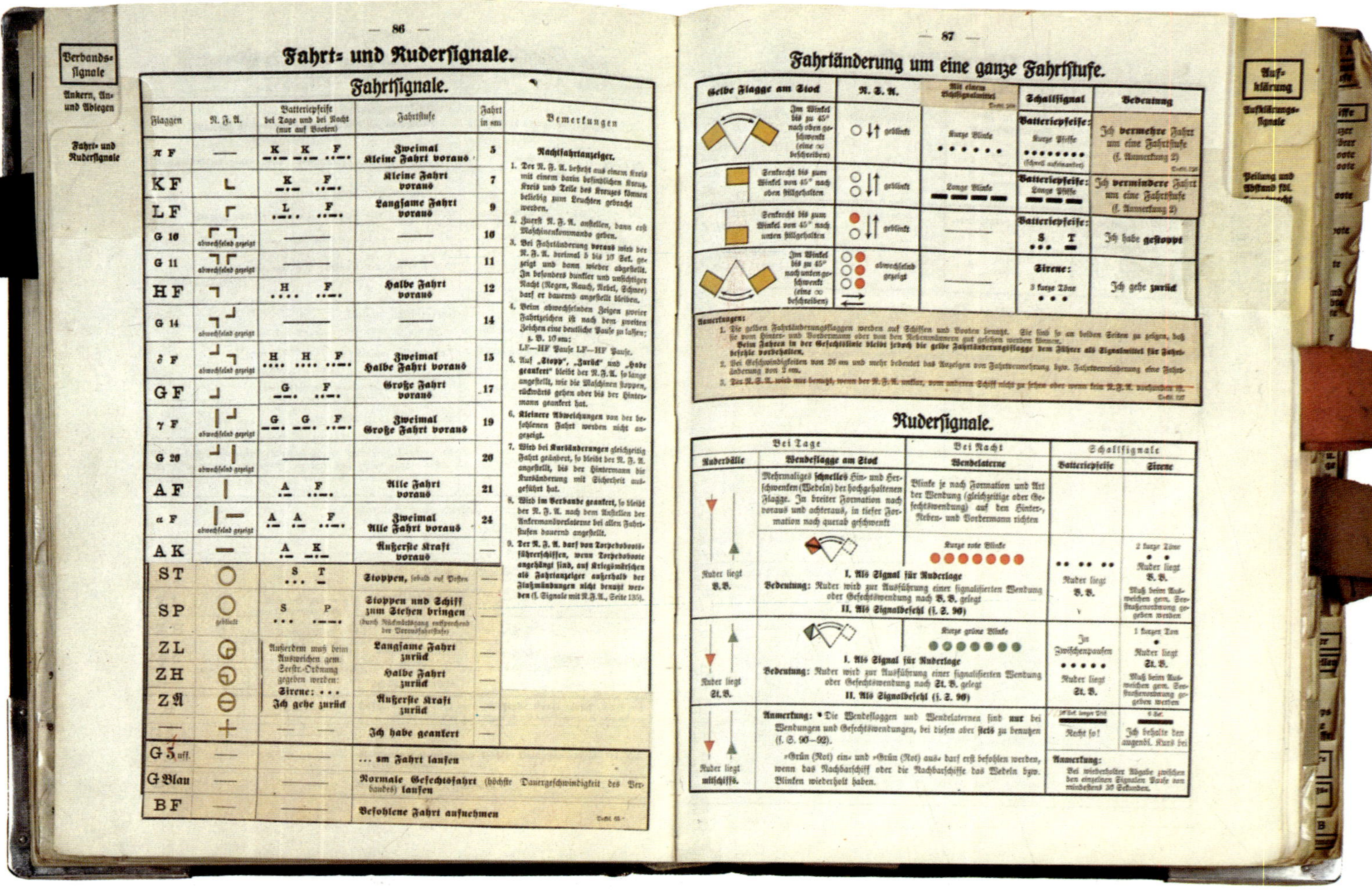

— 86 —

Fahrt- und Rudersignale.

Fahrtsignale.

Flaggen	N. F. A.	Batteriepfeife bei Tage und bei Nacht (nur auf Booten)	Fahrtstufe	Fahrt in sm
π F	—	K K F	Zweimal Kleine Fahrt voraus	5
KF	⌊	K F	Kleine Fahrt voraus	7
LF	⌈	L F	Langsame Fahrt voraus	9
G 10	abwechselnd gezeigt	—	—	10
G 11	abwechselnd gezeigt	—	—	11
HF	⌉	H F	Halbe Fahrt voraus	12
G 14	abwechselnd gezeigt	—	—	14
δ F	abwechselnd gezeigt	H H F	Zweimal Halbe Fahrt voraus	15
GF	⌋	G F	Große Fahrt voraus	17
γ F	abwechselnd gezeigt	G G F	Zweimal Große Fahrt voraus	19
G 20	abwechselnd gezeigt	—	—	20
AF	|	A F	Alle Fahrt voraus	21
α F	abwechselnd gezeigt	A A F	Zweimal Alle Fahrt voraus	24
AK	—	A K	Äußerste Kraft voraus	—
ST	○	S T	Stoppen, sobald auf Posten	—
SP	○ geblinkt	S P	Stoppen und Schiff zum Stehen bringen (durch Rückwärtsgang entsprechend der Vorausfahrtstufe)	—
ZL		Außerdem muß beim Ausweichen gem. Seestr.-Ordnung gegeben werden: Sirene: • • • Ich gehe zurück	Langsame Fahrt zurück	—
ZH			Halbe Fahrt zurück	—
ZÄ			Äußerste Kraft zurück	—
—	+	— —	Ich habe geankert	—
G 5 usf.	—	—	... sm Fahrt laufen	
G Blau	—	—	Normale Gefechtsfahrt (höchste Dauergeschwindigkeit des Verbandes) laufen	
BF	—	—	Befohlene Fahrt aufnehmen	

Bemerkungen

Nachtfahrtanzeiger.

1. Der N. F. A. besteht aus einem Kreis mit einem darin befindlichen Kreuz. Kreis und Teile des Kreuzes können beliebig zum Leuchten gebracht werden.
2. Zuerst N. F. A. anstellen, dann erst Maschinenkommando geben.
3. Bei Fahrtänderung voraus wird der N. F. A. dreimal 5 bis 10 Sek. gezeigt und dann wieder abgestellt. In besonders dunkler und unsichtiger Nacht (Regen, Rauch, Nebel, Schnee) darf er dauernd angestellt bleiben.
4. Beim abwechselnden Zeigen zweier Fahrtzeichen ist nach dem zweiten Zeichen eine deutliche Pause zu lassen; z. B. 10 sm: LF—HF Pause LF—HF Pause.
5. Auf „Stopp", „Zurück" und „Habe geankert" bleibt der N.F.A. so lange angestellt, wie die Maschinen stoppen, rückwärts gehen oder bis der Hintermann geankert hat.
6. Kleinere Abweichungen von der befohlenen Fahrt werden nicht angezeigt.
7. Wird bei Kursänderungen gleichzeitig Fahrt geändert, so bleibt der N. F. A. angestellt, bis der Hintermann die Kursänderung mit Sicherheit ausgeführt hat.
8. Wird im Verbande geankert, so bleibt der N. F. A. nach dem Anstellen der Ankermanöverlaterne bei allen Fahrtstufen dauernd angestellt.
9. Der N. F. A. darf von Torpedobootsführerschiffen, wenn Torpedoboote angehängt sind, auf Kriegsmärschen als Fahrtanzeiger außerhalb der Flußmündungen nicht benutzt werden (s. Signale mit N.F.A., Seite 135).

— 87 —

Fahrtänderung um eine ganze Fahrtstufe.

Gelbe Flagge am Stock	N. S. A.	Mit einem Lichtsignalmittel	Schallsignal	Bedeutung
Im Winkel bis zu 45° nach oben geschwenkt (eine ∞ beschreiben)	○ ↓↑ geblinkt	Kurze Blinke • • • • • • •	Batteriepfeife: Kurze Pfiffe • • • • • • • • (schnell aufeinander)	Ich vermehre Fahrt um eine Fahrtstufe (s. Anmerkung 2)
Senkrecht bis zum Winkel von 45° nach oben stillgehalten	○ ○ ↓↑ geblinkt	Lange Blinke ▬ ▬ ▬ ▬	Batteriepfeife: Lange Pfiffe ▬ ▬ ▬	Ich vermindere Fahrt um eine Fahrtstufe (s. Anmerkung 2)
Senkrecht bis zum Winkel von 45° nach unten stillgehalten	● ○ ↓↑ geblinkt	—	Batteriepfeife: S T	Ich habe gestoppt
Im Winkel bis zu 45° nach unten geschwenkt (eine ∞ beschreiben)	○● ○● ○● abwechselnd gezeigt	—	Sirene: 3 kurze Töne • • •	Ich gehe zurück

Anmerkungen:
1. Die gelben Fahrtänderungsflaggen werden auf Schiffen und Booten benutzt. Sie sind so an beiden Seiten zu zeigen, daß sie vom Hinter- und Vordermann oder von den Nebenmännern gut gesehen werden können.
Beim Fahren in der Gefechtslinie bleibt jedoch die gelbe Fahrtänderungsflagge dem Führer als Signalmittel für Fahrtbefehle vorbehalten.
2. Bei Geschwindigkeiten von 26 sm und mehr bedeutet das Anzeigen von Fahrtvermehrung bzw. Fahrtverminderung eine Fahrtänderung von 2 sm.
3. Der N.S.A. wird nur benutzt, wenn der N.F.A. unklar, vom anderen Schiff nicht zu sehen oder wenn kein N.F.A. vorhanden ist.

Rudersignale.

Bei Tage: Ruderbälle	Bei Tage: Wendeflagge am Stock	Bei Nacht: Wendelaterne	Schallsignale: Batteriepfeife	Schallsignale: Sirene
Ruder liegt B.B.	Mehrmaliges schnelles Hin- und Herschwenken (Wedeln) der hochgehaltenen Flagge. In breiter Formation nach voraus und achteraus, in tiefer Formation nach querab geschwenkt. I. Als Signal für Ruderlage. Bedeutung: Ruder wird zur Ausführung einer signalisierten Wendung oder Gefechtswendung nach B.B. gelegt. II. Als Signalbefehl (s. S. 90)	Blinke je nach Formation und Art der Wendung (gleichzeitige oder Gefechtswendung) auf den Hinter-, Neben- und Vordermann richten. Kurze rote Blinke ● ● ● ● ● ● ●	•• •• •• Ruder liegt B.B.	2 kurze Töne • • Ruder liegt B.B. Muß beim Ausweichen gem. Seestraßenordnung gegeben werden
Ruder liegt St.B.	I. Als Signal für Ruderlage. Bedeutung: Ruder wird zur Ausführung einer signalisierten Wendung oder Gefechtswendung nach St.B. gelegt. II. Als Signalbefehl (s. S. 90)	Kurze grüne Blinke ● ● ● ● ● ● ●	In Zwischenpausen • • • • • Ruder liegt St.B.	1 kurzer Ton • Ruder liegt St.B. Muß beim Ausweichen gem. Seestraßenordnung gegeben werden
Ruder liegt mitschiffs.	Anmerkung: * Die Wendeflaggen und Wendelaternen sind nur bei Wendungen und Gefechtswendungen, bei diesen aber stets zu benutzen (s. S. 90–92). »Grün (Rot) ein« und »Grün (Rot) aus« darf erst befohlen werden, wenn das Nachbarschiff oder die Nachbarschiffe das Wedeln bzw. Blinken wiederholt haben.		Recht so!	Ich behalte den augenbl. Kurs bei

Anmerkung: Bei wiederholter Abgabe zwischen den einzelnen Signalen Pause von mindestens 30 Sekunden.

Soldaten der amerikanischen Fernmeldetruppe vor einem fahrbaren Taubenschlag lassen Brieftauben auf (unten). In kleinen, an den Beinen befestigten Röhren trugen die Vögel Botschaften über weite Entfernungen (bis zu 500 Kilometer an einem Tag). Die Botschaften wurden häufig mittels Tabellen wie der links abgebildeten verschlüsselt. Der Absender suchte jede der aufeinanderfolgenden Chiffren aus einem verschieden verwürfelten Alphabet, indem er die Kolonnen der Standardalphabete in der Tabelle ablas. Zum Dechiffrieren wurden in Kenntnis der verwendeten Alphabetfolge der Prozeß umgekehrt. Der Jagdhund diente der Sicherheit der Tauben: Er war ausgebildet, verletzte Vögel zu bergen.

3

Zwölf Apostel bereiten den Weg
Der Vorläufer des CIA
Der Aufbau eines Agentennetzes
Ein Feindlagebild aus vielen Bruchstücken
Ein unorthodoxer Lehrplan für Neulinge
Informationen aus dem Zentrum des Reiches
Die Entführung Professor Calosis
Ein Komplott gegen Hitler
Detonationen aus dem Dschungel
500 Vorderlader werden gebraucht

EIN KAMPF MIT LIST UND TÜCKE

Im Februar 1941, als der größte Teil Europas von den Achsenmächten besetzt war, unterzeichneten die Vereinigten Staaten ein Handelsabkommen mit der französischen Regierung in Vichy, die den von deutschen Truppen nicht besetzten Teil Frankreichs beherrschte und die nach der Kapitulation vom Juni 1940 aus dem Krieg ausgeschieden war. Nach den Bestimmungen des Abkommens sollten die Vereinigten Staaten Baumwolle, Zucker, Ölprodukte und andere wichtige Grundstoffe an die französischen Kolonien in Afrika liefern. Es gab jedoch eine Klausel, nach der amerikanische Beobachter die Verteilung der Waren überwachen sollten, um sicherzugehen, daß die Vichy-Regierung sie nicht an die Achsenmächte weiterlieferte.

Demgemäß erhielten zwölf „Kontrollbeamte" – allesamt frühere Reserveoffiziere des Heeres oder der Marine – den Rang von Vizekonsuln und wurden den amerikanischen Konsulaten in Oran, Algier, Tunis und Casablanca zugeordnet. Ohne das Wissen der Konsulate hatten diese neuen Beamten den Auftrag, für das Pentagon und das Außenministerium Informationen und Nachrichten über Stärke und Stationierung der vichytreuen französischen Streitkräfte in Nordafrika zu sammeln. Es war Amerikas erstes größeres Spionageunternehmen in einem Krieg, in dem es formell noch die Neutralität wahrte, tatsächlich aber bereits seit langem Partei ergriffen hatte. Die amerikanischen Militärs wußten, daß Französisch-Nordafrika eines Tages als geographisch ideal gelegenes Sprungbrett für einen Einbruch in die „Festung Europa" der Achsenmächte dienen konnte; daher hielten sie es für wichtig, soviel wie möglich über das Gebiet in Erfahrung zu bringen.

Die nach Nordafrika entsandten „Zwölf Apostel", wie sie genannt wurden, waren ein unausgebildeter und bunt zusammengewürfelter Haufen, zu welchem ein Weinhändler, ein Anthropologe und ein Bibliothekar der Harvard-Universität gehörten. Deutsche Geheimagenten bemerkten ihre Ankunft, und nachdem sie beobachtet hatten, daß die zwölf kurz nach ihrem Eintritt bereits kreuz und quer durch das Land fuhren, folgerten sie zutreffend, daß es sich um Agenten handle, die geschickt worden seien, „um den Weg für die beabsichtigten Truppenanlandungen der Alliierten im nächsten Frühjahr zu ebnen". Trotz dieser zutreffenden Analyse taten sie die Apostel jedoch als stümperhafte Amateure ab und schenkten ihnen wenig Beachtung. In einem deutschen Agentenbericht heißt es: „Ihr ganzes Denken kreist um ihre gesellschaftlichen, sexuellen oder kulinarischen Interessen; kleinliche Streitereien und Rivalitäten sind bei ihnen an der Tagesordnung. Wir können uns zu der Auswahl dieser Gruppe feindlicher Agenten, die uns keine Schwierigkeiten machen werden, nur beglückwünschen."

Die Apostel bewiesen bald, daß dies eine grobe Fehleinschätzung war. Wenige Wochen, nachdem sie im Sommer ihre Posten angetreten hatten, sammelten sie mit einer Handvoll Nordafrikaner, die sie rekrutiert hatten, bereits Informationen über die Gefechtsbereitschaft der 125 000 Mann starken französischen Kolonialstreitkräfte in Nordafrika und über diejenigen Schiffe der französischen Flotte, die nach dem britischen Überfall auf Oran noch in nordafrikanischen Häfen lagen.

Da das Handelsabkommen ihnen ungehinderten Zugang zu nordafrikanischen Häfen garantierte, konnten die Apostel Hafenanlagen abzeichnen und Einzelheiten über die Verteidigungseinrichtungen sammeln. Alle so gesammelten Informationen wurden an Robert D. Murphy weitergeleitet, einen früheren amerikanischen Botschaftsrat in Vichy, der nun Generalkonsul in Algier war. Murphy leitete die Erkenntnisse über Kabel und durch diplomatische Kuriere nach Washington weiter.

Im Dezember 1941 wurden die Vereinigten Staaten durch Japans Angriff auf Pearl Harbor in den Weltkrieg hineinkatapultiert, und die Mission der zwölf Agenten in Nordafrika gewann neue Aktualität. Als Premierminister Winston Churchill und Präsident Franklin D. Roosevelt einige Wochen später im Weißen Haus zusammentrafen, entschieden sie, daß das erste größere militärische Unternehmen der angloamerikanischen Kriegsallianz die Invasion Französisch-Nordafrikas sein sollte. Sie erhielt den Decknamen *Torch* (Fackel) und verfolgte nicht zuletzt den Zweck, den Wüstenfuchs Rommel zu verjagen, dessen Truppen im Herbst des gleichen Jahres tief nach Ägypten vorgestoßen waren.

Noch vor der Konferenz im Weißen Haus war Roosevelt der Vorschlag gemacht worden, daß amerikanische Agenten Nordafrika infiltrieren sollten, um ein „konkretes Beispiel zu liefern, was auf dem Gebiet der nachrichtendienstlichen Tätigkeit erreicht werden kann". Der Mann, der diesen Vorschlag gemacht hatte, war William J. Donovan, der Leiter des COI (Office of the Coordinator of War Information), der ersten Organisation Amerikas, die eigens für das Sammeln und Auswerten von Geheiminformationen aus dem Ausland gegründet worden war.

Nachdem die Invasion Französisch-Nordafrikas nun beschlossene Sache war, erhielt das COI Anweisung, jemanden nach Marokko zu schicken, damit er mit Murphy und den Aposteln zusammenarbeitete und Verbindungen zu einheimischen Führern in Spanisch-Marokko herstellte, um für den Fall, daß das neutrale Spanien sich den Achsenmächten anschloß, wie Hitler es seit langem wünschte, die westliche Flanke des Invasionsunternehmens zu decken. Donovan erteilte diesen Auftrag dem erfahrenen Oberst William Eddy vom Marinekorps. Seine Aufgabe war es, wie ihm Donovan sagte, dafür Sorge zu tragen, „daß die Unterstützung einheimischer Stammesführer gewonnen, die Freundschaft der Einwohner gepflegt, fünfte Kolonnen organisiert, Sprengstoffdepots angelegt und Guerillatrupps aus kühnen und wagemutigen Männern gebildet und eingewiesen werden".

Eddy war der richtige Mann für den Auftrag. Er war als Kind amerikanischer Eltern in Syrien geboren, hatte Ägypten und Afrika bereist und sprach fließend arabisch. Im Ersten Weltkrieg hatte er sich beim Dienst im Marinekorps ausgezeichnet. Später war er Professor an einem College geworden, hatte die Stellung aber nach dem japanischen Angriff auf Pearl Harbor aufgegeben und erklärt: „Ich habe mit der akademischen Lehre nichts mehr im Sinn; ich will wieder zum Marinekorps."

Eddy erhielt den Posten eines Marineattachés und traf im Januar in Tanger ein. In enger Zusammenarbeit mit Murphy und seinen Aposteln richtete er geheime Funkstationen ein, um den Informationsfluß untereinander und zu den Invasionsplanern zu verbessern. Innerhalb von sechs Monaten arbeiteten Stationen in Casablanca, Algier und Tunis sowie in Tanger im neutralen Spanisch-Marokko, nur 60 Kilometer von Gibraltar entfernt. Als Eddy seine Operationen ausweitete, schickte Donovan weitere Agenten nach Nordafrika, die als Diplomaten getarnt waren.

Gleichzeitig mehrte Eddy seinen Anhang unter der arabisch sprechenden Bevölkerung, indem er die Unterstützung mehrerer einheimischer Führer in Spanisch- und Französisch-Marokko erkaufte. Unter seinen Rekruten war ein berberischer Abenteurer mit dem Decknamen Tassels, dessen Krieger die gebirgige Küstenregion Spanisch-Marokkos durchstreiften, sowie ein religiöser Führer mit dem Decknamen Strings. Gegen eine Gebühr von ungefähr 1000 Dollar verpflichtete Strings viele seiner zahlreichen Anhänger zur Informationsbeschaffung für Eddy. Dieser knüpfte auch Kontakte zu Agenten in anderen Teilen Nordafrikas. Einer seiner vielen Gewährsleute arbeitete als Techniker auf dem Flughafen von Casablanca und beschaffte ihm wertvolle Pläne mehrerer marokkanischer Flugplätze und ihrer Verteidigungsanlagen, zusammen mit ihren Funkerkennungscodes.

Im August 1942 wurde Eddy nach London gerufen, um eine Gruppe hochrangiger Militärs über die Lage in Französisch-Nordafrika zu informieren. Zu dieser Gruppe gehörten Generalmajor George S. Patton, Oberbefehlshaber der Kampfgruppe West des geplanten Landungsunternehmens, und Generalmajor George V. Strong, Chef des Heeresnachrichtendienstes (G 2). Als Patton die fünf Reihen Ordensbänder aus dem Ersten Weltkrieg auf Eddys linker Brustseite sah – es waren zwei Reihen mehr, als er selbst hatte – bemerkte er: „Ich weiß nicht, wer er ist, aber jedenfalls ist auf den Hundesohn genug geschossen worden."

Was Eddy zu berichten hatte, war nicht weniger eindrucksvoll als seine Ordensbänder. Nachdem Patton alles über Eddys einheimische Agenten und Partisanen sowie eine Menge Einzelheiten über die Verteilung der französischen Streitkräfte in Nordafrika gehört hatte, sprang er ungestüm auf und erklärte: „Ich möchte, daß Jimmy das hört." Er kehrte mit Oberstleutnant James H. Doolittle zurück, dem Chef der amerikanischen Luftstreitkräfte für das Unternehmen *Torch.* Später unterrichtete Eddy auch noch den Obersten Befehlshaber der Invasionsstreitkräfte, General Dwight D. Eisenhower, der ihm seinerseits mitteilte, daß die großangelegte Invasion etwa Ende Oktober oder Anfang November in Casablanca, Oran und Algier stattfinden sollte.

Während der folgenden Monate trafen Eddy und die übrigen Agenten ihre Vorbereitungen für das alliierte Landungsunternehmen. Einer von Eddys Berberagenten verpackte Handgranaten und Sprengstoffe in Kisten mit der Aufschrift „Zucker" und „Tee" und schmuggelte sie auf Maultierrücken von Spanisch-Marokko nach Französisch-Marokko, wo sie den marokkanischen Guerillas übergeben wurden. Pistolen, Gewehre und Munition wurden als Diplomatengepäck von den britischen Waffenlagern in Gibraltar an die britische Gesandtschaft in Tanger verschifft; von dort schafften Schmuggler in Eddys Diensten sie nach Casablanca.

Eddy fand sogar einen Lotsen, um die Invasionsflotte durch die Gewässer vor der marokkanischen Atlantikküste zu führen. Dieser Mann war René Malavergne, vormals Cheflotse von Port Lyautey in Französisch-Marokko und ein intimer Kenner der Atlantikküste, wo starke Oberflächenströmungen, gesunkene Schiffswracks und verborgene Riffe dem Landungsunternehmen gefährlich werden konnten. Malavergne verbarg sich in Casablanca vor den vichytreuen französischen Behörden, weil er mit den Alliierten sympathisierte. Zwei COI-Agenten versteckten Malavergne im Kofferraum ihres klapprigen Chevrolet, bedeckten ihn mit einem Berberteppich und schmuggelten ihn in langer, anstrengender Fahrt nach Spanisch-Marokko. Mehrere Stunden später zogen sie den beinahe erstickten Malavergne in Tanger aus dem Kofferraum. Von dort wurde er nach Gibraltar und dann nach London geflogen.

Ende Oktober 1942 waren die Briten bei El Alamein zum Gegenangriff übergegangen und drängten des Afrikakorps in die Cyrenaika zurück. In dieser Zeit waren auch eine Vielzahl von Gerüchten über eine bevorstehende alliierte Landung irgendwo entlang der nordafrikanischen Küste im Umlauf. Einige dieser Gerüchte waren von amerikanischen Agenten in Nordafrika ausgestreut worden.

Zwei Österreicher, beide Gegner des Dritten Reiches, die aus einem Gefängnis in Vichy-Frankreich entwichen und nach Casablanca geflohen waren, taten sich in der Verbreitung von Falschmeldungen besonders hervor. Es gelang ihnen, das Vertrauen des deutschen Diplomaten Theodor Auer zu gewinnen, indem sie ihm zutreffende, aber unzusammenhängende Informationen über alliierte Truppenbewegungen in Ägypten und der Cyrenaika lieferten, die Auer nach Berlin weitergab. Als er diesen Köder geschluckt hatte, erzählten die zwei Agenten ihm, daß die Alliierten tatsächlich eine Invasion planten, deren Ziel Dakar sei, die Hauptstadt der französischen Kolonie Senegal, zweitausend Kilometer südlich von Casablanca. Ferner machten sie Auer weis, daß die Briten einen großen Geleitzug zur Versorgung Maltas zusammenstellten, das seit bald zwei Jahren von den Deutschen hart bedrängt wurde. Auch diese Neuigkeiten kabelte Auer nach Berlin.

Als die Invasionsflotte – mehr als 500 Schiffe mit 107 000 amerikanischen und britischen Soldaten – sich Nordafrika näherte, nahm das heimlich aufgebaute Netz von Funkstationen auf dem Festland seinen Betrieb auf. Die Agenten versorgten die Landungsgruppen der Flotte mit letzten Informationen über Wetterverhältnisse, Windstärken und Fluthöhen, über die Verteilung der französischen Armee- und Marinestreitkräfte und die Bemannung der Küstenbatterien entlang dem 3000 Kilometer langen Küstenstreifen Nordafrikas, welcher das Operationsziel war.

Am 8. November 1942 landeten die Alliierten an neun Punkten entlang den Küsten von Französisch-Marokko und Algerien. Nun bewährten sich die vom COI bezahlten und bewaffneten nordafrikanischen Partisanen. Sie verübten bewaffnete Überfälle auf öffentliche Gebäude wie Postämter, Sendestationen und Versorgungseinrichtungen in größeren Städten und zerschnitten Telephon- und Telegraphenleitungen; andere brachten auf den Anmarschwegen französischer Truppen Minen zur Explosion und entfernten Straßenhindernisse von Landstraßen im Umkreis der Invasionsstrände. Einem Agenten gelang es, die von den Franzosen vorbereitete Sprengung des Eisenbahntunnels zwischen Oran und dem Hafen von Mers-el-Kebir zu verhindern; in der vorausgegangenen Nacht war er in den Tunnel geschlichen und hatte die Zündkapseln von den Sprengladungen entfernt.

Auf Auers Meldungen hin kreuzten unterdessen deutsche U-Boote in Erwartung einer alliierten Landung vergeblich vor der westafrikanischen Küste. Gleichzeitig suchten sieben Staffeln der Luftwaffe das Seegebiet zwischen Sizilien und Kap Bon in Tunesien vergebens nach dem angekündigten britischen Versorgungsgeleitzug für Malta ab. Diese beiden erfolgreichen Täuschungsmanöver erlaubten den alliierten Truppen eine Landung, die kaum auf Widerstand stieß. Nur vereinzelt leisteten französische Flotten- und Heeresverbände Gegenwehr; viele französische Kommandeure waren von den alliierten Agenten zum Stillhalten bewogen worden. Am 11. November unterzeichnete der französische Oberbefehlshaber, Admiral Jean François Darlan, schließlich einen Waffenstillstand mit den Alliierten.

William Eddy und alle Mitarbeiter, die an der Vorbereitung der Operation *Torch* beteiligt gewesen waren, hatten bewiesen, welchen Wert eine solche Arbeit haben konnte. Die Zukunft eines strategischen Nachrichtendienstes als Instrument der Kriegführung und die Schaffung der ersten zentralisierten Geheimdienstorganisation der Vereinigten Staaten war nicht länger in Frage gestellt.

Im Lauf der nächsten drei Jahre waren die Männer und Frauen des COI, das später in OSS (Office of Strategic Services) umbenannt wurde, in allen Weltteilen aktiv, von den kopfsteingepflasterten Straßen Berns bis zu den dampfenden Regenwäldern Burmas und zum Palast des Dalai Lama in Lhasa. Diese Agenten führten Tausende von Spionageunternehmungen, Sabotageakte und Anschläge aus. Jede für sich genommen, waren diese Aktionen nur Nadelstiche, aber ihre kumulative Wirkung trug dazu bei, daß es gelang, die Achsenmächte allmählich in die Knie zu zwingen.

William J. Donovan, der Schöpfer dieses rührigen Geheimdienstes, war ein erfolgreicher Wall-Street-Anwalt, der früher einmal als Kandidat der Republikanischen Partei für das Amt des Gouverneurs des Staates New York kandidiert hatte und seit langem mit Präsident Roosevelt befreundet war.

Pearl Harbor hatte die meisten Amerikaner unvorbereitet getroffen, nicht aber William Donovan. In der Studentenzeit wegen seines Draufgängertums als Footballspieler „Wild Bill" genannt und im Ersten Weltkrieg zum Rang eines Obersten aufgestiegen und mit der Ehrenmedaille des Kongresses ausgezeichnet, hatte Donovan sich schon lange auf den kommenden Krieg eingestellt. Jahrelang hatte dieser Mann, der von Roosevelt bewundert wurde, weil er „ein gebildetes amerikanisches Nationalbewußtsein mit dem Konservatismus von Wall Street vereinte", als Vertrauter des Präsidenten ohne offizielle Funktion die ganze Welt bereist und war mit vielen Staatsmännern zusammengetroffen. Er führte vertrauliche Gespräche mit König Boris von Bulgarien, Prinz Paul von Jugoslawien und mit vielen Regierungschefs. Von seinen Reisen brachte er politische und militärische Informationen mit, die im Fall eines Krieges seinem Land und dem Präsidenten dienen sollten.

1940 reiste Donovan nach Italien, um zu erkunden, ob eine Chance zur Entzweiung der Achsenpartner bestünde, und wurde in Rom von Mussolini empfangen. Der Duce blieb ablehnend, als Donovan den Wunsch äußerte, die neue italienische Armee zu sehen, weil er im Ersten Weltkrieg Seite an Seite mit den Italienern gekämpft habe. Mussolini verweigerte das, worauf Donovan ihm zu verstehen gab, daß es unwichtig sei, da man ohnedies wisse, daß die italienische Armee nicht viel tauge. Durch diese kalkulierte Beleidigung in seinem Stolz verletzt, gab Mussolini Anweisung, Donovan die Besichtigung militärischer Einrichtungen zu erlauben, ganz gleich, um welche es sich dabei handle. Es ist bezeichnend, daß Donovan nach Libyen ging, welches der erste Kriegsschauplatz im Mittelmeerraum werden sollte. Er sah sich um und berichtete Roosevelt, daß Italien im Gegensatz zur allgemein verbreiteten Meinung über eine modern ausgerüstete und allem Anschein nach schlagkräftige Armee verfügte.

Donovan war so viel für den Präsidenten unterwegs, daß ein bekannter amerikanischer Leitartikler bissig bemerkte: „Die Fluggesellschaften haben Mr. Donovan offenbar ein Ticket mit 50 Abschnitten angedreht, die er nun in einer bestimmten Zeit aufbrauchen muß, weil der Rest sonst verfällt." Zu seinen Reisezielen gehörten unter anderem Bulgarien, Jugoslawien, die Türkei, Großbritannien, Irak, Ägypten, Palästina, Spanien und Portugal.

Donovan pflegte bei seinen Gesprächen mit Staatsmännern der verschiedensten Länder überall nützliche Informationen zu sammeln, doch seine wichtigsten Besuche machte er in London, wo er sich im Juli 1940 – weniger als drei Wochen nach der französischen Kapitulation – und danach wieder im Dezember aufhielt. Großbritannien, das zu dieser Zeit allein den Krieg gegen die Achsenmächte weiterführte, hatte Roosevelt um Überlassung von 50 ausgemusterten Zerstörern der amerikanischen Marine ersucht, um sie im Geleitzugdienst und zur U-Bootjagd einzusetzen. Als Gegenleistung wollte Churchill den Amerikanern Stützpunkte auf verschiedenen westindischen Inseln einräumen. Aber Roosevelt zögerte, weil er befürchtete, Großbritannien könnte über kurz oder lang den Weg Frankreichs gehen, und die Schiffe würden dann in deutsche Hände fallen. So schickte er Donovan im Juli zur Einschätzung der Situation nach London. Donovan hielt sich fünf Tage in London auf und traf in dieser Zeit mit König George VI., Premierminister Winston Churchill und zahlreichen anderen führenden Persönlichkeiten zusammen. Die Briten unterrichteten Donovan ausführlich über ihre Kriegsanstrengungen, die Vorkehrungen gegen eine befürchtete deutsche Invasion, und machten ihn sogar mit ihren

Dieses Bild zeigt Oberstleutnant Ilia Tolstoy (links) und Hauptmann Brooke Dolan (Mitte) mit ihrem Führer vor einer buddhistischen Kultstätte in Tibet. Auf einer Erkundungsmission für den OSS ritten sie 2500 Kilometer von Siliguri in Indien nach Lantschou in China, um die Durchführbarkeit des Baus einer Nachschubstraße von Indien durch Tibet nach China zu studieren.

bestgehüteten Geheimnissen bekannt, nämlich den neuen Radaranlagen an der Kanalküste, den Entzifferungsbemühungen sowie der Operation Double Cross.

Nach Washington zurückgekehrt, unterrichtete Donovan den Präsidenten von der Entschlossenheit der Briten, den Kampf fortzusetzen, und meinte, Churchills Durchhalteparolen seien seiner Überzeugung nach nicht bloß leere Rhetorik. Donovan empfahl dem Präsidenten die Überlassung der Zerstörer. Nachdem Wendell Wilkie, der republikanische Präsidentschaftskandidat, sich bereit erklärt hatte, die Angelegenheit nicht zu einer politischen Streitfrage zu machen, unterzeichnete Roosevelt am 3. Dezember 1940 eine Anordnung zur Übergabe der Zerstörer an Großbritannien, das den Vereinigten Staaten dafür Militärstützpunkte in Neufundland, der Karibik und auf den Bermudas für 99 Jahre verpachtete.

Als Donovan im Dezember 1940 wieder in London war, gewährte ihm Sir Frank Nelson, der Leiter des SOE (Special Operations Executive), einer Abteilung für Sondereinsätze, Einblick in die Arbeitsweise seiner Organisation, die sich mit Propaganda, Sabotage und subversiven Unternehmungen befaßte. Donovan war beeindruckt. Nach seiner Rückkehr schilderte er dem Präsidenten ausführlich die Arbeitsweise des britischen Geheimdienstes. Er drückte seine Bewunderung für die zahlreichen gut geplanten und geschickt ausgeführten Aktionen aus und lobte insbesondere die britische Spionageabwehr, war aber beunruhigt über die Art und Weise, wie die Briten mit den Informationen ihrer Agenten umgingen. Es gab keine Zentralstelle, wo die Masse des gesammelten Datenmaterials zusammengefaßt, gesichtet, interpretiert und ausgewertet wurde. Ein halbes Jahr später, im Sommer 1941, wurde Roosevelt selbst mit Informationen mehrerer amerikanischer Geheimdienste überschwemmt, zu denen das FBI, die Nachrichtendienste des Heeres und der Marine sowie der Secret Service gehörten. Nun kam er auf Donovans Vorschläge zurück und forderte ihn auf, den Organisationsplan einer einheitlichen zentrale Behörde auszuarbeiten, die solches Material sammeln und analysieren sollte.

Donovan kam der Aufforderung nach und schrieb in einem begleitenden Memorandum für den Präsidenten, daß das von den Agenten der Nachrichtendienste gesammelte Material „von spezialisierten ausgebildeten wissenschaftlichen Forschungskräften einschließlich solchen der technisch-naturwissenschaftlichen Fachrichtungen, der Volkswirtschaft und des Finanzwesens sowie der Psychologie analysiert und interpretiert werden sollte". Donovan betonte auch die Notwendigkeit „psychologischer Angriffe gegen die moralischen und geistigen Bollwerke" der Achsenmächte durch Propaganda, eine Kunst, in der die Nationalsozialisten unübertroffen waren. Unter vier Augen sprach er mit Roosevelt auch davon, daß Sabotageakte und eine Guerillakriegführung wünschenswert seien, vermied es aber, solche Anregungen in seine schriftlichen Stellungnahmen und Memoranden aufzunehmen. Offiziell befand sich Amerika nicht im Krieg, und einflußreiche Kreise, die eine Verwicklung in den europäischen Konflikt ablehnten, hätten darin eine Bestätigung ihrer Vorwürfe gesehen, nach denen Roosevelt eine kriegstreiberische Politik verfolgte, die das Land bewußt in die europäische Auseinandersetzung verstricken wollte.

Roosevelt stimmte Donovans Empfehlungen enthusiastisch zu, und am 11. Juli 1941 wurde das COI gegründet. Der achtundfünfzigjährige Donovan wurde sein Leiter. Aufgabe des COI werde es sein, sagte Roosevelt, „alle Informationen und Daten zu sammeln und zu analysieren, die für die nationale Sicherheit von Belang sein können, und ergänzende Tätigkeiten zur Beschaffung von Informationen zu übernehmen, welche für die nationale Sicherheit relevant und der Regierung gegenwärtig nicht zugänglich sind".

Die allgemein gehaltenen, vagen Formulierungen des Präsidentenerlasses zur Gründung des COI waren beabsichtigt; Roosevelt wollte sich die anderen Nachrichtendienste des Landes nicht zu Gegnern machen, vor allem nicht das FBI und G 2. Um General Strong zu beschwichtigen, dem Donovan zu unabhängig war, um sich in die militärische Nachrichtenbeschaffung einzufügen, machte Roosevelt das COI zu einer Zivilbehörde, die ihm unmittelbar unterstellt war, und ernannte seinen Sohn James, einen Hauptmann im Marinekorps, zum Verbindungsoffizier zwischen Donovan und den Streitkräften. J. Edgar Hoover, der streitsüchtige FBI-Chef, verlangte und erhielt Roosevelts Versprechen, daß Donovan keine geheimdienstlichen Tätigkeiten in den Vereinigten Staaten entfalten werde; Nelson Rockefeller, Vorsitzender des Ausschusses für interamerikanische Angelegenheiten, rang ihm ein ähnliches Versprechen in bezug auf Lateinamerika ab.

Wenige Monate nach seiner Gründung zählte das COI, das mit Donovan und sieben Assistenten begonnen hatte, die ein Telephon im Finanzministerium miteinander teilten, mehrere hundert Mitarbeiter. Dennoch war das COI noch unerfahren auf dem Gebiet geheimdienstlicher Tätigkeit; um zu überleben, benötigte die Organisation Unterstützung durch die britischen Geheimdienste. Bei all ihren Unzulänglichkeiten in der Koordination und Analyse der gesammelten Informationen waren die Briten erfahren auf allen Gebieten der Spionage und Gegenspionage.

Daß das COI so frühzeitig britische Unterstützung erhielt, hatte es William Stephenson zu verdanken, einem einflußreichen kanadischen Industriellen, der Donovan im Dezember 1940 nach London begleitet hatte. Stephenson, der in Geheimdienstkreisen unter dem Decknamen Intrepid bekannt war, war während des Krieges Leiter der britischen Geheimdienstoperationen in Nord- und Südamerika. Sein Hauptquartier war eine unauffällige Suite von Büroräumen im New Yorker Rockefeller Center mit der Aufschrift „Britische Sicherheits-Koordinationsstelle".

Zunächst versorgten die Briten das COI mit großen Mengen von Material, das vor dem Krieg und während seiner Anfangsphase gesammelt worden war und sich als besonders wertvoll für Donovans unerfahrene Mitarbeiter erwies, die während der Anlaufzeit außer leeren Aktenschränken nicht viel vorgefunden hatten. Stephenson vermittelte auch die Aufnahme von COI-Freiwilligen in das Ausbildungslager Camp X des britischen Geheimdienstes nahe Toronto, wo Agenten geschult wurden.

Im Dezember 1941, als sich die Vereinigten Staaten bereits im Kriegszustand mit Japan und dem Deutschen Reich befanden, verhalf Stephenson dem COI zu einem Debüt im Propagandakrieg, indem er der Organisation Sendezeit bei zwei starken Kurzwellensendern einräumte, die die Briten in San Francisco und Boston installiert hatten; einer war für Sendungen nach den Fernen Osten, der andere für solche nach Europa gedacht. Donovans Leute machten bald guten Gebrauch von dem Sender in Boston. Als eine amerikanische Abtrünnige namens Jane Anderson in den für Amerika bestimmten Kurzwellen-Propagandasendungen von Radio Berlin ziemlich plump von einem Besuch in einem deutschen Nachtlokal erzählte, wo sie feines Konfekt gegessen habe, während ihr Freund eine Flasche Champagner bestellte, strahlte das COI ihr Geplapper am nächsten Abend in der amerikanischen Propagandasendung für Deutschland – dessen Bürger sich in ihrer großen Mehrzahl mit einem weit bescheideneren Lebensstil begnügen mußten – wieder zurück. Bald darauf verschwand Jane Anderson aus dem deutschen Amerikaprogramm, und die Zeitschrift *Time* nannte diesen Erfolg einen technischen K.o. zugunsten Donovans.

Bis Juni 1942 hatte die Abteilung für Propagandasendungen unter dem Dramatiker Robert Sherwood einen solchen Umfang angenommen, daß sie vom COI abgespalten und Teil einer anderen Behörde wurde, dem Amt für Kriegsinformation. Der übrige Teil des COI wurde nunmehr zwecks besserer Koordination mit dem Militär den Vereinigten Stabschefs unterstellt. Durch diesen administrativen Wechsel erhielt Donovans Organisation einen neuen Namen; sie hieß von da an OSS. Und mit dem neuen Namen waren auch neue Pflichten verbunden.

Einer seiner Mitarbeiter bemerkte einmal, daß Donovan die Gabe besessen habe, sich eine Eiche vorzustellen, wenn er eine Eichel sah. Von Anfang an hatte er große Pläne für seinen Geheimdienst. Das neue OSS wuchs und verzweigte sich rasch, als Donovan weitere Abteilungen zum Studium jedes denkbaren strategisch wichtigen Bereichs zwischen Tahiti und Timbuktu gründete. Andere Abteilungen hatten durch Subversion und versteckte Propaganda im Untergrund Unruhe und Unzufriedenheit in feindlichen Gebieten auszusäen, Informationen zu beschaffen und hinter den feindlichen Linien Sabotageakte zu verüben oder Partisanentätigkeit zu entfachen. Die Gelehrten und Wissenschaftler, die an den Studien arbeiteten, wurden die Chorknaben genannt, während die im Ausland eingesetzten Agenten wegen ihrer gefahrvollen Tätigkeit als Cowboys bezeichnet wurden.

Die Abteilung für Forschung und Analyse stellte zusammen, was Donovan das Rohmaterial der Strategie zu nennen pflegte. Sie war in der Anfangszeit des COI gegründet worden und bestand hauptsächlich aus Wissenschaftlern – Geographen, Kartographen, Historikern, Politikwissenschaftlern, Volkswirtschaftlern, Psychologen, Linguisten und Anthropologen –, die von den Universitäten des ganzen Landes angeworben wurden.

Diese Akademiker, die von der deutschen Propaganda satirisch als „50 Professoren, 20 Affen, 10 Ziegen, 12 Meerschweinchen und eine Bande von jüdischen Sudlern" geschmäht wurden, arbeiteten in einer Reihe von unscheinbaren Gebäuden in Washington, die tatsächlich einmal die Laboratorien und Versuchstiere des Nationalen Gesundheitsinstituts beherbergt hatten. Dort lauschten sie vor Kurzwellenempfängern den Nachrichten- und Propagandasendungen der Achsenmächte und vertieften sich in feindliche Zeitungen und Zeitschriften, die regelmäßig aus dem neutralen Ausland eingeflogen wurden, um sich aus den verstreuten Meldungen und Daten ein zutreffendes Bild von der Situation im Feindesland zu

Der britische Geheimagent William Stephenson sitzt an einem Gerät für Bildtelegraphie, das er in den zwanziger Jahren erfand und in alle Welt verkaufte. Als bekannter internationaler Geschäftsmann hatte Stephenson eine hervorragende Tarnung für seine Spionagetätigkeit; in den dreißiger Jahren besichtigte er Industrieanlagen in Deutschland, wobei er vorgab, seine eigenen Interessen zu vertreten, tatsächlich aber Informationen über Hitlers Programm zur Wiederaufrüstung sammelte.

machen. So stellten die Wissenschaftler aufgrund der Analyse statistischer Angaben in europäischen Fachzeitschriften und Landwirtschaftsblättern fest, daß Gerüchte über eine bevorstehende Lebensmittelknappheit in Deutschland unzutreffend waren und daß die Nahrungsmittelproduktion aller Voraussicht nach auch in Zukunft eine ausreichende Versorgung gewährleisten würde. Der Experteneifer ging so weit, daß einige sogar die Todesanzeigen in deutschen Zeitungen durchkämmten und die als gefallen gemeldeten Offiziere auflisteten.

Aus den so gewonnenen Zahlen versuchten die Wissenschaftler unter Berücksichtigung eines konstanten Verhältnisses zwischen Mannschaftsdienstgraden und Offizieren die deutschen Verluste während eines größeren Zeitraums zu ermitteln.

Insgesamt produzierten Donovans Mitarbeiter Zehntausende von Seiten nachrichtendienstlich verwertbarer Studien. „Selbst in rein taktischen Bereichen wie der Auswahl von Bombenzielen wurde unsere Hilfe als unentbehrlich betrachtet", erinnerte sich William L. Langer, der Leiter der Abteilung Forschung und Analyse. „Aber vor allem im Studium der Möglichkeiten und Absichten fremder Mächte gingen wir, so glaube ich, weit über alles hinaus, was bisher anderswo unternommen worden ist."

Die Abteilung Forschung und Entwicklung bestand aus Wissenschaftlern und Erfindern, deren Aufgabe die Entwicklung neuartiger Waffen und das Ersinnen von Plänen und Unternehmungen war; die, wie Donovan trocken bemerkte, „niemand von uns erwartet, weil sie so unamerikanisch sind". Die Wissenschaftler dieser Abteilung widmeten ihre Talente der Herstellung von Falschgeld und gefälschten Dokumenten und entwarfen verschiedene Waffen, darunter eine beinahe lautlose Maschinenpistole, mündungsfeuerlose Munition und ein Sortiment von Sprengstoffen, das jedem Saboteur das Herz höher schlagen ließ. Ein solcher Explosivstoff ähnelte beispielsweise einer gewöhnlichen Haushaltskerze; war sie um ein Drittel heruntergebrannt, detonierte der Explosivstoff, aus dem der Rest bestand.

Die Abteilung für psychologische Kriegführung, deren Stab aus Werbetextern, Journalisten und Drehbuchautoren aus Hollywood bestand, beschäftigte sich mit der Entwicklung sogenannter schwarzer oder Untergrundpropaganda, die von Donovan als „ausgewogene Mischung von Gerücht und Täuschung" beschrieben wurde, „in der die Wahrheit als Köder dient, um in den Reihen des Feindes Uneinigkeit und Verwirrung zu stiften und die eigenen militärischen Operationen zu unterstützen". Diese Aktivitäten reichten von vergleichsweise harmlosen Unternehmungen wie der Herstellung gefälschter Propagandabriefmarken über die Verteilung gefälschter Zeitungen mit demoralisierenden Meldungen bis zur Versendung von falschen Todesanzeigen an die deutschen Angehörigen von Frontsoldaten.

Die Abteilung Arbeit wurde von Arthur Goldberg gegründet und geleitet, einem Anwalt für Arbeitsrecht aus Chicago, der später als Richter am Bundesgericht wirkte. Ihm zur Seite stand George Pratt, der beratendes Mitglied der Nationalen Behörde für Arbeitsbeziehungen war. Die Agenten dieser Abteilung infiltrierten zahlreiche sozialistische und gewerkschaftliche Gruppen in den besetzten Ländern Europas, um bei den Arbeitern, die für die deutsche Rüstungsproduktion tätig waren, Unzufriedenheit zu säen und die Bereitschaft zu Subversion und Sabotage zu wecken.

Diese Operationen wurden alle als wichtig angesehen. Das Herz des OSS aber bestand aus den Abteilungen SI (Secret Intelligence) und SO (Special Operations). Der SI war nach dem Vorbild von MI 6 organisiert und hatte die Aufgabe, Nachrichten im Ausland zu beschaffen; die Abteilung SO hatte sich ebenfalls britische SOE zum Vorbild genommen und führte Sabotageakte und Guerillaoperationen durch. Als Agenten für seine beiden Hauptabteilungen rekrutierte Donovan Männer und Frauen aus allen Lebensbereichen. Korvettenkapitän Ian Fleming vom Nachrichtendienst der britischen Marine, der später die Gestalt des Geheimagenten James Bond schuf, gab Donovan den Rat, Männer zwischen Anfang Vierzig und Ende Fünfzig auszuwählen, zu deren Tugenden „absolute Verschwiegenheit, Nüchternheit, Pflichtbewußtsein, Sprachkenntnisse und reiche Lebenserfahrung" zählten. Aber solch gesetzter Rat paßte Donovan nicht. Er zog jüngere Männer vor, Draufgänger, „die sich selbst nicht schonten und für aggressives Handeln ausgebildet sein sollten".

Zu Donovans Agenten gehörten Soldaten und Zivilisten – Professoren, Bankiers, Anwälte und Missionare, Berufssportler, mehr oder weniger bekehrte frühere Gangster, berufsmäßige Banknoten- und Paßfälscher sowie Filmschauspieler. Zu den bekannteren Vertretern dieser Gruppe zählten René Dussaq, ein gelenkiger Stuntman aus Hollywood, der den Spitznamen „menschliche Fliege" trug und für seine Arbeit in der französischen Widerstandsbewegung ausgezeichnet wurde; Quentin Roosevelt, ein Enkel des Präsidenten Theodore Roosevelt, der als Donovans persönlicher Vertreter bei Tschiang Kai-schek diente; und John Hamilton, der dem Kinopublikum unter dem Namen Sterling Hayden bekannt ist und die Partisanen in Jugoslawien mit Waffen belieferte.

So viele Sprößlinge der gesellschaftlich führenden Schicht des Landes – darunter Morgans, Mellons, du Ponts und Vanderbilts – drängten als Freiwillige in Donovans Organisation, daß ein Journalist sarkastisch bemerkte, OSS stehe in Wirklichkeit für „O So Stinkvornehm". Es hätte aber auch „O So Sozialistisch" bedeuten können, denn am anderen Ende des OSS-Spektrums gab es Linke wie den marxistischen Philosophen Herbert Marcuse und mehrere Veteranen der Abraham-Lincoln-Brigade, Amerikaner, die 1937 und 1938 auf der Seite der Republikaner im Spanischen Bürgerkrieg gekämpft hatten. Als ein Offizier gegen die Einbeziehung solcher „Radikaler" Einwendungen machte, erwiderte Donovan, er würde auch Stalin in den OSS aufnehmen, wenn er glaubte, daß es der Sache des Sieges förderlich sei.

Welcher Art sein persönlicher Hintergrund auch sein mochte, jeder, der sich zu den Abteilungen SI und SO meldete, war nach Aussage von Dr. Henry Murray, dem Chefpsychologen des OSS, in „der Vorstellung, ein geheimnisvoller Mann mit geheimen Verbindungen und geheimem Wissen zu sein", befangen. Ein anderer OSS-Beamter erinnerte sich, daß „wir es mit einem ungewöhnlichen Typ von Menschen zu tun hatten".

Viele waren Abenteurernaturen, die Aufregung und Nervenkitzel suchten. Ihre Vorliebe für das Unkonventionelle und Auffallende vertrug sich nicht mit militärischer Disziplin und Einordnung; Launenhaftigkeit und Reizbarkeit waren bei diesen unausgeglichenen Leuten nicht selten anzutreffen.

OSS-Rekruten für Aufgaben im Ausland wurden nicht im voraus über ihren Einsatz oder die Art ihres Auftrags unterrichtet. Statt dessen wurden sie in einer Einrichtung außerhalb Washingtons, die nur als Station S bekannt war, einer strengen dreitägigen Prüfung ihrer körperlichen und geistigen Gewandtheit unterzogen. Bestanden sie die Prüfung, kamen sie in ein Ausbildungslager, wo sie in den Techniken des Überlebens, der Sabotage und Spionage unterrichtet wurden. Versagten sie in der Prüfung, wurden sie in ihre früheren Berufe zurückgeschickt, ohne daß man ihnen im einzelnen mitteilte, warum und wofür sie geprüft worden waren.

Donovans erste Agenten wurden in Camp X außerhalb Toronto von britischen, amerikanischen und kanadischen Instruktoren ausgebildet. Bald darauf kam ein früheres Ferienlager für Kinder in Maryland hinzu. Weitere OSS-Ausbildungslager entstanden später in unmittelbarer Nähe Washingtons, auf Catalina Island vor der Küste Kaliforniens und an acht weiteren Orten im ganzen Land. Angehende amerikanische Agenten lernten das Morsealphabet, den Umgang mit und die Reparatur von Funkgeräten sowie Überlebenstechniken; aber auch Methoden des lautlosen Tötens mit Drosselschlinge, Messer und den bloßen Händen. Ferner lernten sie Absprünge mit dem Fallschirm über Gelände verschiedenster Art und den Umgang mit Feuerwaffen, wie sie bei den Alliierten und den Achsenmächten üblich waren. Kenntnisse dieser Art benötigten sie bei der Arbeit hinter den feindlichen Linien.

Ein alter britischer Geheimdienstoffizier staunte über den Eifer und die Schnelligkeit, mit der die ersten OSS-Agenten ihr Handwerk lernten. „Sie kamen zu uns wie unschuldige Mädchen aus dem Lyzeum, begierig, sich die Erfahrungen gereifter Halbweltdamen anzueignen", erinnerte sich Malcolm Muggeridge, der später Herausgeber der britischen satirischen Zeitschrift *Punch* wurde. „Die ersten Gefühle von Ehrfurcht und Respekt verflogen bald, und es zeigte sich, daß diese Männer sehr bald all die Tricks und Mittel der alten Praktiker beherrschten."

Während die ersten OSS-Agenten anfingen, ihre frisch erworbenen theoretischen Kenntnisse der heimlichen Kriegsführung in der rauhen Luft der Praxis zu erproben, bestieg einer der amerikanischen Geheimdienstleute, Allen Welsh Dulles, im Grenzort Annemasse des unbesetzten Frankreichs einen Zug in die Schweiz. Sein Ziel war Bern, wo er angeblich als Rechtsberater des amerikanischen Botschafters Leland Harrison dienen sollte. Dulles überschritt die Schweizer Grenze unmittelbar vor der Besetzung Vichy-Frankreichs durch die Deutschen, die nach dem Waffenstillstand der französischen Streitkräfte in Nordafrika mit den Alliierten erfolgte.

Schweizer Zeitungen, die Dulles' Ankunft meldeten, ernannten ihn zum „persönlichen Beauftragten Präsident Roosevelts", doch war er weder dies noch Harrisons Rechtsberater. In Wirklichkeit war er sowohl ein Meisterspion als auch ein Führungsoffizier alliierter Agenten. In den nächsten zweieinhalb Jahren machte er eine Wohnung in der Herrengasse 23, hoch über der Aare, zu seinem Hauptquartier. Von hier aus knüpfte er Verbindungen, die bis ins Herz der deutschen Abwehr reichten.

Mit seiner Tweedjacke, der seidenen Fliege und der unvermeidlichen Bruyèrepfeife glich der neunundvierzigjährige Allen Dulles eher einem Collegeprofessor als einem Spion, wenn er durch seine randlose Brille in die Welt blickte. Tatsächlich war Dulles kein Neuling in den Intrigen, die in der malerischen Hauptstadt der neutralen Schweiz gesponnen wurden. Schon während des Ersten Weltkriegs hatte er für das amerikanische Außenministerium in Bern geheime Informationen gesammelt. Im Alter von 29 Jahren war er Leiter der Abteilung Naher Osten im Außenministerium

Allen Welsh Dulles (rechts) im Gespräch mit Gero von Gaevernitz, einem deutschamerikanischen Geschäftsmann, der Familieninteressen in der Schweiz wahrnahm und nebenbei für die USA spionierte. Indem er Vorkriegsbekanntschaften ausnutzte, verschaffte er Dulles Zugang zu deutschen Emigrantenkreisen in Bern, zu denen Politiker, Diplomaten und Geschäftsleute zählten.

gewesen; später war er als Spezialist für Völkerrecht einer New Yorker Anwaltsfirma beigetreten. Nach dem Kriegseintritt der Vereinigten Staaten war der erfahrene Dulles dem Ruf Bill Donovans gefolgt, den er aus seinen Washingtoner Jahren gut kannte, und war dem COI beigetreten.

Dulles' wichtigste Mission in der Schweiz war die Beschaffung von Informationen aus Deutschland. Zu diesem Zweck suchte er Verbindungen zu der großen Kolonie deutscher Politiker, Geschäftsleute, Intellektueller und Diplomaten, die vor den Nationalsozialisten emigriert waren. Seine Kontakte zu diesen Kreisen brachten Dulles auch mit wichtigen Mitgliedern des deutschen Widerstands im Auswärtigen Amt und in der Abwehr zusammen.

Dabei gelang es ihm, einen Berliner Beamten, Fritz Kolpe, zu rekrutieren, der beinahe ein Jahr lang streng geheimes Aktenmaterial in großem Umfang an Dulles übergab.

Kolpe war ursprünglich in den zwanziger Jahren in den Auswärtigen Dienst aufgenommen worden und aufgrund seiner Zuverlässigkeit und des Vertrauens seiner Vorgesetzten schließlich einer der Mitarbeiter von Botschafter Karl Ritter im Auswärtigen Amt geworden. Kolpe hatte die zahlreichen Telegramme zu sichten, die täglich von deutschen Botschaften und Militärmissionen in aller Welt im Auswärtigen Amt eingingen; die wichtigsten legte er seinem Chef auf den Schreibtisch. Es war ein Vertrauensposten, dessen Vorteile Kolpe, der ein heimlicher Gegner des Nationalsozialismus war, auf seine Weise nutzte.

Am 23. August 1943 gelang es Kolpe, als diplomatischer Kurier nach Bern zu kommen. Dort wandte er sich an den Geschäftsmann Ernesto Kochterthaler, einen Emigranten und früheren Freund, der ihn mit einem Attaché der britischen Botschaft zusammenbrachte. Die Begegnung wurde zu einem peinlichen Mißerfolg. Kolpe war nervös und verhaspelte sich, und als er eine Handvoll streng geheimer Telegramme des Auswärtigen Amtes hervorzog, blieb der britische Diplomat unbeeindruckt. „Ich glaube Ihnen nicht", sagte er eisig; „und wenn Sie tatsächlich die Wahrheit sagen, sind Sie ein Schuft und Verräter."

Bestürzt über diese Zurückweisung, nahmen Kocherthaler und Kolpe mit Gerald Mayer Verbindung auf, einem Mitarbeiter von Dulles, der in einem amerikanischen Informationsbüro arbeitete. Am 24. August suchte Kocherthaler ihn allein in seinem Büro auf. Da er eine weitere Abfuhr befürchtete, zog Kocherthaler rasch drei Kabel aus der Jackentasche und gab sie Mayer. Eines betraf die Infiltration deutscher Agenten in Nordafrika; ein zweites behandelte Pläne zur Unterdrückung des aufkeimenden tschechischen Widerstands im Protektorat Böhmen und Mähren; das dritte behandelte britische Spionageoperationen auf dem Balkan.

Mayer, der fließend deutsch sprach, war konsterniert. Er fragte Kocherthaler nach der Herkunft der Papiere. Dieser nannte als Quelle einen Freund im deutschen Auswärtigen Amt, der bereit und sogar bemüht war, Mayer solches Material zu liefern. Mayer trug die Papiere zu Dulles. Auch dieser war beeindruckt. Er machte sich Sorgen über die Möglichkeit, daß die Kabel von der Abwehr hergestelltes Spielmaterial sein könnten, um seine Arbeit zu infiltrieren, aber die Informationen waren zu verlockend, um sie zurückzuweisen. Und Dulles, der sich im Ersten Weltkrieg geweigert hatte, mit einem geheimnisvollen Russen namens Wladimir Iljitsch Uljanow – der später als Lenin bekannt wurde – zusammenzutreffen, war entschlossen, sich diesmal nicht durch übervorsichtiges Taktieren selbst um eine Chance zu bringen. Er versprach, noch

GEFÄLSCHTE POST FÜR DIE DEUTSCHE BEVÖLKERUNG

Eine der schlauesten Propagandaaktionen der Abteilung für psychologische Kriegführung beim OSS war die Operation *Cornflakes.*

Die Propaganda war enthalten in einer Zeitung mit dem Titel *Das Neue Deutschland,* die vorgab, von Mitgliedern des deutschen Widerstands, die im deutschen Untergrund arbeiteten, herausgegeben zu sein. In Wahrheit war das Blatt von OSS-Agenten geschrieben und in 2 000 000-Auflage gedruckt worden. Die Exemplare wurden in Umschläge gesteckt und mit Adressen versehen, die aus deutschen Telephonbüchern entnommen worden waren. Dann wurden die Umschläge mit Briefmarkenfälschungen frankiert, mit nachgemachten Stempeln entwertet und in Nachahmungen deutscher Postsäcke gesteckt.

Die Postsäcke wurden von der amerikanischen Luftwaffe übernommen. Im Januar und Februar 1945 flog die 15. Luftflotte Angriffe gegen Bahnverbindungen, Depots und Verschiebebahnhöfe im südlichen Österreich. Nach der Bombardierung eines Postzugs gingen die mit der Durchführung der Operation beauftragten Maschinen auf 30 Meter herunter und warfen die OSS-Postsäcke im Tiefflug neben den zerschossenen Zug. Die deutschen Behörden leiteten diese zusammen mit den echten Postsäcken weiter. Der Inhalt wurde dann in Berlin offiziell zugestellt.

Die für solche Propagandasendungen gefälschten Briefmarken wurden nach dem Muster der gültigen deutschen Freimarken hergestellt. Für Propagandazwecke griff man gelegentlich aber auch zu Veränderungen des Markenbilds. In einem solchen Fall (rechts) wurde Hitlers Profil zu einem grinsenden Totenschädel und die Inschrift „Deutsches Reich" wurde in „Futsches Reich" verändert.

am gleichen Abend in Mayers Wohnung zu kommen, wo er mit Kolpe und Kocherthaler zusammentreffen wollte.

Mayer stellte Dulles den beiden als seinen Assistenten, „Mr. Douglas“ vor. Kolpe fürchtete eine neue Zurückweisung und spielte sofort seinen Trumpf aus, indem er 186 Seiten Kabel und andere Dokumente, die er um die Beine gewickelt aus dem Auswärtigen Amt geschmuggelt hatte, auf dem Boden ausbreitete. Er bemerkte den ungläubigen Ausdruck in den Gesichtern der beiden Amerikaner, als sie die Papiere lasen, und begriff, daß er sie überzeugen mußte, daß er kein Doppelagent war. Hitler richte Deutschland zugrunde, sagte er. Es sei nicht genug, die Faust in der Tasche zu ballen; es müsse etwas geschehen. Bevor er Mayers Wohnung verließ, erzählte Kolpe den Amerikanern alles über sich selbst, seine Laufbahn und seine Familie.

Mayer und Dulles hockten die ganze Nacht über den Dokumenten und faßten die wichtigsten Informationen für eine verschlüsselte Funkmeldung an Washington zusammen. Gleichzeitig beauftragte Dulles die Abteilung Gegenspionage des OSS, Kolpes Angaben zur Person zu überprüfen. Als die Bestätigung kam, daß Kolpes Auskünfte zutrafen, erhielt er den Codenamen George Wood und galt fortan als Hauptinformant.

Bei seiner nächsten Reise nach Bern, zwei Monate später, lieferte Kolpe 200 Seiten Telegramme ab. Für Dulles und seinen Stab waren die Kabel eine wahre Schatztruhe. Viele von ihnen beschäftigten sich mit diplomatischen Routineangelegenheiten des Auswärtigen Amtes; andere enthielten jedoch Informationen, die das OSS gegen Deutschland verwenden konnte.

Zu diesen gehörte ein Telegramm der deutschen Botschaft in Madrid mit dem Wortlaut: EINTREFFEN WEITERER ORANGENLIEFERUNGEN PLANMÄSSIG. Diese Information führte OSS-Agenten zu der Entdeckung, daß der spanische Staatschef Francisco Franco seine Neutralitätserklärung gegenüber den Alliierten verletzte und kriegswichtiges Wolfram zur Stahlveredelung in Orangenkisten nach Deutschland exportierte. Die Alliierten antworteten darauf mit einem Ölembargo gegen Spanien.

Während der folgenden Monate schmuggelte Kolpe eine Unmenge von Material in die Schweiz. Bisweilen lieferte er sogar spezifische Informationen auf Anfrage. Als Dulles von Washington bedrängt wurde, Material über die japanische Kriegsmarine zu liefern, gab er die Anfrage weiter an Kolpe, der ihm bei der nächsten Gelegenheit eine Zusammenfassung mehrerer Kabel des deutschen Marineattachés in Tokio zuleitete, aus der die genaue Schlachtordnung der japanischen Flotte hervorging. Schließlich wurde Dulles von seinem Informanten sogar gewarnt, daß die Abwehr alliierte Codes geknackt hatte, worauf neue eingeführt wurden.

Nach einigen Monaten begann Kolpe zu befürchten, daß die Gestapo mißtrauisch werden und Kontrollen durchführen könnte. Deshalb ging Kolpe dazu über, die Dokumente mit einer von Dulles zur Verfügung gestellten Kamera zu photographieren und die Filme durch diplomatische Kuriere zu übergeben. Die meisten Aufnahmen machte Kolpe mit der Unterstützung von Freunden aus dem Widerstand, die er als seinen „inneren Kreis“ bezeichnete, im Keller eines Berliner Krankenhauses. Eines Nacht photographierte Kolpe wieder Dokumente, als ein Mitverschwörer ihn benachrichtigte, daß Außenminister Joachim von Ribbentrop eines der gerade abphotographierten Telegramme für eine Besprechung mit dem Reichsführer SS Heinrich Himmler angefordert habe. Kolpe stürzte durch die verdunkelten Straßen zu seinem Amtszimmer im Außenministerium und tat, als suche er das Telegramm aus der Akte in seiner Registratur, während er es heimlich aus der Manteltasche zog. Trotz dieses Schreckens fuhr Kolpe fort, Dokumente abzuphotographieren und an Dulles weiterzuleiten, bis nach dem Attentat auf Hitler am 20. Juli 1944 die systematische Verfolgung des deutschen Widerstands einsetzte und Kolpe bald darauf zur Einstellung seiner Spionagetätigkeit zwang.

Kolpe, der sich Anfang 1945 in die Schweiz absetzte, schmuggelte insgesamt mehr als 1600 Kabel außer Landes, wofür ihn Dulles – der später Chef des Central Intelligence Agency (CIA), der Nachfolgeorganisation des OSS, wurde – überschwenglich lobte. Er nannte Kolpe „den Wunschtraum eines Führungsoffiziers“ und bezeichnete ihn als „unzweifelhaft einen der besten Informanten, die ein Geheimdienst jemals hatte“.

Der Beitrag Kolpes, der ungebeten an die Tür des alliierten Geheimdienstes klopfte, um ihm seine Dienste anzutragen, bestätigte eine von Donovans Lieblingstheorien: Gleichgültig, wie tüchtig eine Organisation sein mochte, die erfolgreiche Beschaffung geheimer Informationen war häufig eine Sache des Zufalls. Darum war Donovan auch bereit, sich auf ein sehr undurchsichtiges Projekt einzulassen, das ihm im Frühjahr 1943 von einem New Yorker Geschäftsmann namens Marcello Girosi vorgeschlagen wurde.

Sein Bruder, so erzählte Girosi dem OSS-Chef, sei Admiral Massimo Girosi, ein Mitglied des italienischen Oberkommandos und – wie er glaubte – ein glühender, wenn auch heimlicher Antifaschist. Marcello Girosi erbot sich, an seinen Bruder heranzutreten und ihn zu überreden, daß er einen Staatsstreich gegen Mussolini führte. Donovan war von der Idee so angetan, daß er augenblicklich eine besondere Einsatzgruppe bildete – deren Unternehmen ohne besonderen Grund die Codebezeichnung Operation *McGregor* erhielt –, die Girosi nach Italien bringen sollte. Und obgleich es der Gruppe nicht gelang, ihr Hauptziel zu erreichen, konnte sie wesentlich zur Erbeutung einer geheimen Marinewaffe beitragen und den Amerikanern einen der wichtigsten italienischen Wissenschaftler in die Hände spielen.

Die vierköpfige Einsatzgruppe, die Donovan zusammenstellte, läßt erkennen, aus welch verschiedenartigen Lebensbereichen die Männer kamen, die es zum OSS zog: Außer Girosi selbst gehörten dazu Hauptmann John Shaheen, ein ehemaliger Presseagent aus Chicago; Leutnant Michael Burke, ein Star unter den Footballspielern der Universität von Pennsylvanien, und Leutnant Henry Ringling North aus der bekannten Zirkusfamilie.

Die Einsatzgruppe erreichte Sizilien Mitte August, gerade als die Alliierten die Eroberung der Insel beendeten. Dort schrieb Marcello Girosi den im Konzept bereits vorliegenden Brief an seinen Bruder. Es stehe in der Macht des Admirals, so schrieb er, das Heimatland vor dem Blutvergießen zu bewahren, das weiterhin sein Los sein werde, wenn es an der Partnerschaft mit Deutschland festhalte. Höchste amerikanische Führungsstellen hätten ihm versichert, daß Italien, falls es Mussolini stürze und seine Bündnisverträge mit Deutschland aufkündige, von den Alliierten mit offenen Armen als Verbündeter aufgenommen würde. Falls Massimo zu einem Treffen mit ihm bereit sei, fuhr Marcello fort, werde er einen Weg zur Wiedererlangung der Ehre Italiens aufzeigen. Er unterzeichnete den Brief mit „Gigi", dem Spitznamen des Bruders für die Gouvernante ihrer gemeinsamen Kindheit.

Der Brief wurde in einen Buchdeckel genäht und sollte von einem antifaschistischen Angehörigen der italienischen Armee überbracht werden, der einen Krankenurlaubsschein bei sich trug, mit dem er die italienischen und deutschen Kontrollen ungehindert passieren konnte. In einer bewölkten Augustnacht verließen drei Patrouillenboote – eines mit der Einsatzgruppe, die beiden anderen als Eskorte – die sizilianische Küste und liefen auf Kalabrien zu. Dicht unter der Küste stieg der Kurier in ein Schlauchboot um und ruderte zum Strand. Der Brief wurde seinem Empfänger zugestellt, doch blieb die Mission ein Mißerfolg, weil die politischen Ereignisse sie überholt hatten: Als der Brief seines Bruders endlich in Admiral Girosis Hände gelangte, hatte Marschall Pietro Badoglio bereits Verhandlungen mit Eisenhower aufgenommen, um einen Waffenstillstand zu erreichen.

Die Einsatzgruppe aber war nun an Ort und Stelle und erhielt vom OSS den Auftrag, Professor Calosi ausfindig zu machen, den Erfinder eines Torpedos mit Magnetzündung, die eine Detonation auslöste, wenn er unter dem Kiel des Zielschiffes hindurchlief.

Die Gruppe begann ihre Suche, indem sie mehrere von Marcello Girosis Freunden in Neapel befragte, das die Alliierten im Oktober 1943 eingenommen hatten. Die Freunde verwiesen sie an Admiral Eugenio Minisini, den Chef der Abteilung Waffenerprobung der italienischen Kriegsmarine. Sie fanden Minisini in einer kleinen neapolitanischen Pension unweit der ausgebombten Ruinen der Fabriken, in denen der magnetische Torpedo hergestellt wurde. Nachdem der italienische Generalstab ihn angewiesen hatte, mit den vorrückenden Alliierten zusammenzuarbeiten, war Admiral Minisini untergetaucht. Nun teilte er der OSS-Gruppe bereitwillig Einzelheiten über mehrere wesentliche Neuentwicklungen der italienischen Kriegsmarine mit, darunter den Magnettorpedo und ein Langstrecken-U-Boot.

Minisini enthüllte auch, daß Professor Calosi sich in einem Kloster in Rom, das noch von den Deutschen besetzt war, verborgen halte. Calosi wurde gefunden, und eine weitere OSS-Gruppe, die bereits hinter den deutschen Linien arbeitete, schmuggelte ihn heraus und flog ihn in die Vereinigten Staaten, wo er seinen Torpedo in der Torpedoversuchsstation in Newport, Rhode Island, für die Alliierten rekonstruierte.

Im weiteren Verlauf entwickelte Calosi ein Abwehrgerät, das seinen eigenen Torpedo unschädlich machte. Dieses Gerät wirkte durch Störung des torpedoeigenen Magnetfelds. Um seine Zuverlässigkeit zu demonstrieren, installierte Calosi dieses Gerät an Bord eines schwimmenden Schiffswracks in der Narragansett-Bucht und stellte sich dann zuversichtlich auf die Brücke des rostigen Veteranen, während mehrere scharfe Torpedos der von ihm entwickelten Bauart aus kurzer Distanz auf das Schiff abgefeuert wurden. Calosis Zuversicht war wohlbegründet: alle Torpedos detonierten, bevor sie das Schiff erreichten. Daraufhin installierten die Alliierten das Gerät auf Handelsschiffen.

In einem OSS-Depot in London wird einem Agenten eine deutsche Waffen-SS-Uniform angepaßt. Um seine Agenten mit Kleidern auszustatten, die echt genug aussahen, um feindlicher Überprüfung standzuhalten, beschlagnahmte das OSS Uniformen und andere Ausrüstungsgegenstände von deutschen Kriegsgefangenen; die benötigten Zivilkleider kamen von europäischen Flüchtlingen.

Kaum ein anderes Unternehmen des OSS brachte so viel ein wie die Calosi-Aktion. Die meisten Operationen waren klein und räumlich wie auch zeitlich eng begrenzt, und wenn sie erfolgreich verliefen, hatte Donovan seine Freude daran, Berichte darüber in einer täglichen Zusammenfassung dem Präsidenten zuzuleiten. Ein typischer Bericht von Donovan enthielt gewöhnlich Auszüge aus OSS-Meldungen von verschiedenen Kriegsschauplätzen:

BERLIN: „Seit Monaten sind die Straßen, Plätze und Seen im Stadtbereich getarnt, um alliierte Bomber irrezuführen. Die Allee Unter den Linden ist in ganzer Länge mit riesigen Tarnnetzen zugedeckt, unter denen der Verkehr braust. In der Mitte eines ähnlich getarnten Sees wurde aus Lattengerüsten und gemalten Kulissen die Nachahmung eines Dorfes errichtet. Nachdem unsere Agenten dies nebst weiteren Angaben gemeldet hatten, überflog in der vergangenen Nacht ein einzelnes Flugzeug der RAF das ‚Dorf' und warf eine hölzerne Bombe darauf."

BURMA: „Das Geheimnis der Tarnung japanischer Jagdflugzeuge in Nordburma wurde durch eine Photographie aufgeklärt, die einem gefangenen feindlichen Piloten abgenommen wurde und ihn neben seiner Maschine stehend zeigte. Ein OSS-Photograph vergrößerte die Aufnahme und entdeckte, daß die Japaner, statt Splitterwälle aufzuschütten, Unterstände für die Maschinen ausgehoben und mit Balken und Erdaufschüttungen bedeckt haben.

Der Gefangene gab im Verhör an, daß er in Meiktila, südlich von Mandalay, stationiert gewesen war. Eine Überprüfung früherer Luftaufnahmen dieses Flugplatzes ergab 30 verdächtige Schatten im Umkreis des Flugfeldes. Die meisten verborgenen Jagdmaschinen wurden einige Tage später durch unsere Bomber zerstört, um die Verluste unserer Lufttransporte nach China zu senken."

FRANKREICH: „Zwei einheimische Agenten erfanden eine sinnreiche Vorrichtung, um so der deutschen Funkpeilung zu entgehen. Sie besorgten sich eines jener großen Weinfässer auf einem zweirädigen Karrengestell, wie sie von den Weinverkäufern durch die Straßen geschoben werden. In dieses Faß zogen sie einen ebenen Boden durch die ganze Länge ein, der das Innere in zwei Räume teilte. Die untere Hälfte wurde mit Wein gefüllt, der für den Straßenverkauf gezapft werden konnte, während einer der Agenten mit dem Kurzwellensender in die leere obere Hälfte kroch. Der andere Agent, als Weinverkäufer verkleidet, schob den Karren durch die Straßen, während sein Kamerad sendete. Kam ein Funkpeilwagen in Sicht, hielt der Weinverkäufer an: Das war das Signal für seinen Gefährten, den Funkverkehr einzustellen. Diese Gruppe hat seit Monaten unentdeckt gearbeitet und OSS-London ausführlich über feindliche Truppenbewegungen und lohnende Ziele für Luftangriffe unterrichtet."

Donovan ermunterte die verschiedenen Abteilungen des OSS, insbesondere die Abteilung für Forschung und Entwicklung, jede List anzuwenden, die geeignet schien, um den Feind – und das schloß die Zivilbevölkerung mit ein – zu verwirren. „Kein Projekt", erinnerte sich ein Offizier des OSS, „war so unwahrscheinlich, kein Mittel so seltsam, daß es von vornherein verworfen worden wäre."

Donovan billigte sogar einen höchst absonderlichen Plan, den sich Stanley Lovell, der Chef der Abteilung Forschung und Entwicklung, ausgedacht hatte. Dieser wollte weibliche Sexualhormone in Hitlers Gemüse injizieren, da Hitler ja als Vegetarier bekannt war. Hormon- und Drüsenspezialisten hatten Lovell in seiner Meinung bestärkt, daß Hitlers Hormonhaushalt der Trennungslinie zwischen männlicher und weiblicher Dominanz nahe sei. Hitlers mangelnde Selbstbeherrschung und seine heftigen Ausbrüche weckten in Lovell die Vorstellung, daß ein Hormonstoß zur weiblichen Seite hin Wunder bewirken könnte. Die Hoffnung ging in die Richtung, daß Hitlers Schnurrbart ausfallen und seine Stimme sich zum Sopran entwickeln würde.

Lovells Plan erforderte, daß ein OSS-Agent oder ein Deutscher aus dem Widerstand als Gärtner oder Hausgehilfe in den Berghof bei Berchtesgaden eingeschmuggelt wurde. In einer solchen Position mochte er durchaus in der Lage sein, in Karotten, Rüben, Gurken und anderes Gemüse, das für Hitler bestimmt war, Hormone zu injizieren. Lovell händigte die Hormone einem OSS-Agenten aus, aber es wurde nichts aus der Sache. „Ich kann nur annehmen", bemerkte Lovell kläglich, „daß der Kerl unser Geld nahm und die Spritzen und Ampullen ins nächstbeste Gebüsch warf."

Die Abteilung für moralische Kriegsführung ersann zahlreiche Propagandamethoden, die praktischer und einleuchtender waren als der Hormon-Plan. Zu den einfachsten gehörte die Verbreitung von Gerüchten im Reichsgebiet. Eines dieser Gerüchte behauptete, die Alliierten hätten eine Bombe entwickelt, die den Sauerstoff aus der Luft sauge und Tod durch Ersticken verursache. Ein anderes Gerücht besagte, daß es im besetzten Rotterdam zu vereinzelten Fällen von Beulenpest gekommen sei, nachdem die Engländer Bakterienbehälter abgeworfen hätten.

Komplizierter war die Herstellung gedruckter Flugblätter mit dem Ziel, die Kampfmoral der deutschen Frontsoldaten zu untergraben. Ein Vorhaben, das die deutschen Truppen zur Kapitulation veranlassen sollte, war inspiriert von der deutschen Operation *Skorpion,* die Propagandaflugblätter verteilt hatte, um den Kampfgeist der Soldaten an der Invasionsfront zu stärken.

Nach den Analysen und Berichten des OSS hatten die *Skorpion*-Flugblätter die Aufgabe, „die Fragen der Frontsoldaten zu beantworten. Die Antworten wurden in einer geraden, offenen Art gegeben und riefen die Männer in dramatischem Stil auf, ihr Bestes zu geben und bis zum Letzten für Führer, Volk und Vaterland zu kämpfen." Die OSS-Flugblätter ahmten diejenigen der Deutschen in Stil und Aufmachung nach, doch war ihre Botschaft eine völlig andere: Sie redeten den Soldaten ein, daß die Soldaten und unteren Dienstgrade ihre Offiziere erschießen und überlaufen sollten und daß das Oberkommando der Wehrmacht lieber jeden Fußbreit deutscher Erde verbrennen als aufgeben wolle.

In einem weiteren Versuch, Zwietracht in den Reihen der Wehrmacht zu säen und die Kampfmoral zu erschüttern, steckten OSS-Agenten gefälschte Zeitungsausschnitte in die Uniform gefallener deutscher Soldaten, worauf sie den Leichen Pulsadern und Kehlen durchschnitten, um Selbstmord vorzutäuschen. Wer einen der Toten fand, würde wahrscheinlich den Zeitungsausschnitt lesen, der eine „Bekanntmachung" des Reichsführers SS Himmler enthielt, nach der jede deutsche Frau, die in den vergangenen zwei Jahren kein Kind gehabt habe, sich bei einer der von der SS geleiteten Organisation Lebensborn zu melden habe. Ob die nachgemachten Flugblätter und die vorgetäuschten Selbstmorde Wirkung zeitigten, blieb freilich unbekannt.

Die Deutschen waren nicht das einzige Ziel der OSS-Aktionen. Um die auf körperliche Sauberkeit bedachten Japaner in Verlegenheit zu bringen, brachte die Abteilung für Forschung und Entwicklung ein übelriechendes Präparat heraus, das „Wer, ich?" getauft, in kleine Gummibeutel abgefüllt und an Kinder in chinesischen Städten mit japanischer Besatzung verteilt wurden.

„Wenn ein japanischer Offizier des Weges kam", berichtete Lovell, „spritzten die chinesischen Kinder eine Ladung ‚Wer, ich?' auf seinen Hosenboden. Die Japaner müssen über das stinkende Zeug, das sich kaum auswaschen ließ, entsetzt gewesen sein. Es war keine weltbewegende Neuentwicklung", sagte Lovell, „aber sie kostete die Japaner Gesicht."

Das OSS kannte auch subtilere Mittel, um den Feind in Verlegenheit zu bringen. Agenten der Abteilung für Arbeit agitierten unter Facharbeitern in Belgien, Frankreich, Polen und Norwegen und forderten sie auf, lieber in den Untergrund zu gehen, statt für die

Deutschen zu arbeiten. Da die meisten Arbeiter für ein derart gefährliches Leben nicht zu haben waren, drängte man sie, Mittel und Wege zu finden, um die feindliche Kriegsmaschine durch verdeckte Sabotage zu schädigen. So warf beispielsweise ein belgischer Maschinist in einem vom OSS im Jahre 1942 berichteten Fall wertvolle Präzisionsinstrumente für die Flugzeugherstellung in einen frisch gegossenen Zementboden.

Ein Franzose wußte ähnliches zu berichten: „Sagen wir, daß ein exzentrisches Zahnrad gemacht werden mußte", erzählte er. „Nach der Zeichnung sollte das Loch drei Millimeter vom Zahnkranz entfernt sein. Dann stellte der Arbeiter seine Fräsmaschine so ein, daß das Loch noch näher an den Rand kam, was im Betrieb zum Bruch des Zahnrads führen mußte. Und der Kontrolleur ließ die fertigen Produkte natürlich immer passieren. Ich bin mir darin sicher, denn ich war der Kontrolleur."

Schließlich gelang es Agenten der Abteilung Arbeit sogar, bis ins industrielle Herzland des Dritten Reiches vorzudringen. Ein früherer deutscher Gewerkschafter namens Jupp Kapius, der seinen Führungsoffizieren in London als Downend bekannt war, sprang 1944 mit dem Fallschirm über dem Ruhrgebiet ab. Innerhalb weniger Monate hatte er unter Fabrikarbeitern mehrere Zellen gegründet und die Bekanntschaft eines Filialleiters der Deutschen Bank sowie eines Bergwerksdirektors gemacht. Alle versorgten ihn – wissentlich oder unwissentlich – mit Informationen und gaben subversive Propaganda weiter; die Arbeiterzellen halfen ihm, Produktionsunterbrechungen zu verlängern und in ihren Betrieben Sabotageakte zu verüben.

„Downend/Kapius hatte entweder selbst oder über seine Vertrauensleute Einblick in alle militärischen und industriellen Entwicklungen der Region", hieß es in der offiziellen OSS-Darstellung, „und konnte meist in kürzester Frist Informationen über die Wirkung von Bombenangriffen und die Wiederinbetriebnahme beschädigter Fabriken beschaffen."

Andere Agenten der OSS-Abteilung Arbeit arbeiteten ähnlich erfolgreich im Inneren des Deutschen Reiches. Einigen gelang es, Laufzettel von Güterwaggons zu vertauschen, Transportbefehle verschwinden zu lassen und Züge aufzuhalten; daraus ergaben sich Engpässe in verschiedenen Bereichen, und bisweilen landeten wichtige Nachschubgüter weit entfernt von den Frontabschnitten, wo sie eigentlich benötigt wurden.

Während Hitlers Festung Europa unter Luftangriffen und Versorgungsschwierigkeiten zu leiden hatte, standen die OSS-Agenten in Asien in einem elementareren Kampf mit dem Feind. Tief in den Dschungeln Burmas machten die Männer der als OSS-Abteilung 101 bekannten Guerillaeinheit den Japanern mit Überfällen und tödlichen Hinterhalten das Leben schwer.

Die Abteilung 101 war von Millard Preston Goodfellow geschaffen worden, einem früheren Zeitungsherausgeber und Jugendclubvorsitzenden aus Brooklyn, der jetzt OSS-Direktor für Sondereinsätze war. Kurz nach dem Kriegseintritt der Vereinigten Staaten begann Goodfellow in Donovans Auftrag über die Möglichkeiten von Geheimdienst- und Guerillaoperationen im asiatischen Raum Untersuchungen anzustellen.

Schon damals sah Donovan in diesem ausgedehnten Kriegsgebiet einen fruchtbaren Boden für eine unorthodoxe Kriegsführung, wie er sie sich vorstellte. Im Februar 1942, als die Japaner Indochina und Thailand besetzt hatten und ihre Offensiven in Burma und dem Malaiischen Archipel einleiteten, legte Goodfellow General Joseph W. Stilwell, der kurz zuvor mit der Führung der chinesischen Streitkräfte im chinesisch-burmesischen Grenzgebiet beauftragt worden war, Pläne für eine OSS-Guerillaeinheit vor, die hinter den feindlichen Linien in Südostasien operieren sollte.

Zuerst lehnte Stilwell, der als scharf und heftig bekannt war und an die konventionelle Kriegführung glaubte, das Projekt rundweg ab, angeblich wegen des Mannes, den Goodfellow als Kommandeur der Einheit vorgesehen hatte. „Dieser Mann", fuhr Stilwell auf, „ist nicht zu gebrauchen. Wenn ich ihn losschickte, eine Brücke zu sprengen, würde er statt dessen eine Windmühle in die Luft jagen und noch eine Entschuldigung dafür finden." Nach einer Reihe von Diskussionen überzeugte Goodfellow den General von der Zweckmäßigkeit des Projekts, und Stilwell stimmte widerwillig zu, doch nur unter der Bedingung, daß die Einheit von Hauptmann Carl Eifler geführt würde, einem ehemaligen Zollbeamten, der als Reserveoffizier unter Stilwell gedient hatte.

Eifler, ein Mann von ungefähr 40 Jahren, der damals beim 35. Infanterieregiment in Hawaii diente, war eine vernünftige Wahl für die Verwirklichung des Projekts. Seine Vorkriegstätigkeit entlang der mexikanischen Grenze hatte ihn zu einer Autorität in bezug auf Schmuggel und undurchsichtige Geschäft gemacht. Er war ein großer, massiver Mann, geübt in Judo und Boxen; auch war er ein erfahrener Pilot und ein ausgezeichneter Schütze. Es ging das Gerücht, daß er als Zollfahnder häufig illegale mexikanische Einwanderer am Durchschwimmen des Rio Grande in die Vereinigten Staaten gehindert habe, indem er wenige Zentimeter von ihren Köpfen entfernt ins Wasser schoß.

Eifler wurde im Februar 1942 nach Washington gerufen. Das Kriegsministerium gab ihm freie Hand, um in den drei Waffengattungen Freiwillige anzuwerben. „Es wurde von Anfang an erwartet, daß die Leute sich blindlings meldeten", berichtete Eifler. „Es wurde ihnen gesagt, daß sie sich wahrscheinlich zu einem Himmelfahrtskommando gemeldet hätten. Aber wir wollten auch keine Maulhelden und Krawallmacher. Wenn einer durchblicken ließ, er sei ein Teufelskerl oder wolle berühmt werden, wurde er abgewiesen." Im

Kriegsmaterial und Versorgungsgüter landen hinter den japanischen Linien in Burma. Um die Waldlichtung für die Transportflugzeuge kenntlich zu machen, legten OSS-Guerillaeinheiten weiße Tücher mit den Buchstaben „US" aus.

März 1942 trafen Eifler und sieben ausgewählte Freiwillige zu einem Lehrgang für Guerillakriegsführung in Camp X in Kanada ein; weitere 14 Männer erhielten ihre Ausbildung in einem neuen amerikanischen Lager in den Catoctin Mountains. Einige Wochen später war die Einheit nach Meinung der Ausbilder einsatzbereit, aber sie brauchte einen Namen. Eifler schlug Goodfellows Adjutanten vor, daß sie Abteilung Eins genannt werden sollte. „Nein", erwiderte der Adjutant, „wir werden sie Abteilung 101 nennen; die Briten brauchen nicht zu wissen, daß wir nur eine Einheit haben."

Während Eifler und seine Leute in der Ausbildung waren, hatte Stilwell den Befehl über eine 50000-Mann-Armee in Burma übernommen, wurde aber von den vorrückenden Japanern, die seine Truppen mit Nachtangriffen und überfallartigen Aktionen zerschlugen, zum Rückzug nach Indien gezwungen.

Eiflers Truppe schien zur rechten Zeit einsatzbereit, um den Japanern eine Dosis ihrer eigenen Medizin zu verabfolgen, doch als die Abteilung 101 Mitte Juli in New Delhi eintraf, erwarteten sie dort keine Befehle. Mitte August gelang es dem erbitterten Eifler, der inzwischen Major geworden war, einen Flug zu Stilwells neuem Hauptquartier in Tschungking in China zu bekommen. Stilwell hatte ihn nicht erwartet und begrüßte den OSS-Mann mit der Scharfzüngigkeit, die ihm den Spitznamen „Essig-Joe" eingetragen hatte. „Ich habe nicht nach Ihnen geschickt und kann Sie nicht gebrauchen", schnauzte er Eifler an, um hinzuzufügen, daß er gegenwärtig keine Pläne für die Abteilung 101 habe.

Eifler, der genauso halsstarrig sein konnte wie Stilwell, ließ nicht locker und überredete den General schließlich, die Abteilung 101 für Guerilla-Operationen und Sabotageakte hinter den japanischen Linien in Burma einzusetzen. Eifler sollte einen Stützpunkt in der nordostindischen Provinz Assam errichten; von dort konnte seine Truppe Anschläge gegen Straßen im Norden Burmas und gegen die einzige Bahnlinie durchführen, die von Mandalay nach Myitkyina führte, dem wichtigsten Luftstützpunkt der japanischen Luftwaffe in dieser Region. „Explosionen aus dem Dschungel", sagte Stilwell, „sind alles, was ich hören will."

Damit war Eifler ein Operationsraum zugewiesen, den Churchill einmal das „furchtbarste Kampfgebiet, das man sich vorstellen kann", genannt hatte. Weite Teile des nördlichen Burmas sind gebirgig und mit nahezu undurchdringlichen Regenwäldern bedeckt. In den feuchtheißen Niederungen gab es Sümpfe und wasserreiche Flüsse, Giftschlangen, Moskitoschwärme und Riesenblutegel, wild lärmende Affen und Vögel, deren nächtliche Schreie einem Schauer über den Rücken jagten. Und es gab den bislang im Burmafeldzug unbesiegten Feind – eine ganze Armee von dschungelerfahrenen japanischen Soldaten.

In Nazira, einer indischen Teeplantage an der Grenze zu Nordburma, errichtete Eifler ein Ausbildungslager für einheimische Rekruten, die er für den Kampf gegen die Japaner anwarb. Seine wichtigsten Kämpfer wurden Angehörige des Volkes der Kachin. Mehr als jede andere Gruppe brannten die Kachin darauf, gegen die Japaner zu kämpfen, die in einem falsch berechneten Einschüchterungsversuch die Dörfer der feindlich gesinnten Kachin niedergebrannt und Frauen und Kinder getötet hatten.

Eiflers Guerillas lernten den Morsecode und den Umgang mit Funkgeräten, Sprengstoffen und Feuerwaffen. Mit Sprengstoffen und Morsecode freundeten sich die Kachin sehr schnell an, das Maschinengewehr war ihnen jedoch zu kompliziert. Sie zogen Schrotflinten vor, wie sie Eifler sagten; dies sei eine Waffe, mit der sie vertraut seien. Darauf kabelte Eifler nach Washington und forderte 500 dieser Waffen an.

„Man antwortete mir, das dies eine ungewöhnliche Bestellung sei", erinnerte sich Eifler, „und ob ich sie rechtfertigen könne?" Eifler drahtete sarkastisch zurück: „Ich bevorzuge Vorderlader. Die Eingeborenen können ihr Schwarzpulver selbst machen und die Schrauben und Nieten von Fahrzeugwracks als Munition verwenden." Aus irgendeinem Grund wurde diese Erklärung nicht als ungewöhnlich betrachtet, und Eifler bekam 500 Springfield-Vorderlader, die noch nie einen Schuß abgefeuert hatten und seit dem amerikanischen Sezessionskrieg sorgsam eingefettet in einem Lagerhaus verwahrt gewesen waren. Die Kachin fanden sofort Gefallen an den Vorderladern und trugen sie während des gesamten Burmafeldzugs stolz mit sich herum.

Daneben wendeten die Kachin auch ihre hergebrachten Kampfmethoden an, mit denen sie die Amerikaner bereitwillig vertraut machten. Zu diesen gehörte eine Selbstschußfalle mit Armbrust und

Oberst Carl Eifler, der erste Kommandeur der OSS-Abteilung 101 in Burma, posiert mit einer giftig aussehenden Schlange. Eifler, der waghalsige Einsätze bevorzugte, befehligte diese Truppe vom April 1942 bis Dezember 1943.

Stolperdraht, die von den Kachin für die Jagd verwendet wurde und auch gegen die Japaner wirkungsvoll einzusetzen war.

Eine andere Methode bestand im Vergraben scharfer Bambusspeere zu beiden Seiten eines Pfades, auf dem sich eine Feindpatrouille näherte. Erreichte sie die Stelle, so wurde das Feuer eröffnet in der Hoffnung, daß sich die in Deckung springenden Japaner dabei selbst aufspießen würden.

Abteilung 101 ließ es auch an eigenen Einfällen nicht fehlen. Einer davon war ein kleines Metallrohr, das mit einer Patrone geladen und einem Druckzünder versehen war. Wer darauftrat, löste einen Schuß aus, der den Fuß und unter Umständen den Körper durchbohrte. Dieser Selbstschuß soll nach Auskunft eines OSS-Offiziers unter den Japanern große Furcht verursacht haben. Auch nachdem das Kampfmittel aus dem Einsatz genommen worden war, weil es die Begehung der Dschungelpfade für eigene

UNERWARTETE AUSZEICHNUNGEN

Geheimcodes verwirrten manchmal auch die eigene Seite. Im Herbst 1943 empfing ein OSS-Funker eine Meldung von Hauptmann William Wilkinson Abteilung 101 in Burma zur Weiterleitung nach Kalkutta. Inmitten einer Anforderungsliste für Versorgungsgüter standen die Buchstaben CMA, die der Funker als „Citation for military assistance" (Belobigung für militärische Unterstützung) interpretierte. Der OSS-Nachschuboffizier in Kalkutta ließ daraufhin 50 Verdienstmedaillen entwerfen, prägen und mit einem bestickten Seidenband versehen.

Bei der OSS-Abteilung 101 in Burma war man überrascht, als diese Anfertigungen einige Wochen später eintrafen. Wilkinson war inzwischen versetzt worden, aber sein Nachfolger verteilte die Medaillen an die tüchtigen Kachin-Partisanen. Diese trugen sie von da an, ohne zu ahnen, daß ihre Belobigung Folge einer falsch verstandenen Meldung war, in welcher CMA einfach für „Comma" gestanden hatte.

Guerillakrieger des Kachin-Stammes stellen ihre Auszeichnungen zur Schau.

DIE BELOBIGUNG FÜR MILITÄRISCHE UNTERSTÜTZUNG

Kräfte und einheimische Zivilisten zu stark gefährdete, verlangsamte es das Vorankommen der feindlichen Patrouillen und Stoßtrupps, die nach bösen Erfahrungen vorsichtig geworden waren.

Vier Monate nach seiner Begegnung mit Stilwell schickte Eifler seinen ersten Stoßtrupp von Nazira aus, eine zwölf Mann starke Einheit mit der Bezeichnung Gruppe A. Sie hatte den Auftrag, im japanisch besetzten Gebiet ein Basislager einzurichten und die Bahnlinie nach Myitkyina zu unterbrechen. Am 27. Januar 1943 sprang die Gruppe A mit Fallschirmen über einer kleinen Urwaldlichtung 150 Kilometer südlich von Myitkyina ab. Jeder Mann war mit Lebensmittelvorräten, Waffen und Munition und einem Sprengstoffvorrat beladen. Die Gruppe kam in dem waldigen, aber nicht allzu gebirgigen Gelände rasch voran und legte in zwei Tagen rund 80 Kilometer zurück, um die Nähe der Bahnlinie zu erreichen. In der darauffolgenden Nacht wurden sechs Zweiergruppen gebildet, die entlang der Bahnlinie eine Serie von Sprengladungen mit Zeitzündern anbrachten. Als sie sich wieder zusammengefunden hatten und den Rückmarsch durch den Dschungel antraten, detonierten die Sprengladungen und zerstörten insgesamt acht Kilometer Geleise. In anderen Operationen zerstörten sie eine große und mehrere kleinere Brücken.

Fast fünf Wochen später, nachdem sie mehrmals um Haaresbreite den hartnäckig nachsetzenden Japanern entgangen waren, erreichten elf Überlebende der Gruppe A Nazira. Stilwell hatte seine Explosionen und die Abteilung 101 ihre Feuertaufe erhalten.

Das nächste Unternehmen verlief nicht so glücklich. Eine aus sechs Männern bestehende Gruppe O wurde im März 1943 ausgesandt, um Flugzeugbesatzungen der Lufttransportflotte zu bergen, die auf dem Flug von Indien nach Kunming in China über dem Lawksawk-Tal abgeschossen worden waren, rund 120 Kilometer südöstlich von Mandalay. Unweit vom Absprungplatz der Gruppe O gab es zwei Dörfer, deren Bewohner – in diesen Gegenden siedelten keine Kachin – von Hauptmann Ray Peers, einem von Eiflers engsten Mitarbeitern, des Einvernehmens mit den Japanern verdächtigt wurden. „Beim letzten Überflug", berichtete Peers, der mit der Gruppe O zum Einsatzort flog, „konnten wir die Dorfbewohner zur Absprungszone rennen sehen. Das Gefühl, daß sie in feindlicher Absicht kamen, wollte mich nicht verlassen."

Peers' böse Vorahnung erwies sich als zutreffend. Den meisten Burmesen waren die Weißen als frühere Kolonialherren verhaßt, und sie begrüßten die Japaner als Befreier. Einige Tage später meldete der Tokioter Rundfunk, daß sechs britische Spione hinter den japanischen Linien in Burma abgesprungen seien. Dorfbewohner hätten drei an Ort und Stelle getötet, die anderen gefangengenommen und den japanischen Behörden ausgeliefert.

Obwohl Mißerfolge nicht ausblieben, rettete die Abteilung 101 im weiteren Verlauf des Krieges mehr als 200 Transportflieger, die über den Regenwäldern Burmas abgeschossen worden waren. In einem Fall retteten die Kachin einen amerikanischen Flieger, der sich dem Tod durch eigene Kameraden gegenübersah. Der Mann war mit dem Fallschirm in die Krone eines mächtigen Mahagonibaums geraten und hatte sich beim Aufprall beide Arme gebrochen. Er baumelte blutend und mit dem Kopf nach unten in unerreichbarer Höhe, und als er das Bewußtsein wiedererlangte, hörte er drei Besatzungsmitglieder seines C-87-Transporters über sein Schicksal beraten. Sie hatten den Baum nicht erklettern können und zogen

Strohhalme, um zu bestimmen, wer ihn erschießen und aus seinem Elend erlösen sollte. Bei diesem Stand der Dinge erschien eine Gruppe von Kachin des OSS. Rasch fällten sie einen kleinen Baum, der gegen den Mahagonibaum fiel und ihnen als Aufstiegshilfe diente. Dann kletterten sie 30 Meter daran hinauf, um den Unglücklichen zu bergen. Am nächsten Tag war er mit seinen Kameraden auf dem Weg nach Nazira.

Bis Dezember 1943 waren Bergungsunternehmen und Sabotageaktionen gegen die Japaner zur Routine geworden. Abteilung 101 hatte ihre Bewährungsprobe bestanden, wie Eifler, der zwei Monate zuvor zum Obersten befördert worden war, in einem Kabel nach Washington meldete. Er hatte inzwischen 29 Feldstützpunkte in Indien und Burma und verfügte über eine Streitmacht von annähernd 200 Kachin und Rekruten. Selbst die Briten, die der Anwesenheit der OSS-Einheit anfangs ablehnend gegenübergestanden hatten, waren von den Erfolgen beeindruckt und erbaten Eiflers Hilfe, um eigene Agenten in Burma einzuschleusen.

Als Donovan Eiflers Kabel las, beschloß er, sich an Ort und Stelle vom Wirken seiner ungewöhnlichen Truppe zu überzeugen. Am 7. Dezember traf er ohne Voranmeldung in Nazira ein. Am folgenden Morgen bestiegen der 230 Pfund schwere Eifler und der beinahe genauso schwergewichtige Donovan das einzige verfügbare Flugzeug, eine winzige L-5-Kuriermaschine, um den 450 Kilometer entfernten OSS-Stützpunkt Nawbum weit hinter den feindlichen Linien zu besuchen. „Die Maschine wird einen doppelten Leistenbruch erleiden, wenn sie überhaupt hochkommt", scherzte einer der Mechaniker, die den zerbrechlichen Zweisitzer warteten. Irgendwie gelang es Eifler, die Maschine in die Luft und nach Nawbum zu bringen. Donovans wagemutiger Flug weit hinein ins feindliche Territorium hob die Kampfmoral der Abteilung beträchtlich. Ehe er nach Washington zurückkehrte, munterte er die Männer weiter auf, indem er das monatliche Budget der Einheit von 50 000 auf 100 000 Dollar erhöhte. Schließlich befürwortete er die Lieferung von zehn neuen Flugzeugen und kam damit Eiflers Ersuchen um „mehr Pferdekräfte an vorderster Front" nach. Des weiteren ordnete er eine Verstärkung des durch Verluste dezimierten amerikanischen Kontingents der Abteilung 101 an.

Die Zufuhr von Menschen und Material ermöglichte die Anwerbung weiterer Kachin und damit die Intensivierung der Guerillakriegsführung. Versorgungslager, Brücken und Bahnlinien wurden in die Luft gesprengt, feindliche Patrouillen in Hinterhalte gelockt. Auch lieferten die Kachin Informationen für die Luftangriffe der in Assam stationierten amerikanischen Bombergruppen. Nach deren Unterlagen bestanden 85 Prozent der von Kachin gelieferten Informationen aus Angaben über mögliche Bombenziele.

Ein vom 14. August 1944 datierter Bericht der amerikanischen 10. Luftflotte besagte, daß in Moda, einer burmesischen Stadt, die bis dahin von der Luftaufklärung unbeachtet geblieben und nie photographiert worden war, „1000 Japaner sowie beträchtliche Mengen von Kriegsmaterial und Vorräten" festgestellt wurden. „Mit Spreng- und Brandbomben beladene Jagdbomber", fuhr der Bericht fort, „griffen die Stadt sofort an. Nach dem erfolgreichen Angriff meldeten Beobachter der Abteilung 101, daß die feindlichen Verluste sich auf 200 Mann beliefen und ein Munitions- und Waffenlager vollständig vernichtet wurde."

Bei Kriegsende umfaßte die Abteilung 101 über 10 000 Kachin und mehr als 500 Amerikaner – eine Streitmacht, wie sie sich Preston Goodfellow nicht in seinen kühnsten Träumen vorgestellt haben würde. Die Kachin meldeten 5447 getötete Japaner bei nur 184 eigenen Verlusten. Außerdem hatten die Japaner eine noch höhere Zahl von Vermißten und Verwundeten zu beklagen. Von amerikanischen Offizieren der Abteilung fielen 18.

Selbst Stilwell war von den Leistungen der Dschungelkämpfer beeindruckt, doch neigte er zur Skepsis gegenüber den Erfolgsmeldungen der Kachin über getötete Feinde. Eines Tages fragte er einen Kachin, wie seine Leute so genaue Verlustzählungen bewerkstelligten. Die Antwort schockierte ihn. Der Krieger öffnete ein kleines Bambusrohr, das er am Gürtel befestigt hatte, und entleerte es vor den Augen des Generals. Eine Anzahl schwer bestimmbarer Objekte fiel heraus, die ein wenig an schwärzliches Trockenobst erinnerten. „Was ist das?" fragte Stilwell. „Japanische Ohren", erwiderte der Kachin. „Man teilt die Zahl durch zwei und weiß, wie viele japanische Soldaten man getötet hat."

Stilwell stellte die Rechenkünste der Kachin nie wieder in Frage. Und ebenso äußerte er nie wieder Zweifel am Wert der unorthodoxen Kriegführung, für die Donovan so nachdrücklich eingetreten war und die die Abteilung 101 des OSS letztendlich so erfolgreich ins Werk gesetzt hatte.

General Joseph W. Stilwell (links), Oberbefehlshaber der amerikanischen Streitkräfte auf dem burmesisch-chinesischen Kriegsschauplatz, bespricht sich in einem Urwaldstützpunkt in Nordburma mit Oberst William R. Peers, der im Dezember 1943 Kommandeur der OSS-Abteilung 101 wurde.

AMERIKAS GUERILLASTREITMACHT

Vorsichtig um sich blickend, kniet der OSS-Agent Fima Haimson vor seinem Sendegerät in einem geheimen Dschungellager im japanisch besetzten Burma.

DER KLEINKRIEG DES OSS AN ALLEN FRONTEN

William J. Donovan kehrt im August 1940 aus Europa zurück. Das Ergebnis seiner Reise war ein amerikanischer Geheimdienst nach britischem Vorbild.

Der Sprecher, ein Hauptmann der Armee, stellte die Frage unverblümt: „Wären Sie bereit, hinter den feindlichen Linien aus einem Flugzeug abzuspringen, wenn Sie im voraus wüßten, daß Sie im Fall Ihrer Gefangennahme mit dem Tod rechnen müssen?" Diese Frage wurde in gleicher oder ähnlicher Form Tausenden von amerikanischen Soldaten gestellt, die sich im Zweiten Weltkrieg zum Dienst bei dem von General William Donovan geleiteten OSS gemeldet hatten. Die Arbeit der Rekrutierungsstelle war ebenso schwierig, wenn auch nicht so gefährlich wie diejenige, für die sie Freiwillige suchte. Die Kombination von Kaltblütigkeit, guter körperlicher Verfassung und Sprachbegabung, die gesucht war, erwies sich als so selten, daß von 4000 Freiwilligen, die sich auf eine Aufforderung hin meldeten, nur 50 brauchbar waren.

Die Aussonderung zukünftiger Agenten begann mit Sicherheitsüberprüfungen, die darauf abzielten, die Fähigkeit des Kandidaten, unter Druck zu denken und zu handeln, zu messen. Ein Test verlangte, daß er eine schwere Last auf schwankenden Planken über einen tiefen Bach trug und dabei ständig durch eine Menge spottender und johlender Zuschauer belästigt wurde. Wer diese Vorprüfungen bestand, kam in eines der geheimen OSS-Ausbildungslager, in dem Dinge wie richtiges Tarnen oder lautloses Töten beigebracht wurden. Auf diejenigen, die für Spezialaufgaben wie Sabotage und Nachrichtenübermittlung vorgesehen waren, wartete eine noch weitergehende Ausbildung.

Die Mühen und Kosten der Ausleseverfahren und Ausbildung machten sich im Fronteinsatz bezahlt. Allein im Jahr 1944 lieferten OSS-Agenten mehr als 500 000 Einzelinformationen, von denen viele von unmittelbarem Nutzen für die Zielauswahl und die Planung von Truppenbewegungen waren. Agenten mobilisierten auch einheimische Partisanen zur Rettung abgeschossener Piloten, zu Anschlägen gegen feindliche Streitkräfte, ihre Kampfmoral und ihre Einrichtungen. „Es wurde ein Nervenkrieg", schrieb der OSS-Kommandeur, der eine Streitmacht von 10 000 Kachin, einem Bergvolk im Norden Burmas, organisierte und führte. „Die beständige Gefahr von Guerillaangriffen zwang die Japaner zu angespannter Wachsamkeit und machte sie langsam, vorsichtig und schließlich neurotisch. Mehrere japanische Gefangene vertraten die Meinung", fuhr er fort, „daß ein Kachin aufgrund seiner Ortskenntnisse und seiner Beweglichkeit zehn Japanern gleichkomme." Tatsächlich war das Zahlenverhältnis noch ungünstiger: Das OSS berechnete, daß die Kachin-Guerillas für jeden eigenen Verlust nicht zehn, sondern 25 Japaner töteten.

Ein OSS-Agent erteilt Kachin-Söldnern Befehle. Diese burmesischen Guerillas zeichneten sich einem OSS-Kommandeur zufolge durch ihre Unerschütterlichkeit aus.

OSS-Rekruten häuten während einer Übung auf der Catalina-Insel vor der kalifornischen Küste eine Ziege ab.

VIELSEITIGE AUSBILDUNG FÜR SABOTEURE

Die Grundausbildung von OSS-Agenten war eine ununterbrochene Folge von 21 Achtzehnstundentagen, bestehend aus Chiffrier- und Funkübungen, Gedächtnisprüfungen und simulierten Vernehmungen – alle darauf abgestellt, wie es im Kriegsbericht des OSS heißt, „den Lehrgangsteilnehmer psychologisch darauf vorzubereiten, daß das Leben eines Agenten ein ständiges Risiko darstellt, entdeckt zu werden." Während der Ausbildung hüteten die Rekruten eifersüchtig die ihnen verliehenen Decknamen. Jeder wurde beobachtet; selbst das Abschlußfest am Ende des Kurses diente der Beurteilung.

Spätere Lehrgänge stählten die Rekruten für Sonderaufgaben. Sie lernten, wie man sich im Feindgebiet selbst versorgt und wie man mit bloßen Händen kämpft und tötet. Bevor ihre Agentenausbildung als abgeschlossen galt, lernten sie Fallschirmspringen, Brückensprengen, Minenfallen legen, Unterschriften fälschen und Schlösser aufbrechen. Erst wenn sie all dies beherrschten, waren sie bereit für den Einsatz. „Hätten wir nach dem Krieg keine Arbeit gefunden", scherzte ein Agent, „so hätten wir wohl die besten Gangster abgegeben."

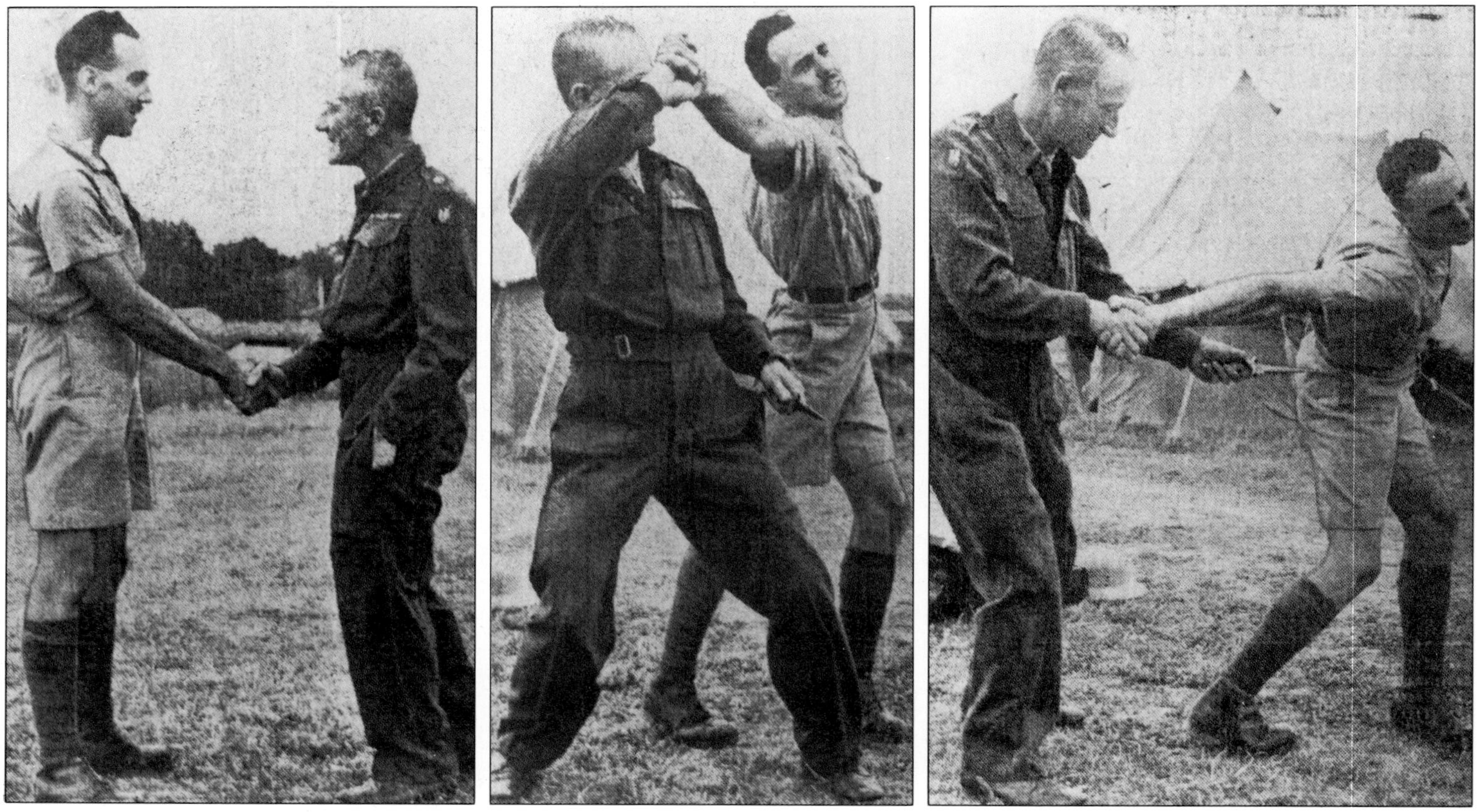

Der OSS-Ausbilder William „Dangerous Dan" Fairbairn führt vor, wie man – beinahe beiläufig – einen Mann mit einem skalpelldünnen Kommandodolch lautlos tötet.

An einem Klettergerüst trainieren alliierte Agenten für Sabotageakte gegen Brücken und Hochspannungsleitungen in Frankreich.

Der OSS-Agent John Niles (mit Helm) gibt französischen Partisanen letzte Instruktionen, ehe er sie durch die deutschen Linien schickt. 1944 arbeiteten in Frankreich mehr als 500 OSS-Agenten.

Burmesische Partisanen folgen einem OSS-Agenten im Dschungel einen Wasserlauf entlang. „Es war nicht viel anders als in der Pionierzeit des Westens", erinnerte sich ein Texaner, der in Burma gedient hatte. „Wir hatten die gleiche Abenteuerlust und den gleichen Kampfgeist."

HELFER DER PARTISANEN AN VIELEN FRONTEN

Gewöhnlich arbeiteten OSS-Agenten mit lokalen Widerstandsgruppen zusammen, um ihre Aufträge hinter den feindlichen Linien zu erfüllen. Diese Widerstandsgruppen stellten ihnen ihre Orts- und Sprachkenntnisse zur Verfügung und beschafften die notwendigen Lebensmittel, während die OSS-Agenten Waffen, Ausrüstungen und Geld verschafften.

Allein im Jahr 1944 schmuggelte das OSS etwa 20 000 Tonnen Waffen, Munition und Ausrüstungen in das besetzte Europa, größtenteils durch Abwürfe aus der Luft. In Griechenland lieferte das OSS den Partisanen neben Arzneimitteln ein mobiles Feldlazarett, das mit einer Karawane von 134 Maultieren von Dorf zu Dorf transportiert wurde. Auch die über Frankreich abgeworfenen Waffen trugen ihren Teil zur Bildung großer Widerstandsgruppen bei: Ihr gehörten schließlich 300 000 Partisanen an, deren Überfälle und Anschläge von OSS-Agenten mit dem Vorrücken der alliierten Truppenverbände koordiniert wurden.

Die Résistance leistete ihrerseits Hilfe, wo es nötig war. Französische Partisanen schmuggelten Agenten in Weinfässern ins belagerte Brest und unter leeren Hühnerkäfigen die Loire hinauf. Jugoslawische Partisanen halfen einer dreiköpfigen OSS-Gruppe beim Anlegen einer provisorischen Landebahn, die benötigt wurde, um mehr als 400 abgeschossene amerikanische Flieger zu evakuieren. Vor allem aber banden die Partisanen feindliche Kampftruppen.

Eine Gruppe von OSS-Agenten und Beobachtern stellt sich in den Uniformen chinesischer Guerillas vor.

Italienische Partisanen erhalten Einsatzbefehle von ihrem Kommandeur und dem OSS-Verbindungsoffizier.

Zwei vom OSS unterstützte Guerillakämpfer in Indochina greifen eine japanische Garnison in der Stadt Thai Nguyen an. Die OSS-Agenten kleideten und ernährten sich ebenso kärglich wie ihre Rekruten, während sie eine Guerillatruppe von 200 Freiwilligen im Gebrauch moderner Waffen ausbildeten.

In karger griechischer Gebirgslandschaft versammeln sich OSS-Agenten, Angehörige einer britischen Kommandoeinheit und griechische Partisanen um eine zusammengesetzte Flagge, die von ihren verschiedenen Nationalitäten kündet, aber auch von ihrem Korpsgeist. Die Initialen im oberen rechten Viertel der Flagge stehen für Royal Special Reserves (die Bezeichnung der Kommandoeinheiten) und United States Operational Group (eine OSS-Bezeichnung).

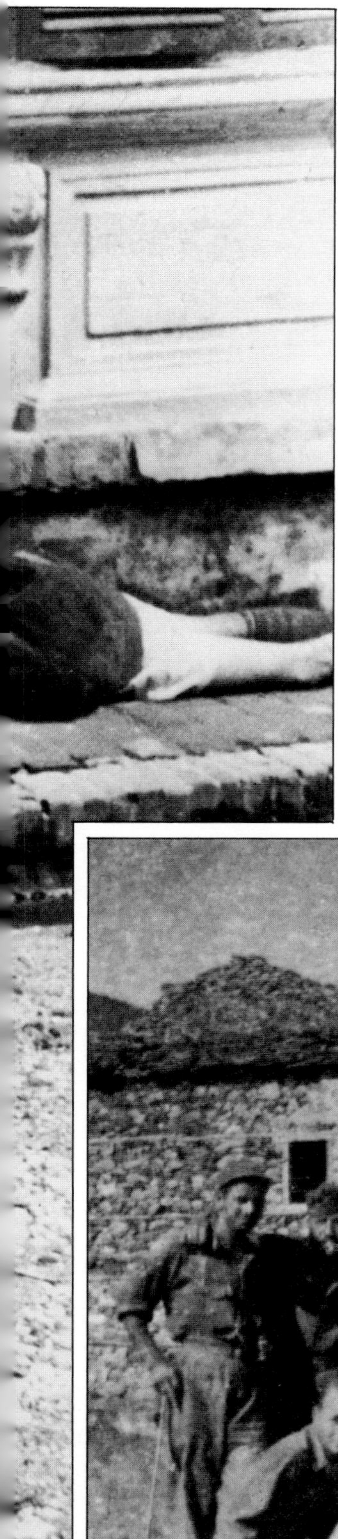

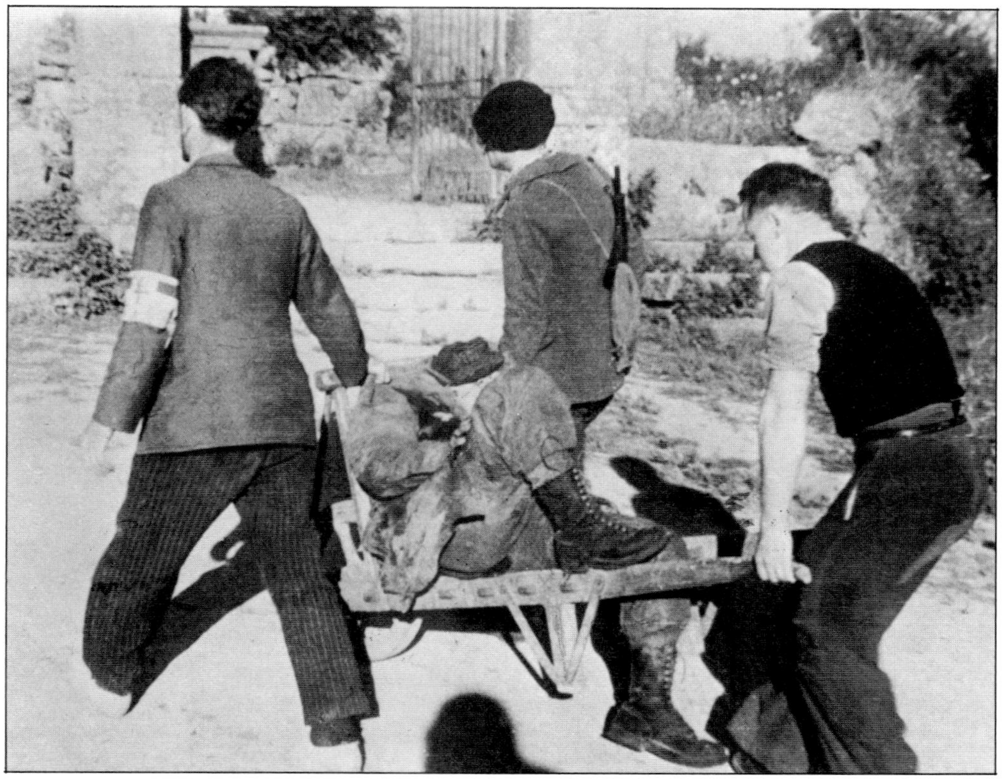

Französische Partisanen in der Bretagne schaffen einen alliierten Verwundeten mit Hilfe einer Schubkarre fort.

BOMBENANSCHLÄGE IN ALLER WELT

Der deutsche Truppentransport rollte durch das besetzte Belgien auf eine Brücke zu, die er niemals überqueren sollte: Die OSS-Agenten waren schneller gewesen. „Als der Zug die Brücke erreichte", schrieb einer der Saboteure später, „schoß ein gewaltiger Explosionsblitz auf. Es war das letzte, was der Lokomotivführer und sein Heizer in diesem Leben sehen sollten."

OSS-Saboteure waren bestrebt, mit einem Anschlag zwei Ziele zu treffen – eine Brücke und einen Zug, oder einen Hochspannungsmast an einem Flußufer, so daß die Leitungen den Schiffsverkehr blockierten. Die Wissenschaftler des OSS unterstützen sie dabei, indem sie mörderisches Kriegsgerät wie etwa den „Maulwurf" entwickelten, eine Mine, die an einem Zug angebracht wurde und detonierte, sobald dieser in einen Tunnel einfuhr.

Vor den mit Explosivstoffen ausgerüsteten OSS-Saboteuren und ihren Helfern war kein Ziel sicher. Im Zuge der Operation *Smashem* in Griechenland wurden 14 Anschläge gegen Züge verübt, 15 Brücken gesprengt und 61 Lastkraftwagen zerstört. In der ersten Woche nach der alliierten Landung in der Normandie verübte die Résistance rund 800 ähnliche Anschläge.

Eine vom OSS gesprengte Brücke nördlich von Mandalay. Insgesamt zerstörten die 566 OSS-Agenten und ihre 10 000 Mann starke Guerillaarmee in Burma 51 Brücken und 277 Militärfahrzeuge.

Der deutsche Truppentransporter „Donau" liegt halb gesunken im Oslofjord. Er wurde Opfer einer kombinierten Operation von OSS, Briten und Norwegern, mit der eine Verlegung von in Norwegen stationierten deutschen Truppen während der Ardennenoffensive verhindert werden sollte.

EIN ARSENAL FÜR AGENTEN

Diese Handwaffe konnte einen Pfeil 200 Meter weit schießen. Die vom Alter brüchig gewordenen Gummibänder gaben der Bogensehne aus Leinenschnur Schnellkraft.

NEUARTIGE WAFFEN FÜR VIELE ZWECKE

Agenten waren mehr als andere Kriegsteilnehmer auf Waffen und Ausrüstungen angewiesen, die leicht zu tragen, leicht zu verstecken und leicht zu gebrauchen waren. Alliierte Wissenschaftler und Erfinder bewiesen einen erstaunlichen Einfallsreichtum, um diesen Notwendigkeiten zu entsprechen; allein dem OSS wurden mehr als 26 000 verschiedene Artikel angeboten. Darunter gab es sehr phantasievolle Neuschöpfungen ebenso wie Abwandlungen und Verbesserungen alter Ideen.

Bei Agenten beliebt waren Faustfeuerwaffen, die leise und mündungsfeuerfrei waren. OSS-Wissenschaftler dämpften 90 Prozent des Schalls der .22-Standardpistole, indem sie dem Lauf einen Dämpfer aus Drahtgeflecht aufsetzten, der das Entweichen der beim Feuern freigesetzten Gase verlangsamte. Diese Neuerung erfreute den OSS-Direktor William Donovan so, daß er bei einem Besuch bei Präsident Roosevelt in dessen Büro im Weißen Haus eine ungeplante Demonstration ihrer Wirksamkeit gab: Während der nichtsahnende Präsident einen Brief diktierte, feuerte Donovan zehn Schüsse in einen Sandsack.

Die mit Neuentwicklungen befaßten OSS-Wissenschaftler verrichteten ihre Arbeit in der gleichen optimistischen Haltung, die ihren Chef auszeichnete – einer Begeisterung, die sich in den Namen spiegelte, die sie ihren Schöpfungen beilegten. Ein Präparat zum Entzünden von Öl wurde nach dem bekannten amerikanischen Patrioten aus dem 18. Jahrhundert „Paul Revere" genannt; es eignete sich gleichermaßen für Öltanks auf dem Land wie für ausgelaufenen Ölschlamm auf See. Ein anderes Hilfsmittel war ein Kanonenschlag, der das Krachen einer explodierenden Bombe imitierte, um Agenten das Entkommen in der Menschenmenge zu ermöglichen. Der „Buschmeister" war ein Rohr von ungefähr 20 Zentimeter Länge; er konnte an einem Zweig angebracht und eingestellt werden, um in einem bestimmten Augenblick eine Kugel abzufeuern, und so den Feind zu verleiten, durch Feuererwiderung seine Position zu verraten.

Manche verrückten Ideen erwiesen sich als Rohrkrepierer, wie etwa ein Projekt zur Verwendung von Fledermäusen als Brandstifter. Man versah sie mit walnußgroßen Brandsätzen und ließ sie fliegen. Das Vorhaben mußte abgebrochen werden, nachdem im Zuge der Erprobungen mehrere Gebäude niedergebrannt waren. Aber Hunderten von anderen Erfindungen, von denen einige hier und auf den folgenden Seiten gezeigt werden, verdankten die Agenten viele ihrer Erfolge und bisweilen sogar das Leben.

Ein OSS-Agent erprobt die „Wilhelm Tell", eine Armbrust, mit der man japanische Posten und Wachhunde im pazifischen Raum ausschalten wollte.

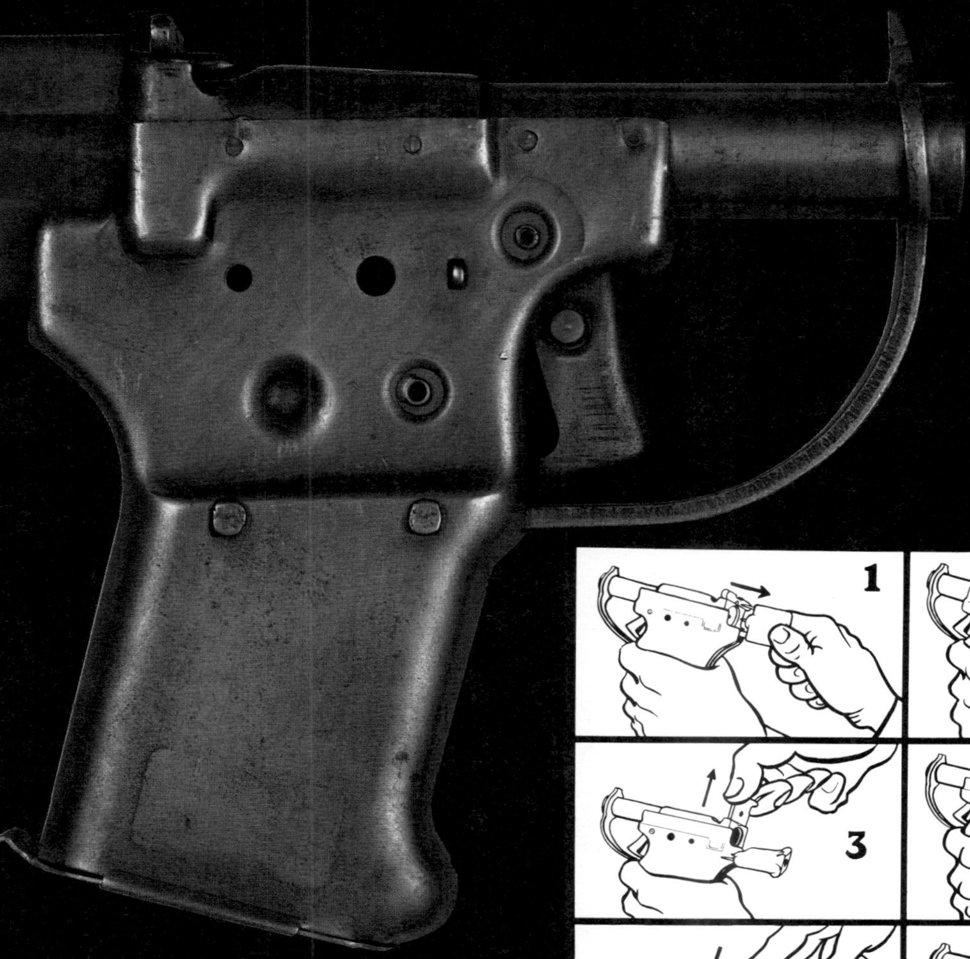

Die nebenstehende Bedienungsanleitung erklärt in einer für jeden verständlichen Bildersprache das Laden, Abfeuern und Reinigen der „Woolworth"-Pistole (oben). Diese Waffe war für Partisanen in den von den Achsenmächten besetzten Teilen Europas bestimmt und kostete in der Herstellung ungefähr 1,50 Dollar pro Stück. Zehntausende davon wurden über Partisanengebieten abgeworfen. Die „Woolworth"-Pistole wurde von Agenten als eine ausgezeichnete Waffe geschätzt.

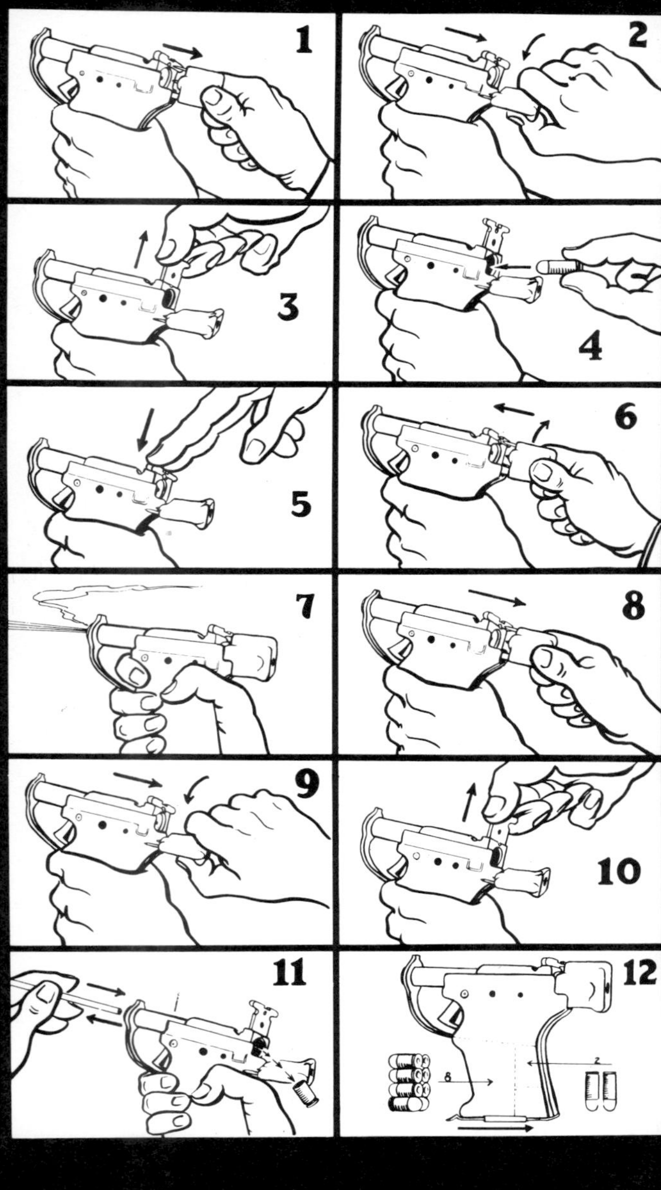

WERKZEUGE EINES LAUTLOSEN TODES

Das Messer – eines der ältesten bekannten Werkzeuge – blieb eine der vielseitigsten Waffen im Arsenal der Geheimagenten. Leicht und unauffällig zu tragen, wurden sie in den verschiedensten Formen und Größen verwendet, von 7 bis zu 45 Zentimetern Länge. Sie konnten alles durchschneiden – vom menschlichen Fleisch bis zu zähen Kabelsträngen. Überdies hatten Messer den Vorzug, ihre Arbeit mit der Lautlosigkeit zu tun, die für viele Operationen des Geheimagenten unverzichtbar war.

Bisweilen aber war Lautlosigkeit nicht das Hauptanliegen der Agenten. Es konnte notwendig werden, sich mit letztem Einsatz aus einer gefährlichen Situation zu retten oder sich einen unerwarteten Eindringling vom Leibe zu halten. Für diese und andere Zwecke standen viele andere Waffen zur Verfügung *(S. 132–133)*.

Das Haumesser vereinigte einen Metallknauf, der als Schlagwerkzeug geeignet war, mit einer macheteähnlichen Klinge aus gehärtetem Stahl.

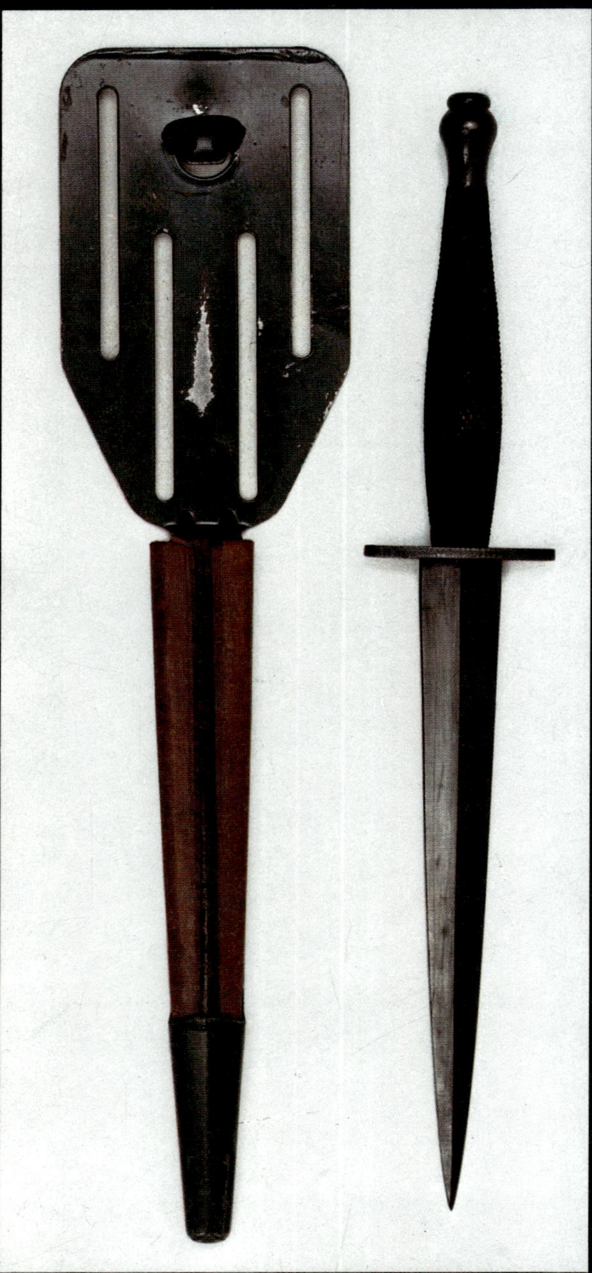

Der zweischneidige Dolch war zum Stoßen wie zum Aufschlitzen geeignet. Der obere Teil besaß Schlitze zum Durchziehen eines Gürtels.

Das Flachmesser (oben rechts) hatte einen gefurchten Fingergriff und wurde mit einer Lederscheide in die Kleidung genäht. Das britische Klappmesser (rechts darunter) ließ die Klinge bei einem kurzen Ruck aus dem Handgelenk durch die eigene Schwerkraft herausspringen. Das Taschenmesser unten links besaß am Ende eine kurze Klinge, und das britische Fluchtmesser rechts daneben vereinigte in sich einen Schloßbrecher, eine Klinge, drei Metallsägen und eine Drahtschere.

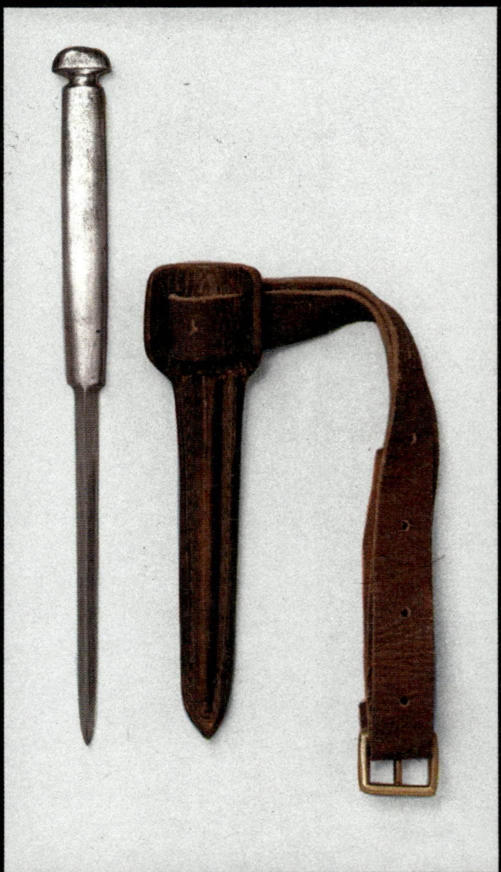

Dieser lange Dorn war tödlich, wenn er zielsicher in ein Auge oder ein Ohr gestoßen wurde. Er konnte unter der Kleidung an den Arm geschnallt werden.

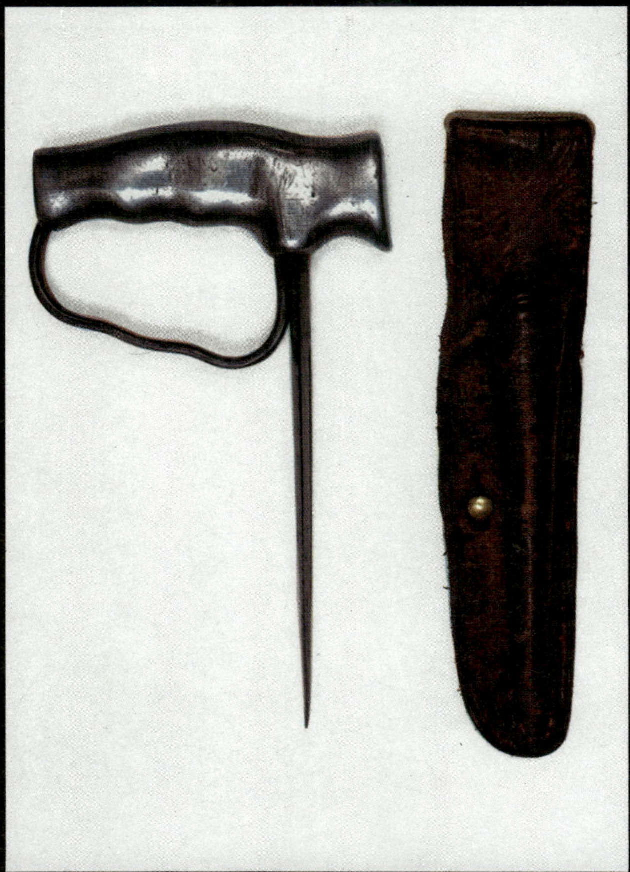

Eine britische Stichwaffe für weibliche Agenten vereinigte eine spitze, schmale Klinge mit einem starken Griff, der die Stoßwirkung verstärkte.

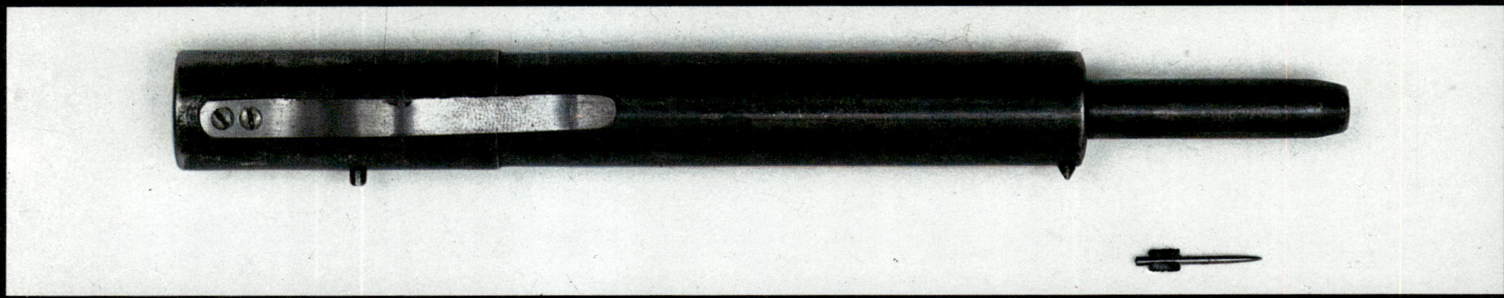

Wenn die Klemme niedergedrückt und losgelassen wurde, feuerte dieser angebliche Füllfederhalter einen kleinen stählernen Pfeil ab. Die Reichweite war 15 Meter.

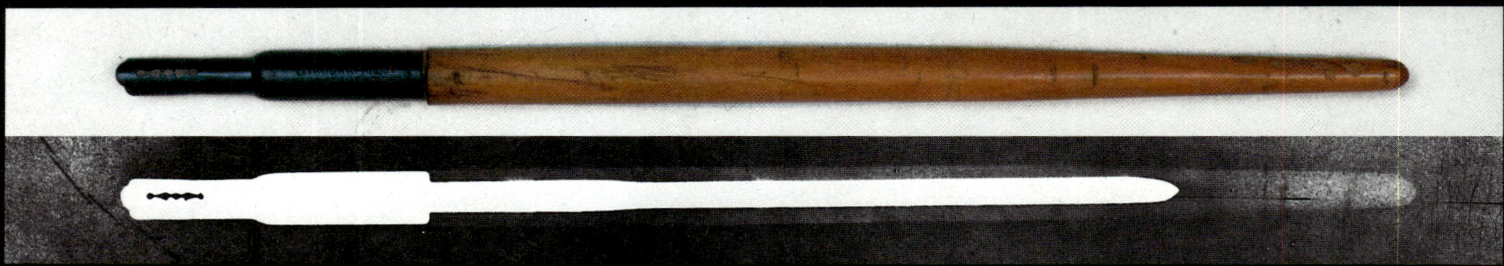

Der altmodische hölzerne Federhalter (oben) verbirgt in seinem Inneren einen gefährlichen stählernen Dolch, wie die Röntgenaufnahme von ihm (unten) deutlich zeigt.

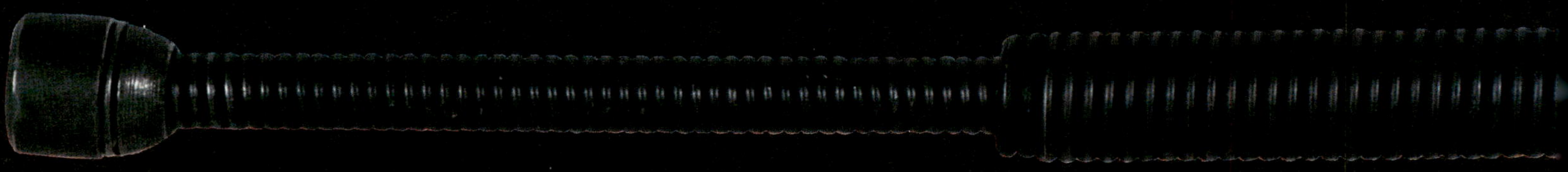

Ein „Faustrohr" der amerikanischen Marine vom Kaliber .38, das an einen schweren Lederhandschuh genietet war, feuerte einen einzigen Schuß ab, wenn der Träger die Faust ballte und seinem Gegner einen kräftigen Boxhieb versetzte.

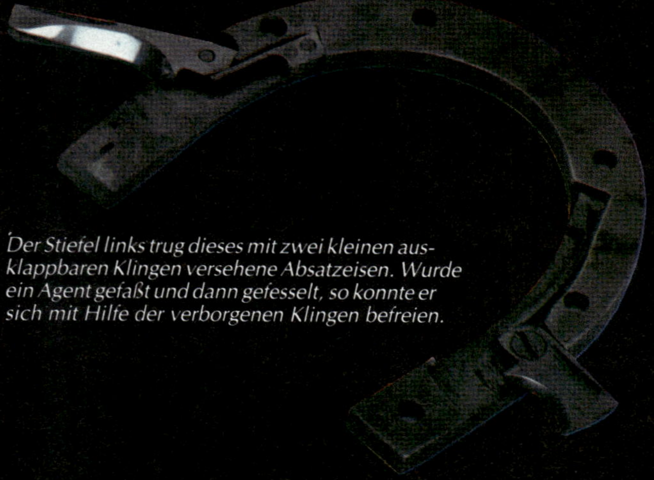

Der Stiefel links trug dieses mit zwei kleinen ausklappbaren Klingen versehene Absatzeisen. Wurde ein Agent gefaßt und dann gefesselt, so konnte er sich mit Hilfe der verborgenen Klingen befreien.

Der OSS-Totschläger hatte einen Bleiknauf am Ende eines dreiteiligen teleskopischen Stahlknüppels. Zusammengeschoben konnte er im Ärmel getragen werden. Schwang der Arm beim Zuschlagen vorwärts, glitten die anderen Teile heraus und brachten den Totschläger auf eine Länge von 40 Zentimetern.

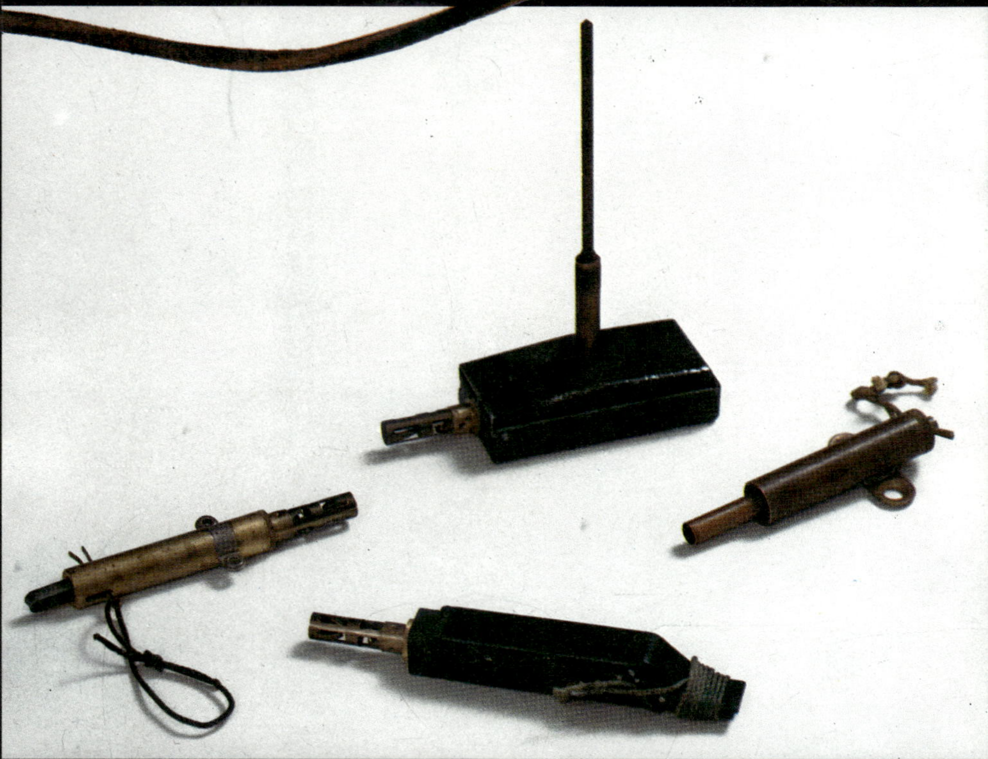

Diese vier kleinen Sprengkörper hatten eine tödliche Wirkung. Die Zünder (rechts und links) konnten zum Beispiel an einem Stolperdraht oder in einer Schublade befestigt werden. Der Zünder mit Antenne (oben Mitte) konnte unter einem Bett oder einer Eisenbahnschiene verborgen werden und detonierte beim Niederdrücken der einstellbaren Antenne. Der Entlastungszünder (unten Mitte) wurde als Keil unter eine Tür oder ein Rad geklemmt; wurden diese bewegt, schnappte der Zünder auf und brachte den Sprengstoff zur Explosion.

VERSTECKTE GERÄTE FÜR GEHEIME ZWECKE

Nach der Sicherung des eigenen Überlebens war die vielleicht größte Herausforderung, der ein Agent sich gegenübersah, das rasche Sammeln und die geheime Weitergabe von Informationen. Für diese Aufgaben entwickelten die Wissenschaftler Miniaturgeräte wie die Kamera in der Zündschachtel, die in der hohlen Hand verborgen werden konnte.

Vorrichtungen der verschiedensten Art halfen den Agenten, sowohl mit der Leitstelle wie auch untereinander Verbindung zu halten. Ein Gerät ermöglichte ihnen die Benutzung des Telephonnetzes im Feindesland, um Geheimbotschaften im Morsecode weiterzugeben; das telegraphische Signal arbeitete in der gleichen Frequenz wie die menschliche Stimme, so daß es vom Feind nicht entdeckt werden konnte, solange zwei Agenten miteinander redeten.

Ultraviolettlampen lenkten Flugzeuge und Boote zu nächtlichen Treffs mit Agenten, und bei Nacht mit dem Fallschirm abgeworfene Versorgungsgüter waren mit einem Signalgeber versehen, der ein hohes Pfeifen von sich gab und den Agenten die Auffindung erleichterte.

Ein getarntes Funkpeilgerät befähigte Agenten, die Positionen feindlicher und eigener Sender zu bestimmen. War die Antenne zusammengeschoben, schien ihr Kopf einer Niete neben dem Verschluß eines normalen Lederkoffers zu gehören.

Der Hausschlüssel (oben) enthielt Mikrofilme mit Botschaften, die aus dem besetzten Dänemark über Schweden nach Großbritannien gelangten – unentdeckt von der deutschen Grenzpolizei. Die Mikrofilme (auf dem Objektträger eines Mikroskops) waren in einem Loch im Schlüsselgriff verborgen.

Die OSS-16-mm-Kamera von der Größe einer Zündholzschachtel (oben mit herausgenommener Filmspule) gab es neutral oder getarnt mit japanischen oder schwedischen Zündholzetiketten. Hinter dem Loch verbirgt sich das Objektiv der Kamera; der Knopf an der Seite ist der Auslöser.

Der stoffbezogene Koffer (links) enthielt ein OSS-Funkgerät (unten). Zur Ausrüstung gehörten ein Kopfhörer, eine Morsetaste und eine Antennenspule. War er geschlossen, so konnte der Agent den Koffer ohne weiteres bei sich tragen.

4

DER KRIEG DER WISSENSCHAFTLER

Beunruhigende Neuigkeiten
Funkleitverfahren für deutsche Kampfflugzeuge
Wettlauf auf dem Gebiet der Elektronik
Ein Hinweis durch eine nordische Göttin
Metallfolien am Himmel über Hamburg
Hitler entschuldigt sich
Ein Schlag aus der Luft gegen Peenemünde
Die tödliche Gefahr der V-Waffen

Am Morgen des 4. November 1939, als der Krieg kaum zwei Monate im Gange war, fand der Marineattaché der britischen Botschaft in Oslo einen unerwarteten Umschlag in seiner Post. In einem einfachen Umschlag befanden sich mehrere in deutscher Sprache handgeschriebene Seiten, die Beschreibungen von Waffen zu sein schienen. Eine Erläuterung war nicht beigefügt, sondern nur eine einfache Notiz: „Von einem wohlmeinenden deutschen Wissenschaftler." Der Attaché leitete das Dokument durch diplomatischen Kurier eilig nach London weiter, wo es von den Sachverständigen verschiedener Ministerien geprüft wurde.

Der Oslo-Report, als der das Dokument bekannt werden sollte, enthielt einige erschreckende Offenbarungen. Untermauert von einer Masse technischer Daten, beschrieb er geheime deutsche Waffen, die allem, was die Briten entwickelt hatten, weit voraus waren. Dazu gehörten Enthüllungen über die Existenz elektronischer Systeme, die Bombenflugzeuge zu ihren Zielen leiten konnten, und Langstreckenraketen, die auf einer Ostseeinsel experimentell erprobt wurden. Solche Waffen der Zukunft ließen – sollten sie wirklich existieren – eine neue und beängstigende Dimension der Kriegführung ahnen.

Aber in jenen frühen Tagen des Krieges blieb die britische Führung skeptisch. Es gab nicht den Schimmer eines Beweises, der den Inhalt des Oslo-Reports hätte bestätigen können. Und die meisten, die den Report lasen, weigerten sich zu glauben, daß ein einzelner deutscher Wissenschaftler, „wohlmeinend" oder nicht, Zugang zu so vielen wichtigen Geheimnissen haben konnte. Sie folgerten daraus, daß das Dokument wahrscheinlich ein Schwindel war und eine von der deutschen Spionage erfundene Einschüchterungstaktik darstellte.

Sie hätten keinem größeren Irrtum erliegen können. Die zukünftigen Entwicklungen erwiesen die Genauigkeit des Oslo-Reports bis ins letzte Detail. Sein Autor, der anonym blieb, hatte die erste Warnung gegeben, daß ein Krieg der geheimen Technologien begonnen hatte. Dieser außerordentlich bedeutsame Kampf wurde nicht von Soldaten geführt, sondern von Physikern und Chemikern, von Technikern und Ingenieuren.

Die Alliierten wie die Achsenmächte hatten sich seit langem auf eine solche Konfrontation vorbereitet. Als die Wolken des Krieges den Himmel über Europa immer mehr verdüsterten, stellte die Elite der Wissenschaftler an den Universitäten und in der Industrie der verfeindeten Staaten ihre Arbeit an friedlichen Projekten zurück und übernahm Regierungsaufträge. In unzugänglichen Laboratorien und geheimen Versuchswerkstätten, die gegen neugierige Blicke sorgfältig abgeschirmt waren, beschäftigten sie sich fortan mit der Entwicklung neuer Waffen, die ihrem Vaterland einen Vorteil gegenüber dem Feind verschaffen sollten.

In Großbritannien konzentrierten sich diese Anstrengungen anfänglich auf die Entwicklung des Radar, der noch neuen Funkmeßtechnik zur Erfassung von Zielen sowie zu deren Richtungs- und Entfernungsbestimmung auf der Grundlage passiver Rückstrahlung. Beginnend in der Mitte der dreißiger Jahre, hatten die Briten eine Reihe von Radarstationen entlang den Küsten Englands und Schottlands errichtet, die ein erstes Frühwarnsystem gegen Luftangriffe darstellten. Schon vor Ausbruch des Krieges arbeitete eine Forschungsgruppe unter der Leitung des schottischen Physikers Robert Watson-Watt fieberhaft an der Verbesserung der Genauigkeit und der Reichweite der Radargeräte, und bis 1940 war die Radarkette zum Schutz der Insel so weit vervollkommnet, daß sie Flugzeuge, die 250 Kilometer entfernt waren, ausmachen konnte.

Deutschland seinerseits hatte die Entwicklung des Radars als Defensivwaffe weitgehend vernachlässigt. Die offensiven Strategien der obersten Führung bestimmten zu der Zeit das militärische Denken und beeinflußten die Vergabe von Forschungsaufträgen. Infolgedessen hatten die deutschen Wissenschaftler sich auf die Erfindung und Entwicklung von Geräten zur offensiven Kriegführung konzentriert. Dazu gehörten fortgeschrittene Funkleitverfahren zur Zielerfassung, die die Bomberpiloten der Luftwaffe an ihre entfernten Ziele heranführten.

Das bewährteste Funkleitverfahren wurde Knickebein genannt. Zwei weit voneinander entfernte Radiosender in Deutschland sendeten scharf gebündelte Richtfunkwellen aus, die sich über einem Ziel in England schnitten. Ein Bomberpilot brauchte nur auf einem solchen Richtfunkstrahl zu fliegen, der in seinen Kopfhörern als ein Dauerton zu hören war. Kam die Maschine nach links oder rechts ab, so veränderte sich das Signal zu kurzen oder längeren unterbrochenen Tönen, je nach der Richtung des Abweichens. Diese Veränderung warnte den Piloten, daß er den Kurs korrigieren und wieder auf den Funkleitstrahl bringen mußte. Ein Absinken der Höhe des Dauertons machte den Piloten darauf aufmerksam, daß er den zweiten Funkleitstrahl durchquerte; nun wußte er, daß er über dem Ziel war, und öffnete die Bombenschächte.

Das Knickebein-Verfahren war der britischen Bombernavigation, die nach wie vor von der traditionellen seemännischen Positionsbestimmung mit Kompaß, Karte und Sextant abhing, weit voraus. Die Royal Air Force hatte die Möglichkeit der Verwendung eines Funkleitverfahrens im Kriegseinsatz nicht einmal in Erwägung gezogen. Und als die Luftwaffe das System Anfang 1940 bei Einzelunternehmungen zur Prüfung britischer Luftverteidigungseinrichtungen zu verwenden begann, wußten die in den Nachrichtendiensten arbeitenden britischen Wissenschaftler nichts von seiner Existenz. Die Bemühungen um die Kenntnis des deutschen Funkleitverfahrens und anschließend zu seiner Neutralisierung leiteten die erste Phase des Krieges der geheimen Technologien ein.

Der erste konkrete Hinweis auf das deutsche Verfahren kam im Frühjahr 1940, als eine Durchsuchung der Wracks zweier abgeschossener deutscher Bomber Papierfetzen zu Tage brachte, die das Wort Knickebein im Zusammenhang mit Funknavigation erwähnten. Im März deutete ein deutscher Gefangener im Verhör an, daß Knickebein ein Verfahren zum Bombenabwurf war.

Solche Hinweise waren wertlos, aber sie genügten, um einen britischen Wissenschaftler zu überzeugen, daß die Deutschen ein ebenso unheilvolles wie hochentwickeltes Instrument zur Luftkriegführung besaßen. Reginald V. Jones, ein junger Physiker und Astronom, der als Wissenschaftler im Dienst des Luftfahrtministeriums stand und MI 6 als Berater diente, gehörte zu den wenigen, die den Oslo-Report für authentisch gehalten hatten. Jones erinnerte sich, daß darin von einer Navigationshilfe für Kampfflugzeuge die Rede gewesen war, aber er brauchte mehr Anhaltspunkte. Einstweilen konnte er nur warten.

Die Deutschen selbst kamen ihm unwissentlich zu Hilfe. Am 8. Juni 1940 fingen britische Kryptographen in Bletchley Park einen Luftwaffenfunkspruch auf, der nach seiner Entschlüsselung lautete: „Knickebein Kleve ist eingestellt auf Position 53°, 24′ Nord und 1° West.“ Die Botschaft blieb für alle rätselhaft, nur nicht für Jones. Ihre Bedeutung war ihm völlig klar: In Kleve gab es einen Knickebein-Sender, der einen Funkleitstrahl in die Richtung der angegebenen geographischen Position sendete – eine Richtung, die auf das nordenglische Industriegebiet zielte. Wenige Tage nach dem Empfang dieses Funkspruches fiel Jones ein weiterer Hinweis zu und vervollständigte das Bild der geheimnisvollen Radiowellen. Aus einem abgeschossenen deutschen Kampfflugzeug wurde ein hochempfindlicher Empfänger geborgen, der als ein Teil der gewöhnlichen Funkausrüstung getarnt war. Und am 14. desselben Monats bestätigte ein anderer deutscher Kriegsgefangener, daß Knickebein in der Tat ein Hilfsmittel zum Bombenabwurf war.

Jones war nun überzeugt, daß seine Theorie stimmte, doch als er sie anderen Wissenschaftlern vortrug, die als Militärberater arbeiteten, stieß er zu seiner Überraschung auf Widerspruch. Professor Frederick A. Lindemann, Winston Churchills persönlicher Wissenschaftsberater, behauptete, daß solche Funkrichtstrahlen nicht existieren könnten. Wegen der physikalischen Eigenschaften von Radiowellen, so argumentierte er, müsse ein so eng gebündelter Richtstrahl wie derjenige, den Jones erwähnt habe, zwangsläufig aus Ultrakurzwellen bestehen. Und Ultrakurzwellen könnten England von Deutschland aus nicht erreichen, weil sie sich geradlinig ausbreiteten und der Erdkrümmung nicht folgten. Soweit war diese Theorie richtig, aber die britischen Wissenschaftler zogen nicht in Betracht, daß der *Knickebein*-Richtfunk der Erdkrümmung nicht zu folgen brauchte, wenn er von hohen Masten ausgestrahlt und von in großen Höhen operierenden Kampfflugzeugen empfangen wurde.

Trotz der Opposition, auf die seine Theorie stieß, wurde Jones am 21. Juni zu Churchill und dem Stab des Luftfahrtministeriums zum Vortrag befohlen, um seine Behauptungen über die Existenz einer neuen Gefahr zu erläutern. Er sprach 20 Minuten und breitete methodisch alle Hinweise aus, die auf den Gebrauch der Richtfunkstrahlen hindeuteten. Churchill glaubte ihm und war besorgt. Jones' Vermutungen eröffneten in der Tat düstere Perspektiven. Das Funkleitverfahren befähigte die Luftwaffe, bei Nacht und bei schlechtem Wetter anzugreifen, denn die deutschen Kampfflugzeugpiloten konnten im Blindflug operieren und brauchten ihre Ziele nicht auszumachen. Dazu kam, daß die britischen Verteidigungsmöglichkeiten gegen Nachtangriffe ganz und gar unzulänglich waren. Obwohl die Kette der Radarstationen feindliche Anflüge frühzeitig registrierte, mußten die britischen Jagdflieger sich noch immer allein auf ihre Augen verlassen, wenn sie den angreifenden Feind ausmachen wollten.

Noch bedrohlicher schien dies alles durch den Umstand, daß der Krieg in eine neue Phase eintrat, die den Briten zu größter Besorgnis Anlaß gab. In den vorausgegangenen Monaten war die Luftwaffe vollauf beschäftigt gewesen, die Wehrmacht in Norwegen und im Frankreichfeldzug zu unterstützen. Einsätze gegen England, das ein sekundäres Ziel war, hatten nur sporadisch stattgefunden. Aber nun war Westeuropa in deutscher Hand. Am 22. Juni, einen Tag nachdem Jones beim Premierminister Vortrag gehalten hatte, unterzeichnete Frankreich die Kapitulationsurkunde. Die Luftwaffe hatte nun alle Kräfte frei, um sich gegen England zu wenden, und der Besitz des Funkleitverfahrens gab ihr einen gewaltigen und für England vielleicht verhängnisvollen Vorteil.

Nachdem er Jones gehört hatte, gab Churchill unverzüglich Anweisung, die gefährliche Bedrohung auszuschalten. Doch bevor dies getan werden konnte, mußten die Richtstrahlen lokalisiert werden. Mit nachgebauten Spezialempfängern ausgerüstete Flugzeuge suchten den Himmel nach ihnen ab. Als zwei solche Missionen ergebnislos blieben, begann Jones an sich selbst zu zweifeln. „Hatte ich mich schließlich nur lächerlich gemacht?" schrieb er später. „War ich voreilig zu falschen Schlußfolgerungen gelangt? War ich auf einen Riesenschabernack der Deutschen hereingefallen?" Die dritte Suchaktion zerstreute seine Befürchtungen. Die Suchmaschine durchflog den Funkleitstrahl, der sich an Bord als ein Dauerton im Empfänger darstellte. Später durchflog der Pilot einen zweiten Richtstrahl, der den ersten an einem Punkt über der Stadt Derby schnitt.

Jones hatte recht behalten. Für ihn war es ein Augenblick grimmiger Genugtuung. Unter größtem Zeitdruck machte er sich mit Fachleuten der Forschungsanstalt für Fernmeldetechnik des Luftfahrtministeriums an die Arbeit, um Gegenmaßnahmen zu entwickeln. Die deutschen Richtfunkstrahlen erhielten die Codebezeichnung Kopfschmerzen. Ein Gegenmittel wurde gerade noch rechtzeitig gefunden, nämlich Ende August 1940, als die deutsche Luftwaffe ihre heftigen Tagangriffe durch massive Nachtangriffe zu ergänzen begann. Als erste Gegenmaßnahme wurden Diathermiegeräte aus Krankenhäusern verwendet. Sie wurden auf die Frequenzen der Funkrichtstrahlen eingestellt und in Fahrzeugen und ländlichen Polizeistationen über das ganze Land verteilt. Dort sendeten sie eine Kakophonie von Geräuschen, die den Dauerton in den Kopfhörern der Luftwaffenpiloten übertönten. Hochfrequenzsender, deren Signaltöne die Funkrichtstrahlen überlagerten, erwiesen sich als eine noch wirksamere Maßnahme gegen Kopfschmerzen (und erhielten demgemäß die Codebezeichnung Aspirin). Vernahm ein deutscher Kampfflugzeugpilot das neue Geräusch, so mußte er irrtümlich annehmen, daß er vom Kurs abgekommen war. Bei dem Versuch, die Abweichung auszugleichen, würde er seine Maschine aus dem Funkleitstrahl steuern – nur um ihn in einer Vielzahl von Fällen nicht wiederzufinden.

Der Erfolg von Aspirin wurde bald von der Zahl der Bomben bestätigt, die relativ harmlos auf freies Feld fielen – Notabwürfe von Kampfflugzeugen, die ihre Zielorientierung verloren hatten.

Der britische Physiker R. V. Jones experimentiert mit elektromagnetischer Strahlung als einem Mittel zur Entfernungsmessung. Jones war begeistert von seiner Rolle als Chef des geheimen wissenschaftlichen Dienstes bei der britischen Luftabwehr. Als man ihm 1939 die Stellung anbot, scherzte er: „Ein Mann in dieser Position könnte den Krieg verlieren – ich werde sie annehmen."

In diese Lage kamen jetzt nicht wenige Besatzungen von deutschen Kampfflugzeugen. Die Luftwaffe hatte aufgrund ihres überlegenen Knickebein-Verfahrens vernachlässigt, Piloten und Navigatoren in der schwierigen Technik der Nachtorientierung durch Sternbeobachtung, Karte und Kompaß auszubilden. Nicht wenige Piloten hatten nach dem Verlust ihres Funkleitstrahls Schwierigkeiten, den Rückweg zu ihren Fliegerhorsten zu finden. In einem Fall geriet eine durch Aspirin vom Kurs abgekommene Besatzung in völlige Verwirrung. Die Besatzungsmitglieder waren schließlich überzeugt, daß die gesamte Bordelektronik defekt geworden sei, weil die Funkleitsignale von Störgeräuschen überlagert wurden und nicht mehr empfangen werden konnten. In stockdunkler Nacht verlor der Pilot jede Orientierung und geriet auf dem Rückflug in Sturmböen, daß er die Maschine nicht mehr auf ebenem Kurs halten konnte. Nach dem Notabwurf der Bomben sprangen sein Bombenschütze und der Funker mit dem Fallschirm ab; er und der Bugschütze blieben an Bord der gebeutelten Maschine, bis sie irgendwo in die dunkle Nordsee stürzte.

Sobald sie erkannt hatten, daß die Briten ihr Knickebein-Funkleitverfahren durch Sendungen auf derselben Frequenz neutralisierten, gingen die Deutschen zu einem alternativen Verfahren über, das X-Apparat genannt wurde. Wie Knickebein arbeitete das neue Verfahren mit einem gerichteten Funkleitstrahl, der die Kampfflugzeuge zum vorgesehenen Ziel über England führte. Aber der X-Apparat fügte quer zum Funkleitstrahl gerichtete Strahlen hinzu, die in Verbindung mit einem Radioempfänger arbeiteten, an den ein uhrenähnliches Auslösegerät gekoppelt war und für den automatischen Abwurf der Bomben sorgte. Jeder der kreuzenden Signalstrahlen wurde in einer anderen Frequenz gesendet, und wenn nur einer oder zwei von ihnen gestört wurden, funktionierte das System trotzdem. Die Signalstrahlen lagen in einem so hohen Bereich, daß die Briten zunächst keine Möglichkeit zur Störung hatten, da sie diesen Frequenzen bisher nicht begegnet waren. Die Fachleute der Forschungsanstalt für Fernmeldetechnik mußten erst neue und stärkere Sender entwickeln, um dieses System nachhaltig und effektiv stören zu können.

Den ganzen Herbst 1940, während die für beide Seiten verlustreiche Luftschlacht um England tobte, flogen deutsche Kampfgeschwader mit Hilfe des X-Apparats vergleichsweise ungeschoren Nachtangriffe gegen England. In der Nacht vom 14. auf den 15. November griffen starke Kampfverbände der Luftwaffe die mittelenglische Industriestadt Coventry an, wo sie große Brände und Zerstörungen anrichteten. Bei dem Angriff wurden 400 Menschen getötet, über 800 verletzt und mehr als 50000 Wohnungen wie auch Fabriken vernichtet. Erst im Dezember gelang es Jones und seinen Mitarbeitern, den X-Apparat mit neuen Sendern (denen sie die Codebezeichnung Schlafmittel gaben) wirksam zu stören. Ende des Jahres hatte die Zuverlässigkeit des X-Apparates so dramatisch abgenommen, daß Bombenlasten wieder über offenem Land abgeworfen wurden und die Flugzeugbesatzungen der Luftwaffe das Vertrauen in ihr System verloren.

Die Luftwaffe aber hatte noch eine elektronische Trumpfkarte und spielte sie jetzt aus. Diese Trumpfkarte war der Y-Apparat, ein Verfahren, das die Kampfflugzeuge mittels eines einzigen Funkleitstrahls zum Ziel führte. Es gab keine in Querrichtung gesendeten Orientierungsstrahlen. Statt dessen strahlte dieselbe Bodenleitstation, die den Funkleitstrahl sendete, ein weiteres Signal aus, das von einem Bordgerät im Flugzeug empfangen und zur Bodenstation zurückgesendet wurde. Dadurch konnte man dort die jeweilige Entfernung der Maschine fortlaufend bestimmen und den Piloten zu dem genauen Zeitpunkt, da er sich über seinem Ziel befand, über Funk verständigen, worauf er seine Bombenlast abwarf.

Diesmal waren Jones und seine Experten besser vorbereitet. Gewarnt durch den Oslo-Report, der ein identisches System erwähnt hatte und nun ernst genommen wurde, hatten sie eine Störvorrichtung sowohl für den Funkleitstrahl als auch für das Entfernungsmeßsignal entwickelt. So konnte der Y-Apparat zur Verblüffung der Luftwaffe von Anfang an nachhaltig gestört werden.

„Der Erfolg unserer Anstrengungen", schrieb Churchill, „wurde aus den abgehörten scharfen und ironischen Bemerkungen deutlich, die zwischen den Besatzungen und ihren leitenden Bodenstationen ausgetauscht wurden. Das Vertrauen der Besatzungen in ihr neues Gerät wurde so schon zu Beginn schwer erschüttert." Während der ersten Märzhälfte 1941 flogen deutsche, mit dem Y-Apparat ausgerüstete Kampfgeschwader 89 Nachteinsätze über England. Nur 14 Einsätze endeten mit der planmäßigen Bombardierung des Ziels; in allen anderen Fällen leisteten die britischen Störsender so gründliche Arbeit, daß Piloten und Bodenleitstationen die Übersicht verloren und die Maschinen zu den Einsatzhorsten zurückkehrten, ohne ihre Bomben abgeladen zu haben.

Ab Ende März ließen Zahl und Intensität der Nachtangriffe gegen England deutlich nach. Die Royal Air Force hatte erste Einheiten für die Nachtjagd gebildet und erzielte in mondhellen Nächten beachtliche Erfolge. Auch die britische Bodenabwehr war erheblich stärker und wirksamer geworden. Das Nachspiel der Luftschlacht um England, die schon im Herbst 1940 entschieden worden war, näherte sich seinem Ende.

Im Mai 1941 hörten die Nachtangriffe zur Verwunderung der Briten beinahe ganz auf, hauptsächlich aufgrund einer Entscheidung Adolf Hitlers. Ein großer Teil der in Frankreich und Belgien stationierten Luftwaffenverbände wurde nach Osten abgezogen, wo sie im Balkanfeldzug eingesetzt und für das Unternehmen *Barbarossa*, den Angriff auf die Sowjetunion, bereitgestellt wurden.

Nie wieder sollte die deutsche Luftwaffe zu einer ernsten Bedrohung Englands werden.

Die erfolgreiche Störung der deutschen Funkleitsysteme hatte wesentlich dazu beigetragen, daß die Nachtangriffe auf England keine unerträglichen Ausmaße annahmen. Zwar war es der Luftwaffe bis zuletzt möglich, Flächenziele zu bombardieren, ohne zuverlässiges Funkleitverfahren aber blieb ihr die Zielgenauigkeit verwehrt, die sie benötigte, um ihren Auftrag zu erfüllen: Präzisionsangriffe auf Flugzeugfabriken, Flugplätze, Motorenwerke und andere kriegswichtige Produktionsstätten, deren Vernichtung möglicherweise Großbritanniens Niederlage eingeleitet hätte.

Nach der erfolgreichen Abwehr des deutschen Versuchs, die Luftherrschaft über England zu gewinnen und damit die wichtigste Voraussetzung für ein Landungsunternehmen zu schaffen, ging Großbritannien allmählich zur Offensive über. Vereinzelte Versuche der Royal Air Force in der Anfangsphase des Krieges, Tagesangriffe gegen Ziele in Deutschland zu fliegen, hatten die Briten die gleiche Lektion gelehrt, die die Deutschen über England hatten lernen müssen: Tagangriffe gegen eine entschlossene und gut organisierte Luftverteidigung waren kostspielig.

Im Mai 1940 ging die Royal Air Force zu Nachtangriffen über. Obgleich diese Methode die Sicherheit der Bomberbesatzungen verbesserte und die Verlustrate senkte, hatte sie den Nachteil mangelnder Genauigkeit. Da die RAF kein Funkleitverfahren kannte, waren ihre Flugzeugbesatzungen auf mondhelle Nächte angewiesen, die dem Navigator das Auffinden von markanten Punkten zur Orientierung ermöglichten. Selbst unter günstigen Bedingungen erwies sich die Arbeit mit Landkarte, Kompaß und Sextant, auf die die britischen Bomberbesatzungen noch immer angewiesen waren, als gänzlich unzureichend zur Auffindung eines Punktziels in der Dunkelheit. Während des Sommers 1941 zeigten Photographien, die Aufklärer der RAF nach Bombenangriffen von Zielen in Deutschland gemacht hatten, daß 90 Prozent der Bomben weitab von den Zielen gefallen waren. Es lag auf der Hand, daß die britischen Bomber Geräte zur Funknavigation benötigten, wenn sie mit ihren Nachtangriffen eine größere Wirkung erzielen wollten.

Ein solches Gerät hatte im Sommer 1941 gerade das Stadium der letzten Erprobungen erreicht. Es wurde Gee genannt (für Gitter) und beruhte auf drei weit voneinander entfernten Sendern in England. Jede dieser Stationen strahlte ein Signal aus, das von einem besonderen Empfänger an Bord der Maschine empfangen wurde. Durch Messung der Zeitintervalle zwischen den Signalen und der Reihenfolge ihres Empfangs konnte der Navigator seine Position auf einer Spezialkarte von Europa feststellen, deren aufgelegtes Codegitter in verschiedenen Farben seine Distanz von den verschiedenen Sendestationen wiedergab.

Gerade als es schien, daß das Gee-Verfahren eine Lösung des Problems der Nachtorientierung zu bieten versprach, drohte es durch einen Unfall nutzlos zu werden. In der Nacht auf den 13. August 1941 wurde ein Bomber der Royal Air Force, der mit einer experimentellen Gee-Einrichtung versehen war, über Deutschland abgeschossen. Wenn man annahm, daß die Gee-Anlage den Absturz auch nur halbwegs intakt überstanden hatte, so konnte es nicht ausbleiben, daß die Deutschen ihre Arbeitsweise ermittelten und binnen kurzem ein Störgerät produzierten. Da das Gee-System noch wenigstens sechs Monate benötigte, um zur Serienreife zu gelangen, würde den Deutschen ausreichend Zeit bleiben, um ein Gegenmittel zu entwickeln.

Das Dilemma wurde R. V. Jones vorgetragen. Von der Annahme ausgehend, daß die Deutschen jetzt die Existenz einer neuen Funknavigationshilfe zumindest argwöhnten, dachte sich Jones ein ausgeklügeltes und aufwendiges Täuschungsmanöver aus, um sie irrezuführen. Er wollte die Deutschen glauben machen, daß Gee etwas ganz anderes war.

Nach dem Kriege schilderte Jones seine List als „den Höhepunkt all meiner Vorkriegsanstrengungen bei der Irreführung des Feindes, wobei mir nunmehr an nationalen Hilfsquellen alles zur Verfügung gestellt wurde, was ich wollte."

Als erstes schaffte er alle Hinweise auf das Wort Gee ab, um sicherzugehen, daß der Feind keine weiteren Aufschlüsse bekam. Dann wurden die in England bereits gebauten Gee-Sender durch hohe Masten so getarnt, daß sie wie gewöhnliche Radarsender aussahen. Die Seriennummern und Herstellervermerke an Bordgeräten wurden so verändert, daß sie denjenigen gewöhnlicher Radiotelephonausrüstungen glichen.

Nachdem er alle Spuren von Gee vertuscht hatte, warf Jones einen frischen Köder aus, um die Deutschen von der Fährte abzubringen. Zur Täuschung entwickelte er ein System, daß auf dem Knickebein-Funkleitverfahren beruhte. „Was könnten wir Besseres tun als ihnen zu schmeicheln, indem wir sie glauben machen, daß wir ihr Verfahren kopiert hätten?" schrieb er nach dem Krieg. „Und so erfanden wir das Jay-Verfahren und stellten an der Ostküste Englands tatsächlich einige Jay-Richtstrahlensender auf."

Um das Täuschungsmanöver bekannt und die Deutschen darauf aufmerksam zu machen, nahm Jones das Double-Cross-System von MI 5 in Anspruch. Auf seine Anregung hin erfand einer der Doppelagenten der Abwehr ein fiktives Gespräch, das er im Londoner Savoy-Hotel belauscht haben wollte. Nach dieser Geschichte war ein Offizier der Royal Air Force zornig, daß ein Vorgesetzter eine hohe Auszeichnung für seine Arbeit an einem neuen Funkleitverfahren erhalten hatte. „Dabei hat er nichts getan, als das deutsche Verfahren kopiert – und das mit einem Jahr Verspätung", schimpfte der Offizier. Sein Gesprächspartner, ebenfalls ein Offizier der Royal Air Force, nahm einen großzügigeren Standpunkt ein. „Aber", sagte er, „Sie müssen zugeben, daß wir jetzt wenigstens die Jay-Strahlen haben, um zu unseren Zielen zu finden. Beim Angriff auf Brest haben sie sich bewährt, und bald werden wir sie über Deutschland einsetzen."

Ein weiterer Doppelagent, der angeblich über Verbindungen zur Royal Air Force verfügte, ließ der Abwehr einen weiteren falschen Hinweis zukommen. Er sei informiert worden, berichtete er, daß einige Einheiten besondere Lehrgänge für ihr fliegendes Personal veranstalteten, um das neue Jerry-Funkleitverfahren zu erläutern. „Ich überließ es meinen Gegenspielern auf der anderen Seite, auszuknobeln, ob ‚Jerry' für ‚Jay' oder für ‚Deutsche' stand", schrieb Jones. „Die deutschen Führungsoffiziere dankten ihren Informanten begeistert für ihre sehr wertvolle Information."

Die von Jones spitzfindig ausgestreute Saat ging auf. Als die Jay-Strahlen eingeschaltet wurden, wurden sie von den Deutschen prompt gestört, doch als das wirkliche Navigationssystem Gee bei einem Luftangriff auf Essen am 8. März 1942 zum ersten Mal in großem Maßstab angewendet wurde, unternahmen die Deutschen keine Störmaßnahmen. Jones hatte gehofft, mit seiner Täuschung für die alliierten Bomberverbände drei Monate Frist ohne Funkstörungen zu gewinnen; wie sich herausstellte, entdeckten die deutschen Spezialisten für Funkelektronik das neue Gee-Verfahren sieben Monate später und konnten es erst Anfang 1943 wirksam stören. In der Zwischenzeit forschten deutsche Vernehmungsoffiziere gefangene britische Bomberbesatzungen nach einem Funkleitverfahren aus, das Jay genannt wurde: ein Tribut an Jones' erfolgreiches Täuschungsmanöver.

Der elektronische Krieg wogte nach einer ausgeprägten Gesetzmäßigkeit hin und her. Wann immer eine Seite ein neues Geheimverfahren elektronischer Navigation oder Zielerfassung einführte, war es nur eine Frage der Zeit, bevor die andere Seite mit einer Gegenmaßnahme antwortete. Zusammen mit Gee erfanden die britischen Wissenschaftler ein Zielerfassungsverfahren, das Oboe genannt wurde und auf zwei veränderten Radarsendern beruhte. Die Sendeimpulse einer Station leiteten den Bomber zum Ziel; ein Signal von der zweiten Station unterrichtete den Bombenschützen, wann er seine Last abzuwerfen hatte. Im Prinzip glich dieses Verfahren weitgehend dem längst bekannten Knickebein-Funkleitverfahren, doch arbeitete es in einem anderen Bereich. Oboe wurde im Februar 1943 vervollkommnet und diente den britischen Bomberverbänden bis zum folgenden Oktober als wirksame Navigationshilfe; zu diesem Zeitpunkt hatten die Deutschen ein wirksames Störgerät entwickelt.

In der Zwischenzeit aber hatten die Briten ihrem elektronischen Arsenal eine weitere Waffe hinzugefügt. Dies war H2S, ein Flugzeugradar von so hohem Auflösungsvermögen, daß es dem Piloten eine grobe, aber deutlich erkennbare Darstellung der überflogenen Landschaft einschließlich der Städte lieferte, die als Zielgebiete vorgesehen waren. Die Deutschen konterten mit einem Gerät, das ihre Nachtjäger befähigte, das H2S-Signal anzupeilen und die Bomberverbände anzugreifen.

Zur Entwicklung solcher Gegenmaßnahmen mußten die bei den Nachrichtendiensten arbeitenden Wissenschaftler zunächst in Erfahrung bringen, wie die neue Waffe oder das neue Verfahren arbeitete, und dies war meistens ein mühsamer und langwieriger Prozeß des Sammelns und Sichtens von Hinweisen, bis endlich ein zusammenhängendes Bild zustande kam. Eines der zählebigsten und für die Alliierten verlustreichsten der deutschen Geheimnisse war das Radar-Abwehrnetz der Luftwaffe.

Hatte die deutsche Waffenentwicklung bis in den Krieg hinein überwiegend der Offensivkraft gedient, wie es im Fall des Knickebein-Funkleitverfahrens dargestellt wurde, so änderte sich dies im weiteren Kriegsverlauf, als das Reich mehr und mehr in die Defensive gedrängt wurde. 1940, als die Luftschlacht um England für die Luftwaffe mit einer Niederlage endete, errichteten die

Eine Sendeanlage des Y-Funkleitsystems der Luftwaffe für Einsätze gegen Ziele in England auf einem küstennahen Hügel im besetzten Norwegen. R. V. Jones und seinem Stab gelang es, ihre Sendeimpulse aufzufangen und sie nachhaltig zu stören.

Deutschen einige Frühwarnradarstationen entlang der französischen Küste. Die wachsende Stärke der britischen Nachtangriffe zwang dann zu beschleunigter Radarentwicklung.

Verspätet begann die Luftwaffe mit dem Aufbau einer Kette von Radarstationen im Westen, um anfliegende britische Bomberverbände frühzeitig zu erkennen. Bis zum Herbst 1941 war eine eindrucksvolle Radarbarriere entlang dem westlichen Vorfeld des Reiches, von Dänemark bis zur Schweiz fertiggestellt worden.

Dieser Radargürtel war bei den Briten als Kammhuber-Linie bekannt, da sie auf Generalmajor Josef Kammhuber zurückging, der die Nachtjagd der Luftwaffe organisiert hatte. Sie bestand aus einer Serie von benachbarten Zonen, die jeweils ungefähr 35 Kilometer lang und 35 Kilometer breit waren. Jede Zone hatte ein Freya-Radargerät, zwei Würzburg-Radargeräte und – anteilig gerechnet – einen Nachtjäger zum Abfangen des in den Luftraum eingedrungenen und georteten Feindes. Das Freya-Gerät lieferte eine Frühwarnung vor anfliegenden Feindmaschinen oder Verbänden. Erreichten diese die Verteidigungszone, wurden sie von einem Würzburg-Gerät erfaßt und verfolgt. Ein anderes Würzburg-Gerät folgte dem Anflugweg des aufgestiegenen Nachtjägers. In der Bodenleitstelle erschienen beide als projizierte Punkte auf einem Leuchtschirm. Überwacher beobachteten die Bewegungen der Bomberverbände und Nachtjagdgruppen und leiteten diese über Funk an die Bomber heran.

Die Kammhuber-Methode war außerordentlich wirksam. Die britischen Verluste stiegen alarmierend. Im November kehrten 21 Prozent der zu einem Nachtangriff auf das Ruhrgebiet gestarteten britischen Bomber nicht zurück, was Churchill veranlaßte, die Einsätze für den kommenden Winter einzuschränken.

Der britischen Führung war klar, daß etwas getan werden mußte, um Kammhubers Nachtjagdsystem unwirksam zu machen. Doch ehe man an Gegenmaßnahmen denken konnte, mußte man genau wissen, wie die deutschen Radargeräte aussahen, wie die verschiedenen Anlagen arbeiteten, und wie sie mit Bodenleitstellen und Nachtjägern koordiniert waren.

Die Aufgabe, das Geheimnis der deutschen Radarabwehr aufzuklären, fiel R. V. Jones und seinen wissenschaftlichen Mitarbeitern zu. Anfangs tappten sie beinahe völlig im dunkeln, und ungefähr zwei Jahre vergingen, bevor sie Ergebnisse vorlegen konnten. Wie es im Fall anderer deutscher Geheimentwicklungen gewesen war, kam der erste Hinweis auf die Existenz der deutschen Radarentwicklung aus dem erwähnten Oslo-Report, der ein System zur Ortung von Flugzeugen erwähnte, dessen Reichweite ungefähr 120 Kilometer betragen sollte.

Im Juli 1940, als die Luftschlacht um England entbrannte, entschlüsselte Ultra Funksprüche der Luftwaffe, die eine Reihe weiterer Anhaltspunkte boten. Der abgehörte Funkverkehr bezog sich auf Freya als ein Warnsystem und enthüllte, daß eine der Freya-Stationen an der Küste der Bretagne stand. Jones war fasziniert von der Wahl des Codenamens Freya, der altnordischen Göttin der Liebe und Fruchtbarkeit, und die Neugierde veranlaßte ihn, ihren mythologischen Ursprüngen nachzugehen. Er entdeckte, daß Freyas wertvollster Besitz die Halskette Brisingamen war, die von Heimdall, dem Wächter der Götter, bewacht wurde. Heimdalls Augen waren so scharf, daß er bei Tag oder Nacht 100 Meilen weit sehen konnte. Ohne Zweifel war Heimdall die Personifikation des deutschen Radars. Sein Name hätte sich als Codewort besser geeignet als Freya, aber er wäre allzu offensichtlich gewesen.

Jones wußte nun, daß die Deutschen ein Radar namens Freya besaßen, aber genauere Hinweise auf den Standort erhielt er erst am

Broschüren wie diese wurden monatlich an Subaltern-Offiziere und Wehrpflichtige sowie Mannschaften verteilt, um ihnen taktische Informationen zu geben, die aus Gefangenenvernehmungen und Ausrüstungsanalysen gewonnen worden waren. Zu den behandelten Themen gehörte das Erkennen und Vermeiden von Minenfallen und das Verhalten bei Einnebelungsmanövern des Gegners.

22. Februar 1941, als ein Aufklärer das 25 Kilometer nordwestlich von Cherbourg gelegene Cap de la Hague überflog und mit einer Photographie zurückkehrte, die in der Nähe des Dorfes Auderville zwei eckige Antennenanlagen zeigte. Bei diesen handelte es sich vermutlich um Radarantennen.

Am selben Tag machte eine Station des britischen Funkhorchdienstes in Südengland unerklärliche Hochfrequenz-Radarsignale von jenseits des Kanals aus. Die Peilung der Impulse ließ den Schluß zu, daß sie von einem Punkt nahe dem Dorf Auderville ausgingen. Die Suche nach Freya war zu Ende.

Da man nun wußte, von welcher Art die Radarsignale des Freya-Geräts waren, ließen sich bald auch andere Freya-Standorte feststellen, und Jones konnte im Laufe der folgenden Zeit ein vollständiges Dossier über Freya-Geräte entlang der französischen Kanalküste zusammenstellen. „Das ist alles schön und gut", bemerkte ein Kollege von der Forschungsanstalt für Fernmeldetechnik, „aber was nützt es uns?" Jones erwiderte: „Eines Tages werden wir auf den Kontinent zurückkehren, und wenn wir erfolgreich landen wollen, werden wir diese Stationen ausschalten müssen."

Aber Freya war nicht die einzige unbekannte Größe der deutschen Radarentwicklung. Nach allem, was Jones über die Eigenschaften dieses Geräts mutmaßen konnte, war Freya imstande, Entfernung und Richtung einer feindlichen Maschine oder eines Verbandes zu bestimmen, nicht aber die Flughöhe, die bei Nacht eine wichtige Information darstellte, wenn es galt, Nachtjäger heranzuführen. Freyas Wirkungsweise war begrenzt. Dahinter lauerte unzweifelhaft ein weiteres Radarsystem.

Die erste Andeutung, daß ein solches Hilfssystem tatsächlich bestand, fand sich in einer in Bletchley Park entschlüsselten Meldung, aus der hervorging, daß Freya-Geräte zusammen mit Würzburg-Geräten nach Rumänien transportiert wurden. Welche Funktionen hatte das Würzburg-Gerät im einzelnen? Wenn es die Flughöhe ebenso bestimmen konnte wie die Flugrichtung und die Reichweite der feindlichen Flugzeuge, konnte es das bisher fehlende Bindeglied in dem Nachtjagdsystem sein, das die Deutschen zur Luftverteidigung des Reiches aufbauten.

Im Mai 1941 überflog ein mit empfindlichen Empfangsgeräten ausgerüsteter Wellington-Bomber die Bretagne und fing kurzwellige Radarsignale auf. Jones vermutete, daß sie von einem irgendwo aufgestellten Würzburg-Gerät kommen mußten.

Erst im August 1941 gelang es Jones und seinen Mitarbeitern, einen Blick auf das Würzburg-Gerät zu erhaschen, und auch dies verdankten sie einem Zufall. Die Offenbarung kam, als britische Aufklärungsmaschinen bei einem Routineeinsatz entlang der französischen Kanalküste die Freya-Station auf Cap d'Antifer überflogen, einer aus Kalkfelsen aufgebauten Landzunge 20 Kilometer nördlich von Le Havre, wo zwei mittlerweile vertraute Freya-Antennen ein 120 Meter hohes Kliff der Steilküste überragten. Die Photographien der Aufklärer zeigten Fahrspuren, die von der Antennenanlage mehrere hundert Meter zu einer Villa in der Nähe des Dorfes Bruneval führte. Eine genaue Untersuchung der Aufnahmen ergab, daß die Fahrspur ein kurzes Stück von der Villa entfernt in einer Schleife endete. Im Inneren der Schleife war ein so kleiner Fleck, daß die Auswerter zuerst meinten, es könne ein Staubkorn auf dem Negativ sein. Weitere Vergrößerungen und Untersuchungen bewiesen, daß der Punkt kein Staubteilchen war, und Jones merkte auf; vielleicht war es ein Würzburg-Gerät, der Schlüssel, nach dem er und seine Mitarbeiter seit langem suchten.

Am 5. Dezember 1942 startete Leutnant Tony Hill in einer Spitfire mit eingebauter Filmkamera und nahm Kurs auf Bruneval. Mit einer Geschwindigkeit von annähernd 600 Stundenkilometern raste er mit schnurrender Kamera im Tiefflug über die Radarstellung hinweg; er war verschwunden, ehe die aufgestörte Wachmannschaft ihre Vierlingsflak bemannen konnte. Hill kehrte mit Aufnahmen zurück, die zu den wichtigsten zählten, die im Krieg aufgenommen wurden. Auf ihnen war, klar bis ins letzte Detail, das schüsselförmige Würzburg-Gerät zu sehen. Größe und Form bestärkten Jones in seiner Vermutung, daß dieses Gerät die Quelle der im Mai entdeckten kurzwelligen Radarimpulse war.

Tony Hills Photographien verhalfen Jones zu einer weiteren interessanten Entdeckung. Obwohl das Würzburg-Gerät auf der Höhe des Kliffs stand, fiel das Gelände seitlich von der Anlage in einem begrünten Hang zu einem kleinen Strand in einigen hundert Meter Entfernung ab. Jones starrte auf das Photo. „Sehen Sie", sagte er endlich zu seinem Assistenten Charles Frank, „wir könnten dort landen!" Dabei dachte er an ein Kommandounternehmen, durch welches das Würzburg-Gerät nach England gebracht werden sollte, um dort sein Geheimnis zu lösen.

Jones' Plan ging auf dem Dienstweg durch die höheren Instanzen, und fast vier Monate verstrichen, ehe er verwirklicht wurde. In der Nacht des 27. auf den 28. März 1943 sprangen 120 britische Fallschirmjäger über dem Cap d'Antifer ab und besetzten die Radarstellung gegen den nur leichten Widerstand der wenigen deutschen Wachsoldaten. Ein geschickter Radartechniker der Royal Air Force baute das Würzburg-Gerät ab, und die Kommandoeinheit zog sich zum Strand zurück, wo sie von britischen Schnellbooten an Bord genommen und über den Kanal zurückgebracht wurden. Das Unternehmen hatte zwei Tote und vier Verwundete gekostet, aber Jones hatte sein Würzburg-Gerät.

„Was also hatten wir gewonnen?" schrieb Jones später. „Kenntnisse aus erster Hand über den Stand der deutschen Technologie. Wir kannten jetzt die äußersten Grenzen der Frequenzbreite, auf die das Würzburg-Gerät eingestellt werden konnte, und daß es keine eingebauten Vorrichtungen zum Aussteuern von Störungen oder falschen Reflektoren besaß." Aber Jones und die Wissenschaftler der Forschungsanstalt für Fernmeldetechnik bemerkten noch etwas an dem Würzburg-Gerät, was weniger ermutigend war. Obwohl es keine Schutzvorrichtungen gegen Störgeräte hatte, konnte es auf einen weiten Frequenzbereich eingestellt werden, ein Merkmal, das die elektronische Störung sehr schwierig machte.

Tatsächlich besaßen die Briten ein Mittel zur Störung des Würzburg-Geräts – ein Mittel, das sogar jede existierende Radaranlage außer Betrieb setzen konnte. Dieses Mittel galt damals als die letzte elektronische Waffe, ein Werkzeug von so verheerender Wirkung, daß seine Anwendung zum Gegenstand heftiger Kontroversen im britischen Kriegskabinett wurde. Dabei beruhte dieses Mittel auf einem sehr einfachen Gedanken und war so leicht herzustellen, daß jedes Kind es mit einer Schere anfertigen konnte: Es war ein Bündel von dünnen Streifen aus Metallfolie.

Jones selbst hatte schon 1937 festgestellt, daß ein durch die Luft niederschwebendes Stück Metallfolie ein Echo auf einem Radarschirm erzeugte. Anfang 1942 von Joan Carran, einer Wissenschaftlerin der Forschungsanstalt, durchgeführte Versuche zeigten, daß ein Bündel mit 240 Folienstreifen von 21,5 cm Länge und 14 cm Breite ein Radarbild erzeugte, das dem eines britischen Blenheim-Bombers ähnelte. Zehn solcher Bündel, von einem Flugzeug abgeworfen, daß die Folienstreifen sich in der Luft verteilten, erzeugten eine so chaotische Wolke von Radarreflexen, daß die wirklichen Flugzeuge dahinter verschwanden. Die Wissenschaftlerin deckte auch einen ernüchternden Umstand auf: Die Folienstreifen wirkten am besten gegen die Bodenradarstationen, die Großbritanniens erste Verteidigungslinie darstellten.

So wogte der Streit für und gegen die Verwendung der Streifen, die den Codenamen Window bekamen, hin und her. Warf die Royal Air Force die Streifen über Deutschland ab, um die Radarabwehr zu stören, so würde sie damit notgedrungen ihr Geheimnis preisgeben, und die Deutschen würden es auf der Stelle kopieren und gegen die englische Radarabwehr wenden. Aus diesen Gründen waren der Physiker Watson-Watt und Professor Lindemann energisch gegen die Anwendung von Window, obwohl manches dafür sprach, daß es vielen britischen Bomberbesatzungen das Leben retten konnte. Bis zu dem Zeitpunkt, da ein Gegenmittel gefunden werden konnte, so argumentierten sie, müsse das Geheimnis der Folienstreifen gewahrt bleiben.

In Wahrheit war Window überhaupt kein Geheimnis. Auch die Deutschen verfügten über die Folienstreifen, setzten sie aber nicht ein, weil sie befürchteten, die Briten würden mit gleicher Münze zurückzahlen. 1942 hatte die Luftwaffe eigene Tests mit Folienstreifen durchgeführt, die sie Düppel nannte. Als Reichsmarschall Hermann Göring ein Bericht über ihre Auswirkungen vorgelegt wurde, war er entsetzt; er befahl, daß der Bericht vernichtet werde und alle Düppel-Experimente augenblicklich eingestellt werden würden, damit die Briten nicht Wind davon bekämen.

„Wir wagten mit den kleinen Teufelsdingern nicht zu experimentieren", sagte General Wolfgang Martini, Chef des Luftnachrichten- und Verbindungswesens der Luftwaffe, als er später darauf angesprochen wurde, „weil wir fürchteten, entdeckt zu werden. Hätte der Wind geweht, als wir die Folienstreifen abwarfen, wären sie über Siedlungsgebieten niedergegangen, die Leute hätten sie aufge-

hoben, wahrscheinlich darüber geredet, und um unser Geheimnis wäre es geschehen gewesen."

Im Frühjahr 1943 begann in Großbritannien der Widerstand gegen die Verwendung der Window-Streifen zu erlahmen. Amerikanische Wissenschaftler hatten inzwischen ein Flugzeugradar entwickelt, das gegen den Window-Effekt immun war. Wichtiger aber war, daß die britischen Bomberverluste durch Radar-Früherkennung und Nachtjagd jetzt Gegenmaßnahmen erforderlich machten, die den Würzburg-Geräten und einem neuentwickelten Flugzeugradar mit Namen Lichtenstein SN 2, das von den Nachtjägern der Luftwaffe verwendet wurde, wirksam begegneten. Churchill machte der Kontroverse in diesem Frühjahr ein Ende, indem er den Einsatz der Folienstreifen anordnete. Die einfache, aber dennoch furchterregende Waffe wurde in der Nacht des 24. Juli 1943 beim ersten der systematischen Großangriffe auf Hamburg eingesetzt. Als 746 alliierte Bomber sich dem Gürtel der radargesteuerten Flak näherten, warfen die Besatzungen 40 Tonnen – 92 000 000 Streifen – Metallfolien ab. Als diese sich ausbreiteten und über den

Wissenschaftler des Forschungsinstituts für Fernmeldetechnik, das die Anwendungsmöglichkeiten von Radiowellen untersuchte, bei einer der wöchentlichen Zusammenkünfte mit Offizieren der Royal Air Force. Wissenschaftler aller Universitäten Großbritanniens wurden für kriegswichtige Forschungen zwangsverpflichtet. Weil sie traditionell als unpraktisch galten, sahen die Wissenschaftler sich häufig Widerständen von seiten des Militärs gegenüber; eine solche Gruppe wurde herablassend „Winston Churchills Spielzeugladen" genannt.

Nachthimmel wogten, begann es auf den Leuchtschirmen der Würzburg-Geräte zu flimmern, und die Bomberströme wurden vollständig verdeckt. Die Funkleitstelle konnte den Nachtjägern keine Hinweise auf Richtung und Flughöhe der Bomberverbände geben; die Nachtjäger erhielten Anweisung, auf eigene Faust den angreifenden Feind zu stellen. Die radargesteuerten Flakbatterien feuerten blindlings auf Ziele, die sie nur noch hören, aber nicht mehr ausmachen konnten.

Auch die Lichtenstein-SN-2-Geräte an Bord der Nachtjäger versagten; die treibenden Folienstreifen sprenkelten die Radarschirme mit flimmernden Flecken. Für ihre Besatzungen nahm die Nacht eine gespenstische Unwirklichkeit an. Das Bordradar führte sie zu riesigen Formationen, die sich als nichtexistent erwiesen. Ein deutscher Nachtjägerpilot schilderte später die bizarren Wirkungen der Folienstreifen auf sein Flugzeugradar. Er flog in ungefähr 5000 Meter Höhe, als sein Radarbeobachter, ein Mann namens Fazius, ein Ziel auf dem Radarschirm meldete und die Koordinaten nannte.

„Ich war erleichtert", erinnerte sich der Pilot. „Ich ging sofort auf Kurs, und kurz darauf meldete Fazius drei oder vier weitere Ziele auf dem Schirm. Ich hoffte, daß die Munition reichen würde, um mit ihnen allen fertig zu werden. Dann rief Fazius: ‚Tommy direkt voraus! Entfernung 2000 Meter... 1500... 1000... 500...'"

Aber kein britischer Bomber erschien. „Ich war sprachlos", fuhr der Pilot fort. „Fazius hatte bereits ein weiteres Ziel. Nicht lange, und er fing wieder an zu schreien: ‚Bomber voraus! 2000... 1000... 500... Er ist weg!'

‚Du hast einen Knall, Fazius', sagte ich scherzend. Aber bald verlor ich meinen Sinn für Humor, denn diese verrückte Vorstellung wiederholte sich noch ein Dutzend Male."

Window lähmte Hamburgs Luftverteidigung und ermöglichte der Royal Air Force die Verwüstung der Stadt bei einem Verlust von nur zwölf eigenen Maschinen. Im Laufe der folgenden Woche führten britische Bomberströme, geschützt durch die Metallstreifen, vier weitere Luftangriffe gegen Hamburg, bei denen die Hälfte der Gebäude zerstört oder beschädigt und schätzungsweise 50 000 Einwohner getötet wurden.

Anfang August räumte General Martini in einem Bericht ein, daß der Einsatz von Folienstreifen durch die Engländer für die Luftabwehr katastrophal gewesen sei. „Der technische Erfolg dieser Aktion muß als absolut eingestuft werden. Durch dieses Mittel hat der Feind unseren Radaranlagen am Boden und in der Luft den lang erwarteten Schlag versetzt." Generalfeldmarschall Erhard Milch, der Generalinspekteur der Luftwaffe, drückte es anders aus. „Ich beginne zu glauben, daß wir auf einem Ast sitzen", sagte er. „Und die Briten sägen daran."

Einige Zeit darauf entwickelten die Deutschen ein Radarsystem, das gegen die Metallfolienstreifen unempfindlich war. Aber sie führten keine Vergeltungsangriffe nennenswerten Umfangs gegen England, bei denen sie ihrerseits Folienstreifen hätten einsetzen können. Im Spätsommer 1943 hatte die im Osten und im Mittelmeerraum kämpfende Luftwaffe nicht mehr die Kraft, Bombenangriffe großen Stils gegen England zu führen; seit 1940 hatte die Luftwaffe 6172 Kampfflugzeuge über England und der Sowjetunion verloren, und die Produktion konnte damit nicht Schritt halten.

Nach den Angriffen auf Hamburg hielt Adolf Hitler nach anderen Möglichkeiten Ausschau, den Alliierten in der Luft ein eigenes offensives Vorgehen entgegenzusetzen. Dafür boten sich neuartige Fernwaffen an, deren Entwicklung bereits so weit fortgeschritten war, daß sie in absehbarer Zeit einsatzbereit sein mußten. Es waren die sogenannten Vergeltungs- oder V-Waffen – Raketen und fliegende Bomben, die die Kriegswende bringen und Großbritannien in Schutt und Asche legen sollten.

Im Morgengrauen des 13. Juni 1944 flog ein kleiner Flugkörper mit Stummelflügeln über den englischen Kanal. Er hielt mit hoher Geschwindigkeit Kurs auf London, gab ein rauhes, knallendes Geräusch wie ein Motorrad ohne Auspuffdämpfer von sich, und aus dem Schwanzrohr schoß Feuer. Als er den Luftraum über London erreichte, neigte er plötzlich die Nase nach unten, und der Motor verstummte. Die Maschine ging in den Sturzflug über und explodierte mit ohrenzerreißendem Krachen im Stadtteil Bethnal Green. Es gab Tote und Verletzte, und mehrere Häuser wurden völlig zerstört. Als man die Verletzten geborgen hatte und die Aufräumungsarbeiten begannen, suchten die Bergungsmannschaften in den Trümmern nach Resten der Besatzung des Unglücksflugzeugs. Zu ihrer Verblüffung fanden sie nur ein wenig zerfetztes Metall und verbogenes Blech. Eine Flugzeugbesatzung existierte nicht. Die erste Vergeltungswaffe Hitlers war auf London niedergegangen: die V 1, eine geflügelte Bombe mit Düsenantrieb. Innerhalb von drei Monaten sollte die Stadt unter den gewaltigen Explosionen einer anderen neuartigen Waffe erzittern, der V-2-Rakete.

Die Vergeltungswaffen überraschten die englische Zivilbevölkerung, die keine Ahnung von ihrer Existenz gehabt hatte. Die britische Regierung war jedoch nicht überrascht. Obwohl die V-Waffen zu den bestgehüteten Geheimnissen der Deutschen zählten, hatte die britische Regierung schon viele Monate vor dem ersten V-1-Einschlag gewußt, daß deutsche Wissenschaftler die Entfesselung einer erschreckenden neuen Waffe vorbereiteten.

Der erste Hinweis auf die deutschen V-Waffen war schon im Oslo-Report enthalten gewesen, der in unbestimmter Form ein experimentelles Raketenprogramm erwähnte, das an einem Ort namens Peenemünde im Gange sein sollte. Aber der Oslo-Report war als ein Schwindel angesehen worden, und die Briten hatten dieses erste Warnzeichen ignoriert. Hätten sie eine Vorstellung von

Art und Umfang der deutschen Experimente gehabt, so wäre die britische wissenschaftliche Elite sicher entsetzt gewesen.

In Deutschland hatte man die militärischen Möglichkeiten ferngelenkter Waffen und Raketen lange vor dem Krieg erkannt. Das deutsche Raketenentwicklungsprogramm datierte von 1929, als das Heereswaffenamt eine besondere Abteilung zur experimentellen Entwicklung von Flüssigkeitsraketen gründete. Bei Kriegsausbruch bestand bereits das Raketenversuchsgelände für „Wunderwaffen" bei dem Dorf Peenemünde auf der entlegenen Insel Usedom in der Ostsee. Die Westseite der Insel war für die Luftwaffe und ihre V 1 reserviert, während auf der anderen Seite ein großer Stab von Wissenschaftlern, Ingenieuren und Technikern unter der Leitung von Generalmajor Walter Dornberger und seines brillanten Assistenten Wernher von Braun verschiedene Raketenmodelle entwickelte und erprobte, deren letztes die V 2 sein sollte.

Die Fortschritte der Experimente auf beiden Seiten der Insel waren ungleichmäßig, zum Teil wegen Hitlers zwiespältiger Haltung. Seine Einstellung zu den Neuentwicklungen schwankte zwischen interessierter Zustimmung und kalter Gleichgültigkeit, wobei die letztere Stimmungslage vorherrschte. Hitler war in mancher Hinsicht ein militärischer Traditionalist, dessen Vorstellungen von seinen Erlebnissen im Ersten Weltkrieg geprägt waren, und mißtraute Neuerungen. Wie er zu den Neuentwicklungen der Raketentechnik stand, zeigte sich an einem kalten regnerischen Tag im März 1939, als er sich hatte überreden lassen, an einer Vorführung von Raketenstarts auf dem Versuchsgelände Kummersdorf bei Berlin teilzunehmen. Er traf mißgelaunt ein, stand verdrießlich im Regen und beobachtete schweigend die Starts mehrerer Feststoffraketen. Zu Dornbergers und Brauns Enttäuschung wahrte Hitler während eines ihm zu Ehren gegebenen Essens sein grämliches Schweigen, stocherte im Salat und nippte vom Mineralwasser. Erst am Ende der Mahlzeit ließ er sich mit der zwiespältigen Bemerkung vernehmen: „Das war tatsächlich gewaltig."

Trotz Hitlers mangelndem Enthusiasmus hatten die Neuentwicklungen der Raketentechnik ihre Verfechter in den höchsten Rängen der Wehrmacht und in Hitlers innerem Kreis. Unter diesen setzte sich vor allem Albert Speer, der Anfang 1942 Reichsminister für Bewaffnung und Munition wurde, für die neuen Waffen ein. Speer erkannte frühzeitig das Potential der Raketen und faßte den Entschluß zur Beschleunigung der Versuchsreihen und dem Beginn der Massenproduktion der Waffen. Seine Position erlaubte ihm, alle notwendigen Mittel für das V-Waffenprogramm bereitzustellen und damit die Arbeiten auf Usedom nachhaltig zu fördern.

Auf der Insel gab es wenig Kontakt zwischen den Wissenschaftlern und Ingenieuren der Luftwaffe und denjenigen des Heeres. Die Rivalität zwischen den Waffengattungen und berufliche Eifersucht hielten sie davon ab, die Resultate ihrer Versuche miteinander zu teilen. Tatsächlich hatten die Waffen, die sie entwickelten, wenig gemeinsam, sah man davon ab, daß beide ein eingebautes Lenksystem hatten und einen 1000 Kilogramm schweren Gefechtskopf trugen. Die V 1 war im wesentlichen ein Lufttorpedo mit einem Düsentriebwerk auf dem Rücken und Stummelflügeln zur Flugstabilisierung. Sie wurde mittels Dampfkatapult von einer langen, geneigten Rampe gestartet, die auf das Ziel ausgerichtet war. Als Waffe hatte die V 1 mehrere Nachteile. Mit einer Höchstgeschwindigkeit von 680 Stundenkilometern war sie zu langsam, um den neueren britischen Jagdflugzeugen oder gut gezieltem Flakfeuer zu entkommen. Auch flog sie niedrig, aber in einer Höhe, wo sie vom Radar leicht erfaßt werden konnte, was ihre Verwundbarkeit erhöhte. Und schließlich ließ ihre Zielgenauigkeit zu wünschen übrig.

Die V 2 andererseits war hingegen eine Flüssigkeitsrakete mit Leitwerkflossen am Heck und konnte vertikal von einer ebenen Betonplatte oder einer mobilen Plattform gestartet werden. Ihre Geschwindigkeit von 5700 Stundenkilometern und ihre große Flughöhe machten sie unverwundbar gegen Jagdflugzeuge und Flakfeuer, und ihre Zielgenauigkeit war sehr viel größer als die der V 1. Gegen die V 2 gab es keine Verteidigung, und ihrem Einschlag ging kein warnendes Geräusch voraus. Doch hatte auch die V 2 einen augenfälligen Nachteil: Ihre Herstellung war sehr viel aufwendiger und kostete das Zehnfache der V 1. Dies verursachte mancherlei Erschwernisse, als die an Zahl und Intensität ständig zunehmenden alliierten Luftangriffe die deutsche Industriekapazität mehr und mehr lähmten.

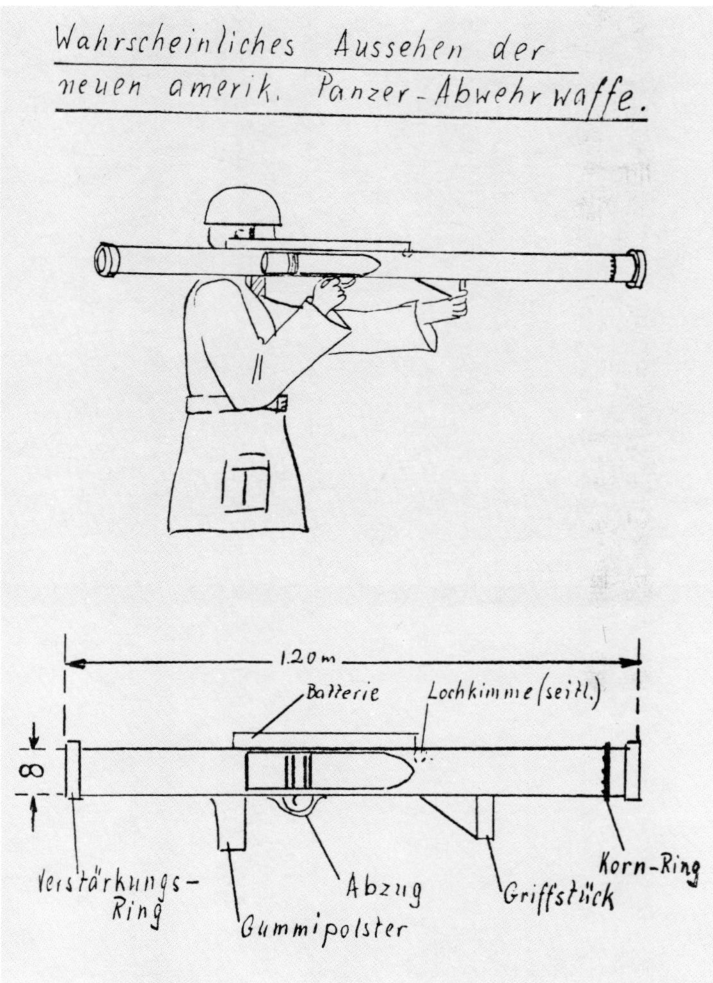

Diese deutsche Skizze der neuen amerikanischen Panzerabwehrrakete, die von den Soldaten Bazooka getauft wurde, beruhte auf den Angaben eines amerikanischen Soldaten, der in Nordafrika in Gefangenschaft geraten war. Die Zeichnung wurde mit einer Bitte um weitere Informationen an die Panzertruppen verteilt, damit die Deutschen Gegenmaßnahmen ergreifen konnten.

Die uneingeschränkte Massenproduktion der Vergeltungswaffen benötigte noch immer Hitlers Genehmigung, die jedoch auf sich warten ließ. Erst als Deutschlands Kriegsglück eine unerbittliche Wende zum Schlechteren nahm, wurde Hitler auf die Möglichkeiten der V 1 und V 2 aufmerksam. Nachdem das Frühjahr und der Sommer 1943 verheerende Luftangriffe auf deutsche Städte gebracht hatten und die Rückschläge an der Ostfront eine verzweifelte Lage geschaffen hatten, ließ Hitler am 7. Juli 1943 Dornberger und Braun in die Wolfsschanze bei Rastenburg in Ostpreußen kommen, wo sein Hauptquartier lag.

Dornberger war erschrocken über Hitlers Aussehen, dessen Gang unsicher war und dessen Hände zitterten. Schweigend ließ er sich von den beiden Wissenschaftlern einen dramatischen Film vorführen, der den Transport einer V 2 vom Hangar zum Startplatz und dann den Start inmitten von Rauch und Flammen zeigte. Braun erläuterte die Vorgänge, und Dornberger sprach ein überzeugendes Schlußwort zugunsten der V 2. Als er geendet hatte, stand Hitler auf und schüttelte ihm impulsiv die Hand. „Ich danke Ihnen", sagte er. „Warum konnte ich nicht an den Erfolg Ihrer Arbeit glauben? Hätten wir diese Raketen 1939 gehabt, wäre es nie zu diesem Krieg gekommen." Und als Dornberger sich verabschiedete, entschuldigte Hitler sich für seine damalige Gleichgültigkeit und fügte hinzu, daß dies erst das zweite Mal in seinem Leben sei, daß er sich bei jemandem entschuldigt habe.

Rauch und Flammen steigen aus drei von 23 alliierten Versorgungsschiffen auf, die beim Angriff der Luftwaffe auf den italienischen Hafen von Bari getroffen wurden.

Hitler sah in den Raketen nun den Schlüssel zum Sieg, der ihm bisher versagt gewesen war. Am selben Tag wies er Speer an, dem V-2-Programm Vorrang einzuräumen, und bemerkte, daß diese Rakete die kriegsentscheidende Waffe sei.

Während Hitler ruhig in seiner Wolfsschanze schlief, bereitete sich für ihn und sein Raketenprogramm ein Alptraum vor. Die deutsche Führung hatte gehofft, die Abgelegenheit der Insel Usedom und die scharfen Sicherheitsvorkehrungen, die dort getroffen worden waren, würden das Geheimnis der V 2 schützen.

Die auf der Insel lebenden Wissenschaftler und Arbeiter hatten sich bisher einer ungestörten Ruhe erfreut und lediglich das dumpfe Dröhnen eines in der Ferne vorbeifliegenden alliierten Bomberverbands zu hören bekommen. Keine Bombe war jemals auf Usedom gefallen, nicht einmal durch ein Versehen. Aber ein Angriff war lediglich eine Frage der Zeit, denn die britische Führung war über die Aktivitäten auf Usedom unterrichtet und sollte den Deutschen bald in dramatischer Weise demonstrieren, daß ihr Geheimnis aufgedeckt worden war.

Einer der ersten eindeutigen Hinweise, daß in Deutschland mit Großraketen experimentiert wurde, war im Dezember 1942 eingegangen, als ein dänischer Chemieingenieur Informationen über die Erprobung einer mächtigen Rakete lieferte. Eine ähnliche Meldung, die im Januar 1943 aus nicht näher genannten schwedischen

ENTDECKUNG EINES TÖDLICHEN GEHEIMNISSES

Am Abend des 2. Dezember 1943 griffen mehr als 100 Ju 88 der Luftwaffe den Hafen von Bari an und ließen ihre Bombenlasten herabregnen. Wenig später war der Hafen beleuchtet von brennenden Schiffen, und dicker Rauch brodelte aus den getroffenen Schiffsrümpfen und erfüllte die Luft. Hunderte von Seeleuten sprangen über Bord. Als die Überlebenden an Land kamen, begannen sich Krankenhäuser und Lazarette mit durchnäßten Seeleuten zu füllen, die an Verbrennungen, Schock und Unterkühlung zu leiden schienen. Aber innerhalb 18 Stunden gab es die ersten Todesfälle. Nach einem Monat waren 83 der Überlebenden gestorben, und 540 litten an Erkrankungen der Schleimhäute, der Augen und Hautschäden. Nach anfänglicher Ratlosigkeit diagnostizierte ein Sanitätsoffizier, der Sachverständiger für chemische Kampfstoffe war, als Krankheitsursache Senfgas, eine Waffe, deren Verwendung im Krieg nach dem Genfer Abkommen von 1925 verboten war. Bis dahin hatten sich alle kriegführenden Mächte des Zweiten Weltkriegs an dieses Verbot gehalten.

Für die Forschung hatte der schlimme Zwischenfall allerdings eine positive Nachwirkung. Autopsien ergaben, daß das Senfgas die weißen Blutkörperchen zerstörte. Dies führte zu der Überlegung – und im weiteren Verlauf zu Untersuchungen an der Universität Yale –, Wirkstoffe des Senfgases als Heilmittel gegen Leukämie zu verwenden, die mit stark vermehrter Bildung von weißen Blutkörperchen einhergeht.

Offen war jedoch die Frage, wie das Senfgas in den Hafen von Bari gekommen war. Hatte die Luftwaffe Giftgasbomben geworfen? Dies war nicht der Fall gewesen. Die *John Harvey*, eines der amerikanischen Frachtschiffe, die in jener verhängnisvollen Nacht im Hafen von Bari lagen, hatte eine geheime Ladung von 2000 Senfgasgranaten im Laderaum. Das Schiff war nach Bombenvolltreffern explodiert und hatte seine todbringende Ladung gegen die alliierten Truppen selbst gewendet.

Diese Nachricht war nicht nur politisch brisant und geeignet, schwere Kontroversen auszulösen, sie war auch peinlich für die Regierung der Vereinigten Staaten. Darum wurde sie sofort zur Geheimsache erklärt. Erst 1959 gab die amerikanische Regierung die Information frei und bekannte sich zu dem dunklen Geheimnis, daß sie 1943 in Italien Giftgas gelagert hatte.

Quellen kam, nannte das Dorf Peenemünde auf Usedom als Versuchsgelände für Raketenwaffen.

Zweifel an der Glaubwürdigkeit dieser Meldungen wurden im März widerlegt, als die Existenz der Raketen von einer unanfechtbaren Quelle bestätigt wurde: dem in Gefangenschaft geratenen General Ritter von Thoma vom Afrikakorps. In einem mit Abhöranlagen präparierten Aufenthaltsraum eines Londoner Gefangenenlagers für Offiziere bemerkte General von Thoma zu einem anderen gefangenen General des Afrikakorps, daß „in dieser Raketenangelegenheit offenbar keinerlei Fortschritte gemacht worden sind. Ich nahm einmal an einer Vorführung teil. Der Major, der das Projekt erläuterte, war voll Hoffnung. Er sagte: ‚Warten Sie bis zum nächsten Jahr, und das Feuerwerk geht los!'" Da er seit seiner Ankunft in London keine Explosionen gehört hatte, folgerte Thoma, daß das Raketenprogramm ins Stocken gekommen sein mußte.

Das mitgeschnittene Gespräch der beiden Generale verlieh den länger bekannten Indizien neues Gewicht und spornte die Briten zum Handeln an. Churchill beauftragte seinen Schwiegersohn Duncan Sandys, eine geheime Studie über die deutsche Raketenrüstung zu erstellen; Jones führte parallel dazu Nachforschungen durch. Eine Phase intensiver Luftaufklärung über Peenemünde begann. Jones, der eine der am 12. Juni gemachten Aufnahmen untersuchte, identifizierte schließlich die Rakete, ein elegant geformtes Geschoß von etwa zwölf Meter Länge mit Heckflossen.

Offensichtlich war es nur noch eine Frage der Zeit, wann die Raketen auf Großbritannien niedergingen. Am 29. Juni reagierte Churchill auf die Bedrohung, indem er einen Vernichtungsangriff auf Peenemünde anordnete. Weil Sandys die deutschen Wissenschaftler für die größte Gefahr hielt, wurden ihre Wohngebäude als Hauptziele von höchster Priorität eingestuft. An zweiter Stelle stand die Raketenfabrik und an dritter die Verwaltungs- und Konstruktionsabteilungen. Als Angriffstermin wurde der 17. August festgesetzt. Der Angriff fand in einer Vollmondnacht mit geringer Bewölkung und guter Sicht statt. In Peenemünde war alles ruhig. Die Arbeiter waren von ihrem Zwölfstundentag längst in die Baracken zurückgekehrt und schliefen, als die Luftschutzsirenen heulten. Nicht lange, und die Luft begann vom Motorengedröhn alliierter Bomberverbände zu vibrieren. Als die erste Angriffswelle das Zielgebiet erreichte, sahen die Wachen Hunderte von roten Lichtern an kleinen Fallschirmen wie japanische Lampions herabschweben, um die Ziele für die nachfolgenden Bomber zu markieren. Dann regnete es Sprengbomben und Phosphorkanister. Peenemünde war fast unverteidigt, weil ein gleichzeitig durchgeführter Ablenkungsangriff auf Berlin die Mehrzahl der deutschen Nachtjäger auf sich gezogen hatte. Erst gegen Ende des Angriffs kehrten sie zurück, und inzwischen lag ein großer Teil der Anlagen von Peenemünde in Schutt und Asche.

Als die Sirenen endlich Entwarnung gaben, kam Dornberger aus dem Luftschutzkeller, um zu sehen, wie seine Raketenversuchsanstalt den Angriff überstanden hatte. Sein erster Eindruck war der einer absoluten Verwüstung. Rauchschwaden und Staubwolken hingen über einer Mondlandschaft aus Bombentrichtern. Zwar waren die Laboratorien und Versuchsanlagen unversehrt geblieben, aber das Wohnviertel der Wissenschaftler und Ingenieure war dem Erdboden gleichgemacht. Die Bomben hatten Kanalisation und Stromversorgung zerstört, Wasserleitungen unterbrochen, Bahngeleise zerfetzt und verbogen. Einige von Dornbergers engsten Freunden und Mitarbeitern waren ums Leben gekommen. Wie war es dem Gegner gelungen, sich so genaue Informationen zu verschaffen? fragte er sich wieder und wieder. Hatten die Briten nur die Ergebnisse ihrer in den letzten Wochen gesteigerten Luftaufklärung ausgewertet, oder gab es Informanten, die ihnen Material über die Versuchsanstalt und ihre lohnenden Ziele zugespielt hatten? Seine Fragen sollten erst nach dem Krieg beantwortet werden. In England wartete Duncan Sandys die ganze Nacht auf die Rückkehr der Bomber; bei Tagesanbruch verständigte er Churchill telephonisch vom großen Erfolg des Unternehmens.

Der Angriff auf Peenemünde bewirkte trotz aller Zerstörungen nur eine Verzögerung des Raketenprogramms um höchstens einige Monate. Die Versuchsstarts der V 2 wurden in das ausgebrannte Dorf Blizna in Polen verlegt. Dort errichteten ausländische Arbeitskräfte und russische Kriegsgefangene neue Gebäude und Startanlagen zwischen Hütten und Dorfstraßen aus Latten und bemalter Leinwand, die mit geschickt arrangierten Puppen von Männern, Frauen und Kindern bevölkert wurden, um der feindlichen Luftaufklärung die Illusion eines unbedeutenden Dorfes zu vermitteln, das zu bombardieren sich nicht lohnte. Die Raketenproduktion verlagerte man in stillgelegte Bergwerksanlagen im Harz, deren umfangreiches Netz von Stollen und Tunnels erweitert und ausgebaut wurde, bis es schließlich riesige unterirdische Werkstätten und Arbeitslager aufnehmen konnte.

Auf das V-1-Programm hatte sich der Angriff auf Peenemünde kaum ausgewirkt. Schon vorher war die Produktion der fliegenden Bombe in verschiedenen Fabriken im Reichsgebiet angelaufen.

Unterdessen gingen den Briten unheilverkündende Andeutungen zu, daß die Rakete nicht Deutschlands einzige neuartige Waffe sei. Im Oktober 1943 berichtete ein Angehöriger der französischen Widerstandsbewegung, daß die Deutschen in einem Waldgebiet nordöstlich von Abbeville sechs unerklärliche „Geheimwaffenanlagen" gebaut hätten. Luftaufnahmen von britischen Aufklärern zeigten, daß die Anlagen tatsächlich existierten und in ihrem Aussehen identisch waren: Neben einer Serie langer, niedriger Baracken, zur Lagerung und Armierung einer größeren Waffe geeignet und wohl auch zur Beherbergung des Bedienungspersonals bestimmt, gab es eine lange, aus einem unterirdischen Bunker sanft ansteigende Rampe, die eine Eisenschiene trug. Diese Rampen wiesen ein offenkundiges und besonders beunruhigendes Merkmal auf: Sie zielten alle auf die britische Hauptstadt.

Aber wozu waren sie da? Augenscheinlich zum Starten von irgendeinem Flugkörper, folgerten die Auswerter, nur schien es keine Rakete zu sein; die in Peenemünde photographierten Raketen wurden mittels aufrichtbarer Startanlagen senkrecht gestartet, nicht von geneigten Rampen aus.

Das Rätsel der geheimnisvollen Rampen wurde Ende November von der scharfäugigen Bildauswerterin Constance Babington-Smith gelöst, die Hauptmann in der Royal Air Force war. Auf dem ihr vorliegenden neuen Luftbild eines Feldflugplatzes der Luftwaffe unweit der Kanalküste waren drei seltsame Anlagen zu sehen. Bei der Auswertung früherer Photographien desselben Flugplatzes hatte man diese Bauwerke als Garagenausfahrten und sogar als Teile einer Baggeranlage gedeutet. Aber Constance Babington-Smith sah diesmal genauer hin und bemerkte etwas, was ihren Kollegen entgangen war. Auf einer der Rampen saß ein unbemanntes kleines Flugzeug mit Stummelflügeln, bereit zum Start.

Constance Babington-Smith hatte eine V 1 gesehen. Ihre Entdekkung führte zu verstärkter Luftaufklärung über Nordfrankreich, das aufgrund seiner geographischen Nähe zu England am ehesten als Startgebiet für die fliegenden Bomben in Frage kam. Das neugewonnene Bildmaterial machte eine alarmierende Entwicklung deutlich: Die Rampen schienen sich in dem fraglichen Gebiet zu vervielfachen. Nicht weniger als 96 Startrampen wurden entdeckt, und alle waren auf London gerichtet.

Um der neuen Bedrohung zu begegnen, befahlen die britischen Stabschefs massive Bombenangriffe zur Vernichtung der Startrampen. Die Angriffe begannen am 19. Dezember 1943 und dauerten während des ganzen Januars 1944 an. In 1053 Einsätzen warfen amerikanische und britische Bomberverbände 20 000 Tonnen Bomben auf die identifizierten Startanlagen. Im Februar war von den ursprünglichen 96 Startrampen keine mehr intakt, und alle Indizien deuteten darauf hin, daß die Deutschen sie aufgegeben hatten. Die britische Führung atmete auf; der Präventivschlag schien die Bedrohung abgewendet zu haben.

Erst im späten Frühjahr entdeckten die Briten, daß der Gegner die Bombenangriffe nicht mit Resignation, sondern mit Findigkeit beantwortet hatten. Zwar hatten sie die ursprünglichen Standorte aufgegeben, dafür jedoch neue mit vorgefertigten Rampen errichtet, die innerhalb weniger Tage zusammengebaut werden konnten. Einige dieser neuen Startrampen standen gut getarnt in Wäldern oder Obstgärten; andere waren in unmittelbarer Nähe französischer Dörfer, deren Zivilbevölkerung neuerlichen Bombenangriffen der Alliierten zum Opfer gefallen wäre. Bis zum Juni hatten die Deutschen 50 neue Startrampen errichtet und trafen die letzten Vorbereitungen zum Angriff.

In England bereitete man sich auf das Schlimmste vor. Das Kriegskabinett entwarf den sogenannten Schwarzen Plan zur Evakuierung der militärischen Führung, des gesamten Parlaments und der 16 000 Regierungsbeamten in ländliche Gebiete.

Während sie fortfuhren, die Abschußrampen anzugreifen, wo immer es möglich schien, errichteten die Briten Verteidigungsgürtel gegen die fliegenden Bomben: Jagdflugzeuge entlang der Küste, und Flakbatterien weiter im Inland. Um London errichtete man schließlich Ballonsperren aus Fesselballons, deren lange Stahlkabel die V 1 aufhalten sollten.

Am 13. Juni raste die erste V 1 in einer von ihrem Katapult freigesetzten Dampfwolke über die Startrampe; ihr Strahltriebwerk zündete, und unter ohrenbetäubendem Lärm stieg sie himmelwärts, ihrem Ziel entgegen.

Zehn weitere V-1-Raketen folgten noch in derselben Nacht, und bis Ende des Monats waren 2000 gestartet worden. Im Juli 1944 wurden 3000 V-1-Raketen abgefeuert, die London zerstören sollten, von denen allerdings nur ein Drittel ihr Ziel erreichten. Viele stürzten infolge technischer Mängel kurz nach dem Start ab, kamen durch Fehlsteuerung vom Kurs ab und fielen in den Kanal oder gingen relativ harmlos auf die südenglische Landschaft nieder. Die britische Luftverteidigung, die sich anfangs einer unbekannten Waffe gegenübersah, stellte sich auf die neue Gefahr ein und erzielte allmählich bemerkenswerte Abwehrerfolge. Ende August erreichten Jagdflieger, Flakbatterien und Ballonsperren eine Abschußquote von 83 Prozent der nach England eindringenden V-1-Geschosse. Erleichtert legte daraufhin die britische Führung ihren Schwarzen Plan zu den Akten.

Für die Piloten der britischen Jagdflugzeuge war das Abfangen der V 1 eine gefährliche und unheimliche Erfahrung. Mit einer

General der Panzertruppen Ritter von Thoma, der Kommandierende General des Afrikakorps, ist hier mit britischen Bewachern zu sehen. Thoma geriet im November 1942 in Gefangenschaft und war der ranghöchste Offizier, den die Alliierten bis dahin gefangengenommen hatten. Unwissentlich gab der General wichtige Informationen preis; als man ihn mit einem anderen General in einem Raum allein ließ, der mit Mikrophonen versehen war, sprach er freimütig von deutschen Raketenwaffen und bestätigte damit Vermutungen der Alliierten.

Geschwindigkeit von 680 Stundenkilometern waren die fliegenden Bomben beinahe zu schnell, um sie einzuholen, und wenn ein Pilot nahe genug herankam, um mit einiger Treffsicherheit das Feuer zu eröffnen, bestand die Gefahr, daß er und seine Maschine von der explodierenden V 1 zerrissen wurden. „Aus Sicherheitsgründen eröffneten wir das Feuer anfangs aus ungefähr 400 Metern Distanz", erinnerte sich Oberstleutnant Beaumont, der eine Hawker Tempest flog. „Mit acht Metern Länge und 84 Zentimetern Durchmesser boten sie ein winziges Ziel, und meistens schossen wir daneben, so daß wir schließlich auf die halbe Distanz herangehen mußten. Aus dieser geringen Entfernung war es nicht möglich, der Explosion auszuweichen – sobald man sie sah, war man auch schon mittendrin. Man flog durch die Mitte des Feuerballs. Und kam auf der anderen Seite im Rückenflug heraus. Es dauerte eine Weile, bis wir das herausbekommen hatten.

„Tatsächlich", fuhr Beaumont fort, „passierte man beim Durchstoßen der Explosionswolke ein partielles Vakuum. Und das enorme Drehmoment des Propellers riß die Maschine mit herum. Es war ganz außerordentlich."

Die Treffsicherheit der Flakartillerie konnte im Sommer 1944 durch die Einführung eines neuen, in Amerika entwickelten Annäherungszünders wesentlich verbessert werden. Dieser Zünder war

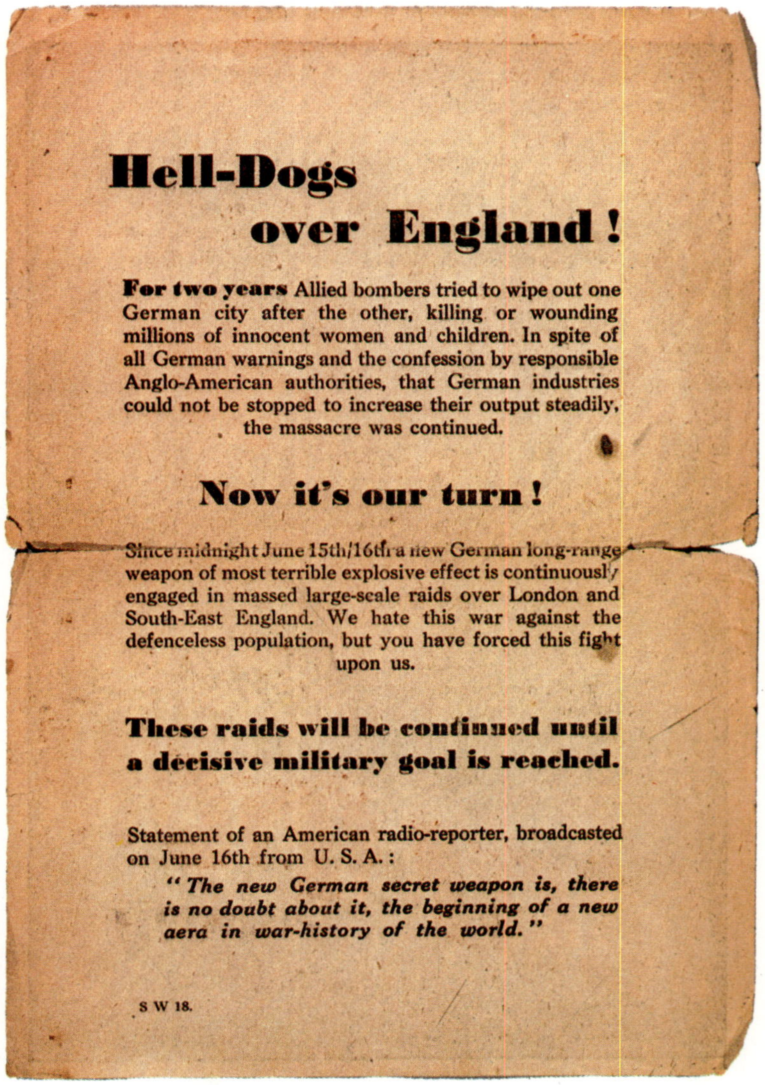

Hell-Dogs over England!

For two years Allied bombers tried to wipe out one German city after the other, killing or wounding millions of innocent women and children. In spite of all German warnings and the confession by responsible Anglo-American authorities, that German industries could not be stopped to increase their output steadily, the massacre was continued.

Now it's our turn!

Since midnight June 15th/16th a new German long-range weapon of most terrible explosive effect is continuously engaged in massed large-scale raids over London and South-East England. We hate this war against the defenceless population, but you have forced this fight upon us.

These raids will be continued until a decisive military goal is reached.

Statement of an American radio-reporter, broadcasted on June 16th from U. S. A.:

"The new German secret weapon is, there is no doubt about it, the beginning of a new aera in war-history of the world."

S W 18.

Flugblätter wie dieses, von deutscher Artillerie in den alliierten Landekopf in der Normandie geschossen, hatten das Ziel, die alliierten Soldaten zu demoralisieren. Um die V-1-Angriffe gegen England zu rechtfertigen, übertrieb der Verfasser die Zahl der deutschen Zivilisten, die bei alliierten Luftangriffen umgekommen war; die wirkliche Zahl lag im Sommer 1944 unter 300 000 Todesopfern.

im Grunde ein Miniatur-Radargerät in der Spitze der Granate, das die Nähe eines Ziels registrierte und die Explosion auslöste.

So gelang es den entschlossenen Anstrengungen der Flugabwehr, die Mehrzahl der in den englischen Luftraum eindringenden V-1-Geschosse unschädlich zu machen, ehe sie den Großraum London erreichten. Ein besonders erfolgreicher Tag war der 28. August, als von 94 gestarteten V-1-Flugkörpern nur vier auf London niedergingen. Die Flak brachte 65 zum Absturz, die Jagdflugzeuge 23, und die Fesselballonsperre zwei.

Dennoch erreichten im Durchschnitt jeden Tag 17 fliegende Bomben das Londoner Stadtgebiet, und für die Einwohner war die neue Gefahr so bedrohlich wie die Bombenangriffe der Jahre 1940 und 1941. Wegen ihrer Geschwindigkeit und weil die Höhe der Gebäude es unmöglich machte, von den Straßen aus mehr als einen schmalen Himmelausschnitt zu sehen, wurde eine nahende V 1 selten gesichtet. Aber sie wurde immer gehört, und die Londoner lernten das Geräusch fürchten. Zuerst kam der dröhnende Lärm des Argus-Schmidt-Triebwerks, ein furchteinflößendes Geräusch, das mit dem Näherkommen der V 1 ohrenbetäubend wurde. Dann, als ein eingebauter Zeitschalter die Treibstoffzufuhr unterbrach und das Triebwerk ausschaltete, ging die V 1 in den Sturzflug über, und für die Dauer einiger Sekunden wurde es unheimlich still, bis eine furchtbare Explosion die Luft zerriß.

Diese Geräuschsequenz wurde zu einer täglichen, entnervenden Erfahrung für die Londoner und so sehr zu einem Teil des Lebens in der Stadt, daß der Daily Express eine Karikatur abdruckte, die einen typischen Londoner mit einem grotesk vergrößerten Ohr darstellte, dessen abnorme Entwicklung vom ständigen Lauschen nach dem charakteristischen Geräusch einer V 1 herrührte.

Gelegentlich erzielten V-1-Geschosse verheerende Zufallstreffer. Schon am 18. Juni durchlug eines davon das Dach der Königlichen Garnisonskirche bei der Wellington-Kaserne, wo sich eine große Menge von Gläubigen zum Sonntagsgottesdienst versammelt hatte. Die Explosion tötete 121 Offiziere und Zivilisten und verletzte viele andere Anwesende.

Kurze Zeit später entgingen die Besucher einer Dichterlesung nur knapp einem ähnlichen Schicksal. Die englische Dichterin Edith Sitwell las aus ihren Werken, als die Luftschutzsirene zu heulen begann und die Annäherung einer V 1 signalisierte. Einer der Teilnehmer, ein in London stationierter kanadischer Offizier berichtete später den Hergang: „Durch Miß Sitwells Stimme, durch den Sirenenton konnten wir nun das pulsierende Dröhnen der Flugbombe hören. Es war ein Geräusch, gegen das wir alle immun geworden waren. Niemand rührte sich vom Fleck. Miß Sitwell fuhr fort, in ihrer wohlklingenden Stimme vorzutragen.

Luftschutzwarte auf den umliegenden Dächern stießen in ihre Trillerpfeifen – das bedeutete, daß ein Treffer in der Nähe unmittelbar bevorstand. Die Zuhörer der Dichterlesung warfen sich auf den Boden und versuchten, die Köpfe mit Stühlen zu beschirmen. Edith Sitwell las ohne die geringste Veränderung des Tonfalls oder Ausdrucks weiter. Niemand hörte ihr zu. Niemand konnte es.

Das ohrenbetäubende Brüllen des Triebwerks brach ab, und einige Sekunden später gab es ein dumpfes Krachen. Alle Fenster klirrten, und man hörte das Geräusch zerbrechender Scheiben. Edith Sitwell beendete ihre Lesung, als sei nichts gewesen. Dann zwinkerte sie uns kaum wahrnehmbar zu."

Im Laufe des Sommers wurde den Deutschen zunehmend bewußt, daß die V-1-Angriffe nicht den erhofften Vergeltungserfolg hatten, geschweige denn eine kriegsentscheidende Wirkung, und daß britische Gegenmaßnahmen sie von einer Bedrohung zu einer lästigen Plage reduziert hatten. Die in der Normandie gelandeten alliierten Armeen waren aus ihrem Landekopf ausgebrochen und ins Innere Frankreichs vorgestoßen. Im Spätsommer überrannten sie die V-1-Abschußbasen an der Straße von Dover. Im September hörten die V-1-Angriffe gegen London auf.

Das Reich besaß jedoch immer noch die bisher nicht eingesetzte V 2. Bis September waren etwa 600 V-2-Raketen fertiggestellt. Das Heer hatte getarnte Abschußrampen in den Niederlanden vorbereitet und war bereit, London unter Feuer zu nehmen.

Die Briten machten sich auf die V-2-Angriffe gefaßt. Informanten aus den Untergrundbewegungen im besetzten Europa hatten ihnen wiederholt Warnungen zugehen lassen. Der britischen Regierung waren sogar Teile der Rakete selbst in die Hände gefallen. Im Mai war eine probeweise von Blizna in Polen gestartete V 2 vom Kurs abgekommen und nahe dem Ufer in den Bug gestürzt. Angehörige der polnischen Untergrundarmee machten sich in aller Eile über die Trümmer her und bargen verschiedene Teile der Rakete. Im Juli flog eine britische Transportmaschine von Brindisi in Süditalien zu einem aufgegebenen Flugplatz in Polen. Die wertvollen V-2-Teile wurden an Bord gebracht und nach England geflogen. Im Juni tauschte auch die schwedische Regierung Teile einer V 2, die irrtümlich in Schweden niedergegangen war, gegen einige Radaranlagen der Briten ein.

Aus diesen Teilen konnten britische Wissenschaftler die wichtigsten Funktionen rekonstruieren, wobei sie vieles über Wirkungsweise und Leistung der V 2 lernten. Schon bald wurde ihnen klar, daß die Rakete eine komplizierte und hochentwickelte Maschine war, eine verblüffende wissenschaftliche und technische Leistung, und ihre Untersuchung führte sie zu einer bestürzenden Schlußfolgerung: Es gab keine Verteidigung gegen die V 2. Sie flog 90 Kilometer hoch und mit einer Geschwindigkeit von 5630 Stundenkilometern viel zu schnell, um von bestehenden Mitteln der Flugabwehr erfaßt zu werden. Den Alliierten blieb nichts als die

Zerstörung der Startrampen und Depots – keine einfache Aufgabe, weil sie klein und gut getarnt waren – sowie die Hoffnung, daß die alliierten Armeen mit der Zeit die Startgebiete der Raketen erobern würden. Das britische Kriegskabinett begann mit den Vorbereitungen für die Evakuierung von einer Million Londonern und für die Unterbringung der erwarteten Opfer der V 2 in Krankenhäusern.

Am Abend des 8. September zerriß eine Druckwelle den klaren Himmel über dem westlichen London mit weithin hörbarem Knall, gefolgt vom Poltern einer Detonation am Boden. Mehrere Gebäude wurden in Trümmer gelegt, es gab Tote und Schwerverletzte. Die erste V-2-Rakete hatte ihr Ziel gefunden. 22 weitere Raketen dieses Typs trafen die Stadt noch im gleichen Monat, gefolgt von 85 im Oktober und 154 im November. Doch bei all ihrer Zerstörungskraft und Unbesiegbarkeit kamen die Raketen nicht in den Massen, die notwendig gewesen wären, die Stadt auf die Knie zu zwingen. Überdies war die V 2 weniger entnervend als die V 1, weil sie dazu neigte, ein Gebäude bis zum Keller zu durchschlagen oder sich in die Erde zu bohren, ehe der Gefechtskopf explodierte. Wichtiger aber war, daß die Rakete nicht die von der deutschen Führung erwartete Hysterie auslöste. Das furchterregende Geräusch einer anfliegenden V 1 fehlte bei der V 2, die ohne Vorwarnung einschlug – ein psychologischer Vorteil für die Londoner. Sie gewöhnten sich daran, die täglichen Einschläge der V 2 mit Standhaftigkeit zu ertragen, mit dem Wissen, daß die Wahrscheinlichkeit das Überleben begünstigte. Einige konnten sogar noch scherzen. Um Panik abzuwenden, wagte die Regierung anfangs noch nicht, die Existenz der V 2 offiziell zuzugeben, und versuchte, die gewaltigen Detonationen als Explosionen unterirdischer Gasleitungen wegzuerklären. „Wieder das Gaswerk!" pflegten die Londoner dann ironisch zu kommentieren, wenn die Stadt unter dem Knall der Druckwelle und dem Krachen der Explosion erbebte.

Bis Kriegsende wurde England von 10611 V-1-Geschossen und 1115 V-2-Raketen getroffen, die 8588 Menschen töteten und 46838 verletzten. 23000 Gebäude wurden total zerstört, weitere 750000 beschädigt. Militärisch hatten die vielgerühmten Vergeltungswaffen wenig erreicht. Zwischen 1940 und 1943 waren durch die konventionellen Bombenangriffe der deutschen Luftwaffe etwa 52000 britische Zivilpersonen umgekommen. Und die Alliierten töteten allein bei dem schrecklichen Luftangriff auf das mit obdachlosen Flüchtlingen angefüllte Dresden im Februar 1945 schätzungsweise 25000 bis 35000 Menschen.

Am Ende waren die Visionen Hitlers von den Schrecken und Vernichtung ausstreuenden V-Waffen ebenso zunichte geworden wie die Hoffnung auf den Endsieg. Bei all ihrer Brillanz und ihren technologisch bahnbrechenden Leistungen hatte die deutsche Wissenschaft zuwenig und dieses Wenige zu spät hervorgebracht, um die Niederlage noch abzuwenden. Auf dem wichtigsten Sektor der wissenschaftlichen Forschung und Waffenentwicklung war sie weit hinter den Alliierten zurückgeblieben. Als der Krieg verlorenging, hatte Deutschland gerade erst angefangen, sich dem schrecklichsten Vernichtungspotential – der Atomenergie – zuzuwenden.

Im Gegensatz dazu waren alliierte Wissenschaftler und Ingenieure dabei, die Geheimnisse von Materie und Energie zu lösen. Viele von ihnen waren europäische Emigranten, die ihre Heimat aus Furcht vor nationalsozialistischer Herrschaft verlassen hatten. In geheimen Laboratorien und auf entlegenen Versuchsgeländen in den Vereinigten Staaten machten diese Männer die gewaltigste aller Energien der Kriegführung nutzbar und schufen die letzte und furchtbarste Geheimwaffe, die Atombombe.

Im Stahlgehäuse eines elektrostatischen Generators am Massachusetts Institute of Technology in Cambridge findet eine Inspektion der 7-m-Rohre und 4,5-m-Kugeln statt. Der in den dreißiger Jahren gebaute Generator ermöglichte amerikanischen Physikern die Erforschung der Atomstruktur und schuf schließlich die Voraussetzungen zur Entwicklung und zum Bau der Atombombe.

HITLERS VERGELTUNGSANGRIFFE

Eine deutsche V 1 stürzt im Juni 1944 auf London. Innerhalb von neun Monaten trafen 2420 dieser fliegenden Bomben die Stadt und töteten mehr als 6000 Zivilisten.

DIE BEDROHUNG AUS DER LUFT

m Jahre 1942 erhielt der britische Geheimdienst die ersten Agenenmeldungen aus Dänemark und Schweden über geheimnisvolle Flugobjekte, die über der Ostsee erschienen, geräuschvoll in östliche Richtung rasten und schließlich in die See stürzten. Zusammengenommen, lieferten diese Meldungen die ersten unzweifelhaften Hinweise darauf, daß die Deutschen tatsächlich über einsatzfähige Langstreckenraketen verfügten.

Diesen beunruhigenden Meldungen folgte im Dezember der Bericht eines dänischen Chemikers, der den Versuchsstart einer riesigen Rakete aus der Gegend von Swinemünde beobachtet hatte. Bis zum Frühjahr 1943 waren so viele bestätigende Informationen eingegangen, daß die Stabschefs der Streitkräfte einen besonderen Geheimausschuß bildeten, der das deutsche Raketenversuchsprogramm mittels intensiver Luftaufklärung überwachen sollte.

Es entwickelte sich ein erbitterter Wettlauf zwischen den Deutschen, die fieberhaft arbeiteten, um ihre „Vergeltungswaffen", die Hitler für kriegsentscheidend hielt, zur Serienreife zu entwickeln und einzusetzen, und den Briten, die ebenso fieberhaft bemüht waren, sie ausfindig zu machen und zu zerstören. In diesem Ringen bedienten die Briten sich nicht nur der Luftaufklärung und massiver Bombenangriffe auf Raketenfabriken und Startrampen, sondern auch der geheimen Operationen herkömmlicher Spionage. Die Deutschen wiederum scheuten keine Anstrengung, um den Stand ihrer Forschungsarbeit zu verbergen.

Die Spezialisten für Tarnung und Geheimhaltung leisteten so gute Arbeit, daß die Briten erst im Herbst 1943 erkannten, daß sie von zwei verschiedenen Waffen bedroht wurden – der V 1, einer fliegenden Bombe mit Strahlantrieb, und der Überschallrakete V 2. Im Juni 1944, als die ersten V-1-Geschosse über London erschienen – „unpersönlich wie eine Seuche", wie der Schriftsteller Evelyn Waugh es ausdrückte –, entwickelten die Briten neue Methoden der Luftabwehr, um die Wucht der Angriffe zu mildern. Die V 2 aber war eine weit größere Gefahr; sie war zu schnell für jede Form der Abwehr und konnte nur durch Zerstörung ihrer Depots und Startrampen bekämpft werden. Sie blieb deshalb eine Bedrohung und verrichtete ihr zerstörerisches Werk in England, bis die letzten Startrampen in Belgien und den Niederlanden kurz vor Kriegsende von den Alliierten besetzt wurden.

Eine V 1 wird auf einem Versuchsgelände mit Hilfe des Dampfkatapults gestartet. Die Uhr zeigt, daß das Bild 1,8 Sekunden nach dem Start aufgenommen wurde.

Eine V 2 hebt von der Abschußrampe in Peenemünde ab. Auf ihrer vorausberechneten Bahn erreichte die Rakete 90 Kilometer Höhe und flog etwa 250 Kilometer weit.

Eisenbahnschienen führen zur Baustelle eines riesigen Hangars der Heeresversuchsanstalt in Peenemünde.

EINE RAKETENFABRIK AN DER OSTSEE

Als Wernher von Braun 1936 nach einem Versuchsgelände für die Raketenentwicklung des deutschen Heeres Ausschau hielt, erinnerte er sich an das abgelegene, dünn besiedelte Usedom, wo sein Großvater bei dem Fischerdorf Peenemünde auf Entenjagd gegangen war.

Innerhalb weniger Jahre wurde Peenemünde zum führenden Raketenzentrum der Welt – ein Komplex von Erprobungsständen, Laboratorien, Hangars, Anlagen zur Verflüssigung von Sauerstoff, Windkanälen für Überschallgeschwindigkeit und riesigen Werkstätten, in denen alles, von Klappenventilen bis hin zu elektronischen Steuergeräten, montiert werden konnte.

In einem Wohnbezirk in Strandnähe lebten nahezu 3700 deutsche Wissenschaftler und Ingenieure. Unweit davon waren Barackenlager für Fremdarbeiter und Kriegsgefangene, die Peenemündes ungelernte Arbeitskräfte stellten.

Erstaunlicherweise gelang es, die Arbeiten in Peenemünde nach Kriegsausbruch länger als drei Jahre vor den Alliierten zu verbergen. Neubauten wurden kunstvoll getarnt in den Eichen-Buchen- und Kiefernwäldern errichtet, während getarnte Raketen nur während der vier- bis sechsstündigen Startvorbereitungen frei auf den Startplätzen standen.

Die geräumige Montagehalle des Werks für Raketenmotoren in Peenemünde, wo mehr als 500 – zuerst 1944 zum Einsatz gebrachte – V-2-Raketen gebaut wurden.

Mehrere V-2-Raketen, die zur Tarnung oliv, dunkelgrün und grau bemalt sind, stehen in einem Hangar in Peenemünde. Die Startvorbereitungen dauerten Stunden.

Die Bildauswerterin Constance Babington-Smith
ıntersucht Luftaufnahmen eines Aufklärers mit dem
Vergrößerungsglas. Manchmal wurden zwei Abzüge hergestellt und durch ein Stereoskop betrachtet, um die räumliche Wahrnehmung zu verbessern.

:in am 23. Juni 1943 von einem britischen Flug-
zeug aufgenommenes Foto zeigt zwei V-2-Raketen
Seite an Seite liegend (A) innerhalb des elliptischen
Erdwalls der Startanlage von Peenemünde, wo die
Raketen erprobt wurden. Sichtbar sind außerdem
zwei Türme (B) und ein Hangar (C).

LUFTAUFKLÄRER SUCHEN DIE V-WAFFEN

Nachdem die Briten durch Agentenmeldungen auf die Versuche in Peenemünde aufmerksam geworden waren, entsandte die Royal Air Force zweimal wöchentlich Aufklärer mit photographischen Ausrüstungen zur Insel. Gleichzeitig wurde eine Kette geheimnisvoller Betonbauten im Raum von Calais von Aufklärern überwacht.

Der Durchbruch für die Luftaufklärung kam im Juni, als eine Luftaufnahme von Peenemünde etwas zeigte, „was die Umrisse einer großen Rakete zu sein schienen". In der Vollmondnacht des 17. August flogen britische und amerikanische Bomber einen massiven Luftangriff auf Peenemünde, der das Raketenprogramm jedoch nur um zwei Monate verzögerte.

Aber im Herbst 1943 machte die französische Widerstandsbewegung die britische Führung auf eine weitere mögliche Gefahr aufmerksam: Seltsam geneigte Rampen waren im Gebiet der Kanalküste errichtet worden, deren Achsen direkt auf London zielten. Ihr Zweck wurde klar, als Hauptmann Constance Babington-Smith, eine Bildauswerterin der Royal Air Force, Photographien von Anlagen der Luftwaffe an der Ostseeküste untersuchte. Als sie dabei mit dem Auge einem Weg zum Strand folgte, entdeckte sie einen kleinen kreuzförmigen Flugkörper, der auf einer Rampe ruhte. Es war die erste V 1, die den Alliierten zu Gesicht kam.

Anschließende Bombardierungen zerstörten fast alle 96 V-1-Abschußrampen an der Kanalküste, aber die Deutschen entwickelten rasch vorgefertigte Rampen, die in Wäldern und Obstgärten verborgen wurden.

Ein B-17-Bomber belegt im August 1943 ein V-1-Treibstofflager bei Peenemünde mit Bomben. Die Angriffe, an denen 600 Bomber beteiligt waren, forderten 735 Menschenleben und zerstörten oder beschädigten mehr als 50 Gebäude.

RAKETENHERSTELLUNG IM BERGWERKSSTOLLEN

Um den verheerenden alliierten Luftangriffen zu entgehen, wurde die V-1- und V-2-Produktion in die Mittelwerke verlegt, einen verzweigten unterirdischen Fabrikkomplex im Kohnstein (Harz). Dort wurden, ungestört durch die Kameras alliierter Aufklärer, die stillgelegten Anlagen eines Bergwerks von ungefähr 13 000 Zwangsarbeitern – meist KZ-Häftlingen – ausgebaut und um ein gewaltiges Netz von Säulenhallen und kilometerlangen Tunnels erweitert. Dieser Fabrikkomplex produzierte bis Kriegsende rund 30 000 V-1-Geschosse sowie 6000 V-2-Raketen. Die V-2-Produktion erreichte einen Durchschnitt von 630 Raketen im Monat.

Obwohl die Mittelwerke sich den Blicken der Alliierten entzogen, wußten diese seit August 1944 von den Anlagen und bombardierten das Gebiet. Die Angriffe beeinträchtigten die Produktion kaum, störten aber den Schienenverkehr im Werksbereich und behinderten die Raketenversuche in Blizna, zu dem die Eisenbahntransporte etwa eine Woche unterwegs waren.

Die Einfahrt der Mittelwerke in den Kohnstein (links) läßt wenig von dem riesigen Komplex im Inneren des ehemaligen Bergwerks ahnen, wo V-2-Gehäuse in Serienmontage hergestellt werden (unten), um dann mit Treibstofftanks, Sprengstoff, Antriebsaggregaten und Steuerelektronik ausgerüstet zu werden.

In einem bombensicheren Eisenbahntunnel tief im Berginneren werden Anhänger für den Transport von V-2-Raketen montiert.

Während einer Erprobung wird eine V 1 von einer He 111 aus gestartet (Aufnahme aus der Bugkanzel einer zweiten Maschine).

HELFER DER ALLIIERTEN
M UNTERGRUND

Obwohl es immer wieder gelang, Herstellung, Transport und Abschußanlagen der V-Waffen vor Luftaufklärung zu schützen, so war es doch unmöglich, diese Aktivitäten der Beobachtung durch Informanten zu entziehen.

Auf Umwegen gelangten Meldungen von Fischern, Küstenschiffern, mit dem Fallschirm über den besetzten Gebieten abgesprungenen Agenten und nichtdeutschen Hilfswilligen der Wehrmacht nach England. Die vielleicht dramatischste Geheimaktion wurde am 20. Mai 1944 von Mitgliedern des polnischen Untergrunds ausgeführt, als sie das Antriebsaggregat einer V-2-Rakete (*rechts*) aus dem Bug bargen, die vom Versuchsgelände Blizna gestartet worden war. Ähnlich wertvoll waren die von zwei dänischen Beobachtern gelieferten Informationen über eine am 22. August 1943 auf Bornholm gelandete V 1. Die Agenten konnten das Geschoß photographieren und eine rohe Skizze anfertigen, ehe ein deutscher Suchtrupp eintraf.

Im besetzten Frankreich riskierten Agenten wiederholt ihr Leben, um die Alliierten auf Startanlagen der V-Waffen aufmerksam zu machen. Ein Meisteragent, der dabei gefangen wurde, war der Pole Wladyslaw Wazny (*rechts unten*). Er wurde erschossen, als er versuchte, aus einem dörflichen Versteck zu entkommen.

Um einen Maßstab zu geben, steht ein dänischer Polizeibeamter neben einer V 1, die auf der Insel Bornholm zerschellte. Die Aufnahme und die rechts wiedergegebene Skizze, die kurz vor Ankunft des deutschen Suchtrupps entstanden, wurden nach London weitergeleitet und dort analysiert.

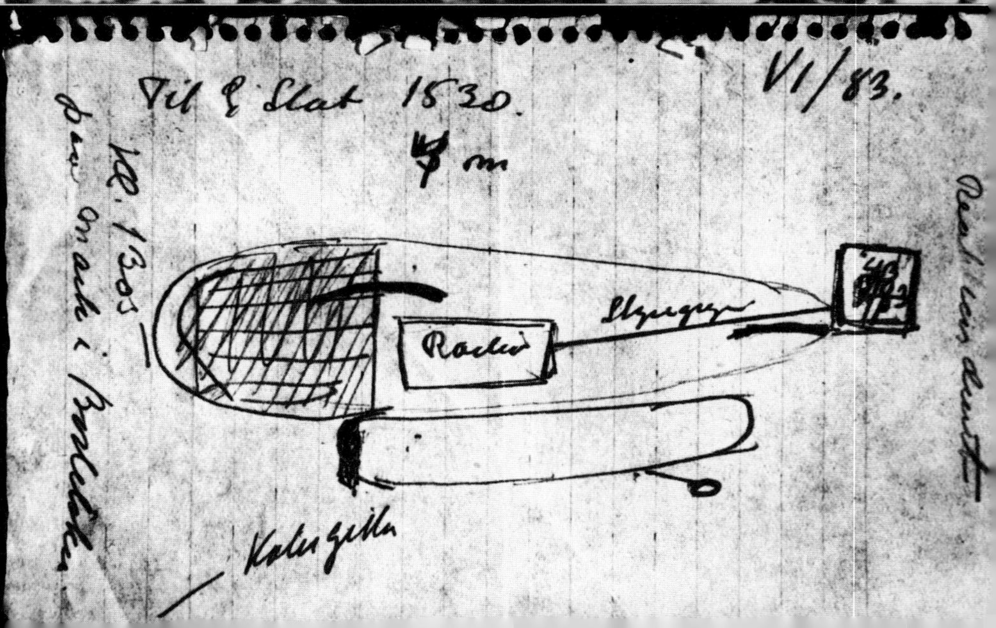

Angehörige des polnischen Untergrunds bergen Triebwerksteile einer V-2-Rakete, die 1944 in den Bug stürzte. Die Beute wurde in einer Scheune versteckt und von polnischen Agenten untersucht, die Beschreibungen davon nach London sandten.

Der von den Deutschen erschossene alliierte Agen Wladyslaw Wazny wird noch für Augenblicke vor zwei französischen Gendarmen auf den Beinen gehalten. Wazny war einer der erfolgreichsten Spione der Alliierten; für die Briten machte er meh als hundert V-1-Abschußrampen ausfindig

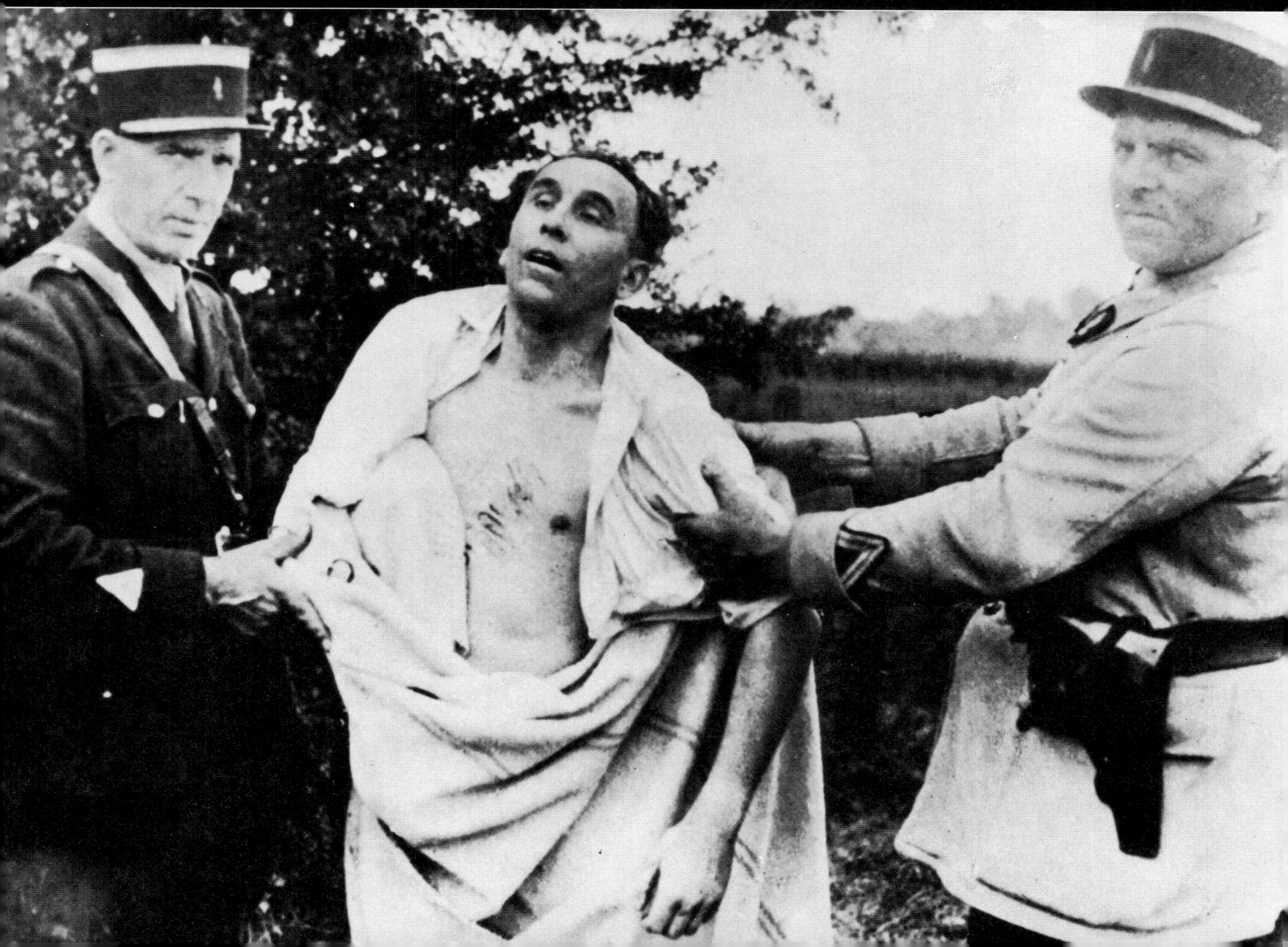

DER ABWEHRKAMPF GEGEN DIE V 1 ÜBER ENGLAND

Als die britische Führung erkannte, daß sie die deutsche V-Waffen-Offensive nur verzögern, aber nicht verhindern konnte, suchte sie den Großraum London durch ein dreifaches Luftabwehrsystem von Sperrballons, Flakbatterien und Jagdflugzeugen zu schützen.

Zwar vermochten diese Abwehrmittel nichts gegen die 1837 überschallschnellen V-2-Raketen, die von September 1944 an auf England abgefeuert wurden, aber sie waren erfolgreich gegen die V-1-Geschosse, soweit diese bei Tag einflogen. Einzelne britische Piloten lernten über die V 1 zu steigen, aus der Überhöhung herabzustoßen und die V 1 einzuholen, um sie durch Bordwaffenbeschuß zur Explosion zu bringen oder durch Kippen mit einer Tragflächenspitze zum Absturz zu bringen.

Von den nahezu 11 000 V-1-Geschossen, die vom 13. Juni 1944 an den Luftraum über England erreichten, wurden mehr als ein Drittel vor Erreichen ihres Zielgebietes zerstört. Mehr als die Hälfte der übrigen ging aufgrund falscher Zielinformationen der Doppelagenten vor Erreichen des inneren Stadtgebietes nieder.

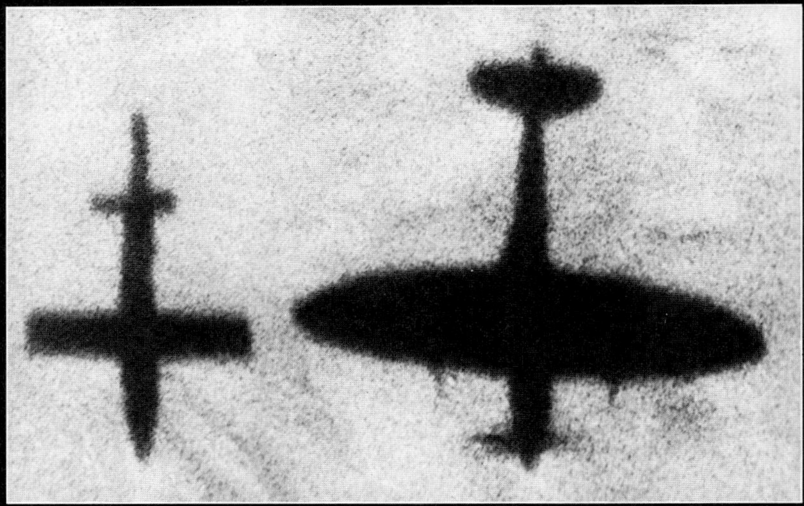

Eine britische Spitfire schiebt sich an eine V 1 heran (oben) und versucht sie durch Kippen mit dem Tragflächenende zum Absturz zu bringen.

Britische Sperrballons schweben im Einflugbereich der V-1-Flugbombe über Südengland. Die Konzentration von 2000 Ballons war die größte, die je erreicht wurde.

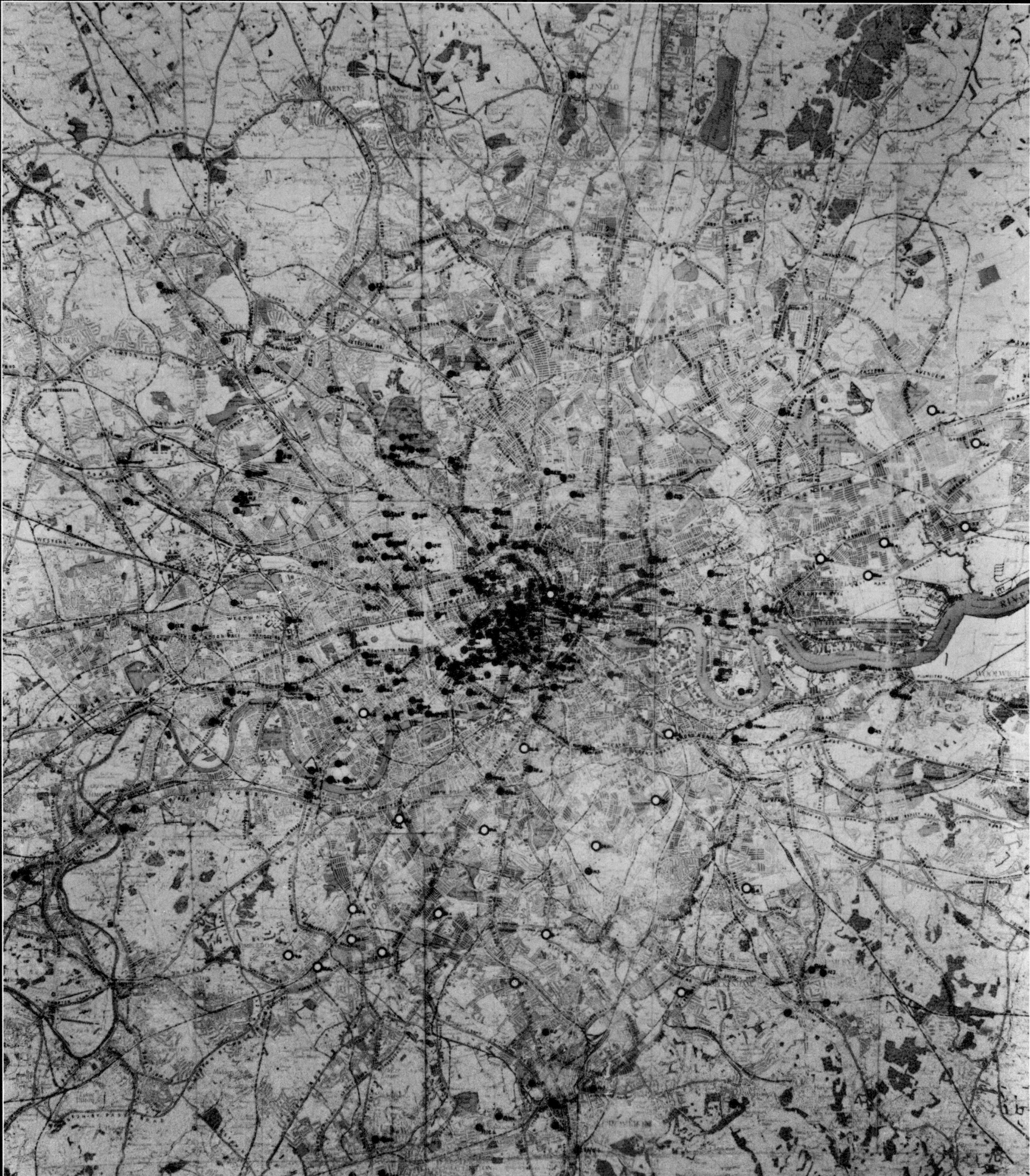

Eine deutsche Übersichtskarte des Großraumes London mit den Einschlagstellen der V-1-Geschosse, wie sie von Agenten in England gemeldet wurden (schwarze Punkte) und solchen, die durch eigene Funkpeilung korrekt ermittelt wurden (weiße Punkte). Angeblich flogen die V 1 über ihr Ziel hinaus, was von der Funkpeilung allerdings nicht bestätigt wurde. Die Deutschen verließen sich

GALERIE DER WUNDERWAFFEN

Eine deutsche BV 141 unternimmt einen Testflug. Zur Verbesserung der Sicht hatte der Aufklärer nur ein Höhenleitwerk, und die Kanzel saß auf der Tragfläche.

FEHLGESCHLAGENE EXPERIMENTE

Nicht jede Geheimwaffe, die in Kriegszeiten von Wissenschaftlern und Ingenieuren ersonnen wurde, trug den Stempel des Genies. Tatsächlich waren viele solcher Waffen dilettantisch, unwirksam oder gar gefährlich für die eigene Seite, und manche verletzten sogar elementare Gesetze der Physik.

Einige neuartige Waffen, die von der Idee her brauchbar schienen, erwiesen sich durch unüberwindliche Mängel als ungeeignet. Das links abgebildete italienische Motorboot sollte mit Explosivstoff beladen und dann im Angriff gegen ein alliiertes Schiff gefahren werden; aber der Steuermann mußte über Bord springen, ehe das Boot sein Ziel erreichte, und die Deutschen verzichteten auf die Waffe, weil das Boot bei kabbeliger See ohne Steuermann nicht Kurs halten konnte. Der asymmetrisch gebaute Aufklärer BV 141 *(S. 170—171)* bewies in der Erprobung seine guten aerodynamischen Eigenschaften. Die Luftwaffe aber lehnte ihn ab, weil seine seltsame Form die Piloten nervös machte, die darauf beharrten, daß dieses Flugzeug sich nicht fliegen lasse.

Andere Neuentwicklungen wiesen fundamentalere Fehler auf. Ein riesiger deutscher Lastensegler, der Truppen, Material und sogar Panzer auf dem Luftwege ins Operationsgebiet bringen und lautlos niederschweben sollte, erwies sich als so plump, daß er kaum in die Höhe zu bringen war. Die Briten entwickelten einen vertikalen Flammenwerfer, der Feindflugzeuge beim Angriff auf britische Handelsschiffe rösten sollte. Erprobungen zeigten jedoch, daß Bomber ohne Schaden durch die Feuersäule fliegen konnten.

Andererseits wäre das Radar, möglicherweise der bedeutsamste wissenschaftliche Durchbruch während des Krieges, ohne einen gewissen Wahn vielleicht nicht entwickelt worden. Die Wissenschaftler, die es ersannen, hatten es ursprünglich auf die Entdekkung und Erzeugung von Todesstrahlen abgesehen und träumten von einer Waffe, die töten würde, indem sie Radiowellen auf ein Ziel konzentrierte. Dabei entdeckten sie, daß die Wellen abprallten, ohne Schaden anzurichten. Ein früher britischer Plan zur Vernichtung einer möglichen deutschen Landungsstreitmacht mit Hilfe von elektrischem Strom war ebenfalls absurd. Die dafür im seichten Wasser entlang der Küste zu verlegenden Hochspannungskabel hätten genug an Energie transportieren müssen, um die See zum Kochen zu bringen, bevor ein einziger ans Ufer watender Soldat getötet worden wäre. Andere Verteidigungspläne hingegen, wie etwa die Entzündung treibender Ölinseln vor der englischen Südküste *(rechts)*, hätten sich möglicherweise bewährt, wären sie durch die Kriegsereignisse nicht überflüssig geworden.

Ein deutscher Navigationsoffizier testet ein mit Sprengstoff beladenes italienisches Motorboot. Der Bootsführer sollte 150 Meter vor dem Ziel abspringen.

Ein britischer Flammenwerfer (oben) demonstriert seine zerstörerische Wirkung am Boden, während andere, zur Abwehr einer erwarteten deutschen Landung an der Kanalküste stationiert, Glut- und Rauchwolken auf die See speien.

SCHWIERIGE PROBLEME MIT EINEM LASTENSEGLER

Der deutsche Lastensegler Gigant war wahrhaft gigantisch. Er hatte eine Spannweite von annähernd 60 Metern, genausoviel Bodenfläche wie ein vierachsiger Eisenbahnwaggon.

Aber es erwies sich als ungemein schwierig, den ungefügen Lastensegler in die Luft zu bekommen. Die Motoren des Kampfflugzeugs, das zuerst zum Anschleppen verwendet wurde, überhitzten sich; dann versuchten drei vorgespannte Jagdmaschinen, den Giganten gemeinsam in die Höhe zu bekommen, nur um in einem Gewirr von Kabeln zu zerschellen.

Schließlich lösten zwei He-111-Kampfflugzeuge, die miteinander verbunden waren, das Problem. Da aber andere Projekte Vorrang erhielten, wurden nur zwölf Zwillingsmaschinen gebaut. Zuletzt erhielt der Gigant selbst sechs Motoren. Das machte ihn zu einem brauchbaren Transportflugzeug, das bei Versorgungsflügen nach Rußland und Nordafrika eingesetzt wurde.

Gegenüber dem Bodenpersonal wirkt dieser Prototyp des Giganten riesig. Das Fahrgestell wog zwei Tonnen und wurde abgeworfen, sobald der Gleiter vom Boden abgehoben hatte. Mit einer Länge von fast 30 Metern war der Gigant der größte im Zweiten Weltkrieg eingesetzte Lastensegler.

Eine viermotorige Ju 90 schleppt den Giganten während eines frühen Versuchsfluges. Unter den Tragflächen des Lastenseglers hatte man Raketen befestigt, um während des Starts zusätzliche Schubkraft zu gewinnen; trotzdem meldeten die Piloten der Schleppflugzeuge häufig, daß sie mit dem Giganten die erforderliche Start- und Fluggeschwindigkeit kaum aufrechterhalten konnten.

Drei zweimotorige Me 110 in V-Formation schleppen gemeinsam einen Giganten an 100 Meter langen Stahlkabeln. Es kam zu vielen Unfällen, weil die überanstrengten Schleppflugzeuge durchsackten und die Kabel nicht ausklinkten.

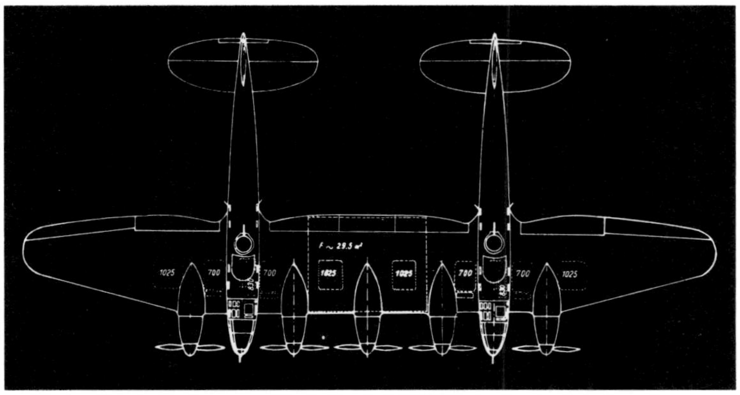

Ein Gigant im Schlepp von zwei Heinkel He 111, die man für diesen Zweck zu einer einzigen Maschine vereint hatte. An der Nahtstelle der beiden zweimotorigen Maschinen war ein fünfter Motor eingebaut (Schemabild oben); der Pilot saß im linken Cockpit, der Kopilot im rechten.

Wie ein prähistorisches Ungeheuer hebt der Gigant mit eigener Kraft vom Boden ab. Als sechsmotoriger Transporter konnte er einen Panzer oder eine 8,8-cm-Flak mit Bedienungspersonal und Munition oder 120 voll ausgerüstete Infanteristen befördern und wog beladen nahezu 50 Tonnen.

ESKAPADEN EINES FÜHRERLOSEN RADES

Es gab im Zweiten Weltkrieg wohl keine andere Waffe, die sich so widerspenstig und unberechenbar zeigte wie das „Great Panjandrum" genannte Doppelrad, eine riesige, raketengetriebene Spule, die mit zwei Tonnen Sprengstoff in der Achse durch das Wasser auf die deutschen Küstenbefestigungen in der Normandie zurasen und sie zerstören sollte.

Probeläufe dieses Doppelrads waren spektakuläre Anlässe, deren Ausgang niemand voraussagen konnte, denn selbst eine geringfügige Unebenheit konnte es mit seiner Laufgeschwindigkeit von nahezu 100 Stundenkilometern vom Kurs abbringen. Schlimmer noch war, daß die um die Lauffelgen angebrachten Raketen zum Losreißen neigten und dann kreischend über den Sand fegten. Immer wieder raste das Rad mit fauchenden Raketen die Rampe eines Landungsfahrzeugs hinunter, durchpflügte die See und jagte im Zickzack-Kurs umher.

Bis zuletzt blieb das Ungetüm unkontrollierbar, und nichts schien imstande, Schutz vor der eigenen Waffe zu garantieren. Bei seinem achten Probelauf lief das Rad zum letzten Mal Amok und jagte seine entsetzten Meister über eine kleine Anhöhe und in einen Stacheldrahtverhau.

Britische Wissenschaftler und Offiziere versammeln sich am 7. September 1943 in Südwestengland zum ersten Probelauf des großen Doppelrads. 18 Raketen waren zu schwach, um es den Strand hinaufzutreiben, und ihre Zahl mußte später vervielfacht werden.

Unter starker Rauchentwicklung stürzt sich das Große Panjandrum beim letzten Versuch über die Rampe in die See (oben) und pflügt durch seichtes Wasser auf das Ufer zu (Mitte). Nachdem eine Raketenklemme gebrochen war, bekam das Ungetüm Schlagseite (unten), kurvte seitwärts und jagte hinter den Zuschauern her.

EIN FLUGZEUGTRÄGER AUS EISBLÖCKEN

Eine der verrücktesten „Geheimwaffen" war der Flugzeugträger *Habbakuk,* eine Idee des Engländers Geoffrey Pyke. Bei der Namengebung hatte er sich von dem biblischen Propheten inspirieren lassen, der „eine Tat" versprochen hatte, „die ihr nicht glaubtet, wenn sie euch bloß berichtet würde."

Pykes Idee war die Verwendung einer Mischung von Eis und Holzschliff, Pykrete genannt, für den Bau von billigen, leicht zu konstruierenden und dringend benötigten Flugzeugträgern. Pykrete hatte unglaubliche Eigenschaften: Es ließ sich wie Holz bearbeiten, war fest wie Beton und schmolz erstaunlich langsam, obwohl es zu etwa 90 Prozent aus Eis bestand. Es überzeugte sogar Winston Churchill, als er ein Stück davon in seiner Badewanne erprobte.

Nach den Plänen wäre die *Habbakuk* über 600 Meter lang gewesen und hätte eine Wasserverdrängung von 1,8 Millionen Tonnen gehabt – das Sechsundzwanzigfache der Wasserverdrängung des Ozeanriesen *Queen Elizabeth.* Die rund 18 Meter dicken Wände des Rumpfes sollten Mannschaftsunterkünte, Hangars, eine riesige Gefrieranlage und 20 Elektromotoren zur Energieerzeugung umschließen.

Weitere Forschungen ließen die Aufgabe jedoch zunehmend schwieriger und kostspieliger erscheinen. Um die nahezu 280 000 Pykrete-Blöcke für ein solches Schiff herzustellen und zusammenzufügen, hätten 8000 Mann acht Monate lang in arktischen Temperaturen arbeiten müssen, und die Baukosten hätten geschätzte 70 000 000 Dollar betragen. Bevor die Angelegenheit schließlich entscheidungsreif wurde, hatte sich der Bedarf an Flugzeugträgern verringert, und der *Habbakuk* blieb das Schicksal erspart, langsam auf See dahinzuschmelzen.

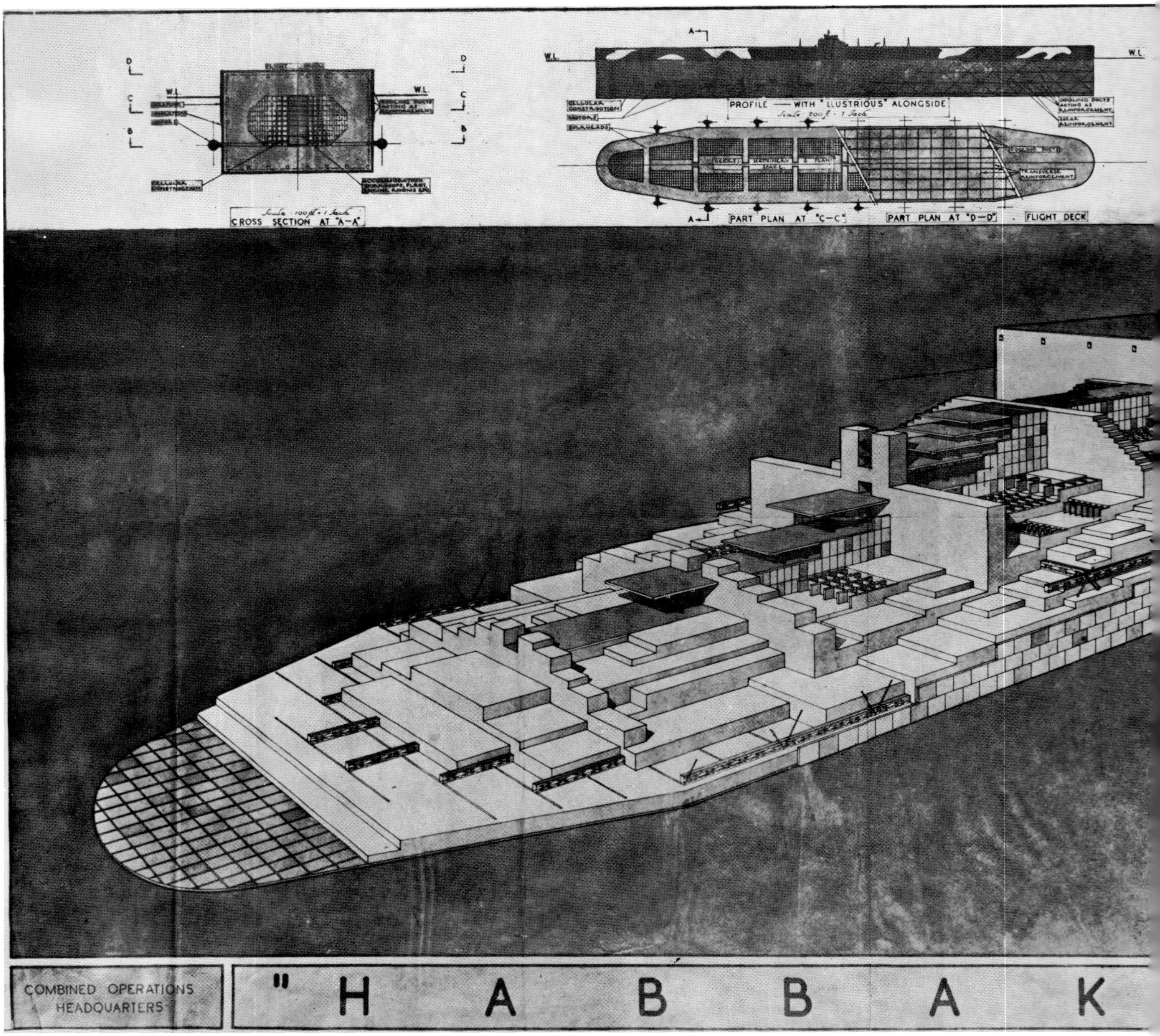

Die Zeichnung unten zeigt einen Querschnitt durch den Flugzeugträger „Habbakuk" vom Schiffsboden (links) bis zum Deck (rechts). Die 63 Meter hohe „Habbakuk" erscheint im Profil darüber neben der „Illustrious", dem größten britischen Flugzeugträger jener Zeit. Der Vergleich macht die Länge und den Tiefgang des Eisschiffes deutlich.

Kanadische Arbeiter bauen ein Modell der „Habbakuk" auf dem Patricia Lake in Ontario. Das Modell, das von 15 Mann in knapp zwei Monaten aus Eisblöcken gebaut wurde, war 20 Meter lang, 10 Meter breit und wog 1000 Tonnen.

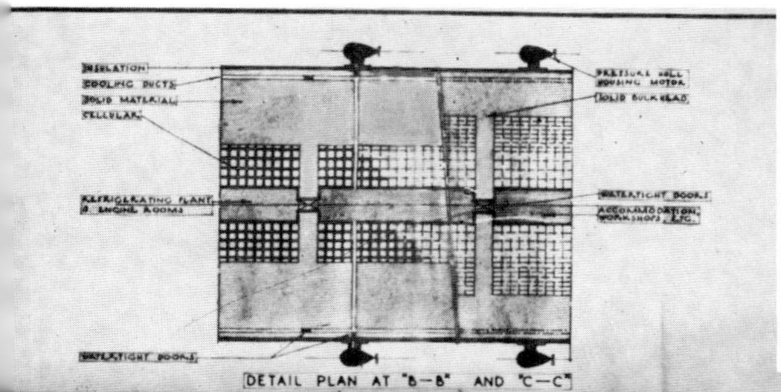

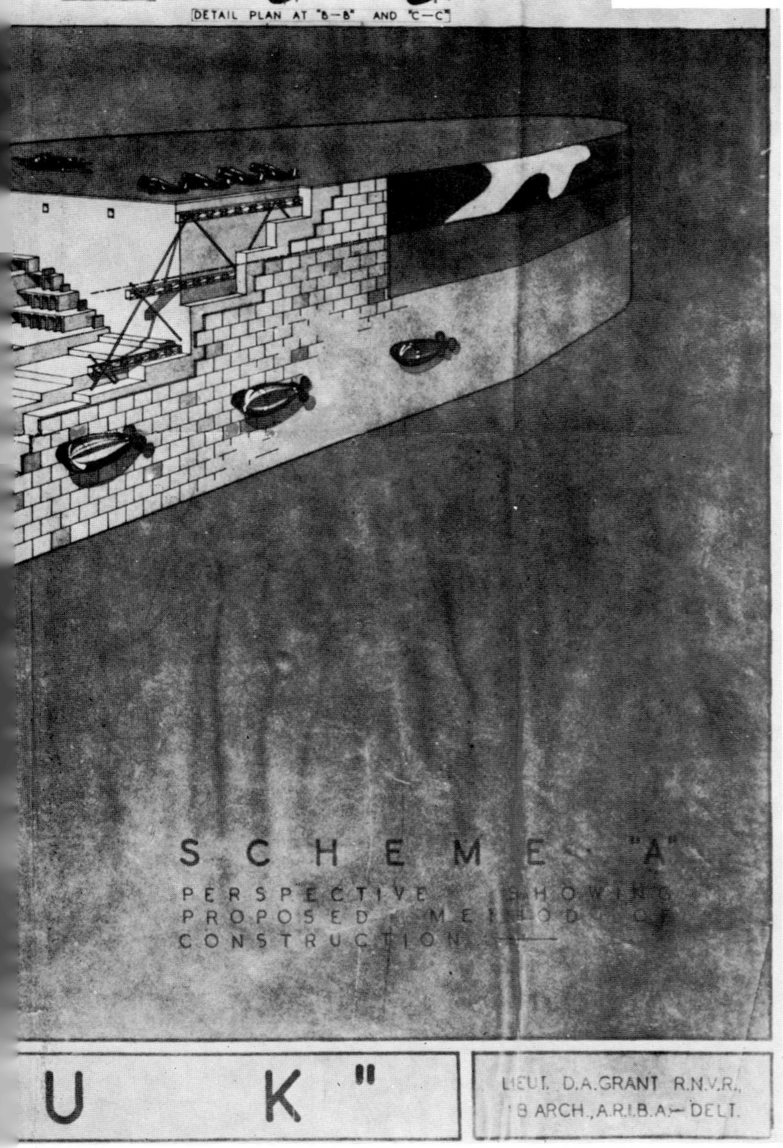

Das überdachte Modell der „Habbakuk" schwimmt nach seiner Fertigstellung im Frühjahr 1943 auf den ruhigen Wassern des Patricia Lake. Das Modell wurde als Bootshaus getarnt, um das Projekt des „Eisbergschiffes" geheimzuhalten.

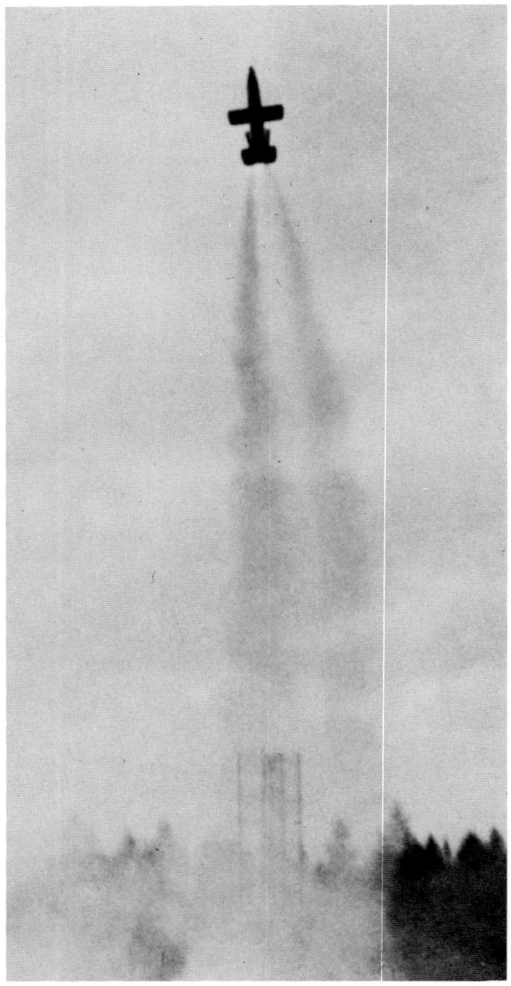

Auf einem Flugplatz bei Sankt Leonhard in Österreich bereiten deutsche Techniker (links) einen Natter-Abfangjäger für den Versuchsstart vor. Im Flug (oben) erreichte die kleine Maschine eine Höchstgeschwindigkeit von 1080 Stundenkilometern in 5000 Meter Höhe und hatte eine maximale Reichweite von ungefähr 60 Kilometern.

KÜHNE ENTWICKLUNGEN, DIE ZU SPÄT KAMEN

Derselbe rasche Umschwung im Kriegsgeschehen, der die *Habbakuk* überflüssig machte, brachte weitere neuartige Waffen hervor – insbesondere Verteidigungswaffen für Deutschland. Die von einem Raketenmotor angetriebene Natter (*oben und links*) vereinigte eine einfache Konstruktion und billige Materialien mit einer ausgefallenen Bergungsmethode. Sobald der Pilot die 24 Luft-Luft-Raketen in der Flugzeugnase auf die Bomber eines angreifenden Verbandes abgeschossen hatte, konnte er den Vorderteil der Natter abwerfen und aussteigen.

Das futuristische Nurflügelflugzeug (*rechts*) wurde zuerst als zu radikal abgelehnt; als es besser auszusehen begann, reichte die Zeit nicht mehr für die Entwicklung.

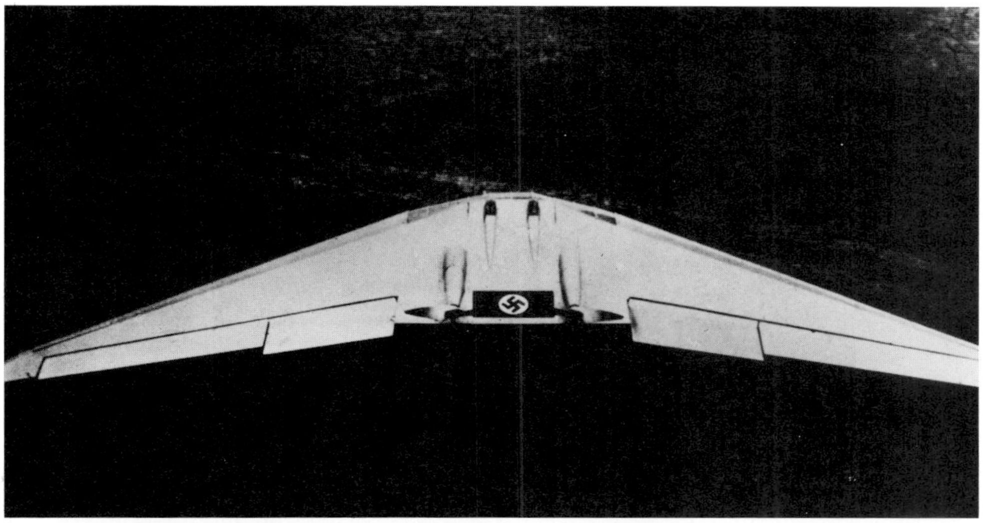

Das Nurflügel-Versuchsflugzeug Horten V, eine zweisitzige Düsenmaschine mit zwei Triebwerken, ist hier während eines Probeflugs über Deutschland zu sehen (links). Der mittlere Rumpfteil unten – von rückwärts betrachtet, mit dem Sitz des Flugzeugführers zwischen den augenartigen Öffnungen zweier Stahltriebwerke – gehörte zu einer Horten IX, die bei Kriegsende im Bau war. Sie erreichte eine Höchstgeschwindigkeit von mehr als 1000 Stundenkilometern in 12 000 Meter Höhe.

Ein amerikanischer Offizier steht vor einer erbeuteten deutschen Schallkanone, einer Traumwaffe, die Sauerstoff- und Methanexplosionen in Geräusche von tödlicher Lautstärke umsetzen sollte.

Auf dem Versuchsgelände Hillersleben bei Stuttgart ragt eine Windkanone zur Flugzeugabwehr in die Luft. Die Windkanone – die an der Elbe aufgebaut wurde, aber nicht mehr zum Einsatz kam – bezog ihre begrenzte Energie aus einer explosiven Knallgasmischung aus Sauerstoff und Wasserstoff.

VERGEBLICHE MÜHE IN LETZTER STUNDE

Unter den letzten verzweifelten Anstrengungen Deutschlands, durch überlegene neue Wunderwaffen doch noch das Schicksal zu wenden, gab es nicht nur ausgefallene und bahnbrechende Entwicklungen, sondern auch völlig abwegige. Zu diesen gehörte der Minenräumer, ein 120 Tonnen schweres gepanzertes Ungeheuer, das Minen einfach überrollen und die Explosion absorbieren konnte – aber zu schwer war, um Brücken und gewöhnliche Straßen zu befahren.

Deutsche Wissenschaftler versuchten auch, die Kräfte der Natur für andere Waffen einzusetzen. Die Schallkanone bestand aus zwei parabolischen Reflektoren, die nach den Angaben ihrer Erbauer genug Geräuschdruck im Brennpunkt vereinigen konnten, um Soldaten in 60 Meter Entfernung zu töten – vorausgesetzt, diese blieben 30 oder 40 Sekunden an Ort und Stelle. Die Windkanone sollte feindliche Bomber mit einem Hochdruck-Windstoß aus dem Himmel blasen. Deutsche Wissenschaftler gaben stolz an, ihr Versuchsmodell könne auf 200 Meter Distanz eine zollstarke Holzplanke zerbrechen.

Amerikanische Offiziere untersuchen ein deutsches Sturmgewehr mit einem abnehmbaren gebogenen Lauf zum Schießen um Ecken. Die Wehrmacht hoffte, daß der gebogene Lauf und sein besonderes Visier (auf dem Tisch links) im Häuserkampf entscheidende Vorteile bringen werde.

Ein amerikanischer Soldat streckt sich neben dem Rad eines erbeuteten deutschen Minenräumers. Das gepanzerte Riesenfahrzeug war mehr als 13 Meter lang und fast 4 Meter hoch; es brachte Landminen durch das Gewicht seiner 120 Tonnen zur Explosion, die aber ohne Folgen blieb.

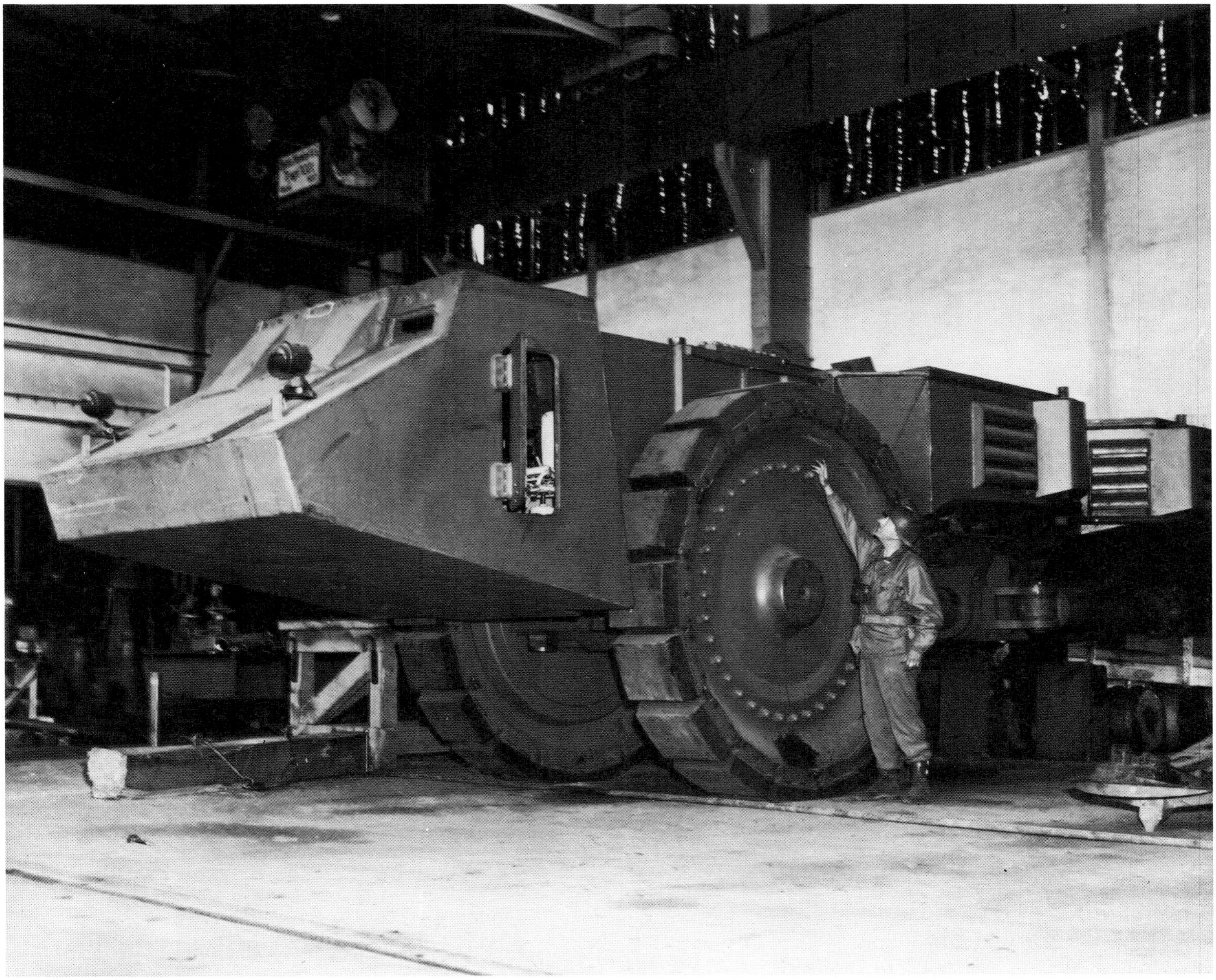

5

Mit den Augen des Feindes gesehen
Ein makabrer Fund an der spanischen Küste
Sechs einnehmende Schwindler
Der schlaue Kammerdiener in Ankara
Ein angeblicher Spion im Kreml
Der „Grand Chef" der Roten Kapelle
Das Phantom einer zweiten Invasionsarmee
Besorgtes Warten auf Hitlers Reaktion

MEISTER DER TÄUSCHUNG

Wenige Unternehmungen des heimlichen Krieges kamen an Kühnheit den Täuschungen gleich, die im Namen des Patriotismus inszeniert wurden. Beide Kriegsparteien wendeten sehr viel Energie und Erfindungsgabe nicht nur an die Auskundschaftung der feindlichen Pläne, sondern auch auf die vorsätzliche Täuschung des Feindes im Kleinen wie im Großen. An einem Ende des Spektrums war der Spion, der sich, unabhängig und auf sich gestellt, zu einem solchen Meister der Täuschung entwickelte, daß es selbst seinen Auftraggebern bisweilen schwerfiel, auszumachen, wo seine Sympathien und Loyalitäten lagen. Am anderen Ende waren Regierungsbehörden, die Tausende von Männern und große Mengen an Material für Schwindelunternehmen großen Stils aufboten.

Nach Meinung von Korvettenkapitän Ewen Montagu vom Nachrichtendienst der britischen Marine liegt eine der gelungensten Täuschungen des Krieges unter einem einfachen weißen Marmorgrabstein in der alten Fischerstadt Huelva am spanischen Golf von Cádiz begraben. Der Grabstein bezeichnet die letzte Ruhestätte eines gewissen William Martin, des Sohnes von John und Antonia Martin aus Cardiff in Wales. Er ist derselbe William Martin, der am 4. Juni 1943 als „Major William Martin, Königliche Marineinfanterie" in der Gefallenenliste der Londoner Times erschien. Und er ist derselbe William Martin, dessen Abreise von London zum alliierten Hauptquartier in Nordafrika in einem Bericht des deutschen Geheimdienstes vom 15. Mai 1943 vermerkt wird.

Für die deutsche Abwehr war der Major ein Sachverständiger in der Anwendung von Landungsfahrzeugen, ein enger Mitarbeiter von Lord Louis Mountbatten im Kommando für amphibische Operationen, und – wie sie ebenfalls zu wissen glaubten – ein Lebemann, der sein Konto bei der Londoner Lloyds Bank überzogen hatte und der mit einem Mädchen in Wiltshire befreundet war. Montagu und eine kleine Gruppe britischer Geheimdienstoffiziere in London wußten es besser. Für sie war das interessanteste Merkmal des Majors, daß er gar nicht existierte.

Die Rolle, die der Mann namens William Martin spielte, war von Montagu selbst geschrieben und inszeniert worden. Montagu, der Jura studiert hatte, ging mit der Sorgfalt eines Anwalts und der Kunstfertigkeit eines Malers an die Geheimdienstarbeit heran. Dazu paßt, daß er gern das Wort „künstlerisch" gebrauchte, um ein besonders brillantes Täuschungsmanöver zu beschreiben. Außerdem war er ein Virtuose der Verstellung.

Im Winter 1942/1943 gehörte Montagu einem Ausschuß von Vertretern der verschiedenen Waffengattungen an, die als Verbindungsoffiziere zu einer Anzahl von Dienststellen fungierten, die mit der Vorbereitung der geplanten alliierten Landung auf Sizilien beauftragt waren. Eine Frage beschäftigte alle an den Planungen Beteiligten: Wie konnte man die Deutschen glauben machen, der Schlag werde anderswo fallen? Das war eine schwierige Aufgabe, weil, wie Churchill bemerkte, „jeder halbwegs vernünftige Mensch wissen muß, daß es Sizilien sein wird". Eine naheliegende Antwort auf das Problem war die Anwendung der alten Spionagetaktik, den Feind durch das Zuspielen falscher Dokumente zu täuschen. Die Schwierigkeit lag jedoch darin, wie man diese Papiere dem Feind in die Hände spielen sollte.

Montagu erinnerte sich eines grotesken Vorschlags, der kurze Zeit vorher im Zusammenhang mit einer anderen Aufgabe gemacht, aber als zu weit hergeholt verworfen worden war. Als er sich die Idee nun durch den Kopf gehen ließ, erschien sie ihm plötzlich als eine Möglichkeit. „Warum sollte man nicht einen Leichnam besorgen, ihn als Stabsoffizier kleiden und ihm sehr wichtig aussehende Papiere mitgeben, aus denen hervorging, daß wir anderswo angreifen werden?" Der Leichnam konnte vor einer günstig gelegenen Küste über Bord geworfen werden, so daß er antreiben und den Anschein erwecken würde, der Mann sei Opfer eines Flugzeugabsturzes über See geworden.

Sobald Montagu die vorläufige Zustimmung des Ausschusses zu seinem Vorhaben hatte, suchte er den britischen Pathologen Sir Bernard Spilsbury auf, um ihn über einige medizinische Tatsachen zu befragen. Spilsbury erklärte ihm bei einem Glas Sherry in einem Londoner Club, daß nur ein sehr erfahrener und geschickter Pathologe feststellen könne, ob ein angetriebener Leichnam schon tot gewesen sei, ehe er ins Wasser geriet oder nicht. Ermutigt taufte Montagu sein Projekt Operation *Mincemeat* (Hackfleisch) und machte sich mit seinen Mitarbeitern auf die Suche nach einem geeigneten Leichnam.

Dies erwies sich entgegen seinen Erwartungen selbst im London der Kriegsjahre als schwierig, weil Montagu einer Familie, die gerade einen Angehörigen verloren hatte, nicht gut sagen konnte, was er mit dem Dahingeschiedenen vorhatte. Und öffentlich konnte er sein Anliegen erst recht nicht vortragen. „Von Leichen waren wir allzuoft umgeben", schrieb Montagu in seinem Nachkriegsbericht, „aber keine von ihnen konnten wir nehmen." Endlich erhielt er von einem amtlichen Londoner Leichenbeschauer den Leichnam eines Mannes Anfang Dreißig, der an Lungenentzündung gestorben war und daher genug Flüssigkeit in den Lungen hatte, die als Seewasser angesehen werden konnte.

Montagu lagerte den Toten in einem Tiefkühlraum und arbeitete den Rest seines komplizierten Planes aus. Da bekannt war, daß die Deutschen einen sehr aktiven Agenten ihres Geheimdienstes in der Nähe der spanischen Hafenstadt Huelva hatten, beschloß Montagus Gruppe, daß der Leichnam mit einem U-Boot dorthin transportiert und vor der Küste im Fanggebiet der einheimischen Küstenfischerei ausgesetzt werden sollte. Die im April vorherrschenden Südwestwinde würden den Toten mit Sicherheit an den Strand treiben. Montagu war zuversichtlich, daß die Entdeckung eines toten britischen Offiziers auf spanischem Boden dem deutschen Geheimdienst bald zu Ohren kommen würde.

Bei der Bestimmung, welche Informationen den Deutschen zugespielt werden sollten, hielten Montagu und seine Mitarbeiter sich an zwei klassische Geheimdienstregeln. Erstens sollte der Feind gezwungen sein, die falsche Geschichte, die ihm untergeschoben wird, selbst auszuarbeiten; zweitens sollte die Geschichte einen beim Feind bereits vorhandenen Argwohn bekräftigen. Da er glaubte, daß falsche Andeutungen nur überzeugend sein würden, wenn sie aus einer unanfechtbaren Quelle kämen, überredete Montagu General Sir Archibald Nye, den stellvertretenden Chef des britischen Empire-Generalstabs, einen nicht ernst gemeinten, kameradschaftlichen Brief an seinen Freund General Harold Alexander zu schreiben, der als Eisenhowers Stellvertreter die alliierten Landstreitkräfte im Mittelmeerraum befehligte.

„Mein lieber Alex", begann der Brief, „ich nutze die Gelegenheit, Ihnen durch einen von Mountbattens Offizieren einen persönlichen Brief zu schicken und unseren jüngsten Austausch von Kabeln über die Operationen im Mittelmeer und ihre zugehörigen Pläne zur Ablenkung des Gegners näher zu erläutern." Der Brief deutete an, daß man Sizilien als Scheinziel ausgeben wolle, in Wahrheit aber größere Pläne verfolge. Auch wurde ohne Nennung irgendwelcher Namen angedeutet, daß General Nye sich auf vorgesehene Operationen gegen Sardinien, Korsika und Griechenland beziehe.

Als nächstes mußte Montagu dem Leichnam Rang und Namen geben sowie einen militärischen Auftrag, der seine Anwesenheit vor der spanischen Küste erklärte. Er entschied sich für Major William Martin von der Königlichen Marineinfanterie. Dieser Name war häufig genug, und der Rang hinreichend mittelmäßig, um keine unerwünschte Aufmerksamkeit auf sich zu ziehen. Er teilte den Major dem Stab des Kommandos für amphibische Operationen zu, so daß er ein Sachverständiger für Landungsfahrzeuge sein konnte, unterwegs nach Nordafrika, um sich dem Stab Admiral Sir Andrew B. Cunninghams anzuschließen, des Oberkommandierenden der Seestreitkräfte im Mittelmeer.

Ferner hatte Martin ein Empfehlungsschreiben seines angeblichen Vorgesetzten Lord Louis Mountbatten für Cunningham bei sich, worin Mountbatten erwähnte, daß der Major einen „sehr dringenden" Brief von General Nye an General Alexander bei sich trage, der „zu vertraulich sei, als daß man seinen Inhalt über Funk weiterleiten könne". Mountbatten betonte, daß er Wert darauf lege, Martin wieder überstellt zu erhalten, „sobald das Angriffsunternehmen durchgeführt ist", und fügte hinzu: „Er könnte dann Sardinen mitbringen." Auf diesen letzteren Einfall war Montagu besonders stolz, weil er vermutete, daß die Deutschen die Erwähnung von Sardinen als einen versteckten, wenn auch plumpen Hinweis auf Sardinien auslegen würden.

Schließlich statteten Montagu und seine Mitarbeiter ihren Mann noch mit bestimmten Persönlichkeitsmerkmalen und den passenden Dokumenten dazu aus. Sie befanden, daß er seit kurzem mit einem Mädchen namens Pam verlobt sei und eine Rechnung der Firma S. J. Phillips aus der Bond Street über einen Brillantring bei sich haben sollte, dazu zwei Liebesbriefe von Pam („Liebling, warum mußten wir uns mitten in einem Krieg kennenlernen?" hieß es in einem) und einen Schnappschuß von einem Mädchen im Badeanzug, das im Kriegsministerium arbeitete. Der Major hatte einen Hang zum angenehmen Leben, wie zwei Eintrittskarten zu einer Londoner Bühnenschau und eine Einladung, dem Kabarett-Club beizutreten, erkennen ließen; dazu paßte sein leichtfertiger Umgang mit dem Geld (ein Schreiben der Lloyds Bank unterrichtete ihn, daß er sein Konto um 79 Pfund, 19 Shilling und 2 Pence überzogen habe). Briefe vom Vater des Majors und dem Familienanwalt bestätigten die Verlobung (sein altmodischer Vater mißbilligte sie) und erörterten die Ratsamkeit eines Testaments.

Es war wichtig, daß die spanischen Behörden die wichtigen Dokumente des Majors nicht übersahen. Um völlig sicherzugehen, versah der britische Geheimdienst ihn mit einer stabilen, verschlossenen Aktentasche, die mittels einer Kette am Gürtel seines Trenchcoats befestigt war, wie es bei den Bankboten der Fall zu sein pflegte. Der Mantel selbst stammte aus einer Kleiderkammer der Marineinfanterie, mit Rangabzeichen auf den Schulterstücken. Außerdem erhielt der Tote eine ziemlich abgenutzte Uniform der Marineinfanterie und gebrauchte Unterwäsche – mit herausgetrennten Wäschereietiketten, damit der deutsche Geheimdienst den persönlichen Hintergrund des Majors nicht allzu gründlich ausforschen konnte. Über den Trenchcoat wurde dem Toten eine Schwimmweste angelegt, um den Anschein zu erwecken, daß er Rettung erwartet habe, als er ins Wasser sprang.

Das Einkleiden des Leichnams war einer der grausigen Aspekte des Unternehmens. Montagu und seine Helfer mußten feststellen, daß sie, um dem Toten die Schuhe anzuziehen, ihm zuerst die Füße mit einem elektrischen Heizgerät auftauen und sie dann wieder einfrieren mußten. Die Beschaffung einer Photographie für den Ausweis des Majors erwies sich als eine noch schwierigere Aufgabe. „Ich bestreite", schrieb Montagu, „daß jemand einen Toten so photographieren kann, daß er auf dem Bild wie ein Lebender aussieht." Dann entdeckte er durch einen glücklichen Zufall auf einer Versammlung, der er beiwohnte, einen Mann, „der ein Zwillingsbruder des Toten hätte sein können", und überredete den Doppelgänger, sich photographieren zu lassen.

Mit diesem letzten Zeugnis seiner Identität wurde Major Martin mit viel Trockeneis in eine Blechkiste mit der Aufschrift „Optische Instrumente" gepackt, nach Greenock in Schottland geschafft und dort an Bord des U-Bootes *Seraph* gebracht. Zwölf Tage später, im Morgengrauen des 30. April 1943, tauchte die *Seraph* eine Seemeile vor der Mündung des Rio Tinto auf. Die Leiche wurde aus ihrer Blechkiste genommen, nach einem kurzen Gebet der See übergeben und das Weitere der deutschen Abwehr überlassen.

Noch ehe der Tag um war, ging dem britischen Geheimdienst die willkommene Nachricht zu, daß Major William Martin sein Ziel erreicht hatte. Die Information kam in der Form einer aufgeregten Botschaft des britischen Marineattachés in Madrid, der vom britischen Vizekonsul in Huelva unterrichtet worden war: Spanische Fischer hatten den Leichnam eines britischen Offiziers gefunden. (Um das Unternehmen nicht zu gefährden, waren weder der Konsul noch der Attaché in den Plan eingeweiht worden.)

Von den Geheimdienstoffizieren gedrängt, erklärte der Marineattaché in Madrid nun den Spaniern, daß der Major eine schwarze amtliche Aktentasche bei sich getragen habe, die schnellstens unversehrt zurückgegeben werden müsse. Die spanischen Behörden beriefen sich auf bürokratische Formalitäten und behielten die Aktentasche zwei Wochen lang. Als sie endlich zurückgegeben und nach London weitergeschickt wurde, sahen die Spezialisten des Geheimdienstes zu ihrer Befriedigung, daß der Inhalt untersucht worden war. Obwohl die Umschläge, in denen die Schreiben steckten, verschlossen waren, zeigte die mikroskopische Prüfung, daß die Papierfalten der Briefe nicht genau mit den ursprünglichen Falten übereinstimmten. Montagu war überzeugt, daß die Briefe von deutschen Agenten photographiert und die Kopien nach Berlin

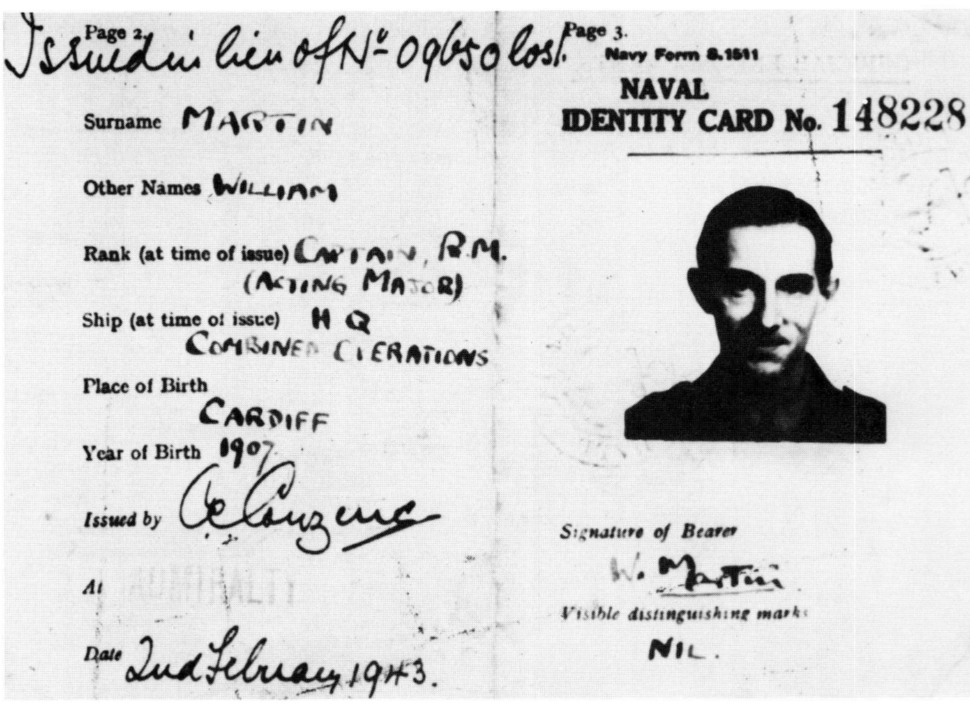
Issued in lieu of No 09650 lost.
Page 2.
Page 3.
Navy Form S.1511
NAVAL IDENTITY CARD No. 148228
Surname MARTIN
Other Names WILLIAM
Rank (at time of issue) CAPTAIN, R.M. (ACTING MAJOR)
Ship (at time of issue) H Q COMBINED OPERATIONS
Place of Birth CARDIFF
Year of Birth 1907
Issued by
At
Date 2nd February 1943.
Signature of Bearer W. Martin
Visible distinguishing marks NIL.

Dieser gefälschte Personalausweis half den Erfolg der Operation „Mincemeat" sichern, in der ein Leichnam benutzt wurde, um die deutsche Abwehr von der bevorstehenden Landung auf Sizilien abzulenken. „Ich bezweifle, daß irgendein ‚Verbrechen' jemals so peinlich genau vorbereitet worden ist", frohlockte der britische Geheimdienstoffizier, der die Idee zu dem Unternehmen gehabt hatte.

gesandt worden waren. Aufzeichnungen, die viele Jahre später entdeckt wurden, bestätigten seine Vermutung.

„Die Echtheit der erbeuteten Dokumente steht außer Zweifel", erklärte ein Bericht, der am 14. Mai 1943 an Großadmiral Karl Dönitz ging, den Oberbefehlshaber der Kriegsmarine. In seinem Tagebuch bemerkte Dönitz, daß selbst Hitler von der Echtheit der Dokumente überzeugt gewesen sei. Zwar rechnete man auf deutscher Seite auch weiterhin mit einer alliierten Landung auf Sizilien, doch wurden nun militärische Kräfte an vermeintlich andere gefährdete Regionen abgegeben.

Montagu mußte nicht erst auf die Auswertung deutscher Dokumente nach dem Krieg warten, um die Wirkung seines Schwindelmanövers zu sehen. Anfang Juni verstärkten die Achsenmächte ihre Streitkräfte auf Korsika, Sardinien und in Griechenland. Eine deutsche Panzerdivision trat die lange Bahnreise von Frankreich nach Griechenland an, wo sie in der Stadt Tripolis auf dem Peloponnes stationiert wurde.

Unterdessen wurde Major Martin mit allen militärischen Ehren in Huelva beigesetzt. Trauerkränze von seiner Familie und Pam lagen auf dem Grab. Der britische Vizekonsul in Huelva, der noch immer im dunkeln tappte, übersandte der Familie seine Beileidsbekundung und eine Photographie der spanischen Marinesoldaten, die über dem Grab Salut feuerten.

Das gesamte Täuschungsmanöver stand, wie Ewen Montagu hervorhob, unter dem Leitprinzip, die Angelegenheit nicht mit den Augen eines Engländers zu sehen, sondern so, wie ein deutscher Geheimdienstoffizier sie vermutlich sehen würde. Dabei wurde versucht, die Voraussetzungen, die der Feind seinem Handeln zugrunde legte, so gründlich nachzuvollziehen, daß „man imstande war, sich in ihn hineinzuversetzen". Die ineinandergreifenden Fiktionen, die sorgfältig herausgearbeiteten kleinen Details der Person und ihrer Umstände – bei allem hatte der Gedanke an das wache Mißtrauen und den Spürsinn dieses hypothetischen Deutschen Pate gestanden.

Die Notwendigkeiten des Krieges führten zu verschiedenartigen und bisweilen noch feiner ausgeklügelten Täuschungen, und mit der Zahl der Aktionen wuchs die Geschicklichkeit der Akteure. Die Anforderungen, die an die Geheimdienste beider Seiten gestellt wurden, wurden mit der Beschleunigung des Kriegsgeschehens immer höher geschraubt. Die Alliierten wurden von den sich mehrenden Erfolgen angespornt; die Deutschen drängte das verzweifelte Notwendigkeit, durch Kenntnis der feindlichen Pläne die eigene Lage zu verbessern.

In den Annalen des geheimen Krieges blieben die meisten Urheber von Schwindelaktionen so anonym wie der Mann, dessen Leichnam die Identität von Major Martin annahm. Dasselbe galt auch für die Agenten, die mit Korvettenkapitän Montagu an der Durchführung arbeiteten. Hin und wieder kamen Spione jedoch zu Ruhm, wenn auch unter ihren Codenamen. Zu diesen gehörten Cicero, Max und Josephine, die für die Deutschen arbeiteten, wie auch der Grand Chef, Lucy und Ramsay, die den Russen dienten. Einige unter ihnen waren reine Idealisten, andere nur an Geld interessiert. In manchen Fällen, so scheint es, täuschten sie die Regierungen, in deren Sold sie standen; in anderen wurden sie selbst hereingelegt. Ausnahmslos aber beherrschten sie die Kunst der Täuschung und Verstellung.

Einer der berühmtesten Agenten war Cicero, der für die Deutschen arbeitete, ein Albaner mit Namen Elyesa Bazna.

Bazna war der geborene Schwindler. Im Laufe seiner vierzig Jahre war er nacheinander ein kleiner Krimineller, Schlosser, Feuerwehrmann, Taxifahrer und schließlich Kammerdiener bei verschiedenen ausländischen Diplomaten in der Türkei gewesen. Seine Karriere als Spion begann in der zweiten Hälfte des Jahres 1943, als er im Haushalt des britischen Botschafters in der Türkei, Sir Hughe Knatchbull-Hugessen, angestellt wurde. Dieser war ein Mann von Welt und ein umsichtiger Diplomat, der zur Entspannung Klavier spielte und satirische Couplets auf das britische Außenministerium verfaßte. Bazna, der offenbar aus eigenem Antrieb handelte und zweifellos Geschmack an Reichtum und Abenteuer fand, nutzte die Vertrauensstellung bei seinem neuen Dienstherrn, um sich Zugang zu Geheimdokumenten zu verschaffen.

Sir Hughe verwahrte die meisten geheimen Papiere in einem schwarzen Aktenschrank in seinem Schlafzimmer. Eines Morgens, als der Botschafter in der Badewanne war, nahm Bazna die Schlüssel zum Aktenschrank vom Nachttisch und machte Wachsabdrücke von ihnen. Mit den davon gefertigten Nachschlüsseln entwendete er später eine Anzahl Dokumente, trug sie in sein Quartier unter der Treppe und photographierte sie im Licht einer 100-Watt-Birne mit einer Leica. Die Geheimdokumente legte er wieder zurück, die Aufnahmen aber bot er der deutschen Botschaft zum Kauf an. Seine Forderung belief sich auf fürstliche 20 000 Pfund Sterling für die ersten zwei Filme mit je 26 Aufnahmen und 15 000 Pfund für jeden weiteren Film.

Die Deutschen – interessiert, aber wachsam – beschlossen, Bazna auf die Probe zu stellen. Bei einem nächtlichen Treff im Gartengeräteschuppen der deutschen Botschaft nahmen sie einen Kleinbildfilm von ihm an, um das Material zu prüfen. Die Untersuchung überzeugte sie, daß Bazna Zugang zum geheimen Schriftverkehr der britischen Botschaft hatte.

Die Aufnahmen, bemerkte Ludwig Moyzisch, Baznas Kontaktmann an der deutschen Botschaft, zeigten Dokumente, von denen „mancher Geheimagent sein Leben lang nur träumen kann". Nach diesem überzeugenden Beweis nahmen die Deutschen Bazna unverzüglich als Agenten in ihren Dienst.

In den nächsten sechs Monaten versorgte Bazna seine Auftraggeber mit einem nicht abreißenden Strom von Telegrammen und Dokumenten aus dem Informationsaustausch zwischen der britischen Botschaft in Ankara und dem britischen Außenministerium in London. In Anerkennung dieser Fülle von wichtigen Nachrichten erhielt er den Decknamen Cicero – nach dem berühmten römischen Redner gleichen Namens.

Obwohl sie seine Informationen gerne nahmen, schenkten die Deutschen Cicero niemals ihr volles Vertrauen. Sie fragten sich, wie ein auf sich selbst gestellter Amateur Dokumente im Licht einer einzigen 100-Watt-Birne so vollkommen photographieren konnte und wie jemand mit seinen begrenzten Kenntnissen der englischen Sprache und der Kriegsstrategie so rasch und untrüglich wichtige Dokumente aus der Menge des durchlaufenden Materials auswählen konnte. Sie folgerten, daß er entweder mit anderen zusammenarbeiten oder selbst ein geschulter Agent sein müsse. Dennoch fuhren sie fort, Cicero zu bezahlen, weil das Material, das er lieferte, überzeugend war. Aus keiner anderen Quelle ließen sich die britischen Absichten in bezug auf den Balkan und den Nahen Osten so direkt entnehmen. Unter diesem Material befanden sich Dokumente, die das britische Bemühen zeigte, die Türkei auf der Seite der Alliierten in den Krieg zu drängen, Geheimberichte über die alliierte Konferenz von Teheran, Vorausinformationen über einen Luftangriff, den die Royal Air Force im Januar des kommenden Jahres gegen Sofia führen wollte, und vieles andere mehr.

Für diese erstklassigen Geheiminformationen bezahlten die Deutschen ihren Agenten großzügig mit britischen Banknoten. Eine Zeitlang verwahrte er seinen anwachsenden Reichtum unter dem Teppich seines Zimmers in der Residenz des britischen Botschafters, weil er das Gefühl genoß, Geld unter seinen Füßen zu spüren. Nach einiger Zeit aber, als sein Schatz auf mehr als 300 000 Pfund angewachsen war, bediente er sich der konventionelleren Methode, es in einem Safe zu verstauen.

Es scheint, daß der Argwohn der Deutschen unbegründet war. Die Informationen, die Bazna ihnen lieferte, waren von höchstem Interesse. Aber auch sie konnten das sich weiter zuungunsten Deutschlands verschiebende Kräfteverhältnis und die daraus folgende Entwicklung der militärischen Lage nicht ändern. Für Ludwig Moyzisch, der als Handelsattaché an der deutschen Botschaft in Ankara getarnt, der dortige SD-Vertreter war, lag der vielleicht bemerkenswerteste gemeinsame Aspekt der Dokumente in der daraus sprechenden „unversöhnlichen Entschlossenheit der Alliierten, das Dritte Reich zu vernichten". Vielleicht war dies der Eindruck, welchen die Briten vermitteln wollten, falls Bazna tatsächlich ein Doppelagent gewesen sein sollte. Die britische Regierung verweigert darüber jede Auskunft.

Aus seinem nach dem Krieg erschienenen Erlebnisbericht wird deutlich, daß Bazna-Cicero für niemanden als für sich selbst arbeitete. Nach seinen Angaben mußte er die Spionagetätigkeit aufgeben und untertauchen, nachdem Moyzischs Sekretärin zu den Amerikanern übergelaufen war. Mit seinem neuerworbenen Reichtum begann er in dem Stil zu leben, der ihm seiner Meinung nach zukam. Er verließ seine Frau und seine vier Kinder, legte sich eine elegante Geliebte zu und bezog eine prächtige Hotelsuite in dem türkischen Kurort Bursa. Nach dem Krieg erhielt er Regierungskontrakte zum Bau einer neuen Schule und eines Postamtes in Istanbul und brachte es zu einer Prominenz, die ihm Einladungen türkischer Regierungsmitglieder eintrug. Er plante den Bau „des exklusivsten Kurhotels in der Türkei", als seine Bank ihn mit einer furchtbaren Nachricht überraschte. Das Vermögen, das die Deutschen ihm gegeben hatten, bestand größtenteils aus gefälschten Banknoten.

Ruiniert und verfolgt von Gläubigern, verklagte der empörte Bazna erfolglos die Regierung der Bundesrepublik Deutschland. Bis zu seinem Tod im Jahr 1971 lebte er in einer engen Gasse in Istanbul, wo er mit Gebrauchtwagen handelte und Gesangsstunden gab. Elyesa Bazna alias Cicero starb mittellos – ein Opfer des Spiels, durch das er hatte nach oben kommen wollen.

Eine weitere legendäre Gestalt der Spionagegeschichte des Zweiten Weltkriegs war nur als Max bekannt – eine rätselhafte und kaum erkennbare Gestalt, die nie identifiziert werden konnte. Max

versorgte die deutsche Abwehr direkt aus dem Zentrum der Sowjetmacht, dem so gut wie undurchdringlichen Kreml – falls das Bild zutrifft, das die Welt sich von ihm macht.

Max erscheint kurz nach dem deutschen Angriff auf die Sowjetunion im Juni 1941 auf der Bühne der Spionagetätigkeit. Zahlreiche russische Emigranten, ukrainische Nationalisten und Anhänger des früheren zaristischen Regimes verbanden mit Hitlers Angriff auf die Sowjetunion die Hoffnung auf eine Rückkehr in ihre Heimat, und viele von ihnen stellten sich den Deutschen zur Verfügung. Auf Umwegen, die heute nicht mehr zu rekonstruieren sind, machte jemand aus dem Kreis dieser „Weißen" die Deutschen auf die Existenz eines Informanten im Kreml aufmerksam. Die Abwehr war für den Hinweis dankbar und beauftragte einen ihrer Agenten namens Fritz Kauders, mit dem geheimnisvollen Informanten, der Max getauft wurde, Kontakt aufzunehmen.

Kauders kam aus Wien und war eine schwer durchschaubare Persönlichkeit. Vor dem Krieg hatte er am Rande der Gesellschaft gelebt, als Sportjournalist in Zürich, Paris, Berlin und Budapest gearbeitet und sich nebenbei durch Währungstransaktionen auf dem Schwarzen Markt die Taschen gefüllt. Wie man hört, war er ein überzeugender Lügner mit dem besonderen Talent, sich mit hochgestellten Leuten anzufreunden. Eine seiner fruchtbarsten Verbindungen war die mit dem amerikanischen Konsul in der jugoslawischen Stadt Zagreb, der sich vor allem beim Kauf von Antiquitäten auf seine Hilfe verließ und dem Kauders Dokumente stahl, die er der Abwehr verkaufte.

Diese installierte Kauders in einer Villa in Sofia. Bulgarien war Deutschlands Verbündeter, im Krieg gegen die Sowjetunion jedoch neutral, und Sofia war Sitz einer großen sowjetischen Botschaft. Schon kurz nach dem Beginn seiner neuen Tätigkeit entlockte Kauders dem geheimnisvollen Max eine Menge Informationen, die die deutsche Abwehr durch ihre Kenntnis von Entscheidungen auf der höchsten sowjetischen Machtebene verblüffte. Max sendete Berichte über alliierte Militärberatungen in Moskau, in denen über Fragen der alliierten Kriegspolitik und Kriegführung diskutiert worden war. Er beschrieb Angriffspläne und Ablenkungsmanöver der Sowjets bis hin zu detaillierten Angaben über die Stärke der beteiligten Verbände: „Am 2. Juni trafen in Tichorezk eine Schützendivision, ein Artillerieregiment und ein Panzerregiment aus Astrachan ein. Wahrscheinliches Marschziel Rostow."

Die Nachricht, die Max zu Ruhm verhalf, sendete er am 4. November 1942. Darin enthüllte er Entscheidungen, die am selben Tag von Stalin und dem Oberkommando der sowjetischen Streitkräfte gefällt worden waren. Die Sowjetführung habe beschlossen, meldete er, daß ab 15. November vier größere Offensiven entlang der deutschen Ostfront geführt werden sollten. Diese würden südlich Stalingrad, gegen den Donbogen, bei Rschew nordwestlich Moskau und südlich des Ilmensees losbrechen. Für diese Offensiven sollten frische Verbände bereitgestellt werden.

Der Feindnachrichtendienst der Wehrmacht hatte bereits in Erfahrung gebracht, daß die Sowjets eine Gegenoffensive vorbereiteten, und noch vor Jahresende hatten diese die Oberhand gewonnen. Aber Max' prompte und präzise Berichterstattung überzeugte die beteiligten deutschen Stellen, daß sie in ihm einen Mann mit direkter Verbindung zu den höchsten Führungskreisen der Sowjetunion hatten. Gleichsam über Nacht wurde er in den deutschen Führungsstäben zu einer Berühmtheit, und bald vergewisserten sich seine Bewunderer täglich, was Max über die sowjetischen Pläne zu sagen hatte. Selbst Abwehrchef Wilhelm Canaris schenkte den Berichten Aufmerksamkeit.

Mit Max' wachsender Popularität erhoben sich unausweichlich Fragen nach seiner Identität, und als sie unbeantwortet blieben, kamen Gerüchte auf. Eines schilderte Max als Stalins Leibarzt, ein anderes wollte wissen, er sei ein Rumäne, dem es gelungen sei, das Telephonnetz des Kreml anzuzapfen, und ein drittes sah in ihm den Vertrauensmann eines japanischen Zeitungskorrespondenten, der Kontakte in der Türkei hatte.

Der einzige Abwehroffizier, der Mißtrauen bezeugte, war Oberst Otto Wagner, der gleichfalls in Sofia stationiert war. Wagner kam zu dem Schluß, daß Kauders überhaupt keine Funkverbindung mit Moskau unterhalte, und konfrontierte Kauders mit seinen Feststellungen. Kauders blieb unerschütterlich; er erwiderte, daß er mit Max indirekt durch die Funkabteilung der bulgarischen Polizei verkehre. Als Wagner ihn weiter unter Druck setzte, sagte Kauders, er sende und empfange die Funkmeldungen über Agenten an Bord von Fischkuttern vor der türkischen Küste. Wieder forschte Wagner nach, und wieder fand er keine Bestätigung dieser Behauptungen. Er folgerte, daß Kauders entweder ein Schwindler oder ein Doppelagent oder beides sein müsse und unterrichtete Canaris.

Canaris aber wollte sich nicht enttäuschen lassen. Er bezweifelte, daß Max eine Erfindung von Kauders war, zumal Max keinerlei Forderungen stellte; überdies seien die Meldungen zu kenntnisreich und detailliert, als daß sie erfunden sein könnten. Um Wagner zu beruhigen, gab Canaris seine Zustimmung, daß Kauders unter Beobachtung gestellt werde, untersagte aber eine Störung oder Beeinträchtigung seiner Arbeit. Diese blieb auch weiterhin ungestört – selbst von den Russen, die seltsam gleichgültig reagierten, als sie von britischen Agenten, die Kauders' Sendungen nach Berlin abhörten, über Max erfuhren. Dessen geheimnisvolle Informationen wurden praktisch bis zur Besetzung Bulgariens durch die Rote Armee im September 1944 beinahe täglich über Sofia nach Deutschland an die Abwehr geleitet.

War Max ein Informant in der sowjetischen Botschaft in Sofia? Oder war Kauders ein russischer Doppelagent, der die Abwehr mit

Der elegante Herr mit den Glacéhandschuhen war dem deutschen Geheimdienst in Ankara als Cicero bekannt, ein Agent, der Photographien von geheimen britischen Dokumenten verkaufte; für den britischen Botschafter Sir Hughe Knatchbull-Hugessen (links außen) war er ein albanischer Kammerdiener namens Elyesa Bazna. Im April 1944 zog Bazna sich aus beiden Rollen zurück. Nachdem die Sekretärin seines deutschen Führungsoffiziers zu den Amerikanern übergegangen war, mußte er mit seiner baldigen Enttarnung rechnen.

Informationen fütterte, ohne etwas preiszugeben, was den Russen hätte schaden können? Obwohl seine Berichte mit militärischen Details vollgestopft waren, boten sie im Grunde nicht viel mehr als der deutschen Führung durch die eigene Feindaufklärung zugänglich war. Auch enthielten sie keinen präzisen Hinweis auf den sowjetischen Zangenangriff auf Stalingrad, der die entscheidende Operation der Novemberoffensive darstellte, sieht man von den allgemein gehaltenen Angaben über die Stoßrichtungen der sowjetischen Armeen ab. Kauders' Spur verliert sich nach dem Ende des Krieges, und sein Verschwinden läßt alle Fragen unbeantwortet.

Was die Menge des gelieferten Materials betrifft, wurde Max noch von einem anderen deutschen Agenten übertroffen. Dieser trug den Decknamen Josephine; kein anderer deutscher Agent findet in den mehr als 5000 Seiten des Kriegstagebuches des Oberkommandos der Wehrmacht so häufig Erwähnung. Die Berichte von Josephine waren nicht nur umfangreich, sondern sie wurden von deutschen Geheimdienstkreisen geradezu als unentbehrlich für die Planung von Luftangriffen gegen Ziele in England angesehen.

Josephines Meldungen erreichten die Abwehr über einen hochgewachsenen, stattlichen jungen Anwalt namens Karl-Heinz Krämer. Krämer war ein unternehmerischer Typ mit einer Vorliebe für Intrigen und ausgestattet mit der Gabe, Frauen zu bezaubern; er hatte eine Anzahl von Liebesverhältnissen, die offenbar mehr der Informationsbeschaffung als einem Herzensbedürfnis dienten. Während seiner Studienzeit an der Universität Hamburg war er 1937 in die NSDAP aufgenommen worden. Bei Kriegsausbruch wurde er eingezogen und bald darauf der Hamburger Abwehrzentrale überstellt, die in einer sorgfältig getarnten Bunkeranlage in einem Vorort untergebracht war. Nach Auslandsaufenthalten in Istanbul, den Niederlanden und Budapest wurde er 1942 nach Stockholm versetzt, einem besonders wichtigen Horchposten, weil es als Hauptstadt eines strikt neutralen Staates regelmäßig von Reisenden aller Nationalitäten aufgesucht wurde.

Krämer war noch nicht lange dort, als er der Abwehr interessante Berichte über alliierte Invasionsabsichten, die Organisation der Royal Air Force und die alliierte Flugzeugproduktion zustellte. Das Material kam aus Quellen, denen Krämer die Codebezeichnungen Hektor, Siegfried A, Siegfried B und Josephine gab. Josephine war die ergiebigste und genaueste unter ihnen.

Krämers sprudelnde Informationsquellen versetzten ihn in die Lage, enorme Mengen von Informationsmaterial nach Berlin zu senden; allein im Jahre 1943 schickte er beinahe tausend Berichte über zahlreiche Aspekte der alliierten Kriegsanstrengungen. Er unterrichtete die Abwehr über die alliierte Bomberstrategie, die Ankunft amerikanischer Geleitzüge in britischen Gewässern, die Lage von Munitionsdepots in England und die 1943 getroffene Entscheidung der anglo-amerikanischen Führung, keine Invasion auf dem europäischen Festland zu riskieren, solange die Auswirkungen der strategischen Bombenangriffe auf deutsche Städte nicht ausreichend bekannt waren. Die Berichte waren derart genau und detailliert, daß es zuweilen den Anschein hatte, Krämer – oder Josephine – habe die britischen Ministerien für Luftfahrt, für Materialbeschaffung und für Luftfahrtindustrie, vielleicht sogar Churchills Hauptquartier, infiltriert.

Aber wer verbarg sich hinter dem Codenamen Josephine? Als seine neugierigen Vorgesetzten ihn danach fragten, verweigerte Krämer entschieden jede Auskunft. Er deutete nur an, daß seine Informanten ausnahmslos hochgestellte Persönlichkeiten seien. Für einige von ihnen traf das unzweifelhaft zu. Aber Krämer verließ sich auch auf schwedische Flughafenangestellte und auf Seeleute, die den Schiffahrtsweg zwischen Schweden und Großbritannien befuhren. Als die Abwehr ihn drängte, seine Informanten zu nennen, drohte Krämer mit der Aufgabe seines Postens.

Einer der Hinweise auf Josephines Identität kommt vom britischen Geheimdienst. 1943 hatte er entdeckt, daß Geheiminformationen nach Schweden durchsickerten, und schließlich zwei undichte Stellen in der schwedischen Botschaft geortet. Dabei handel-

Ein Taucher holt 1959 Bündel von Falschgeld aus einem österreichischen See. Dieses Geld war nur ein Bruchteil der 140 000 000 Pfund, die das Deutsche Reich zwischen 1942 und 1945 gedruckt hatte. Der Schwindel der Banknotenfälschung hatte einen doppelten Zweck: die britische Wirtschaft zu unterminieren (ein Ziel, das nicht erreicht wurde) und Informanten in neutralen Ländern zu bezahlen (ein schmutziger Trick, der Bazna/Cicero und einige andere um ihren erhofften Reichtum betrog).

te es sich um Major S. E. Cornelius und Graf J. G. Oxenstjerna, den schwedischen Luftwaffen- und den Marineattaché in London. Als Offiziere eines neutralen Staates hatten sie Zugang zu zahlreichen militärischen Informationen, die sie an das schwedische Verteidigungsministerium in Stockholm weitergaben. Eine von Krämers Geliebten war Sekretärin in diesem Ministerium. Konnte sie die Informationen der Attachés aus London weitergegeben haben? Niemand konnte es beweisen.

Ende 1943 begannen britische Geheimdienstagenten, die im Unternehmen Double Cross mitarbeiteten, den beiden schwedischen Attachés glaubwürdige, aber ungenaue Informationen zuzuspielen; eine betraf eine fiktive diplomatische Mission in Moskau zur Planung einer gemeinsamen englisch-sowjetischen Invasion Norwegens. Bald darauf bemerkte auch die Abwehr, daß die Josephine-Berichte ungenauer wurden. Josephine und Krämer gerieten ins Zwielicht, und die Abwehrstellen beschlossen, Krämer auf die Probe zu stellen, indem sie eine britische Flugzeugfabrik nördlich von Worcester erfanden und ihn um Informationen darüber baten. Krämer zeigte sich mit einem Bericht von Josephine gefällig, wonach die Fabrik 2000 Arbeiter beschäftigte und Napier-Sabre-Motoren für den britischen Jagdbomber Typhoon herstelle.

Diesem Fehltritt folgten weitere. Im Juni 1944 berichtete Krämer der Abwehr, daß in den Vereinigten Staaten acht Luftlandedivisionen aufgestellt worden seien; aus anderen Quellen wußte man in Hamburg, daß es nur fünf waren. Im Oktober behauptete er, daß die amerikanische 14. Armee in Frankreich eingesetzt werden sollte; eine solche Armee existierte nicht. Die Summierung solcher Fehler diskreditierte Krämer in den Augen der Abwehr, doch so sehr sie sich bemühte, sie konnte nicht beweisen, daß seine Meldungen Schwindelprodukte waren. Eine Zeitlang ließen seine argwöhnischen Vorgesetzten ihn beschatten, um seine Quellen aufzudekken, aber Krämer verwischte seine Spuren zu gut. „Tagsüber unternahm er überhaupt nichts", erinnerte sich der deutsche Geheimdienstchef Walter Schellenberg nach dem Krieg. „Aber mehrmals in der Woche ging er abends zu Einladungen und Gesellschaften, und immer verstand er es, für drei oder vier Stunden zu verschwinden. Am nächsten Morgen war er dann wieder zurück und fing an zu diktieren."

Krämer blieb bis April 1945 in Stockholm. Er kehrte nach Deutschland zurück, als das Dritte Reich zusammenbrach, und geriet dort in britische Gefangenschaft. Man brachte ihn nach England und steckte ihn in ein Sondergefängnis mit verschärften Sicherheitsvorkehrungen. Doch gelang es den Briten trotz wiederholter Verhöre ebensowenig wie seinen eigenen Vorgesetzten, Krämer zu Auskünften über seine Informanten zu bewegen.

Kam ein Spion erst unter Verdacht, so war er auf schnelles Denken und Handeln angewiesen, wenn er überleben wollte. Für viele Agenten bedeutete dies, zur anderen Seite überzugehen. Eine solche Handlungsweise war weder ungewöhnlich noch überraschend, denn in der Welt institutionalisierter Täuschung sind wenige Loyalitäten bindend oder von Dauer. Gleichwohl gab es einen Spion, der den Seitenwechsel mit einer kaltblütigen Skrupellosigkeit vollzog, welche alle bestürzte, die ihn seit Jahren gekannt hatten. Zumindest deutet vieles darauf hin, auch wenn sich die Wahrheit darüber wohl nie ergründen lassen wird. Dieser Mann war Leopold Trepper, ein sowjetischer Agent, den die Deutschen 1942 im besetzten Paris faßten.

Trepper hatte allen Grund, die Nazis zu hassen. Seiner Herkunft nach war er polnischer Jude, der 1920 als Halbwüchsiger die Schule verlassen hatte, um in den oberschlesischen Bergwerken zu arbeiten. Die Arbeitsbedingungen dort waren bedrückend, und Trepper trat der kommunistischen Partei bei, weil sie den Menschen der arbeitenden Klasse, denen er sich zugehörig fühlte, eine bessere Zukunft versprach und keine Diskriminierung von Juden kannte.

Als Mitglied der Kommunistischen Partei wurde Trepper bald in Untergrundaktivitäten verwickelt, und da er sich als ein Naturtalent in allen verschwörerischen Angelegenheiten erwies, stieg er rasch auf. Im Juli 1940, als Frankreich kapituliert hatte, war er dort bereits längst etabliert und als der Grand Chef bekannt. Ihm unterstand die französische Sektion des ausgedehnten sowjetischen Spionageapparates in Westeuropa, dessen Netz über alle Länder Europas gebreitet war. Treppers Organisation wurde später von der Abwehr „Rote Kapelle" genannt; ihre deutsche Sektion hatte sogar den Generalstab der Luftwaffe und die Abwehr infiltriert.

Sieben Agentennetze existierten allein in Frankreich, alle unter Treppers Leitung. Seine Spione sickerten in hohe und niedrige Stellen ein; einer von ihnen arbeitete in der Zentrale der NS-Bauorganisation (Organisation Todt), andere in Dienststellen der deutschen Militärverwaltung in Paris, von wo sie Informationen über die Verteilung deutscher Streitkräfte in Frankreich lieferten.

Aber die Größe von Treppers Organisation war zugleich ihre Schwäche, und bald waren Abwehr und SD dem Meisterspion auf der Spur. Am 24. November 1942, als er im Behandlungsstuhl eines Pariser Zahnarztes saß, wurde Trepper festgenommen. Er nahm seine Verhaftung mit dem selbstbewußten Auftreten hin, die einem Grand Chef geziemt. „Sie haben Glück", sagte er zu seinen Häschern. „Wenn Sie mich heute nicht verhaftet hätten, hätten Sie mich bis zum Kriegsende suchen können." Als er weggeführt wurde, bot Trepper den SD-Leuten seine Mitarbeit an. Aufgefordert zu beweisen, daß es ihm ernst sei, griff er zum Telephon, rief seinen engen Mitarbeiter Hillel Katz an und sagte ihm, er solle zur Metro-Station bei der Madeleine kommen. Als Katz sich dort einfand, wurde auch er verhaftet. „Wir müssen mit diesen Herren arbeiten", erklärte ihm Trepper ungerührt. „Das Spiel ist aus."

Nachdem er abtrünnig geworden war, arbeitete Trepper so tatkräftig und energisch für die Deutschen gegen die Russen, wie er zuvor für die Russen gegen die Deutschen gearbeitet hatte. Er unterrichtete SD und Abwehr bis ins Detail über die Organisation der Roten Kapelle. Die Befehlsstruktur war dezentralisiert, so daß mit Ausnahme Treppers nur wenige Agenten einander kannten. Agenten mußten in den Vororten wohnen, wo eine mögliche Überwachung durch den Feind leichter bemerkt werden konnte als im Inneren der Städte. Botschaften wurden übermittelt durch das Markieren von Telephonbüchern in öffentlichen Fernsprechern und durch die Zusendung von Postkarten, nicht Briefen, weil Postkarten keinen Argwohn erregten.

Doch war dies nicht alles, was Trepper den Deutschen verriet; er half ihnen auch dabei, Dutzende von Agenten der Roten Kapelle in ganz Frankreich zu fassen. Die wichtigeren unter ihnen wurden vor die Wahl gestellt, ihre Arbeit in der Roten Kapelle fortzusetzen, doch nun unter deutscher Leitung. Sie sollten den Russen falsche Geheiminformationen zuliefern, wie die Briten es in ihrer Operation Double Cross getan hatten, oder aber hingerichtet werden. Die übrigen wurden vor ein Kriegsgericht gestellt und verurteilt. Trepper ließ sich durch ein früheres Vertrauensverhältnis nicht an der Preisgabe dieser Agenten hindern; als sein besonderer Freund und enger Mitarbeiter Leon Grossvogel untertauchte, verriet der Grand Chef seinen neuen Herren den Namen der Geliebten von Grossvogel, die den SD schließlich zu ihm führte. Grossvogel wurde vor Gericht gestellt und zum Tode verurteilt.

Den Rest des Krieges überdauerte Trepper als Doppelagent, indem er das Land betrog, dem er ursprünglich gedient hatte. Nach dem Krieg versuchte er, diesen Verrat mit einer überraschenden Kehrtwendung zu bemänteln. Er sei kein Doppelagent gewesen, meinte er in seinen Memoiren, sondern ein Dreifachagent. Mit Moskaus Zustimmung, so behauptete Trepper, habe er an Mitarbeitern und Einzelheiten seiner Organisation nur soviel preisgegeben, wie notwendig gewesen sei, um das Vertrauen der Deutschen zu erwerben. Er habe versucht, jene Personen innerhalb des französischen Kreises der Roten Kapelle zu schützen, deren Arbeit Moskau nicht behindert sehen wollte.

Sagte er die Wahrheit, oder versuchte er, sich nachträglich herauszureden? Kenner der Verhältnisse vermuten letzteres, aber eine endgültige Lösung des Rätsels wird es wohl nie geben. Heinz Pannwitz, ein Gestapobeamter, der Trepper bei der Arbeit beobachtete, schrieb: „Wenn er sich unbeobachtet glaubte, wirkte er sehr hart und mißtrauisch, kalt und verschlossen. Schenkte ihm jemand Aufmerksamkeit, so veränderte sich sein Benehmen augenblicklich, und er wurde ein Schauspieler, der in eine Rolle schlüpft. Bedrängte man ihn mit Fragen, preßte er die Hand gegen die Herzgegend, um sein Gegenüber daran zu erinnern, daß er ein Herzleiden hatte." Ein guter Spion mußte zweifellos zugleich auch ein vollkommener Schauspieler sein, und wenn es für Trepper jemals eine wahre Loyalität gegeben hatte, dann blieb sie in seinem angegriffenen Herzen verschlossen.

Obwohl die Deutschen Trepper und durch ihn auch viele französische Mitglieder seines Agentennetzes faßten, reichte der lange Arm der deutschen Spionageabwehr doch nicht bis in die Schweiz. Dort spielte ein „Solist" der Roten Kapelle noch zwei Jahre weiter: Rudolf Rössler, ein deutscher Emigrant, der den Decknamen Lucy trug.

Rössler war ein höflicher, kleiner Mann mittleren Alters, welcher nach der Aussage des britischen Agenten Alexander Foote „fast wie alle anderen Leute aussah, die überall die Vorortzüge bevölkern". Er kam aus einer bürgerlichen Familie in Bayern, diente während des Ersten Weltkriegs im Heer und wurde danach Geschäftsführer des christlich-konservativen Bühnenvolksbundes. Rössler verfolgte Hitlers Aufstieg zur Macht mit Ablehnung, und als 1933 die Pressefreiheit von der nationalsozialistischen Regierung aufgehoben wurde, verließ er Deutschland. Als politischer Flüchtling ließ er sich in Luzern nieder – sein Deckname mag von diesem neuen Wohnort abgeleitet sein –, wo er einen kleinen Verlag gründete, der unter anderem Propagandaschriften und Pamphlete gegen den Nationalsozialismus und das Dritte Reich herausbrachte.

Bei Kriegsbeginn beschloß Rössler, seiner Abneigung gegen die nationalsozialistische Herrschaft durch Spionage Ausdruck zu verleihen und fand bald Zugang zur Roten Kapelle. Bis zum Frühling 1943 hatte er es zu einem vollwertigen Sowjetagenten gebracht, der außerdem überaus erfolgreich war. Ein britischer Geheimdienstoffizier erklärte, daß Rössler „zu den bedeutendsten Spionen aller Zeiten gerechnet werden muß".

Rössler gewann dieses Lob für die enorme Menge an geheimem Nachrichtenmaterial, das er lieferte. In regelmäßigen Sendungen, die zuletzt einen Gesamtumfang von 12 000 Schreibmaschinenseiten erreichten, berichtete er über die Entwicklung von Geheimwaffen, wie z. B. dem Strahlflugzeug sowie der V 1 und der V 2 *(S. 156–169)*. Noch wertvoller für die Russen waren Lucys Berichte über Operationen der deutschen Wehrmacht. Durch Verbindungen, die noch immer nicht bekannt sind, gelang es Rössler, zutreffende Meldungen über Entscheidungen des deutschen Oberkommandos in bezug auf die Ostfront innerhalb von 24 Stunden den Russen zu übermitteln. Bei einem erfolgreichen Angriff deutscher Verbände auf die in sowjetischer Hand befindliche Stadt Lomza in Nordostpolen wurde in einem feindlichen Gefechtsstand eine Kopie des eigenen Angriffsbefehls gefunden. Doch selbst als diese beunruhigende Tatsache der Armeeführung und dem Oberkommando der Wehrmacht gemeldet wurde, konnte der Ursprung des Verrats nicht ermittelt werden.

Woher hatte Rössler seine Informationen? Nicht einmal seine russischen Kontaktleute ahnten es. Sie wußten nur, daß er vier Hauptquellen in Deutschland hatte, und daß sie die Codenamen Werther, Teddy, Olga und Anna trugen.

Rössler verriet seine Informanten nie. Aber wenigstens einer von ihnen muß eine sehr hochgestellte Persönlichkeit gewesen sein. Ohne das heimliche Einverständnis hochrangiger Offiziere in der Abwehr, der Wehrmacht oder beiden, hätte kaum jemand so streng geheime Informationen weitergeben können, wie Rössler es zwei Jahre hindurch tat, ohne entdeckt und gefaßt zu werden. In einer französischen Darstellung des Falles wurde spekuliert, Rössler habe eine Art Gewissensfunktion für unzufriedene deutsche Generale gehabt, die in ihm ein bequemes Instrument fanden, um Hitlers Eroberungspläne zu durchkreuzen.

Wer immer Rösslers Informanten waren, sie belieferten ihn zuverlässig, solange die Wehrmacht im Rußlandfeldzug in der Offensive war. Als die Wehrmacht nach dem Zusammenbruch der Heeresgruppe Mitte im Sommer und Herbst 1944 rasch zurückgehen mußte und die Lage verworren war, wurden die Meldungen immer seltener, und im Dezember 1944 hörte Lucy auf zu existieren. Rudolf Rössler hatte seine Arbeit getan und zog sich aus dem Geschäft zurück. Er starb 1958 in Luzern.

Von allen Meisterspionen der Kriegsjahre blieb der russische Agent Richard Sorge am längsten unentdeckt. Geduldig und unauffällig baute er einen kleinen, aber wirkungsvollen Spionagering auf, der die Sowjetunion acht Jahre lang mit Informationen über die Absichten und Fähigkeiten der Japaner belieferte.

Sorge war ein Mann von widersprüchlichem Charakter. Auf einen sowjetischen Agenten, der mit ihm gearbeitet hatte, machte er den Eindruck eines „sehr ruhigen, kaltblütigen Mannes“. Doch bewahrte er bis an sein Lebensende einen leidenschaftlichen, beinahe messianischen Glauben an den Kommunismus und die bevorstehende Weltrevolution und konnte in seinem Privatleben emotional und leichtsinnig sein. Häufig betrank er sich sinnlos und durchlief dabei Stimmungen, die ein Freund als „Fröhlichkeit, Aggressivität, Verfolgungswahn, Größenwahn, Delirium und Bewußtlosigkeit“ beschrieb. Trotz seiner Exzesse war Sorge einer bemerkenswerten Selbstbeherrschung fähig. Eines Nachts in Tokio fuhr er in angetrunkenem Zustand mit dem Motorrad gegen eine Mauer, blieb aber lange genug bei klarem Verstand, um einen Vertrauten herbeizurufen, dem er verschlüsselte Dokumente übergeben konnte, bevor er das Bewußtsein verlor.

Sorge war in Rußland als Kind einer russischen Mutter und eines deutschen Vaters zur Welt gekommen, wuchs in der Nähe von

Dieses Photo zeigt acht Mitarbeiter des Reichsluftfahrtministeriums im Jahre 1941 in ihrem Berliner Büro. Sieben von ihnen ahnten nicht, daß ein sowjetischer Agent in ihrer Mitte war – Harro Schulze-Boysen (zweiter von links). Er gehörte der Roten Kapelle an, einem sowjetischen Spionagenetz in West- und Mitteleuropa, das auch andere hohe Reichsbehörden und sogar das Oberkommando der Wehrmacht sowie die Abwehr infiltriert hatte.

Berlin auf und diente im Ersten Weltkrieg mit Auszeichnung in der deutschen Armee. Zwei schwere Verwundungen, die er an der Ostfront empfing, stellten für Sorge nicht nur die Logik des Krieges in Frage, sondern auch die Ziele des kaiserlichen Deutschland. Während der Rekonvaleszenz las er Karl Marx, und zum Zeitpunkt seiner Demobilisierung war er ein überzeugter Kommunist geworden. Seine Kriegsverletzungen bewirkten, daß er für den Rest seines Lebens hinkte, vermochten aber seine Energie nicht zu bändigen.

Als Student und kommunistischer Agitator in der Zeit der Weimarer Republik zeigte sich Sorge so einsatzfreudig, daß die Nachrichtenabteilung der Komintern auf ihn aufmerksam wurde, ein Zweig des sowjetischen militärischen Geheimdienstes, der damals eine sorgfältig ausgesuchte Gruppe von Agenten anwarb, um den Einfluß der Komintern auf die kommunistischen Parteien im Ausland zu stärken. Die Komintern lud Sorge nach Moskau ein, wo er eine Spezialausbildung in politischer und militärischer Spionage sowie im Gebrauch von Codes und Chiffren erhielt. Die nächsten sechs Jahre verbrachte er als freier Journalist und Korrespondent in Skandinavien und China und diente der Sowjetunion gleichzeitig unauffällig als Spion. 1933 ging er nach Tokio, und 1936 wurde er Auslandskorrespondent der *Frankfurter Zeitung*. Zu dieser Zeit war Sorge bereits einer der besonders geschätzten Agenten im Dienst des militärischen Nachrichtendienstes der Sowjetunion.

In Tokio machte sich Sorge fleißig daran, soviel wie möglich über Land und Leute zu lernen. Er sammelte eine sehr wertvolle Bibliothek von mehr als tausend Bänden über japanische Literatur und Geschichte, und einen Freundeskreis, der ihm von unschätzbarer Hilfe war. Zu diesem gehörte ein japanischer Journalist, der das Ohr des Premierministers Fürst Konoe hatte, und Eugen Ott, der deutsche Botschafter in Japan. Es fiel Sorge nicht schwer, solche Freunde zu finden; er war ein kluger Kopf und ein guter Gesprächspartner, ein Mann, der sich über die Nazis lustig machen konnte, ohne Parteimitglieder zu beleidigen.

Eine kleine Zahl seiner Freunde – nur fünf – waren Agenten, die er sorgfältig ausgewählt hatte, damit sie ihn bei seiner Agententätigkeit für die Sowjetunion unterstützten. Botschafter Ott war natürlich nicht eingeweiht in Sorges Doppelleben, und letzterer nutzte seine Freundschaft mit Ott aus, um freien Zutritt zur deutschen Botschaft zu erhalten. Ohne Wissen seines Gastgebers benutzte er dieses Privileg, um Telegramme und amtliche Dokumente zu entwenden und zu photographieren.

Im Laufe der Jahre sandte Sorge eine große Menge von Geheimdienstmeldungen nach Moskau, deren Inhalt ein breites Spektrum von den Aktivitäten ultranationaler Gruppen in Japan über die Befehlsstruktur der japanischen Armee bis zu offiziellen japanischen Schätzungen der sowjetischen Truppenstärken entlang der sibirischen Grenze umfaßte. Im ersten Halbjahr 1941 ließ er Moskau zwei besondere Informationen zugehen. Die erste, schon im März, war ein Mikrofilm, der Telegramme vom deutschen Außenminister Joachim von Ribbentrop enthielt, die Botschafter Ott von dem für Mitte Juni geplanten Angriff auf die Sowjetunion unterrichteten. Die zweite, Mitte Mai als Funkspruch übermittelt, gab Moskau das genaue Angriffsdatum, den 22. Juni.

Selten gelangten Agenten in den Besitz solch maßgeblicher Information, und Sorge war so naiv, vom Kreml Beifall für seinen Coup zu erwarten. Tage vergingen, und verzagt fragte er einen Freund: „Warum hat Stalin nicht reagiert?" Als der deutsche Angriff wie erwartet am 22. Juni losbrach und der Empfang seiner Meldung noch immer nicht bestätigt worden war, weinte Sorge.

Es erwartete ihn jedoch eine noch herbere Enttäuschung. Im Herbst des gleichen Jahres informierte Sorge seine Auftraggeber, daß der japanische Generalstab Pläne zu einem Vordringen von der Mandschurei aus nach Sibirien aufgegeben habe und das Schwergewicht der Operationen nach Südostasien verlagern wolle. Sorges genaue Voraussage der japanischen Absichten erleichterte dem sowjetischen Oberkommando die Entscheidung, den größten Teil seiner 2 000 000 Mann starken sibirischen Armee nach Westen abzuziehen und zur Verteidigung Moskaus einzusetzen. Wieder hatte Sorge guten Grund, sich zu beglückwünschen. Die Ironie des Schicksals aber wollte es, daß sein Spionagering in diesem Augenblick durch die Aussagen eines verhafteten kommunistischen Funktionärs verraten wurde. Sorge wurde am frühen Morgen verhaftet und noch im Pyjama ins Gefängnis gebracht. Dort besuchte ihn Ott. „Herr Botschafter", sagte Sorge, „dies ist unsere letzte Begegnung." Ott war sichtlich bekümmert; er entbot seinem Freund einen Abschiedsgruß und ging.

Während der langen Verhöre und der Gerichtsverhandlung, die auf seine Festnahme folgten, bestand Sorge darauf, daß er kein Spion sei, sondern ein Idealist, der den Frieden zwischen Japan und der Sowjetunion zu erhalten wünsche. Zuversichtlich erwartete er, daß die Russen seine Freilassung oder seinen Austausch bewerkstelligen würden. Tatsächlich aber schien die Komintern hauptsächlich bestrebt, ihn zu vergessen. Richard Sorge ereilte das Schicksal, auf das jeder Agent gefaßt sein muß: Am 7. November 1944 wurde er im Sugamo-Gefängnis gehängt – im Stich gelassen von der Sache, der er mehr als 20 Jahre seines Lebens gewidmet hatte.

Da Betrug und Verrat einen großen Teil des geheimen Krieges ausmachten, nimmt es wunder, daß Agenten, Informanten und Auftraggeber einander so weit vertrauten, daß überhaupt etwas mit Erfolg bewerkstelligt werden konnte. Dieses Risiko bestand jedoch vorwiegend bei relativ unabhängig arbeitenden Einzelagenten und ihren Kontaktpersonen im Feindesland. Großunternehmungen zur Täuschung des Gegners unterlagen meist anderen Gesetzen. Sie erforderten eine große Zahl von Mitwirkenden und wurden meist im eigenen Land generalstabsmäßig geplant und bis ins einzelne durchorganisiert. Das vielleicht bedeutendste Beispiel einer solchen Großaktion war die für das Frühjahr 1944 geplante alliierte Invasion in Frankreich.

Im Winter 1943 wußten beide Seiten, daß eine alliierte Invasion irgendwo entlang der französisch-belgischen Küste bevorstand, und beide Seiten wußten auch, daß Erfolg oder Fehlschlag des Unternehmens von der Fähigkeit der deutschen Führung abhängen würde, Zeitpunkt und Ort des Angriffes vorauszusagen. Für John Masterman und die anderen Chefs der alliierten Geheimdienste war diese Erkenntnis Ansporn für „die große Täuschung", den „einen großen Coup, der uns für alle Anstrengungen der vorausgegangenen Jahre entschädigen würde".

Niemand unterschätzte die Schwierigkeiten. In Anbetracht der enormen Streitkräfte, die für die Invasion aufgeboten werden mußten, bezweifelten einige der besten Köpfe im britischen und amerikanischen Geheimdienst, ob eine Tarnung oder Täuschung möglich war. Churchill aber vertrat die Ansicht, daß sie versucht werden müsse; die Alternative zu dem „falschen Spiel", wie er es nannte, würde wahrscheinlich ein furchtbares Gemetzel zwischen den Deutschen und den alliierten Landungstruppen sein.

Tatsächlich hatte die Planung für das monumentale falsche Spiel unter dem Decknamen Operation *Bodyguard* bereits im Frühjahr 1943 begonnen, als 14 Männer in einem kleinen Konferenzraum in Story's Gate zusammentrafen, Churchills unterirdischem Bunkerhauptquartier in Westminster. Sie verkörperten den leitenden Stab der harmlos klingenden LCS (London Controlling Section), die von Churchill als Zentralstelle für die Koordination der Täuschungsoperationen ins Leben gerufen worden war.

Die LCS wurde von zwei englischen Aristokraten geleitet, Oberst John Bevan und Oberstleutnant Sir Ronald Wingate. Bevan hatte sich im Ersten Weltkrieg ausgezeichnet, später als Börsenmakler gearbeitet und diente im Zweiten Weltkrieg als Geheimdienstoffizier. Er war durch Geburt und Heirat ein Mitglied der kleinen, sehr angesehenen und außerordentlich wohlhabenden Oberschicht, die Großbritannien in der Welt der Politik, der Diplomatie und der Finanzen durch Familienverbindungen und Allianzen praktisch regierte. Beran und Churchill saßen oft zusammen beim Brandy, erinnerte sich ein Offizier der LCS, und „zogen all die alten Tricks hervor, die sie an den Eliteschulen von Eton und Harrow gelernt hatten, ob sie sich für die vorliegende Aufgabe aufpolieren ließen".

Auch Wingate entstammte einer einflußreichen Familie. Sein Vater, General Sir F. Reginald Wingate, war zuletzt Gouverneur des Sudan und Oberbefehlshaber der britischen Truppen in Ägypten und Sudan gewesen, und ein Onkel war Gouverneur von Malta. Wingate hatte die Kunst der Intrige im langjährigen Dienst der britischen Krone in den arabischen Ländern gelernt.

Unter diesen beiden Männern arbeitete die LCS eng mit den britischen und amerikanischen Geheimdiensten zusammen, vor allem aber mit MI 6 und MI 5 sowie dem Double-Cross-Ausschuß, dessen Erfolge als Maßstab dienten.

Als Bevan, Wingate und ihre Mitarbeiter im Regierungsbunker tief unter dem Straßenpflaster von Westminster die Arbeit aufnahmen, war die Entscheidung bereits gefallen, daß die Invasion im Frühjahr 1944 an der Küste der Normandie stattfinden sollte. Ziel der Operation *Bodyguard* war es, die Deutschen glauben zu machen, daß die Invasion nicht vor dem Juli stattfinden konnte und daß sie sich gegen Norwegen und Dänemark, den Balkan oder aber die Küste des Pas-de-Calais in Nordfrankreich richtete – nur nicht gegen die Normandie.

Zu diesem Zweck bereiteten die Initiatoren der Operation *Bodyguard* verblüffende Täuschungen vor. Sie bedienten sich der Männer des Double-Cross-Ausschusses, die ihre Geschicklichkeit seit Jahren unter Beweis gestellt hatten, und verwendeten in großem Umfang Attrappen von Flugzeugen, Lastwagen, Panzern, Artillerie und Landungsfahrzeugen. Sie schufen nichtexistierende Flotten und Armeen, simulierten militärischen Funkverkehr und inszenierten zur Ablenkung Kommandounternehmen und Überfälle. So wie es bereits mit den kalkulierten Hinweisen geschehen war, die man dem Leichnam des Majors Martin im Golf von Cádiz beigegeben hatte, wurde auch diesmal dem Feind nichts direkt zugespielt; alles kam in Tausenden von kleinen Bruchstücken, die vom Gegner zu einem verhängnisvoll falschen Puzzle alliierter Absichten zusammengesetzt werden sollten.

Der sowjetische Meisterspion Richard Sorge ergreift zum Spaß ein „Hände-weg"-Schild im Garten seines Hauses in Tokio, von wo er Geheiminformationen an die Sowjetunion funkte. Sorge war ein äußerst produktiver Agent; allein im Jahre 1940 funkte er 30 000 verschlüsselte Botschaften nach Moskau.

Als Zielgebiete für ein großangelegtes Landungsunternehmen über den Kanal bot sich die Küste jenseits der Straße von Dover und die Normandie im Raum von Caen an. In welchem der beiden Bereiche erwartete die deutsche Führung den Angriff der Alliierten? Hier kam der Entschlüsselung geheimer deutscher Funksprüche besondere Bedeutung zu. Was an Meldungen aufgefangen und dechiffriert werden konnte, deutete darauf hin, daß der Wehrmachtführungsstab glaubte, die Invasion werde an der engsten Stelle des Kanals, im Raum von Calais, erfolgen. Alliierte Landungsfahrzeuge konnten von dort aus rasch nach Dover zurückkehren und neue Truppen heranschaffen, während die in England stationierten Jagdmaschinen rund um die Uhr Luftunterstützung geben konnten. Der Raum von Calais bot auch den kürzesten Zugang zum Ruhrgebiet, dem industriellen Herzen Deutschlands. Angesichts der besonderen Gefährdung dieser Region hatte die deutsche Führung die Küste zwischen der Sommemündung und Dünkirchen zu dem am stärksten befestigten Abschnitt des Atlantikwalls ausgebaut. Aus abgefangenen und entschlüsselten Funksprüchen wußte der alliierte Nachrichtendienst aber auch, daß eine Anzahl hoher deutscher Offiziere nicht davon überzeugt war, daß die alliierte Invasion gerade dort zu erwarten sei. Generalfeldmarschall Erwin Rommel vermutete frühzeitig, daß nur die Normandie mit ihren breiten Stränden und großen, gut ausgebauten Häfen für eine Großinvasion in Frage komme. Die Küste bei Calais besaß keinen Hafen, der solchen Anforderungen gerecht werden konnte, während die Normandie in Cherbourg einen ausgezeichneten Hafen hatte, und im nahen Le Havre ein zweiter ausreichender Hafen zur Verfügung stand. Die alliierten Nachrichtendienste erkannten, daß etwas getan werden mußte, um die Zweifler in der deutschen Führung zu überzeugen, daß die Normandie nicht das Ziel war. Und die Täuschung mußte so effektiv sein, daß die Wehrmachtsführung selbst nach den ersten Landungen in der Normandie weiterhin glaubte, der entscheidende Schlag stehe noch bevor.

Insgesamt umfaßte die Operation *Bodyguard* sechs größere und 36 untergeordnete Täuschungsmanöver sowie eine Unmenge damit zusammenhängender Kriegslisten. Der Täuschungsplan, der speziell die Landung in der Normandie betraf, erhielt die Codebezeichnung *Fortitude.* Er bestand aus zwei Teilen: einem nördlichen Plan *(Fortitude North)* mit dem Ziel, 27 deutsche Divisionen, die in Norwegen und Dänemark stationiert waren, dort festzuhalten, indem mit einer alliierten Invasion Norwegens gedroht wurde; und einem südlichen Plan *(Fortitude South),* der die deutsche 15. Armee im Raum von Calais binden sollte.

Der Erfolg von *Fortitude North* hing davon ab, die Deutschen glauben zu machen, daß eine gewaltige Expeditionsstreitmacht von mehr als 250 000 Mann in Schottland zusammengezogen wurde, um mit amerikanischer und russischer Unterstützung Norwegen anzugreifen. So wurde die britische 4. Armee geboren – eine Phantomstreitmacht, die in Wirklichkeit aus 28 überalterten Offizieren und 334 Soldaten bestand, darunter zahlreichen Angehörigen der Nachrichtentruppe, die in den unterirdischen Räumen von Schloß von Edinburgh untergebracht waren.

Diese Männer machten sich daran, aus Funksprüchen die 4. Armee zu schaffen und füllten den Äther mit dem bisweilen chaotischen Funkverkehr, der für den Aufmarsch einer Armee zu einer größeren Operation charakteristisch ist. Dabei wurden kaum verhüllte Hinweise eingestreut, die sich nur auf gebirgiges nördliches Gelände beziehen konnten: „Hauptmann R. V. H. Smith vom Regiment der 10. Cameronians hat sich umgehend in Aviemore zur Skiausbildung zu melden"; „Transport-Kompanie des II. Korps

EIN SCHAUSPIELER AUF DEM KRIEGSSCHAUPLATZ

DER ECHTE GENERAL BERNARD L. MONTGOMERY

CLIFTON JAMES ALS DOPPELGÄNGER

Die in Reih und Glied angetretenen Offiziere und Mannschaften und die jubelnde Menge der Zivilisten, die General Sir Bernard L. Montgomery am 26. Mai 1944 in Gibraltar begrüßten, wären überrascht gewesen, hätten sie erfahren, daß sie ein Schwindelmanöver feierten. Montgomery war zum selben Zeitpunkt in England. Der Mann auf dem Flugplatz war Clifton James, ein Londoner Schauspieler. Die Organisatoren der Operation *Bodyguard* hatten ihn wenige Wochen vor dem Beginn der Invasionstermine als Montgomery-Darsteller engagiert und mit großem Zeremoniell nach Gibraltar geflogen, um die deutsche Führung in Sicherheit zu wiegen, daß in nächster Zeit mit einer alliierten Landung nicht zu rechnen war.

Wie die Deutschen auf die Nachricht von Montgomerys Aufenthalt in Gibraltar reagierten, ist nicht bekannt. Aber James hatte die persönlichen Eigenheiten seines Vorbilds so gut einstudiert – die Gewohnheit, sich nachdenklich in die Wange zu kneifen, den langen Schritt mit den Händen auf dem Rücken, die schwungvolle Ehrenbezeigung –, daß selbst im alliierten Hauptquartier manch einer getäuscht wurde.

benötigt Handbücher über Vergasereinstellung und Motorenwartung bei niedrigen Temperaturen und in großen Höhen."

Es dauerte nicht lange, und ein deutsches Kampfflugzeug heulte im Tiefflug über Edinburgh hin und nahm die Funkstation der 4. Armee unter Bordwaffenfeuer. Ernste Schäden entstanden nicht, und die Erfinder der Schwindelarmee hatten den Beweis, daß jemand ihre Funksprüche hörte. Unterdessen erschienen in der örtlichen Presse Heiratsanzeigen und Ankündigungen von Sportveranstaltungen, in denen Angehörige der 4. Armee erwähnt wurden, und die britischen Nachrichtendienste forderten bei ihren Verbindungsleuten im norwegischen Widerstand – unter denen Doppelagenten vermutet wurden – Meldungen über die Verteilung deutscher Garnisonen und die Schneelage in den Bergen an.

Funkverkehr und Zeitungsmeldungen waren nur der Anfang der Täuschungen. Während des ganzen Frühjahrs 1944 unternahmen britische Spezialeinheiten eine Serie von Kommandounternehmen gegen industrielle und militärische Einrichtungen in Norwegen, die als gewaltsame Erkundungsvorstöße im Vorfeld einer Invasion gedeutet werden sollten. Schiffe wurden versenkt, Kraftwerke zerstört, Bahngeleise und Leitungsmasten gesprengt und eine Ölraffinerie in Brand gesetzt. Zur gleichen Zeit wurden in norwegischen Gewässern sowjetische U-Boote gesichtet, und alliierte Aufklärer flogen eine wachsende Zahl von Einsätzen über norwegischem Territorium. Im neutralen Schweden machten sich britische und amerikanische Pioniersachverständige auffällig zu schaffen und zogen Erkundigungen über den Unterbau von Eisenbahnlinien und die Kapazitäten von Flugplätzen und Häfen ein, die für eine eventuelle militärische Besetzung des nordschwedischen Erzabbaugebietes und der Transitwege von Norwegen hinüber zur Ostsee von Bedeutung waren.

Die alliierten Stellen wußten, daß Erfolg oder Mißerfolg von *Fortitude North* letztlich davon abhängen würde, welche bestätigenden oder verneinenden Informationen die Deutschen sich selbst verschaffen konnten. Sie würden sich zwangsläufig an ihre vertrauenswürdigsten Agenten in Großbritannien wenden – die bis Ende 1943 allesamt im Unternehmen Double Cross mitarbeiteten. Anfang 1944 hatten die Briten 20 Doppelagenten unter Kontrolle. Zu den besten zählten – vom Standpunkt der Alliierten aus gesehen – die Agenten mit den Decknamen Mutt und Jeff, die beide seit 1941 mit den Briten kollaborierten. Von seinem deutschen Kontaktmann nach dem zunehmenden Funkverkehr in Schottland befragt, nannte Mutt die in seiner unmittelbaren Nachbarschaft stationierten Einheiten und fügte hinzu, daß in Edinburgh eine sowjetische Militärmission Pläne für eine Invasion Skandinaviens koordiniere. Jeff beschrieb auch das Abzeichen der 4. Armee, das aus einer goldfarbenen Rune auf rot-blauem Feld bestand.

Nicht zuletzt wegen ihres unangebrachten Vertrauens in ihre Agenten in Großbritannien ließen die Deutschen ihre 27 Divisionen in Dänemark und Norwegen, statt sie nach Frankreich zu verlegen (wo sie später eine höchst dringlich benötigte Verstärkung gewesen wären). Die deutsche Abwehr schien von der Existenz der fiktiven 4. Armee so überzeugt zu sein, daß sie die spätere Agentenmeldung, die britische 4. Armee sei ab Mitte August 1944 der amerikanischen Ersten Heeresgruppe in Südostengland angegliedert worden, nicht weiter in Frage stellte.

In Südostengland gab es tatsächlich eine amerikanische Erste Heeresgruppe; sie bestand aus der kanadischen 1. Armee und der amerikanischen 3. Armee und war in dem Küstengebiet nahe der Straße von Dover zusammengezogen worden. Diese Heeresgruppe stellte nicht nur eine unmittelbare Invasionsdrohung dar, sondern sollte darüber hinaus die Aufmerksamkeit des deutschen Gegners von der eigentlichen Invasionsstreitmacht unter General Sir Bernard Montgomery ablenken, die unter strenger Geheimhaltung in Südwestengland versammelt wurde.

Die FUSAG (First U. S. Army Group), wie die amerikanische Erste Heeresgruppe genannt wurde, sollte in der zweiten Juniwoche über den Kanal setzen, um die Offensive zu unterstützen. Die schemenhafte 4. Armee, die von *Bodyguard* angeblich im August nach Südostengland in Marsch gesetzt werden sollte, würde sich dann einem Phantom – der tatsächlich gar nicht mehr vorhandenen Heeresgruppe – zugesellen, aber das würde die deutsche Führung nicht wissen. *Fortitude South* hatte sie davon zu überzeugen, daß der Hauptstoß über die Straße von Dover gerichtet war, und tatsächlich gelang dieses großangelegte Täuschungsmanöver so gut, daß der Wehrmachtsführungsstab noch zwei Monate nach den alliierten Landungen in der Normandie glaubte, die eigentliche Invasion stehe noch bevor.

Das FUSAG-Täuschungsmanöver war außerordentlich gewagt, denn es betraf eine ganze Heeresgruppe von 13 Divisionen, etwa 200 000 Mann. Der Oberbefehlshaber der angeblich verbliebenen Heeresgruppe war Generalleutnant George S. Patton. Unter ihm mußte es eine ganze Dienstliste von Stabsoffizieren geben, deren Namen keinen Argwohn erregen durften, wenn die deutsche Abwehr die Dienstliste überprüfte.

Die falsche FUSAG machte sich dem Gegner durch Funkverkehr bemerkbar, geradeso wie dies die 4. Armee getan hatte, aber sie inszenierte außerdem mit gewaltigem Aufwand ausgeklügelte visuelle Täuschungen, um die deutsche Luftaufklärung hinters Licht zu führen. Im Laufe des Mai begannen deutsche Aufklärer in jüngster Zeit angelegte Depots, Lazarette, Feldküchen und Truppenunterkünfte sowie Massen abgestellter Geschütze, Flugzeuge und Panzer auszumachen. Was sie nicht sehen konnten, war, daß all diese Ausrüstungen Attrappen aus Zeltbahn, Sperrholz, Pappmaché und aufgeblasenem Gummi waren. Attrappen von Landungsbooten, die in Filmateliers nahe London zusammengebaut worden waren, lagen verankert in den Flußmündungen und entließen bei Bedarf Rauch aus den Schornsteinen. Und allenthalben führten simulierte Panzer- und Lastwagenspuren in die Wälder, um den Schluß nahezulegen, daß dort im Schutz der Bäume zusätzliche Bereitstellungen auf den Einsatzbefehl warteten.

Gezielte Indiskretionen in der Presse sollten diesem Phantom den Anschein von Leben und Farbe verleihen. In den Leserbriefspalten der Zeitungen erschienen zornige Zuschriften, in denen über die „enorme Zahl ausländischer Truppen" geklagt wurde, die seit kurzem in der Region stationiert seien. Aber die Hauptverantwortung für das Gelingen des alliierten FUSAG-Planes lag bei ausgewählten Doppelagenten unter der Leitung des Double-Cross-Ausschusses. Die Agenten mußten außerordentlich sorgfältig ausgesucht sein, weil ein einziger Fehler der ganzen Operation *Bodyguard* enormen Schaden zufügen konnte, und natürlich durfte man ihnen keine Vorstellung von den wirklichen Ausmaßen des riesigen Täuschungsmanövers geben, zu dem sie beitrugen. Nichtsdestoweniger fütterten sie ihre Kontaktleute pflichtgetreu mit den von Double Cross verordneten Informationen.

Insbesondere ein Doppelagent spielte eine Schlüsselrolle in der Überwindung anfänglicher deutscher Zweifel an der Existenz von FUSAG. Dieser war der Jugoslawe Dusko Popov, der den Decknamen Tricycle (Dreirad) trug. Im Februar 1944 reiste er nach Lissabon, um seinem deutschen Führungsoffizier, einem gewissen Karsthoff, den vollständigen Aufmarschplan der Heeresgruppe zu geben. Mit diesem Auftrag an Popov ging Double Cross ein kalkuliertes Risiko ein, weil der alliierte Plan leicht als ein Schwindel bloßgestellt werden konnte, wenn Popov nicht überzeugend wirkte. Tatsächlich hatte Karsthoff seine Zweifel an Popovs Bericht. Er nannte ihn einen „aufgewärmten Klatsch". Es war ein Glück für die Operation *Bodyguard,* daß Karsthoffs Vorgesetzte in Berlin anderer Meinung waren; Popovs Einzelheiten fügten sich in ihr eigenes strategisches Bild und erschienen ihnen daher authentisch. Von da an war FUSAG in den Augen der Wehrmachtsführung eine Realität, mit der zu rechnen war.

Ein weiterer Star unter den Doppelagenten war ein Pole, der als Brutus bekannt war. Er erzählte seinem deutschen Führungsoffizier, er sei General Pattons Hauptquartier zugeteilt worden, um dort als Verbindungsoffizier zwischen der polnischen Exilregierung und FUSAG zu dienen. Jede Nacht sendete Brutus einen Funkspruch mit Einzelheiten über die Heeresgruppe, beschrieb Umgruppierungen von Truppenteilen und Umbesetzungen von Kommandoposten und gab seinem deutschen Kontaktmann das erregende Gefühl, die FUSAG von innen zu sehen. Andere Doppelagenten spielten weniger wichtige Rollen. Der schon erwähnte Tate lieferte den Deutschen die Transportpläne der Eisenbahnverwaltung für die im August durchzuführende Bereitstellung der Truppen der Heeresgruppe in den vorgesehenen Verschiffungshäfen.

Eine junge argentinische Doppelagentin mit dem Decknamen Bronx benutzte ein Chiffresystem, das die Deutschen ihr gegeben

hatten, um irreführende Geheimnachrichten in harmlosen Telegrammen versteckt an die Bank des Heiligen Geistes in Lissabon zu senden, wo sie ein Konto hatte. Am 15. Mai 1944 forderte sie 50 Pfund an, die sie für eine Zahnarztrechnung benötige, und zeigte damit an – nach dem vereinbarten Code standen die Geldsummen für Invasionsschauplätze –, daß die alliierte Landung im Raum von Bordeaux stattfinden werde, wo die deutsche 11. Panzerdivision stationiert war. Die deutsche Wehrmachtsführung entschied sich gegen eine Verlegung der Division. Der britische Geheimdienst fand sogar einen Weg, den Deutschen durch den in Gefangenschaft geratenen General der Panzertruppen Hans Cramer, den letzten Kommandierenden General des Afrikakorps, eine falsche Information zuzuspielen. Cramers Gesundheitszustand hatte sich in der Gefangenschaft sehr verschlechtert, was die Briten veranlaßte, ihn im Mai 1944 durch ein Repatriierungsprogramm des Schwedischen Roten Kreuzes auszutauschen. Unterwegs wurde er auf einem Umweg von einem Gefangenenlager in Wales zum Vernehmungszentrum in London, durch Südwestengland gefahren, wo man ihn den militärischen Aufmarsch zur Vorbereitung der Landung in der Normandie sehen ließ – und glauben machte, er befinde sich in Südostengland im Bereich der FUSAG.

Neben den Planungen für *Fortitude South* wurden im Rahmen der Operation *Bodyguard* noch andere Täuschungsunternehmen inszeniert, um die deutsche Führung am Vorabend der Invasion in Verwirrung und Ungewißheit zu halten. Die Täuschungspläne im Mittelmeerraum liefen unter der Codebezeichnung *Zeppelin.* Der wichtigste dieser Pläne betraf den Balkan. So wurde durch kalkulierte Indiskretionen die Information ausgestreut, daß die Alliierten auf Stalins Drängen zugestimmt hätten, die Invasion im Westen bis zum Spätsommer 1944 aufzuschieben, um zuerst den Balkan anzugreifen und Hitlers Verbündete zur Aufgabe zu zwingen.

Die *Zeppelin*-Planer arbeiteten ein kompliziertes Drehbuch aus, in welchem der britischen 12. Armee – einer durch fiktive Divisionen aufgeblähten Streitmacht – eine ganze Serie von Landungsoperationen zufiel, die den Balkan von mehreren Seiten bedrohten. Danach sollten die Briten im ersten Stadium auf Kreta und dem Peloponnes landen; das erfundene polnische III. Korps sollte in Albanien landen, und der amerikanischen 7. Armee, die in Süditalien und auf Sizilien wirklich existierte, war ein Landungsunternehmen in Istrien zugedacht. Darauf sollten amphibische Unternehmen gegen die rumänische Küste vorgetragen werden, gefolgt von einem britischen Vorstoß in die neutrale Türkei.

Um den Plan glaubhaft zu machen, wurden verstärkte Luftangriffe gegen die Balkanländer und die deutsche Schiffahrt in der Ägäis durchgeführt; die Marinefunkstation in Tobruk simulierte den einer Landungsoperation vorausgehenden Wirrwarr von Funksprüchen, und an den Südküsten des Mittelmeeres und bei Gibraltar begannen Attrappen von Landungsfahrzeugen aufzutauchen. Die *Zeppelin*-Planer dachten sogar daran, Merkblätter für die Angriffstruppen im Nahen Osten drucken zu lassen, der seit jeher als Gerüchteküche bekannt war. Um die Täuschung am Leben zu erhalten, nannten die Planer Zeitpunkte für die fiktiven Invasionen, um sie dann unter verschiedenen Vorwänden dreimal zu verschieben; einer davon war, daß die Russen eine Verzögerung wünschten, um Streitkräfte für eine gleichzeitig vorgesehene Balkanoffensive bereitzustellen.

Die deutsche Führung scheint die materiellen Reserven der Alliierten so hoch eingeschätzt zu haben, daß sie die gleichzeitige Durchführung aller drei Operationen – *Fortitude North* in Skandinavien, *Fortitude South* im Raum von Calais und *Zeppelin* im Balkan – offenbar für möglich hielt. Vermutlich war sie durch die sich stetig verschlechternde militärische Lage zu sehr in Bedrängnis, um die Täuschungen zu durchschauen. Die Alliierten konnten erst nach dem Krieg in Erfahrung bringen, welche Wirkung ihre Kriegslisten gehabt hatten, doch ließen die deutschen Weisungen an die Double-Cross-Agenten und der von Ultra entschlüsselte Funkverkehr bald erkennen, daß die Deutschen desorientiert waren. Sie blieben es länger, als die Planer der Operation *Bodyguard* zu hoffen gewagt hatten. Ende Mai 1944, als die Alliierten im Mittelmeerraum 38 Divisionen eingesetzt hatten, wurde ihre Zahl von den deutschen Stellen auf 71 Divisionen veranschlagt, ein Irrtum, bei dem es um 250 000 Mann mehr oder weniger ging.

Im Rahmen der Operation *Bodyguard* leiteten die Alliierten im westlichen Mittelmeerraum zwei weitere Täuschungsmanöver ein,

Vier britische Soldaten schultern die aufgeblasene Gummiattrappe eines Sherman-Panzers. Deutschen Aufklärern, die Südostengland überflogen, mußten diese Nachbildungen als echte Panzerbereitstellungen erscheinen, die den Raum von Calais auf der anderen Seite des Kanals bedrohten.

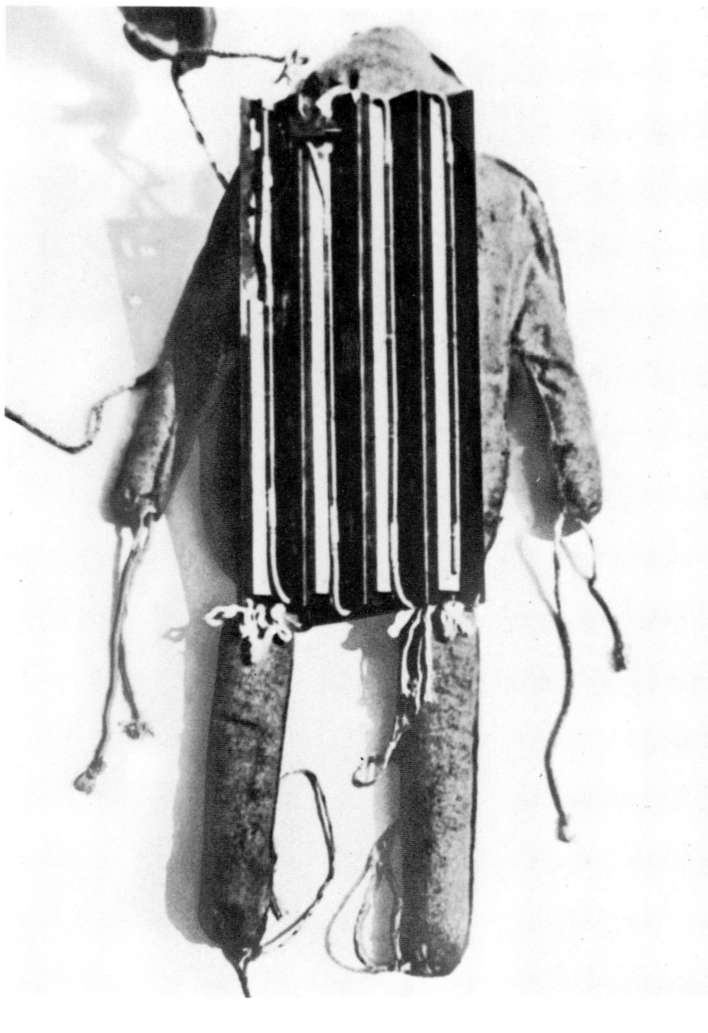

Auch Attrappen von Falschirmjägern spielten eine Rolle in den Ablenkungsmanövern um die alliierte Invasion. Um die deutsche Führung zu verwirren und ihr Augenmerk von der Küste abzulenken, ließen die Alliierten während der ersten 24 Stunden nach der Landung im französischen Hinterland zwischen Cherbourg und Dieppe mehrere hundert solcher Puppen an Fallschirmen niedergehen. Die Attrappen waren nur einen Meter groß, wirkten aber hinreichend lebensecht.

aber es gelang ihnen nicht, die Deutschen davon zu überzeugen, daß eine Landung in Südfrankreich unmittelbar bevorstand. Ein unüberwindliches Problem dabei war, daß die Täuschungsversuche mit den echten Planungen für eine Landung in Südfrankreich im August 1944 in Konflikt gerieten, worauf sie eingestellt werden mußten, um zu verhindern, daß deutsche Truppenverbände zur Verstärkung nach Süden in Marsch gesetzt wurden.

Nichtsdestoweniger war die Wirkung von *Zeppelin* insgesamt eindrucksvoll. Die deutsche Führung nahm die Bedrohung ihrer Stellung auf dem Balkan so ernst, daß nach dem Februar 1944, als die Operation *Zeppelin* anlief, nicht eine einzige Division abgezogen und nach Frankreich verlegt wurde. Dies war sicherlich in erster Linie eine Reaktion auf die sowjetische Frühjahrsoffensive im März 1944, in deren Verlauf Teile Rumäniens verlorengingen und eine direkte Bedrohung des Balkanraumes entstanden war. Im gleichen Zusammenhang muß auch die Verlegung von vier Elitedivisionen, darunter drei der besten Panzerdivisionen, von Frankreich nach Osteuropa gesehen werden.

Alle Täuschungsoperationen der Alliierten waren äußerst kompliziert angelegt; das ganze Lügengebäude hätte in einem Augenblick in sich zusammenstürzen können – wie den Initiatoren noch kurz vor der Invasion erschreckend vor Augen geführt wurde. Im Mai 1944 entführten die Deutschen Johann Jebsen, einen Agenten der Abwehr, der in Lissabon lebte und ein Jahr zuvor vom britischen Geheimdienst umgedreht und in das Unternehmen Double Cross eingegliedert worden war. Unter dem Decknamen Artist hatte Jebsen die Briten mit wertvollen Informationen beliefert, insbesondere über die Abwehr selbst und das Raketenprogramm in Peenemünde. Aus ungeklärten Gründen wurde die deutsche Abwehr mißtrauisch und ergriff ihn in seiner Villa außerhalb von Lissabon, setzte ihn unter Drogen, steckte ihn in einen Kabinenkoffer und transportierte ihn als Diplomatengepäck nach Deutschland.

Der britische Geheimdienst erfuhr durch Ultra, daß Jebsen vernommen wurde, und wartete in qualvoller Spannung, ob er die Operation Double Cross und die Täuschungspläne für die Landung in der Normandie verraten würde. Aber Jebsen schwieg und erwies den Alliierten damit einen unschätzbaren Dienst. Für sie war sein beharrliches Stillschweigen trotz unzweifelhaft strenger Verhöre eine erfreuliche Überraschung in einem Nervenkrieg, in dem man auf die Loyalität von Doppelagenten selten zählen konnte. Die Alliierten erhielten nie Gelegenheit, ihm zu danken; Jebsen wurde wegen Verrats zu einer Haftstrafe in einem Konzentrationslager verurteilt und bei einem Fluchtversuch erschossen.

„Schlachten werden durch Blutbäder und Kriegslisten gewonnen", schrieb Winston Churchill. „Je größer der Feldherr, desto mehr trägt er durch Kriegslisten zum Erfolg bei, und desto weniger verlangt er an Blutbädern." Das Wunder der geheimen Invasionsvorbereitungen war nicht nur die gelungene Täuschung der deutschen Führung, sondern daß der größte militärische Aufmarsch der Geschichte sich in Reichweite der deutschen Aufklärungsflugzeuge vollzog. Während der deutsche Geheimdienst Phantomarmeen nachjagte, versammelten die Alliierten in England eine Streitmacht von 2 000 000 Mann sowie 3 000 000 Tonnen Kriegsmaterial und Versorgungsgüter. Als der 6. Juni 1944 anbrach, überquerten die ersten Angriffswellen den Kanal mit einem Aufgebot von 5000 Schiffseinheiten, unterstützt von 600 Kriegsschiffen und über 10 000 Bombern und Jagdflugzeugen.

Major Friedrich-August Baron von der Heydte, Kommandeur eines südlich Cherbourg stehenden Fallschirmjägerregiments, sollte nie den ersten Blick auf die Invasionsflotte vergessen. Am frühen Morgen des 6. Juni stieg er auf den Turm der Dorfkirche von St. Côme-du-Mont und sah die alliierte Flotte vor sich, die das Meer vom Ufer bis zum Horizont bedeckte. Der Anblick war, so erinnerte er sich, „überwältigend".

Aber der ausgeklügelte Schwindel, der diese Überraschung ermöglicht hatte, war noch nicht zu Ende. Als die Deutschen in den Kämpfen um den Landekopf Gefangene aus echten FUSAG-Verbänden machten, fanden sie, daß die Einheiten ihnen aus den Agentenmeldungen bereits bekannt waren – eine Bestätigung der Existenz der FUSAG, deren Auftauchen in der Normandie allerdings gegen einen zweiten Angriff im Raum von Calais sprach.

Die Double-Cross-Agenten arbeiteten weiter. Garbo/Luis Calvo, der sich aus freien Stücken zur Mitarbeit bei MI 5 gedrängt hatte (*S. 28*), leistete nach der Invasion noch wertvolle Dienste. Er machte der deutschen Abwehr weis, daß er nun als Dolmetscher in der Iberischen Abteilung des britischen Informationsministeriums arbeite, wo er an streng vertrauliches Material herankommen könne; unter anderem habe er Zugang zu den Geheimpapieren Brendan Brackens, einem Vertrauten Churchills.

Garbos vielleicht brillantester Streich war eine geschickte Improvisation. Wenige Stunden nach der Landung gaben die Führer der Alliierten kurze Rundfunkerklärungen ab, in denen das Unternehmen „das erste einer ganzen Serie" genannt wurde; Zweck dieser Wendung war es, die gegnerische Seite in ihrer Erwartung weiterer Landungen zu bestärken. Aber General Charles de Gaulle, der Führer des Freien Frankreich, beunruhigte die *Bodyguard*-Spezialisten, indem er die Invasion in der Normandie als die Entscheidungsschlacht bezeichnete.

War es nicht möglich, fragte Garbos V-Mann bei der Abwehr, daß es sich bei den anderen Drohungen lediglich um Finten handle, um von dem entscheidenden Großangriff in der Normandie abzulenken? Keineswegs, erwiderte der geistesgegenwärtige Garbo. Vor zwei Tagen erst habe das Amt für politische Kriegführung eine Direktive zur Sprachregelung herausgegeben. Darin werde von öffentlichen Spekulationen über andere Landungsmanöver deshalb abgeraten, weil sie unmittelbar bevorstünden. Während andere alliierte Führer unbedacht in ihren Äußerungen gewesen seien, habe de Gaulle die Direktive auf den Buchstaben genau befolgt. Garbo brachte sein Argument so überzeugend vor, daß seine deutschen Agentenführer ihm ihre Anerkennung aussprachen und ihn für das Eiserne Kreuz vorschlugen.

Das Spiel der Geheimdienste war erst zum Teil gewonnen, als die Invasionsstreitkräfte landeten. Die entscheidende Frage, was Hitler tun würde, war noch immer offen. Würden er und seine militärischen Berater den Schwindel von *Fortitude South* weiterhin für bare Münze nehmen und die 15. Armee im Raum von Calais stehenlassen? Oder würde er alle in Frankreich verfügbaren Kräfte zusammenziehen und gegen die noch nicht vereinigten Landeköpfe der Alliierten werfen? Entschied er sich für letzteres, so war damit zu rechnen, daß die noch nicht vereinigten Landeköpfe trotz der fast unumschränkten alliierten Luftherrschaft zerschlagen und die Invasionsarmee in die See zurückgetrieben würde.

Vom 6. Juni an harrten die Chefs der britischen Geheimdienste in sorgenvoller Spannung fünf Tage lang im Lageraum von Storyes' Gate aus und versuchten über die aufgefangenen und entschlüsselten deutschen Funksprüche ein Bild von den Entscheidungen des Oberkommandos der Wehrmacht zu gewinnen. Oberstleutnant Wingate schrieb in der Erinnerung an diese spannungsgeladenen Tage und Nächte, daß er und seine Kollegen in einer Atmosphäre „drückender Spannung" gelebt hätten, „eingenebelt in Pfeifen- und Zigarettenrauch". Am 10. Juni gesellten sich Churchill und General George C. Marshall, der Stabschef der US-Armee, zu ihnen. Sie studierten die Lagekarten, als ein Adjutant mit einer Meldung von Ultra hereinkam, die die Anwesenden für alle mühsamen Jahre und Monate des Pläneschmiedens und Intrigierens entschädigte. Sie zeigte, daß das Oberkommando der Wehrmacht weiterhin eine Landung im Raum von Calais erwartete und nur zögernd einzelne der dort stationierten Verbände für die Invasionsfront in der Normandie freigab. „Da wußten wir, daß wir gewonnen hatten", erinnerte sich Wingate. „Es mochten noch schwere Kämpfe bevorstehen, aber wir hatten gewonnen."

Viele Strategen auf beiden Seiten haben den Erfolg der Invasion weitgehend der gelungenen Täuschung durch die Operation *Bodyguard* zugeschrieben. Dank diesem Schwindel, bemerkte General Omar N. Bradley, „verharrte der Gegner in lähmender Unschlüssigkeit", die ihn in den folgenden Wochen zu dem taktischen Fehler verleitete, seine Kampfverbände einzeln und nach und nach einzusetzen. 90 deutsche Divisionen – annähernd 1 000 000 Mann – standen über ganz Europa verteilt, weit entfernt von der Normandie, und warteten auf alliierte Angriffe, die nicht erfolgten. Und lange noch sah der deutsche Generalstab die Landung in der Normandie als einen operativen Ablenkungsangriff an, der durch bloßes Glück zu etwas Größerem geworden war.

BIBLIOGRAPHIE

Accoce, Pierre, und Pierre Quet: *Moskau wußte alles. Schweizer Verlagshaus*
Angelucci, Enzo, und Paolo Matricardi: World War II Airplanes, Bd. 1 und 2. Rand McNally, 1977
Arct, Bohdan: *Poles against the „V" Weapons.* Interpress Publishers, Warschau, 1972
Babington-Smith, Constance: *Air Spy: The Story of Photo Intelligence in World War II.* Harper & Brothers, 1957
Barrett, David D.: *Dixie Mission: The United States Army Observer Group in Yenan 1944.* Center for Chinese Studies, University of California, Berkeley 1970
Batchelor, John, und Ian Hogg: *Die Geschichte der Artillerie,* München 1977
Bazna, Elyesa, und Hans Nogly: *I was Cicero.* Harper & Row, 1962
Beesly, Patrick: *Very Special Intelligence. Geheimdienstkrieg der britischen Admiralität 1939–1945.* Ullstein, 1978
Best, S. Payne: *The Venlo Incident.* Hutchinson, 1950
Blackstock, Paul W., und Frank L. Schaf jr.: *Intelligence, Espionage, Counterespionage and Covert Operations: A Guide to Information Sources* (International Relations Information Guide Series, Bd. 2) Gale Research Company, 1978
Braun, Wernher von, und Frederick I. Ordway: *Raketen. Vom Feuerpfeil zum Raumtransporter.* Udo Pfriemer, 1980
Brown, Anthony Cave: *Die unsichtbare Front.* München 1976
Brown, Anthony Cave (Hrsg.): *The Secret War Report of the OSS.* Berkley Publishing, 1976
Calvocoressi, Peter: *Top-Secret Ultra.* Pantheon Books, 1980
Carter, Carolle J.: *The Shamrock and the Swastika,* Pacific Books, 1977
Churchill, Winston S.: *Der Zweite Weltkrieg. Bd. 2: Englands größte Stunde.* Scherz Verlag, Bern 1949
Clark, Ronald: *The Man Who Broke Purple: The Life of Colonel William F. Friedman, Who Deciphered the Japanese Code in World War II.* Little, Brown, 1977
Colby, William, und Peter Forbath: *Honorable Men: My Life in the CIA.* Simon and Schuster, 1977
Collier, Basil: *The Battle of the V-Weapons, 1944–45.* William Morrow, 1965
Colvin, Ian: *Master Spy.* McGraw-Hill, 1951
Connell, Brian: *Return of the Tiger.* Doubleday, 1960
Cruickshank, Charles:
Deception in World War II. Oxford University Press, 1979
The Fourth Arm: Psychological Warfare, 1938–1945. Davis-Poynter, London 1977
Dasch, George J.: *Eight Spies against America.* Robert M. McBride Company, 1959
Deacon, Richard:
A History of the British Secret Service. Frederick Muller, London 1969
A History of the Russian Secret Service. Frederick Muller, London 1972
Deacon, Richard, und Nigel West: *Spy!* British Broadcasting Corporation, London 1980
Deakin, F. W., und G. R. Storry: *The Case of Richard Sorge.* Harper & Row, 1966
Delmer, Sefton: *Black Boomerang.* Viking Press, 1962
Dornberger, Walter: *V 2.* Viking Press, 1958
Dulles, Allen:
The Craft of Intelligence. Harper & Row, 1963
The Secret Surrender. Harper & Row, 1966
Dunlop, Richard: *Behind Japanese Lines: With the OSS in Burma.* Rand McNally, 1979
Eggleston, Wilfrid: *Scientists at War.* Oxford University Press, 1950
Ellis, L. F.: *Victory in the West, Bd. 1, The Battle of Normandy.* Her Majesty's Stationery Office, London 1962
Fairbairn, W. E.: *Get Tough! How to Win in Hand-to-Hand Fighting as Taught to the British Commandos and the U.S. Armed Forces.* Paladin Press, 1942
Farago, Ladislas: *Das Spiel der Füchse: Deutsche Spionage in England und den USA 1918–1945.* Ullstein, 1973
Fitz Gibbon, Constantine: *Secret Intelligence* in the Twentieth Century. Stein and Day, 1976
Flower, Desmond, und James Reeves (Hrsg.): *The Taste of Courage: The War, 1939–1945.* Harper & Brothers, 1960
Foot, M. R. D.: *SOE in France: An Account of the Works of the British Special Operations Executive in France, 1940–1944.* Her Majesty's Stationery Office, London 1966
Foot, M. R. D., und J. M. Langley: *MI-9.* London, The Bodley Head, 1979
Ford, Brian:
Allied Secret Weapons: The War of Science. Ballantine Books, 1971
Blueprint for Mars. Ballantine Books, 1969
Ford, Corey: *Donovan of OSS.* Little, Brown, 1970
Ford, Corey, und Alastair MacBain: *Cloak and Dagger: The Secret Story of the OSS.* Random House, 1945
Gallo, Max: *The Poster in History.* American Heritage, 1974
Gander, Terry, und Peter Chamberlain: *Weapons of the Third Reich.* Doubleday, 1979
Ganier-Raymond, Philippe: *The Tangled Web.* Pantheon Books, 1968
Garlinski, Jozef:
Hitler's Last Weapons: The Underground War against the V 1 and V 2. Julien Friedman, London, 1978
Intercept: The Enigma War. J. M. Dent & Sons, 1979
Poland, SOE and the Allies. George Allen and Unwin, London, 1969
George, Willis: *Surreptitious Entry.* D. Appleton-Century, 1946
Haldane, R. A.: *The Hidden War.* St. Martins Press, 1978
Hartcup, Guy: Camouflage: *A History of Concealment and Deception in War.* Charles Scribner's Sons, 1980
Haswell, Jock: *The Intelligence and Deception of the D-Day Landings.* B. T. Batsford, London 1979
Hearings before the Committee on Foreign Relations, U.S. Senate, 92nd Congress, on „Causes, Origins and Lessons of the Vietnam War." 9., 10., 11. Mai 1972 U.S. Government Printing Office, 1973
Hinsley, F. H.: *British Intelligence in the Second World War: Its Influence and Operations,* Bd. 1. Her Majesty's Stationery Office, London 1979
Hogg, I. V.: *German Secret Weapons of World War II.* Arms and Armour, London 1970
Hogg, Ian V., und J. B. King: *German and Allied Secret Weapons of World War II.* Phoebus Publishing, London 1976
Höhne, Heinz:
Canaris. Patriot im Zwielicht. Bertelsmann, 1976
Kennwort Direktor: Die Geschichte der Roten Kapelle. Bertelsmann, 1970
Höhne, Heinz, und Hermann Zolling: *Der General war ein Spion: Die Wahrheit über General Gehlen und seinen Spionagering.* 1971
Holmes, W. J.: *Double-Edged Secrets: U.S. Naval Intelligence Operations in the Pacific during World War II.* Naval Institute Press, 1979
Hughes, Terry, und John Costello: *The Battle of the Atlantic.* The Dial Press, 1977
Hutton, Clayton: *Official Secret: The Remarkable Story of Escape Aids – Their Invention, Production – and the Sequel.* Crown, 1961
Huzel, Dieter K: *Peenemünde to Canaveral,* Prentice-Hall, 1962
Hyde, H. Montgomery: *Room 3603: The Story of the British Intelligence Center in New York during World War II.* Farrar, Straus, 1962
Hymoff, Edward: *The OSS in World War II.* Ballantine Books, 1972
Infield, Glenn B.: *Disaster at Bari.* New English Library, 1971
Innes, Brian: *The Book of Spies: 4.000 Years of Cloak and Dagger.* Bancroft, London, 1966
James, M. E. Clifton: *I Was Monty's Double.* Rider and Company, London 1954
Johnson, Brian: *The Secret War.* British Broadcasting Corporation, London 1978
Johnson, Chalmers: *An Instance of Treason: Azaki Hotsumi and the Sorge Spy Ring.* Stanford University Press, 1964
Jones, R. V.: *The Wizard War: British Scientific Intelligence, 1939–1945.* Coward, McCann & Geoghegan, 1978
Kahn, David:
The Codebreakers: The Story of Secret Writing. Macmillan, 1967
Hitler's Spies: German Military Intelligence in World War II. Macmillan, 1967
Kennan, George F.: *Russia, the Atom and the West.* Harper & Brothers, 1958
Klee, Ernst, und Otto Merk: *The Birth of the Missile: The Secrets of Peenemünde.* E. P. Dutton, 1965
Kozaczuk, Wladyslaw: *W Kregu Enigmy.* Ksiazka i Wiedza, Warschau 1979
Laurence, William L.: *Dawn over Zero: The Story of the Atomic Bomb.* Museum Press, London 1947
Lewin, Ronald: *Ultra – war die alliierte Funkaufklärung kriegsentscheidend?* Wehr und Wissen, 1980
Lord, Walter: *Die Schlacht um Midway.* Lübbe-Bastei, 1979
Lovell, Stanley P.: *Of Spies and Stratagems.* Prentice-Hall, 1963
Lusar, Rudolf: *Die deutschen Waffen und Geheimwaffen des Zweiten Weltkriegs und ihre Weiterentwicklung.* Bernard & Graefe, 1971
McGovern, James: *Crossbow and Overcast.* William Morrow, 1964
McLean, Donald B.: *The Plumber's Kitchen: The Secret Story of American Spy Weapons.* Normount Technical Publications, 1975
Manvell, Roger, und Heinrich Fraenkel: *The Canaris Conspiracy: The Secret Resistance to Hitler in the German Army.* David McKay, 1969
Manvell, Roger, mit wissenschaftlicher Beratung von Heinrich Fraenkel: *SS and Gestapo: Rule by Terror.* Ballantine Books, 1969
Masterman, J. C.: *The Double-Cross System.* Avon Books, 1972
Merrick, K. A.: *Halifax: An Illustrated History of a Classic World War II Bomber.* Ian Allen, London 1980
Millis, Walter: *This is Pearl! The United States and Japan – 1941.* William Morrow, 1947
Montagu, Ewen:
Beyond Top-Secret Ultra. Coward, McCann & Geoghegan, 1978
Der Mann, den es nie gab. Edition Sven Erik Bergh, 1975
Moon, Thomas N., und Carl F. Eifler: The Deadliest Colonel Vantage Press, 1975
Moore, Dan Tyler, und Martha Waller: *Cloak and Cipher.* Bobbs-Merrill, 1962
Morgenstern, George: *Pearl Harbor: The Story of the Secret War.* Devin-Adair, 1947
Morison, Samuel Eliot: *History of United States Naval Operations in World War II,*
Bd. 1: The Battle of the Atlantic: Sept. 1939 – May 1943. Little, Brown, 1970
Bd. 3: *The Rising Sun in the Pacific: 1931 – April 1942.* Little, Brown, 1948
Bd. 4: *Coral Sea, Midway and Submarine Actions: May 1942 – August 1942.* Little, Brown, 1949
The Two-Ocean War. Little, Brown, 1963
Mosley, Leonard: *The Druid.* Atheneum, 1981
Moyzisch, L. C.: *Operation Cicero.* Coward-McCann, 1950

Muggeridge, Malcolm: *Chronicles of Wasted Time, Chronicle 2: The Infernal Grove.* William Morrow, 1974
Murphy, Robert: *Diplomat among Warriors.* Doubleday, 1964
Niehaus, Werner: *Die Radarschlacht: 1939–1945.* Stuttgart 1977
Ordway, Frederick I., und Mitchell R. Sharpe: *The Rocket Team.* Thomas Y. Crowell, 1979
OSS Special Weapons, Devices and Equipment. Office of Strategic Service, Research and Development Branch, Washington, D. C., 1975
Parris, Thomas, und S. L. A. Marshall (Hrsg.): *The Simon and Schuster Encyclopedia of World War II.* Simon and Schuster, 1978
Paul, Doris A.: *The Navajo Codetalkers.* Dorrance, 1973
Pawle, Gerald: *The Secret War 1939–1945.* William Sloan Associates, 1957
Peers, William R., und Dean Brelis: *Behind the Burma Road: The Story of Americas most successful Guerrilla Force.* Little, Brown, 1963
Peis, Günter: *Mirror of Deception.* Pocket Books, 1976
Perrault, Gilles: *Auf den Spuren der Roten Kapelle.* Reinbek 1969.
Persico, Joseph E.: *Geheime Reichssache. Der US-Geheimdienst im Untergrundkampf gegen die deutsche Kriegführung.* Molden, 1980
Piekalkiewicz, Janusz: *Schweiz 1939–1945: Krieg in einem neutralen Land.* Pietsch, 1978
Popov, Dusko: *Spy/Counterspy: The Autobiography of Dusko Popov.* Grosset & Dunlap, 1974
Price, Alfred: *Instruments of Darkness: The History of Electronic Warfare.* Macdonald and Jane's, London 1977
Purcell, John: *The Best-Kept Secret: The Story of the Atomic Bomb.* Vanguard Press, 1963
Ramsay, Winston G. (Hrsg.):
„The V-Weapons." After the Battle magazine, No. 6. Battle of Britain Prints, London 1974
„German Spies in Britain." *After the Battle* magazine, No. 11. Battle of Britain Prints, London 1976
Reit, Seymour: *Masquerade: The Amazing Camouflage Deceptions of World War Two.* Hawthorn Books, 1978
Rhodes, Anthony: *Propaganda, The Art of Persuasion: World War II.* Chelsea House, 1976
Rohwer, Jürgen und Eberhard Jäckel: *Die Funkaufklärung und ihre Rolle im Zweiten Weltkrieg.* Stuttgart 1979
Roskill, S. W.: The War at Sea, 1939–1945:
Bd. 2, *The Period of Balance;*
Bd. 3, *The Offensive, 1st June 1943–31. May 1944.* Her Majesty's Stationery Office, London 1956/1960
The Rote Kapelle: The CIA's History of Soviet Intelligence and Espionage Networks in Western Europe, 1939–1945. University Publications of America, 1979
Russell, Francis: *„Waiting for the End." Horizon magazine,* Frühjahr 1975, Bd. 17, No. 2, American Heritage
Ryan, Cornelis: *Die Brücke von Arnheim.* S. Fischer, 1975
Sänger, E., und J. Bredt: *A Rocket Drive for Long-Range Bombers.* Neu aufgelegt von Technical Information Branch, Bauer, Navy Department, 1974
Sayers, Michael, und Albert E. Kahn: *The Great Conspiracy: The Secret War against Soviet Russia.* Little, Brown, 1946
Schellenberg, Walter: *Aufzeichnungen. Die Memoiren des letzten Geheimdienstchefs unter Hitler.* Limes, 1978
Seth, Ronald:
Secret Servants: A History of Japanese Espionage. Farrar, Straus, 1957
Unmasked! The Story of Soviet Espionage. Hawthorn Books, 1965
Sevareid, Eric: *Not So Wild a Dream.* Alfred A. Knopf, 1946
Shirer, William L.: *The Rise and Fall of the Third Reich.* Simon and Schuster, 1960
Simon, Leslie E.: *Secret Weapons of the Third Reich.* WE, INC., 1971
Smith, R. Harris: *OSS: The Secret History of Americas First Central Intelligence Agency.* Dell, 1972
Stephan, Enno: *Spies in Ireland. Stackpole Books, 1963*
Stephens, Frederick J.: Fighting Knives: An Illustrated Guide to Fighting Knives and Military Survival Weapons of the World. Arco Publishing, 1980
Tompkins, Peter: *A Spy in Rome.* Simon and Schuster, 1962
Trefousse, Hans L.: „Failure of German Intelligence in the United States, 1935–1945." The Mississippi Valley Historical Review, Bd. 62, Nr. 1, Juni 1955. The Mississippi Valley Historical Association
Trepper, Leopold: *Die Wahrheit. Autobiographie.* dtv, 1978
Van Der Roer, Edward: *Deadly Magic: A Personal Account of Communications Intelligence in World War II in the Pacific.* Charles Scribner's Sons, 1978
War Department:
War Report of the OSS (Office of Strategic Services), Walker Publishing, 1976
The Overseas Target: War Report of the OSS (Office of Strategic Services, Bd. 2. Walker Publishing, 1976
West, Nigel: *„When A Spy Was Trapped", Telegraph* Sunday Magazine Nr. 173, 13. Januar, London 1980
Whiting, Charles: *Gehlen, Germany's Master Spy.* Ballantine Books, 1972
Wighton, Charles, und Günter Peis: *Hitler's Spies and Saboteurs.* Aware Books, 1973
Willoughby, Charles A.: *Shanghai Conspiracy: The Sorge Spy Ring.* E. P. Dutton, 1952
Winterbotham, Frederick: *Aktion Ultra. Deutschlands Code-Maschine half den Alliierten siegen.* Ullstein, 1976
Woytak, Richard A.: *On the Border of War and Peace: Polish Intelligence and Diplomacy in 1937–1939 and the Origins of the Ultra Secret.* East European Quarterly, Columbia University Press, 1979
Wykes, Alan: *Heydrich.* Ballantine Books, 1973
Zacharias, Ellis M.: *Secret Missions: The Story of an Intelligence Officer.* G. P. Putnam's Sons, 1946

DANKSAGUNGEN

Die Herausgeber danken folgenden Personen und Institutionen für ihre Unterstützung: Philip Arnold, Saint Louis, Missouri; Aaron Bank, San Clemente, Kalifornien; Dürriye Bazna, München; Patrick Beesly, Lymington, England; Véronique Blum, Hauptkustos, B.D.I.C., Musée des Deux Guerres Mondiales, Paris; Commandante Marc'Antonio Bragadin (a. D.), Rom; Anthony Cave Brown, New York; Squadron Leader S. F. Burley, RAF, Gosfield, England; William L. Cassidy, Intelligence Studies Foundation, Oakland, Kalifornien; Dennis V. Cavanaugh, Laguna Beach, Kalifornien; Jeannette Chalufour, Archives Tallandier, Paris; Keith C. Clark, Washington, D. C.; G. Clout, Imperial War Museum, London; William E. Colby, Washington, D. C.; Cécile Coutin, Kustos, Musée des Deux Guerres Mondiales, Paris; Paul Cyr, Fairfax Station, Virginia; Gerald W. Davis, Fort Myers, Florida; Lieut. Colonel John Duggan, Dublin; Richard Dunlop, Arlington, Virginia; Captain Thomas H. Dyer, USN (Ret.), Sykesville, Maryland; Captain Hamish Eaton, Intelligence Corps, Brampton, England; Phil Edwards, National Air and Space Museum, Smithsonian Institution, Washington, D. C.; Dr. Carl Eifler, Salinas, Kalifornien; Alger C. Ellis, Arlington, Virginia; Dr. Eugene J. Fisher, Washington, D. C.; David Floyd, London; John Friedman, Plainfield, New Jersey; Major General J. D. Frost, C. B., D. S. O., M. C., Liphook, England; Jozef Garlinski, London; Randy Hackenberg, Assistant Curator, United States Army Military History Institute, Carlisle Barracks, Pennsylvania; Major D. J. D. Haswell, Lyminge, England; Rudolf Heinrich, Deutsches Museum, München; E. C. Hine, Imperial War Museum, London; James J. Hitchcock, Bethesda, Maryland; Ian Hogg, Upton-upon-Severn, England; Heinz Höhne, Großhansdorf bei Hamburg; Alfredo Hummel, Publifoto, Mailand; Lieut. Colonel K. Iranek-Osmecki, London; John Jacob, George C. Marshall Research Foundation, Lexington, Virginia; Brian Johnson, BBC, London; Geoffrey M. T. Jones, President, Veterans of the OSS, New York; W. J. Peter Kin, Sumner, Washington; Heidi Klein, Bildarchiv Institut Preußischer Kulturbesitz, Westberlin; Dr. Roland Klemig, Bildarchiv Institut Preußischer Kulturbesitz, Westberlin; Don Kloster, Smithsonian Institution, Washington, D. C.; Louis Kruh, Albion, Michigan; Joseph E. Lazarsky, Middleburg, Virginia; Gerard Le Marec, Meudon-la-Forêt, Frankreich; Ronald Lewin, East Horsley, England; H. W. Little, Bellair Beach, Florida; Pierre Lorain, Paris; Roster Lyle, George C. Marshall Research Foundation, Lexington, Virginia; Lieut. Colonel J. K. MacFarlan, O. B. E., Yeovil, England; Barry Maschado, Washington and Lee University, Lexington, Virginia; Keith Melton, Intelligence Studies Foundation, Oakland, Kalifornien; Françoise Mercier, Institut d'Histoire du Temps Présent, Paris; Paul Mero, Wilmette, Illinois; Uta Merzbach, Smithsonian Institution, Washington, D.C.; Brün Meyer, Bundesarchiv/Militärarchiv, Freiburg im Breisgau; The Honorable E. S. Montagu, C.B.E., Q.C., D.L., F.R.S.,London; Tim Mulligan, National Archives and Records Service, Washington, D.C.; Daphne M. Mundinger, Paris; Meinrad Nilges, Bundesarchiv, Koblenz; J. W. Pavey, Imperial War Museum, London; Gerald Pawle, Penzance, England; Lieut. General William R. Peers, USA. (Ret.), Kentfield, Kalifornien; Joseph Persico, Washington, D.C.; Janusz Piekalkiewicz, Rösrath-Hoffnungsthal bei Köln; Neil Pilford, Imperial War Museum, London; Polish Underground Movement (1939–1945) Study Trust, London; Professor Lucio Puttin, Direktor, Museo Civico, Treviso; Hannes Quaschinski, ADN-Zentralbild, Berlin, DDR; Winston Ramsay, Zeitschrift *After the Battle,* London; Michel Rauzier, Institut d'Histoire du Temps Présent, Paris; Professor Dr. Jürgen Rohwer, Bibliothek für Zeitgeschichte, Stuttgart; Manfred Sauter, Luftschiffbau Zeppelin, Friedrichshafen am Bodensee; Hanfried Schliephake, Königsbrunn bei Augsburg; Axel Schulz, Ullstein Bilderdienst, Westberlin; J. Simmonds, Imperial War Museum, London; Maurice Southgate, La-Celle-Saint-Cloud, Frankreich; Robert Staver, Los Atlos, Kalifornien; Enno Stephan, Deutschlandfunk, Köln; Regina Strother, Defense Audiovisual Agency, Marine Corps Historical Center, Washington, D.C.; Robert L. Stroud, Falls Church, Virginia; John Taylor, National Archives and Records Service, Washington, D.C.; Fernand Thirion, Secrétariat d'État aux Anciens Combattants, Paris; A. W. Tickner, Senior Archival Officer, National Research Council of Canada, Ottawa; Gordon Torrey, Bethesda, Maryland; Fritz Trenkle, Fürstenfeldbruck; William E. Trible, Office of Congressional and Public Affairs, Federal Bureau of Investigation, Washington, D.C.; James H. Trimble, Archivist, National Archives, Still Photo Branch, Washington, D.C.; Ufficio Storico, Stato Maggiore Marina, Rom; Benoit Verny, Paris; Waldemar Werther, Ahrweiler; Nigel West, London; William C. Wilkinson, Largo, Florida; M. J. Willis, Imperial War Museum, London; Brian Winkel, Albion, Michigan; Group Captain F. W. Winterbotham, C.B.E., Kingsbridge, England; Hans Wolf, Koblenz; Jennifer Wood, Imperial War Museum, London; Werley A. Wright, Silver Spring, Maryland.

Das Register dieses Bandes erstellte Nicholas J. Anthony.

QUELLENNACHWEIS DER ABBILDUNGEN

Abbildungen von links nach rechts sind durch Semikolon, solche von oben nach unten durch Gedankenstriche getrennt.

EINBAND: U.S.Army

DIE PFLICHT ZUR GEHEIMHALTUNG: 6, 7 – Dmitri Kessel, mit freundlicher Genehmigung des Musée des Deux Guerres Mondiales, B.D.I.C. (Universités de Paris). 8 – Bildarchiv Preußischer Kulturbesitz, Westberlin. 9 – Dmitri Kessel, mit freundlicher Genehmigung des Musée des Deux Guerres Mondiales, B.D.I.C. (Universités de Paris). 10 – Foto Piccinni, mit freundlicher Genehmigung des Museo Civico „L. Bailo", Treviso; Bildarchiv Preußischer Kulturbesitz, Westberlin. 11 – Eileen Tweedy, Plakat von Fougasse, mit freundlicher Genehmigung des Imperial War Museum, London. 12, 13 – Dmitri Kessel, mit freundlicher Genehmigung des Musée des Deux Guerres Mondiales, B.D.I.C. (Universités de Paris), Paris. 14 – Foto Piccinni, mit freundlicher Genehmigung des Museo Civico „L. Bailo", Treviso. 15 – Bildarchiv Preußischer Kulturbesitz, Westberlin.

DIE GETARNTE WAHRHEIT: 18 – Wide World. 19 – Süddeutscher Verlag, Bilderdienst, München. 20 – Bildarchiv Preußischer Kulturbesitz, Westberlin. 22 – Historical Research Unit, King's Sutton nr. Branbury, Oxfordshire, England. 23 – Ullstein Bilderdienst, Westberlin. 25, 26 – mit freundlicher Genehmigung von Mrs. Harold Deardon, Herefordshire, England.

DEUTSCHLANDS SPIONAGECHEF: 30, 31, 33 – Mit freundlicher Genehmigung von Oberst a. D. Otto Wagner, Bad Säckingen. 34, 35 – Ullstein Bilderdienst, Westberlin, ausgenommen unten links, National Archives. 36 – Historical Research Unit, Kings Sutton nr. Banbury, Oxfordshire, England. 37 – Bundesarchiv Koblenz – Süddeutscher Verlag, Bilderdienst, München. 38, 39 – Bundesarchiv Koblenz; Süddeutscher Verlag, Bilderdienst, München – aus *German Military Intelligence,* von Paul Leverkuehn, veröffentlicht von Frederick A. Praeger, Inc., 1954.

AGENTEN IN FEINDESLAND: 40, 41 – Federal Bureau of Investigation. 42 – Aus *They Spied On England: Based on the German Secret Service War Diary of General von Lahousen,* von Charles Wighton und Günter Peis, © 1958 Hamlyn Publishing Group Ltd., London. 43 – William Vandivert für LIFE. 44 – National Archives (Nr. 862.20235/4-2545), mit freundlicher Genehmigung von Enno Stephan, Köln. 45 – unten links, mit freundlicher Genehmigung von Enno Stephan, Köln. 46, 47 – Sammlung Heinz Kutscha, Kiel. 48, 49 – Federal Bureau of Investigation. 52 – Federal Bureau of Investigation; UPI. 53 – Federal Bureau of Investigation. 54, 55 – Federal Bureau of Investigation (2); Myron Davis für LIFE.

DIE CODEBRECHER: 58 – UPI. 59 – National Archives. 61 – Mit freundlicher Genehmigung der Franklin D. Roosevelt Library. 64 – U.S. Navy. 65 – *Mainichi Shimbun,* Tokio – National Archives (Nr. 80-G-413507). 67 – National Archives (Nr. 80-G-60948). 68 – Bundesarchiv, Koblenz. 71 – Tonftunislap Pgrabinska, Warschau. 72 – Dr. T. Lisicki, London. 73 – Privatsammlung, England. 74 – Brian Johnson, London. 75 – British Crown Copyright, mit freundlicher Genehmigung von Brian Johnson, London. 76 – Joan Bright Astley, London.

EIN PIONIER DER KRYPTOLOGIE: 78–81 – The Friedman Collection, George C. Marshall Research Foundation. 82 – Mit freundlicher Genehmigung von Verna Lehman Silvermann – The Friedman Collection, George C. Marshall Research Foundation (2). 83 – The Friedman Collection, George C. Marshall Research Foundation – UPI. 84, 85 – National Archives (Nr. 64-M-276); The Friedman Collection, George C. Marshall Research Foundation; National Archives.

NACHRICHTENÜBERMITTLUNG: 86, 87 – Bundesarchiv Koblenz. 88 – Karikatur von Fougasse, Samlung David Kahn. 89 – U.S. Marine Corps. 90 – National Security Agency, mit freundlicher Genehmigung der Smithsonian Institution, © 1981. 91 – U.S. Army, mit freundlicher Genehmigung der Smithsonian Institution, © 1981 (2). 92 – National Security Agency, mit freundlicher Genehmigung der Smithsonian Institution, © 1981. 93 – National Archives (Nr. 242-GAP-33H-2); National Security Agency, mit freundlicher Genehmigung der Smithsonian Institution, © 1981. 94 – Ullstein Bilderdienst, Westberlin – Jack Savage, mit freundlicher Genehmigung der Philip Mills Arnold Semeiology Collection, Washington University Libraries, Saint Louis. 95 – Dmitri Kessel, mit freundlicher Genehmigung von Maurice Southgate, La Celle-Saint-Cloud, Frankreich – U.S.Army.

EIN KAMPF MIT LIST UND TÜCKE: 99 – © National Geographic Society. 101 – Mit freundlicher Genehmigung von H. Montgomery Hyde, Kent, England. 103 – Veröffentlicht mit Genehmigung der Princeton University Library. 104 – Mit freundlicher Genehmigung von Gordon H. Torrey. 106 – Mit freundlicher Genehmigung von Carl Strahle. 108, 110 – Mit freundlicher Genehmigung von Richard Dunlop aus *Behind Japanese Lines: With the OSS in Burma,* von Richard Dunlop, © 1979 by Rand McNally & Company. 111 – Mit freundlicher Genehmigung von Richard Dunlop aus *Behind Japanese Lines: With the OSS in Burma,* © 1979 by Rand McNally & Company; Charles Phillips, mit freundlicher Genehmigung von Joseph Lazarsky. 112 – Lieut. General William R. Peers, U.S. Army (Ret.).

AMERIKAS GUERILLASTREITMACHT: 114, 115 – Sammlung Tom Moon. 116 – Wide World. 117 – Mit freundlicher Genehmigung von Richard Dunlop aus *Behind Japanese Lines: With the OSS in Burma,* von Richard Dunlop, © 1979 by Rand McNally & Company. 118 – Philip K. Allen, West Coast Training Center (OSS) – Leon Dishman, mit freundlicher Genehmigung der Library of Congress (3). 119 – Mit freundlicher Genehmigung von Mrs. Robert G. Mundinger, Paris. 120, 121 – William J. Rader, mit freundlicher Genehmigung von Richard Dunlop aus *Behind Japanese Lines: With the OSS in Burma,* von Richard Dunlop. © 1979 by Rand McNally & Company; Wilbur J. Peterkin – U.S. Army 122, 123 – National Archives (Nr. SQ/R3N28); Colonel Gerald W. Davis, U.S. Army (Ret.) – mit freundlicher Genehmigung von Angelo Lygizos. 125 – oben rechts, Lieut. General William R. Peers, U.S. Army (Ret.).

EIN ARSENAL FÜR AGENTEN: 126, 127: Fil Hunter, mit freundlicher Genehmigung von Joseph F. Canole. 128 – Mit freundlicher Genehmigung der Intelligence Studies Foundation. 129 – Ben Benschneider, mit freundlicher Genehmigung der Intelligence Studies Foundation. 130, 131 – Ben Benschneider, mit freundlicher Genehmigung der Intelligence Studies Foundation. 132, 133 – Ben Benschneider, mit freundlicher Genehmigung der Intelligence Studies Foundation (ausgenommen Röntgenaufnahme, mit freundlicher Genehmigung der Intelligence Studies Foundation. 134, 135 – Ben Benschneider, mit freundlicher Genehmigung der Intelligence Studies Foundation, ausgenommen unten links, Erich Lessing, mit freundlicher Genehmigung des Niels-Bohr-Instituts, Kopenhagen.

DER KRIEG DER WISSENSCHAFTLER: 138, 141 – R. V. Jones, Aberdeen, Schottland. 142 – Mit freundlicher Genehmigung des U.S. Army Military History Institute. 144, 145 – British Crown Copyright Photograph. 147 – Bundesarchiv/Militärarchiv, Freiburg im Breisgau. 148 – Popperfoto, London. 151 – Imperial War Museum, London. 152 – Mit freundlicher Genehmigung von Peter Masters. 154 – Fritz Goro für LIFE.

HITLERS VERGELTUNGSANGRIFFE: 156, 157 – U.S. Army Photo, mit freundlicher Genehmigung der U.S. Air Force. 158 – Imperial War Museum, mit freundlicher Genehmigung von Brian Johnson, London. 159–161 – Deutsches Museum, München. 162 – (oben) Mit freundlicher Genehmigung von Janusz Piekalkiewicz, Rösrath-Hoffnungsthal bei Köln. 163 – U.S. Air Force. 164, 165 – Aus *Hitler's Last Weapons: The Underground War Against the V1 and V2,* von Jozef Garlinski, © 1978, erschienen bei Julian Friedman Publishers Ltd., London; mit freundlicher Genehmigung von Lieut. Colonel Robert Staver, A.U.S. (Ret.); Deutsches Museum, München – mit freundlicher Genehmigung von Janusz Piekalkiewicz, Rösrath-Hoffnungsthal bei Köln. 166 – Mit freundlicher Genehmigung von R. V. Jones, Aberdeen, Schottland; The Museum of Denmark's Fight for Freedom 1940–1945, Kopenhagen. 167 – Brian Johnson, London; Jozef Garlinski, mit freundlicher Genehmigung des Polish Institute and Sikorski Museum, London. 168 – Imperial War Museum, London. 169 – R. V. Jones, Aberdeen, Schottland.

GALERIE DER WUNDERWAFFEN: 170, 171 – Sammlung C.G.B., National Air and Space Museum, Smithsonian Institution; Nebenbild, Smithsonian Institution (Neg.-Nr. 78-7598). 172 – Bundesarchiv, Koblenz. 173 – Imperial War Museum, London. 174 – Imperial War Museum, London, mit freundlicher Genehmigung von Mr. Brian Johnson, London. 175 – *RLM Manual,* mit freundlicher Genehmigung des National Air and Space Museum, Smithsonian Institution; Imperial War Museum, mit freundlicher Genehmigung von Mr. Brian Johnson, London – MBB Archiv, München – Bundesarchiv Koblenz. 176, 177 – Imperial War Museum, London (2); Imperial War Museum, London, mit freundlicher Genehmigung von Brian Johnson, London (2). 179 – Zwei Bilder rechts, National Research Council of Canada, Ottawa. 180 – U.S. Army. 181 – U.S. Air Force – U.S. Army. 182 – U.S. Army, aus *Secret Weapons of the Third Reich: German Research in World War II,* von Leslie E. Simon, © 1971 by Paladin Press, Paladin Enterprises, Inc. 183 – David Scherman für LIFE (2) – U.S. Army.

MEISTER DER TÄUSCHUNG: 186 – Aus *Der Mann, den es nie gab,* von Ewen Montagu, Evans Brothers Ltd., London – Edition Sven Erik Bergh, 1975. 188 – Hart Preston für LIFE, mit freundlicher Genehmigung von Frau Dürriye Bazna, München. 190 – *Stern,* Hamburg. 193 – ADN-Zentralbild, Berlin, DDR. 195 – Black Star, London. 196 – UPI; Syndication International Ltd., London. 198 – Dunlop Archive Project, London. 199 – British Crown Copyright, Public Records Office, London (AIR 24/281).

REGISTER

Kursiv gesetzte Seitenangaben beziehen sich auf Abbildungen

W

Y

Z

Reprosatz: Alfred Utesch GmbH, Hamburg
Druck und Einband: Artes Gráficas, Toledo, Spanien
D.L. TO: 1333-82